企业数字化、智能化转型指导用书

企业数字化转型一本通

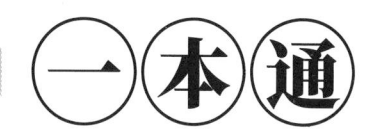

路径步骤、策略方法、人才支撑与标杆企业

案例解析

侯冰 曹梦茵 王琳 ◎ 著

中华工商联合出版社

图书在版编目（CIP）数据

企业数字化转型一本通 / 侯冰，曹梦茵，王琳著.
北京：中华工商联合出版社，2025.4. --ISBN 978-7
-5158-4244-8

Ⅰ．F272.7

中国国家版本馆 CIP 数据核字第 2025HN5021 号

企业数字化转型一本通

作　　者：	侯　冰　曹梦茵　王　琳
出 品 人：	刘　刚
责任编辑：	李红霞　孟　丹
装帧设计：	首山品牌设计
责任审读：	付德华
责任印制：	陈德松
出版发行：	中华工商联合出版社有限责任公司
印　　刷：	三河市中晟雅豪印务有限公司
版　　次：	2025 年 5 月第 1 版
印　　次：	2025 年 5 月第 1 次印刷
开　　本：	787 毫米 × 1092 毫米　1/16
字　　数：	408 千字
印　　张：	21
书　　号：	ISBN 978-7-5158-4244-8
定　　价：	69.80 元

服务热线：010—58301130—0（前台）

销售热线：010—58302977（网店部）
　　　　　010—58302166（门店部）
　　　　　010—58302837（馆配部/新媒体部）
　　　　　010—58302813（团购部）

地址邮编：北京市西城区西环广场 A 座
　　　　　19—20 层，100044

http://www.chgslcbs.cn

投稿热线：010—58302907（总编室）

投稿邮箱：1621239583@qq.com

工商联版图书
版权所有　侵权必究

凡本社图书出现印装质量问题，请与印务部联系

联系电话：010—58302915

前言

当前我们身处一个 AI 爆发、数字化技术高速发达的时代，享受着各种 AI、数字化技术带来的便利。AI、区块链、大数据、云计算、数据科技和边缘计算，正代表着最先进而实在的新质生产力，重塑我们生活、工作和学习的各个方面。基于 AI 技术、数字赋能的数字科技、数字经济正在重塑人类社会的生活方式、商业模式、企业的运营管理方式成为产业转型、企业变革创新、国际竞争的重要推动力量。人类正踏着"互联网+"、物联网、IT、AI 的巨浪走向数字化时代——数字化正在改变世界！改变传统制造业的生产、运营、管理和商业模式！未来已来，数字化转型正在向我们走来，考验着每家企业、每位领导者和每个转型中的人。

习近平总书记曾经指出："世界经济数字化转型是大势所趋，新的工业革命将深刻重塑人类社会"。还强调"要推动产业数字化，利用互联网新技术新应用对传统产业进行全方位、全角度、全链条的改造，提高全要素生产率，释放数字对经济发展的放大、叠加、倍增作用"。企业作为宏观经济的微观载体，承担着数字化浪潮下的转型与升级，肩负着数字经济、数字科技创造与经济高质量发展的双重任务。企业数字化转型不仅是数字科技实现与生产发展深度融合的微观转变，更是企业从传统生产运营管理体系向数字化、智能化体系转型的标志。党的十九大报告提出，要"推动互联网、大数据、人工智能和实体经济深度融合"。十三届全国人大四次会议通过的《中华人民共和国国民经济和社会发展第十四个五年规划和 2035 年远景目标纲要》提出，要加快数字化发展，以数字化转型整体驱动生产方式、生活方式和治理方式变革，强调"充分发挥海量数据和丰富应用场景优势，促进数字技术与实体经济深度融合，加强关键数字技术创新应用，加快推动数字产业化，推进产业数字化转型"。

对于企业而言，基于数字化、智能化转型的根本目的是通过 AI、数字化、智能化（简称数智化）来推动企业生产、技术、运营、管理质量的提升和企业高质量的发展。基于数字化、智能化转型对于企业至关重要，它决定了企业现在的生存和未来的发展。

企业数字化转型是一个系统工程。所以企业数字化转型需要一个清晰的、明确的数字化转型愿景、目标、规划，还要围绕愿景、目标、规划制定循序渐进的数字化转型步骤和推进计划，还有要正确的数字化转型推进实施策略方法，这是企业成功实施实现数字化转型的导航仪、指路灯。

本书中解读了数字化"是什么"，提出了数字化转型"转什么""怎么转""转到哪"，如何实现数字化转型的价值，如何培养数字化智能化技术、运营、管理、技能人才等的思路、路径、步骤和策略方法。本书还提出了以下可供学习的数字化路径、步骤、策略方法，剖析了标杆企业成功数字化转型的经验（策略方法），供企业学习、参考和借鉴。

一是提出了数字化转型的基本原则。①战略引领原则：数字化转型不是可选题而是必选题；②顶层挂帅原则：数字化转型需坚持"一把手"工程；③标准先行原则：数字化转型第一要务是实现标准化；④数字思维原则：比"机器换人"更重要的是"数字换脑"；⑤分步实施原则：数字化转型需要分阶段"私人定制"；⑥持续改进原则：数字化转型只有进行时没有完成时，数字化转型永远在路上。

二是构建了"业务为基、技术为翼、组织为骨、文化为魂"的数字化转型体系，"育珠、串链、结网"数字化转型生态链体系及从"产品"中心向"客户"中心转变的业务模式转型、从"人智驱动"向"数智驱动"转变的技术范式转型、从"传统组织"向"AI数智化组织"转变的组织模式转型的思路，并以徐工机械为例解读数字化转型的总体架构体系。

三是提出了数字化转型的"四大路径""五个维度""六个阶段（步骤）""六大主战场""七大核心""八大关键点"。

四是提出了数字化转型的方法论，包括数字化转型的"道法术器势"方法论、数字化转型"3L8P"模型，剖析了标杆企业华为、上海电气数字化转型的策略方法。

五是提出了企业数字化转型的具体步骤、路径及其策略方法，包括企业全生命周期数字化转型路径、企业数字化转型不同阶段的转型路径，特别重点提出了制造企业精益数字化转型的"点→线→面→体"转型路径及策略方法，并重点解析了美的集团、海尔智家、JL汽车集团数字化转型的路径、步骤与策略方法。

企业是一个创造、传递、支持和获取价值的组织，每一项数字化转型活动都应围绕价值展开，数字化转型在根本上是要推动其价值体系优化、业务创新和重构，持续不断地打造新动能，创造新价值。数字化转型的体系架构和策略方法机制应始终以创造价值（开源降本提质增效）为导向，通过周期性明确价值新主张，提升价值创造、价值传递的能力，转变价值获取方式，创新价值支持、价值保障支撑体系，稳定获取转型价值。其根本目的是通过数字化转型实现开源、降本、提质、增效、利润倍增。基于此，本书介绍了数字化转型价值创造理论体系、数字化转型价值创造作用机制、数字化转型价值创造路径机理、数字化转型中的 8 个价值链环节、企业数字化转型各环节价值创造路径。重点解析了小米科技、美的集团、海尔智家、徐工机械等标杆企业数字化转型价值创造的路径及其策略方法，供企业学习参考借鉴。

　　截至目前，大多数企业都还在数字化转型的路上，真正意义上的成功案例并不多。是什么在妨碍数字化转型的成功呢？我们认为，目前最大的瓶颈就是数字化人才的缺乏。数字化人才是数字化转型的最大变量，是数字化转型的核心要素，是决定数字化转型成败的关键因素。

　　基于此，本书对数字化人才的类型（不同专业分类）及其能力要求进行了系统定位。针对不同数字化专业人才（数字化管理人才、数字化技术人才、数字化应用技能人才、数字化复合型人才等）提出了分类分层分级培养体系，和将"传统"技术、运营、管理、生产技能人才培养成为基于 AI、工业机器人等技术的数智化人才的路径和策略方法。重点解析了标杆企业上海大众、M 银行数字化人才培养体系及其策略方法，供企业学习参考借鉴。

　　王振华（海岭云软件公司首席专家、海岭云软件著作权人）、韩世豪（中原科技学院图书馆员）、郭云浩（招商银行郑州分行高级客户经理）、侯龙文（龙谋管理咨询公司首席顾问、总经理）、邢有为（福州智策企业管理咨询公司首席咨询师）参与了本书的撰写工作。

　　期望本书能对计划进行或正在进行数字化、智能化转型的企业有所帮助，为企业成功实施、实现数字化转型助一臂之力！

侯　冰
2025 年 4 月于华北水利水电大学

目 录

第一章 数字化转型及其方法论 ... 001

第一节 数字化转型的概念、定义与价值 ... 003

一、数字化的概念 ... 003

二、数字化的定义 ... 003

三、数字化转型的定义 ... 005

四、高德纳数字化转型的3个基本定义 ... 007

五、数字化转型的本质 ... 008

六、数字化转型的3个领域 ... 009

七、数字化转型的价值 ... 010

第二节 企业数字化转型体系 ... 013

一、数字化转型总体架构体系 ... 013

二、数字化转型框架体系 ... 017

三、数字化转型实施体系 ... 021

四、数字化转型的四大路径 ... 025

五、数字化转型的五个维度 ... 026

六、数字化转型的六大主战场 ... 028

七、数字化转型的六个阶段 ... 036

八、数字化转型的七大核心路径 ... 039

九、数字化转型的八大关键点 ... 042

第三节 数字化转型方法论 046

一、数字化转型的"道法术器势" 046

二、企业数字化转型之道："3L8P"模型 054

第四节 标杆企业数字化转型方法论范例解读 057

一、华为公司数字化转型"钻石模型" 057

二、华为公司数字化转型方法论 060

三、上海电气集团数字化转型：1个核心、2条主线、3项目标、5个阶段 075

第二章 企业数字化转型步骤、路径与策略 085

第一节 企业数字化转型步骤与路径 087

一、企业数字化转型的升级步骤 087

二、企业数字化转型的五步提升 087

三、企业数字化转型的"五阶路线" 087

四、企业数字化发展的五个阶段及其转型路径 087

五、企业全生命周期数字化转型路径 096

第二节 制造企业精益数字化转型及"点→线→面→体"转型路径 106

一、精益数字化"点→线→面→体"转型路径理论 106

二、精益数字化"点→线→面→体"转型驱动机理 110

三、精益数字化"点→线→面→体"各阶段转型的要求及特征 113

四、精益数字化"点→线→面→体"转型路径 113

第三节 标杆企业数字化转型路径案例解析 117

一、美的集团数字化转型路径解析 117

二、海尔智家数字化转型路径案例解析 134

　　三、JL 汽车数字化转型路径案例解析 142

　　四、WL 汽车数字化转型路径案例解析 153

➢ 第三章 数字化转型价值创造及其路径 165

第一节 数字化价值创造理论体系 167

　　一、价值链理论 167

　　二、价值创造理论 168

　　三、数字化转型价值创造作用机制理论 169

　　四、数字化转型"三阶段"价值创造路径机理理论 171

第二节 数字化转型价值体系 176

　　一、数字化转型价值内涵体系 176

　　二、数字化转型价值体系 177

　　三、数字化转型中的 8 个价值链环节 177

　　四、数字化转型价值创造能力 179

第三节 企业数字化转型各环节价值创造路径 181

　　一、企业数字化转型各环节价值创造机理 181

　　二、企业数字化转型整体的价值创造机理 181

　　三、企业各环节数字化转型价值创造机理 184

第四节 标杆企业数字化转型价值创造案例解析 189

　　一、小米科技数字化转型价值创造路径解析 189

　　二、小米科技数字化转型价值创造分析 195

　　三、美的集团数字化转型模式演化及其价值创造解析 202

四、海尔智家"生态链"数智化商业模式的价值创造 236

五、徐工机械数字化转型价值创造路径分析 259

第四章 数字化转型人才与培养 ... 281

第一节 数字化人才的定义、类型与能力要求 ... 283

一、数字化人才的定义 283

二、数字化人才的职能分类 283

三、基于岗位层级的数字化人才分类 285

四、不同岗位层级数字化人才的能力要求 285

五、三类五层数字化人才粮仓模型 288

六、如何将传统人才培养成为数字化人才 290

第二节 数字化转型人才培养 ... 293

一、数字化专业人才培养体系 293

二、企业数字化人才培养路径 298

三、企业数字化人才培养策略 301

第三节 标杆企业数字化人才培养实践案例解析 ... 304

一、上海大众数字化人才培养 304

二、M银行数字化人才及其培养体系构建 306

第一章
数字化转型及其方法论

第一节　数字化转型的概念、定义与价值

一、数字化的概念

数字化分为狭义的数字化和广义的数字化。狭义的数字化主要是指利用数字技术，对具体业务、场景的数字化改造，更关注数字技术本身对业务的降本增效作用。广义的数字化是通过利用互联网、物联网、大数据、人工智能、区块链、人工智能等新一代信息技术，对企业、政府等各类主体的战略、架构、运营、管理、生产、营销等各个层面，进行系统性的、全面的变革，强调的是数字技术对整个组织的重塑，数字技术能力不再只是单纯地解决降本增效问题，而是成为赋能模式创新和业务突破的核心力量。

数字化的概念、场景、语境不同，其含义也不同，对具体业务的数字化，多为狭义的数字化，对企业、组织整体的数字化变革，多为广义的数字化。广义的数字化概念，包含了狭义的数字化。

二、数字化的定义

不同的人对数字化（Digitalization）的理解不同，给出的定义也不尽相同。数字化是一种将现实世界中的事物转化为数字形式的过程。它包括将物理实体、文档、图像、音频和视频等转化为数字化的形式，利用数字技术进行处理、存储、传输和呈现的过程。数字化是通过大数据、人工智能、边缘计算等技术构建一个个决策引擎，替代人主观的大脑决策业务流程中的关键决定，真正意义上实现智能化决策。

根据百度百科的解释，数字化转型是建立在数字化转换、数字化升级的基础上，进一步触及公司核心业务，以新建一种商业模式为目标的高层次转型。数字化转型是开发数字化技术及支持能力以新建一个富有活力的数字化商业模式。

我们认为，数字化是指企业可以运用各种数字技术手段连接用户，获取用户数据，并对用户进行运营，从而实现企业业务增长的商业模式。这个定义里面包含了三个关键

方面：连接用户的技术手段、获取用户数据、进行用户运营。

（一）连接用户的技术手段

企业最终服务的是用户，但是用户分布在线上线下的不同区域和不同平台。在数字技术不发达的时代，作为企业，虽然有着连接所有用户的需求，但由于缺乏连接用户的技术手段，企业和绝大部分用户事实上是处于割裂状态，它只能是企业的一个美好愿望。但是现在，随着数字化技术的发展和互联网资源的渗透下沉，企业完全可以利用各种各样的数字化技术和用户建立联系。比如说通过微信社群、抖音号、公众号、视频号等很多方式连接上用户，使用微信可以添加用户的个人微信建立一对一的紧密关系或者将消费者吸引进入微信社群组建立社群关系。再比如通过抖音平台创建企业抖音账号，吸引消费者关注并产生互动。

各种各样大众化的数字技术工具，都可以满足企业简单地和消费者建立连接的愿望。在必要的情况下，企业也可以为自己设计一个贴合自身实际业务需求的数字化连接工具。这些都说明现在有足够的可供企业选择的连接用户的技术手段，这为企业数字化的落地扫清了和用户产生连接的技术障碍。

（二）获取用户数据

企业之所以会想方设法扫清实现连接用户的技术障碍，就是为了获取企业想要的用户数据。用户是一切数据的来源，如果一个数字技术手段连接了用户，但是无法获得企业想要的用户数据，那么这个连接是无意义的。没有获取到用户数据的连接，纯粹就是为了连接而连接，那不是企业数据化，而是企业信息化。是否可以动态地获取用户数据，是企业数据化和企业信息化的最大区别。对于企业而言，用户数据是一个大的多维度的概念，包括但不限于用户的购买数据、用户年龄、用户性别、用户地域、用户消费频率等。一般而言，企业用户数据收集得越多，用户画像就越清晰，也就便于后期的精准运营。

（三）进行用户运营

企业通过数字化的技术手段实现了用户连接并且获取到了用户的数据，此时需要对数据进行深度运营从而实现企业业务发展的目标。只有实现了企业业务的发展，才能说数据发挥了真正作用，也说明了企业数字化转型的成功。奔着让用户数据发挥最大价值的终极目标，企业需要采取什么样的运营模式对用户数据进行运营呢？我们认为应该包含5个标准环节，分别是用户触达、用户连接、用户激活、用户留存和用户转化。5个环节环环相扣，分别在不同的场景承担不同的功能。

数字化本身并不深奥，所表述的无非就是在这个竞争日益激烈的市场，告诉企业如何和最终用户建立联系，如何和最终用户进行直接交互对话，如何增强用户对企业产品服务的黏性的新方法而已。

三、数字化转型的定义

目前，学者们对数字化转型概念的定义主要是从其目的出发，认为数字化转型可以改变价值创造方式、创新商业模式和利用数据指导企业、价值链运行等，具体如表1-1所示。

表1-1 数字化转型的定义

学者	定义
《信息化和工业化融合 数字化转型 价值效益参考模型》（GB/T 23011—2022）	数字化转型（digital transformation）是指深化应用新一代信息技术，激发数据要素创新驱动潜能，建设提升数字时代生存和发展的新型能力，加速业务优化、创新与重构，创造、传递并获取新价值，实现转型升级和创新发展的过程（注：推进数字化转型通常坚持以价值效益为导向、以新型能力为主线，以数据要素为驱动，以业务变革为核心）
国务院国资委"国有企业数字化转型"专题	数字化转型是顺应新一轮科技革命和产业变革趋势，不断深化应用云计算、大数据、物联网、人工智能、区块链等新一代信息技术，激发数据要素创新驱动潜能，打造提升信息时代生存和发展能力，加速业务优化升级和创新转型，改造提升传统动能，培育发展新动能，创造、传递并获取新价值，实现转型升级和创新发展的过程
华为企业构架与变革管理部	数字化转型是企业利用先进技术来优化或创建新的业务模式，以客户为中心，以数据为驱动，打破传统的组织效能边界和行业边界，提升企业竞争力，为企业创造新价值的过程
Gemini	数字化转型本质上是通过信息技术来提升公司的业绩和影响力
Berman	数字化转型是以客户的价值观念为基础，利用信息技术重构企业的运营方式，实现与客户的交互与协作
Porter & Heppelmann	数字化转型优化制造模式，提高生产效率，从而实现企业价值创造的倍增

续表

学者	定义
Lerch et al.	数字化转型是在信息和数字技术的基础上实现机器之间的互通互联，提高生产制造的效率
Rogers	企业的数字化转型是以战略为导向的信息技术应用，数字化转型只有首先确定数字化战略才能实现效果最大化
Heilig et al.	要想实现数字化转型，先进的信息技术是基础，更需要重视数字化转型在组织内部的适应性，以数字化战略为导向，信息技术只是实现数字化转型的手段，而非目的，数字化转型最终还是回归到组织和企业文化中
Chat G.P.T.	数字化转型是指利用数字技术和数字化手段，对传统的业务模式、流程和文化进行全面升级和优化的过程。它涉及技术、组织、文化和战略等多个方面，旨在帮助企业和组织提高效率、创造更大价值，增强竞争力，满足客户需求，并拓展新的商业机会和增长潜力。数字化转型不仅是对传统业务的改造，更是一种基于数字技术的全新商业模式的构建和创新
Verhoef et al.	数字化转型分为三个阶段：首先，将非结构化信息和结构化信息转变为数据；其次，利用数字技术实现业务流程的再造，促进数据在价值链中的传递；最后，改变原有的商业思维，实现商业模式的变革
郑为华	数字化转型是企业全方位的转型，不仅体现在企业业务流程、商业模式的转变，还体现在企业的价值主张、企业文化、资源配置等方面
戚幸东、肖旭	企业数字化就是在研发、制造、运营和营销服务等价值链流程中采集和分析数据，促进企业流程再造的过程
陈春花	数字化转型是指企业借助数字技术，赋能员工、顾客和伙伴，以帮助企业无限接近C端（顾客端），为顾客创造全新体验与全新价值的过程

四、高德纳数字化转型的 3 个基本定义

数字化转型是由英语翻译过来的，因翻译和表达的差异，把原来有区别的几个词翻译成一个词，即"数字化转型"。和数字化转型相关的概念有 3 个，分别是数字化转换、数字化升级、数字化转型，其定义如图 1-1 所示。

数字化转型
运用新兴技术构建新型业务系统、业务模式、客户/员工体验

数字化升级
运用数字技术改进业务流程

数字化转换
从模拟形态到数字形态的转换过程

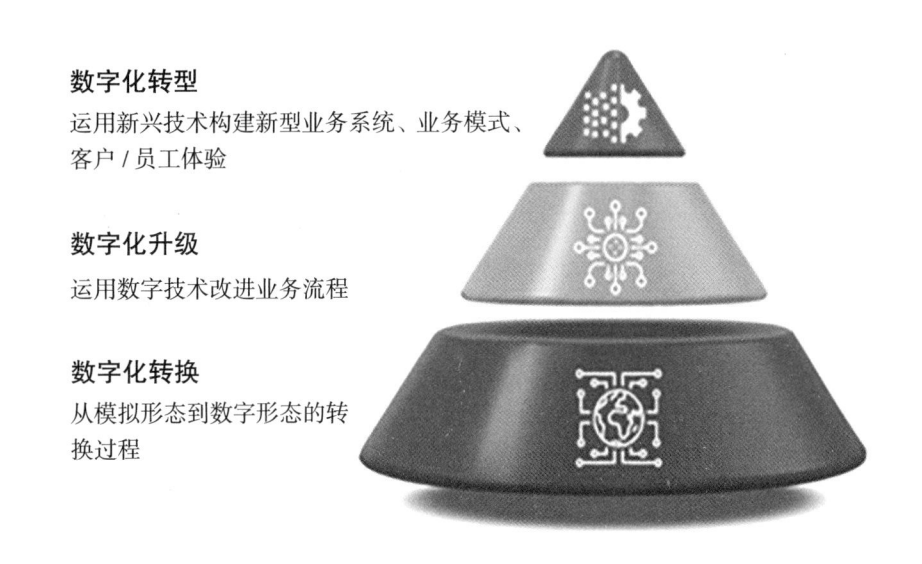

图 1-1 高德纳（Gartner）关于数字化的定义

根据高德纳（Gartner）的 IT Glossary 给出的解释，数字化转换反映的是信息的数字化，指的是从模拟形态到数字形态的转换过程，比如证照的数字化、纸质工作记录的数字化、声音的数字化（从磁带到 CD 的变化）等；数字化升级强调的是流程的数字化，即运用数字技术改造商业模式、产生新的收益和价值创造机会，例如企业资源计划（ERP）系统、客户关系管理（CRM）系统、供应链管理（SCM）系统等，都是将工作流程进行了数字化，从而倍增了工作协同效率、资源利用效率，为企业创造了信息化价值；数字化转型则是开发数字化技术及支持能力，新建一个富有活力的数字化商业模式。因此，数字化转型完全超越了信息的数字化或工作流程的数字化，着力于实现"业务的数字化"，使公司在一个新型的数字化商业环境中发展出新的业务（商业模式）和新的核心竞争力。在数字化转型实践中，这 3 个方面的数字化都会同时存在。

关于数字化转换、数字升级与数字化转型定义的诠释，如表 1-2 所示。

表 1-2 数字化转换、数字升级与数字化转型定义的诠释

数字化转换	数字化升级	数字化转型
将非数字内容转换为计算机可以处理的形式	将基于人的和文档绑定的流程转变为可以计算机操作的系统	改变商业实践和战略以利用数字效率
"数字优先的文档和内容"	"数字优先的流程和系统"	"数字优先的组织"
目标：获取纸质和其他非计算机可理解的文档，并将它们转换为计算机可以处理的格式	目标：通过附加处理从现有的数字格式信息中提取更多价值，同时将基于人的流程转变为计算机操作的流程	目标：通过利用数字优先流程和信息来改变业务运营方式，通过运营变革实现显著的效率和增值
"数字化这些文件" 又名"数字捕获"	"数字化这些流程"	"数字化改造这些业务"

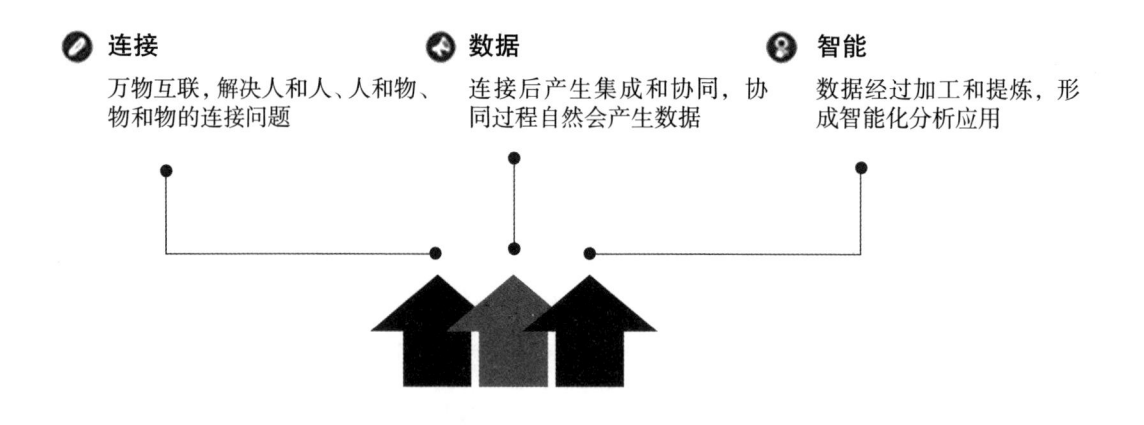

五、数字化转型的本质

数字化转型的本质，如图 1-2 所示。

连接
万物互联，解决人和人、人和物、物和物的连接问题

数据
连接后产生集成和协同，协同过程自然会产生数据

智能
数据经过加工和提炼，形成智能化分析应用

图 1-2 数字化转型的本质

其中，连接解决基本的业务链协同问题，通过连接下的业务协同形成数据沉淀，通过数据的存储处理，管控治理形成数据服务能力反哺业务。同时，数据持续积累又进一步为机器学习、深度学习等智能化分析应用提供服务。

总之，企业数字化转型是战略主导下的业务变革，是数据驱动、智能助力的研发、生产、运营、服务改善，最终推进营利模式优化和用户体验提升；它以数字化为核心，

借助网络化手段，实现智能化赋能，优化产品研发与制造，确保高效保质交付；转型的根本目标是持续提升企业核心竞争力。

六、数字化转型的 3 个领域

数字化转型的核心领域有 3 个：业务转型、技术转型、组织转型，如图 1-3 所示。

业务转型
价值体系优化、重构，实现业务增长 + 业务增值

技术转型
构建技术生态，连接消费互联网 + 产业互联网 + 工业设备物联网 + 产品物联网

组织转型
重构组织架构、数字思维构建数字化组织、敏捷组织

图 1-3 数字化转型的领域

（一）业务转型

业务转型是指企业通过全价值链的数字化变革实现运营指标的提升，成功的业务转型需要认清方向，明确愿景，制订分阶段的清晰转型路线图；要有一个大方向，又要一个分阶段的短跑，小型的项目与规划，同时关注全价值链环节，以"净利润价值"为驱动，以业务为驱动进行转型。

（二）技术转型

技术转型是指搭建企业数字化转型所需的架构和技术生态系统。成功的技术转型需要健全的架构，创造并引领主题明确的技术合作伙伴生态圈。在现在的技术体系、发展进程下，技术可以促进企业通力合作，取长补短，共同发展。例如，对工业制造领域来说，工业物联网架构是支撑数字化业务用例试点和推广的"骨骼"，而数据架构是确保"数据—信息—洞见—行动"能够付诸实践的"血液"，整体架构的构建需

要始终以数字化转型的终极目标为导向。

（三）组织转型

组织转型是指在组织架构、运行机制、人才培养和组织文化上的深刻变革。成功的组织转型是一场自上而下推动的变革，需要企业高层明确目标，构建绩效基础架构，成为指导转型行动方向的"大脑"；形成转型举措和财务指标的映射，成为反映转型业务影响的"眼睛"；树立全组织一致的变革管理理念和行为，成为引领组织上下变革的"心脏"。另一方面，企业需要关注团队的构建，比如：弥补员工的能力差距，建设数字化知识学习的文化并使之可持续发展；推进数字化能力和人才梯队的建设，组成推动转型大规模推广的"肌肉"；构建敏捷型组织和团队，为又快又好地实施和优化转型举措提供支撑。

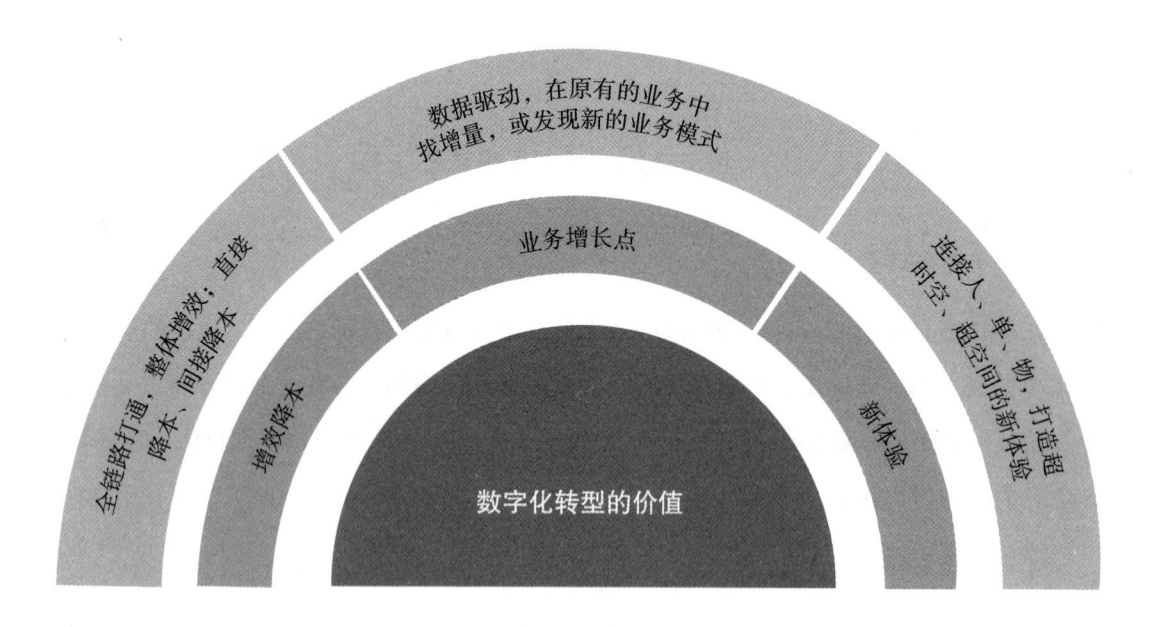

七、数字化转型的价值

数字化转型的价值，如图1-4所示。

图1-4 数字化转型的价值

数字化转型按照业务创新转型方向和价值空间，又分为生产运营优化、产品及服务创新和全新业务创新三类，并可以按这三类来明确数字化转型过程中不断跃升的价值，如图1-5所示。

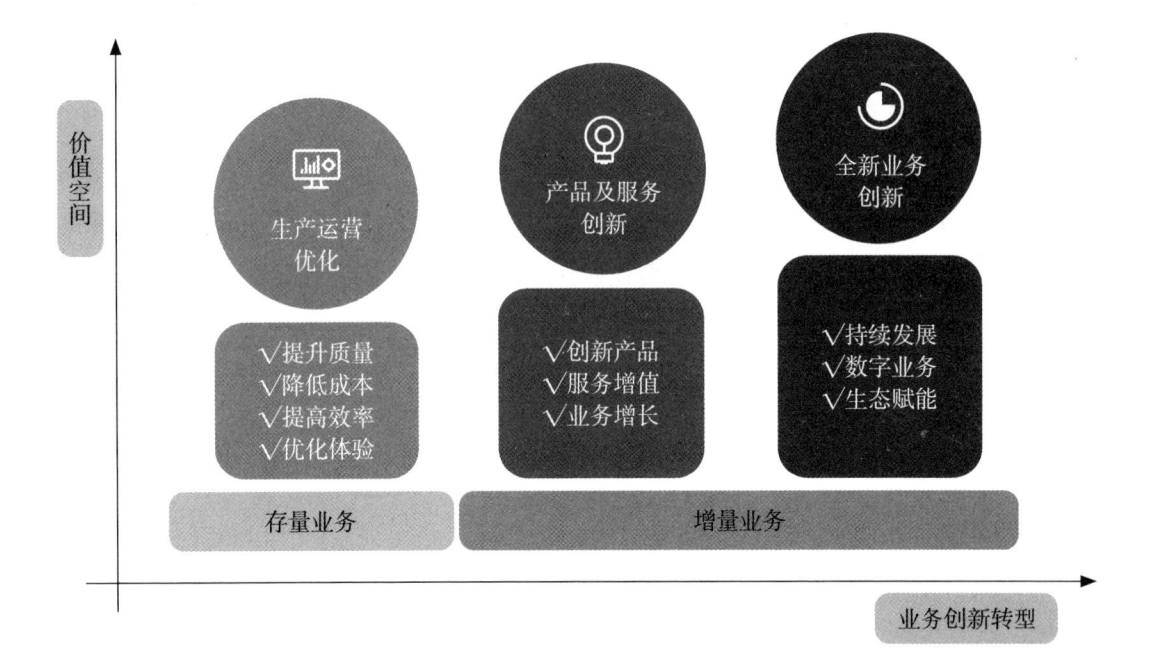

图 1-5 数字化转型的三类价值

（一）生产运营优化

相应的业务体系一般不会有本质性转变。主要是基于传统存量业务，价值创造和传递活动主要集中在企业内部价值链，价值获取主要来自传统产品规模化生产与交易。生产运营优化类价值效益主要包括效率提升、成本降低、质量提高、体验优化等方面。

（1）在效率提升方面，主要包括提高规模化效率和多样化效率。

（2）在成本降低方面，包括降低研发成本、生产成本、管理成本和交易成本。

（3）在质量提高方面，主要包括提高设计质量、生产服务质量、采购及供应商协作质量和全要素全过程质量。

（4）在体验优化方面，主要包括客户和消费者购买体验优化、内部员工及伙伴协同体验的优化等。

（二）产品及服务创新

相应的业务体系总体变化不大，主要专注于拓展基于传统业务的增量业务创新，价值创造和传递活动沿着产品及服务链延长价值链，开辟业务增量发展空间，产生全新的产品及服务收入。产品及服务创新类价值主要包括新技术和新产品、服务延伸与增值、主营业务增长等方面。

（三）全新业务创新类价值

相应的业务体系通常会发生颠覆式创新，主要专注于发展壮大数字业务，形成符合数字经济规律的新型业务体系，价值创造和传递活动由线性关联的价值链、企业内部价值网络转变为开放价值生态，价值获取主要来自与生态合作伙伴共建的业务生态。全新业务创新类价值主要包括为用户生态合作伙伴连接与赋能、数字新业务和绿色可持续发展等方面。

第二节 企业数字化转型体系

一、数字化转型总体架构体系

数字化转型是以提高企业绩效为目标、以数据融合为纽带、以技术融合为手段、以业务融合为支撑，通过转换、融合、重构提升企业的数字化生存能力、业务数字化创新能力，从而适应新的环境要求，最终实现商业模式革新的过程，见图1-6。

过程方法与联动机制

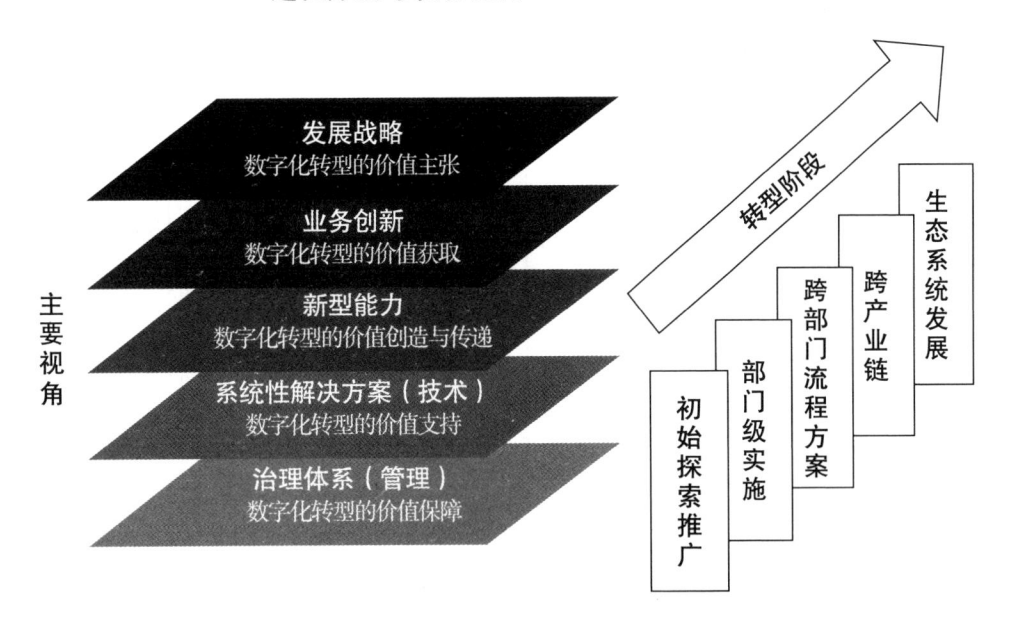

图 1-6 数字化转型总体架构

以徐工机械为例，其数字化转型系统架构，见图 1-7。

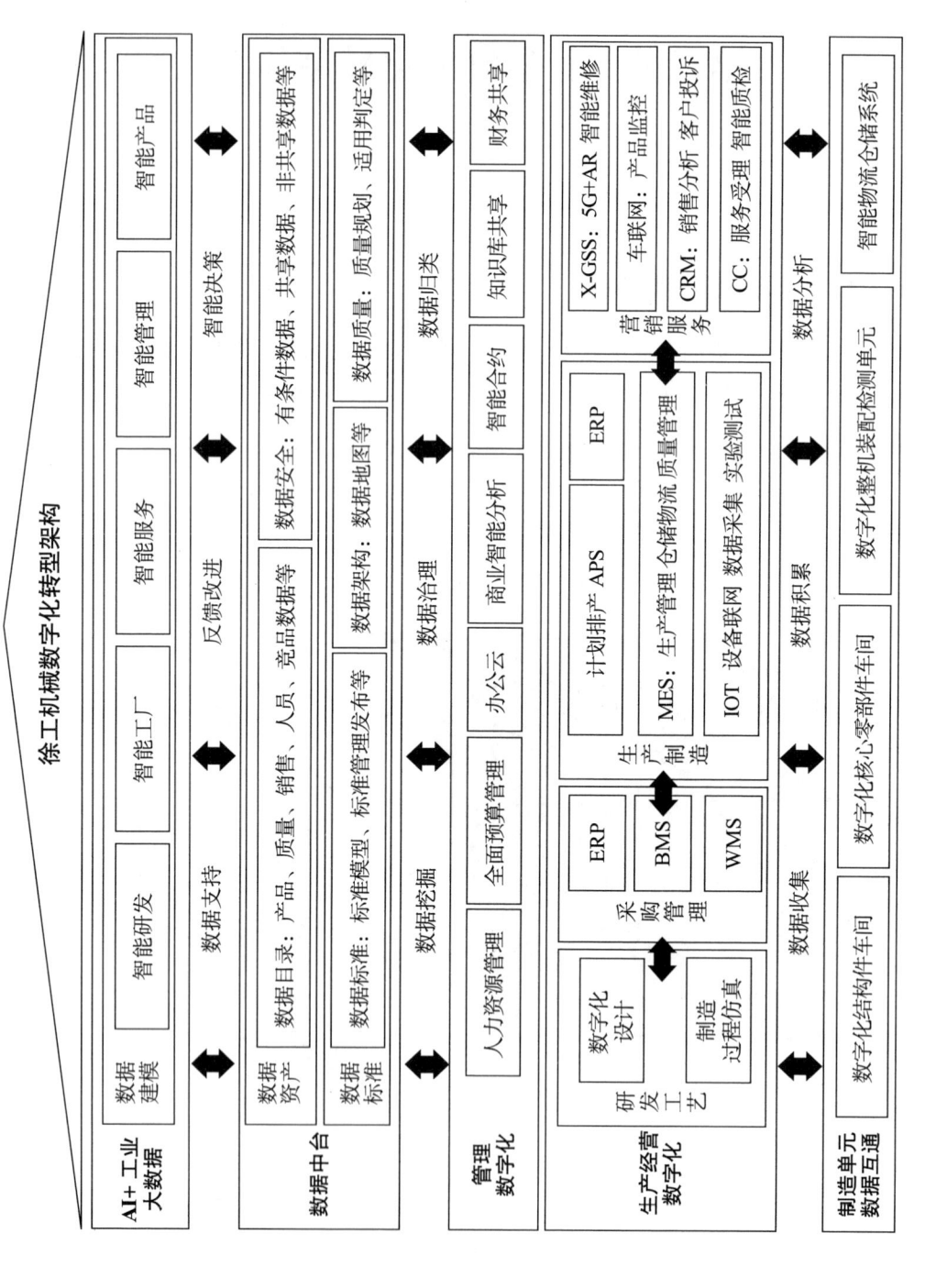

图 1-7 徐工机械数字化转型系统架构

第一章 数字化转型及其方法论

（一）基础单元数字化

数据既是数字化转型的基础，也是决定数字化转型效果的关键。早在1998年之前，徐工机械就在集团公司的号召下启动了工业技术和信息技术的融合建设，在行业内率先实施了数据采集与分析系统。一方面，徐工机械在制造加工单元、生产线乃至生产车间之间实现了数据互通，对生产设备的利用率、能耗、运转参数和报警情况做到实时监测，并对产品工件加工过程中的流转信息以及质量检测信息实时采集、分析，让参与生产制造过程的机器设备"开口说话"。另一方面，徐工机械在产品终端实现了设备互联，通过自主研发的X-GSS系统接入分布在全球各地的工程机械设备，实时采集和反馈设备的关键运行数据，对设备进行数字化管理和预测性维护。

（二）生产经营数字化

经过数字化基础阶段的发展，徐工机械已积累了大量生产经营过程当中的数据。然而，如何盘活和充分利用这些已沉淀的数据资产，以及如何进一步通过数字技术的赋能覆盖更多的业务场景以获取更多数据，是徐工机械数字化转型下一步需要关注的重点。基于此，徐工机械与SAP公司合作引入了企业资源管理系统（Enterprise Resource Planning，ERP）、产品生命周期管理系统（Product Life-Cycle management，PLM）和客户关系管理系统（Customer Relationship Management，CRM）等，在研发工艺、采购管理、生产制造和营销服务四大业务场景实现数字化覆盖。

研发环节数字化的关键在于建立并不断迭代优化产品研发体系。徐工机械目前在研发环节已经实现了数字化设计和制造过程仿真，通过从徐工全球数字化备件服务信息系统（XCMG-Global Service System，X-GSS）采集的设备数据和CRM系统反馈的客户意见需求等来识别出有价值的信息，利用以产品数据管理系统（Product Data Management，PDM）为核心的全球协同研发信息平台进行产品功能的三维设计、建模和工艺仿真，高效实现产品功能的研发升级和改进。

在采购管理环节，徐工机械实现了仓储、物流、采购和管理的数字一体化。其中，仓储管理系统（Warehouse Management System，WMS）可对零备件存量进行监控来合理制订采购计划，基于供应链大数据平台（Supply Chain Big Data，SCBD）可获取全球范围供应商和备件的信息，通过比对和竞价来判断形成最优采购方案，后续通过ERP实现零备件的合理配置，使得采购环节充分发挥效能。

在生产制造环节，徐工机械基于物联网（Internet of Things，IoT）将生产车间的各种信息传感设备等装置与互联网相结合，辅以时分复用模式（Time Division Multiplexing，TDM）来对大量的生产数据和设备信号进行实时传输。以便于对整个生产过程进行管理和监控。在前述基础上，徐工机械通过引入进阶生产规划及排程系统（Advanced Planning Scheduling，APS），结合 ERP 提供的资源信息与生产现场派工情况，规划出可行的物料需求和生产排程计划，并同步建立了以制造执行管理系统（Manufacturing Executing System，MES）为核心的生产制造过程中枢，对生产制造、质量检测和仓储物流等模块进行全面管理。

在营销服务环节，徐工机械实现了内部业务数据统一，业务入口和业务流程标准统一，实现客户、经销商、供方等业务的精细化管理。目前，徐工机械已经建设了基本完备的国内外营销网络，形成了成熟的"集团管控、事业部调度、网点执行"销售服务模式，建立了完善的产品后市场服务体系，通过物联网平台实现基于大数据分析的产品全生命周期可视化管控。

生产经营数字化的整体阶段中，徐工机械的重点在于盘活各基础阶段积累的数据资产，即通过 ERP、PLM、CRM、WMS、APS 和 MES 等核心信息系统的深度连接，实现了各系统之间数据互通与集成应用，全方面实现了生产经营各环节的高度智能化和精益化管理。

（三）运营管理数字化

徐工机械通过生产经营的数字化建设实现了价值链中研、产、销、服各基本增值环节业务系统的平台搭建。为了进一步推动全价值链数字化，徐工机械着手对内部经营管理这一辅助性增值环节的支撑平台进行了完善升级。通过建立运营管理平台，以数据驱动人力资源管理、全面预算管理、办公流程管理、商业智能管理以及财务分析与财务共享能力的全面提升，全面提升了企业管理环节的精细化、数字化能力，有效帮助企业制定、量化和评估管理考核目标。通过数据的持续流动和价值开发利用，全面提升徐工机械的核心竞争力，进一步实现数字化运营以支撑其后续数字化、智能化转型措施。

（四）大数据平台化

徐工机械以数据中台建设为基础，实现对各类数据的汇聚、挖掘、归类，实现全方位、全过程、全领域的数据实时流动与共享。通过对数据资产的标准化、规范化管理，实现了数据采集、处理、建模、分析、展现、预警预判的智能化和自动化基础，加强对工业知识、技术、经验的模型化沉淀，推动运营的全面智能化。如徐工机械 SCBD 平台以"数据可视""提质增效"为目标，通过供应链大数据采集、分析、应用，用数据指导经营决策，实现精益化管理与可持续发展目标。平台集成了公司生产运营中多个系统数据及行业数据，通过构建数据仓库，建立分析模型，实现采购、仓储、物流等供应链全场景经营数据分析与展示，具备供应商等企业风控预警能力。又如徐工机械具有自主知识产权的徐工汉云工业互联网平台（Xrea），在大数据平台中对海量数据进行 AI 建模，将数据模型融合到具体业务场景和运营管理场景，建立起依赖可靠依据而非依赖商业经验或直觉的自动化、智能化的决策体系，促进"生产智能化、服务生态化、管理协同化、决策数据化"，助力工程机械行业智能制造的高阶场景。

二、数字化转型框架体系

（一）数字化转型生态框架体系

数字化转型可以形象地比喻为"育珠、串链、结网"三个方面，如图 1-8 所示。

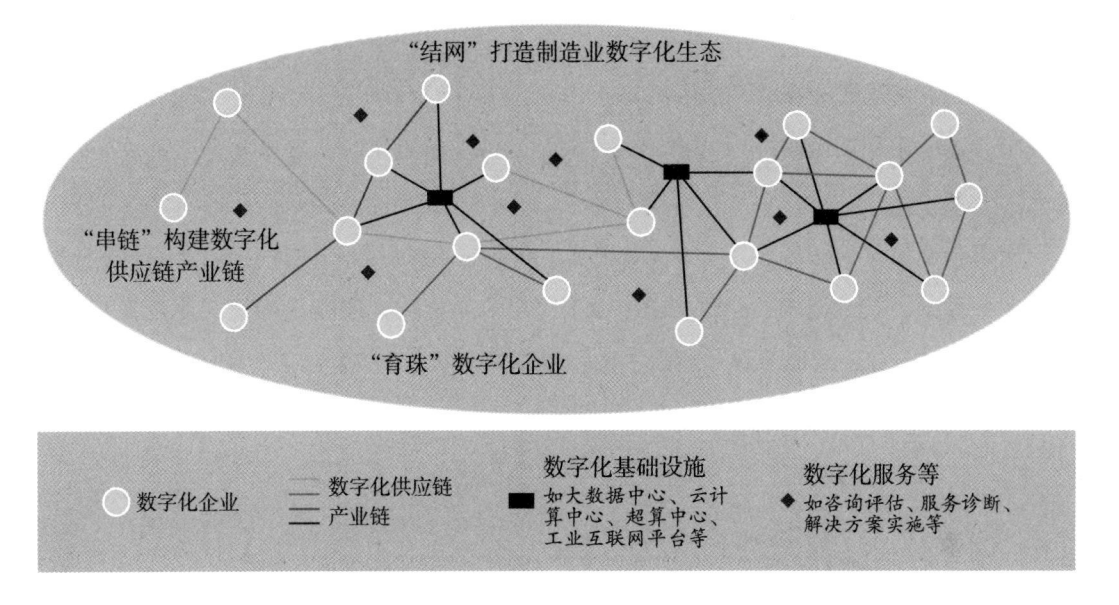

图 1-8 "育珠、串链、结网"数字化转型生态图

1. 育珠

企业生产运营和发展的根本目标是实现可持续盈利，因此，企业需要坚持创新驱动，拓展新的价值增长点。在数字化时代，数据将成为新的生产要素，成为进入生产体系中的新变量，这将为企业带来新的业务经营模式和业务增长点。因此，企业要利用数字化手段重塑企业的业务模式、技术范式、组织方式、文化意识，降低企业研发设计、生产制造、销售及服务、运营管理等过程中的不确定性，降低企业自身生产成本、管理成本、交易成本，提升企业营利能力和竞争力。

2. 串链

在企业数字化转型的基础上，串珠成链，构建数字化供应链、价值链、产业链。一方面要提升供应链、价值链数字化管理水平,将与供应链建设运行的有关数据形成有价值的资源,通过数字化运营进行精准分析,科学决策,提供最优化方案。积累沉淀形成数据资产,提升数字化供应链创新能力和价值。另一方面,要加强产业链数字化配套升级,通过优化产业结构布局,突破产业边界与上下游的产业进行融合,强化产业协作、风险预警与应急处理能力,形成灵活稳定的产业链,保障企业可持续发展。

3. 结网

打造制造业数字化生态,即通过建设数字化基础设施(数字化平台),以数字化企业为主体,发挥数字化基础设施的枢纽作用,加强数据、流程、组织和技术等要素的协同创新,构建数字化网络生态链,为企业生产、运营、管理提供全面、全系统、全方位的数字化服务。

(二)企业数字化转型框架体系

企业数字化转型要确立"业务为基、技术为翼、组织为骨、文化为魂"的数字化转型体系。

聚焦企业数字化转型,以"培育新模式、新业态,形成新经济增长点"为目标远景,以"业务模式、技术范式、组织方式、文化意识"4个转型维度,构建"业务为基、技术为翼、组织为骨、文化为魂"的数字化转型体系,如图1-9所示。

目标愿景
培育新模式新业态
形成新经济增长点

价值点
业务更加多元、技术更加适配、组织更加灵巧、文化更加包容
提质、降本、增效、减存

业务模式变革
从"产品中心"向"可客户中心"转变

| 数字化管理 | 平台化设计 | 个性化定制 | 网络化协同 | 智能化制造 | 服务化延伸 |

技术范式变革
从"人智驱动"向"数智驱动"转变

| 泛在互联 | 数据驱动 | 软件定义 | 平台支撑 |

组织方式变革
从"传统组织"向"柔性组织"转变

| 液态组织 | 灵活机制 | 资源共享 | 战略重塑 |

文化意识变革
从"执行文化"向"人本文化"转变

| 拥抱变革 | 开放合作 | 数字素养 | 人本精神 | 全员使命 |

图1-9 "业务为基、技术为翼、组织为骨、文化为魂"数字化转型体系

（1）业务模式变革：从"产品"中心向"客户"中心转变，如图1-10所示。

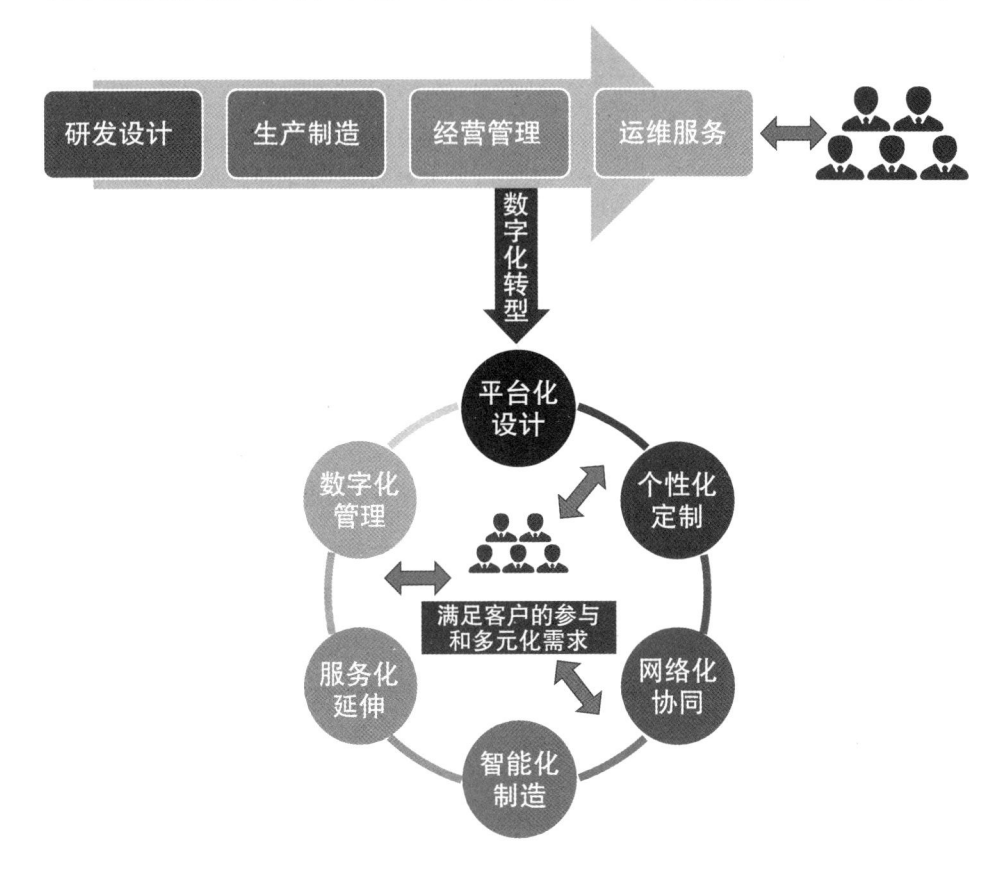

图1-10 业务模式转型

（2）技术范式变革：从"人智化"向"数智化"转变，如表1-3所示。

表1-3 技术范式转变：由"人智化"向"数智化"转变及其特征

模式	定义	感知	分析	决策	执行
人智	企业运用数字孪生、大数据等信息技术、不断将工艺知识、工业经验、机理模型等进行数字化沉淀，充分实现物理空间在信息空间的映射，但仍然依赖人进行决策	通过传感器、射频识别等方式采集数据	通过上下限、坏值剔除等方式进行数据筛选，并转成有逻辑的信息展示，人基于经验和机器状态进行决策		人操作机器、软件等执行
		数据	人	数据	人	机器	人

续表

模式	定义	感知		分析		执行	
辅智	企业建立知识库、专家系统等，机器基于数据分析模型，识别出未知问题提示人进行决策	面向已知问题的数据采集		建立知识库、专家系统等，机器基于已有的知识进行决策处理，并通过数据分析模型等对未知问题进行识别，提示人进行处理		已知问题机器自动执行，未知问题人操作机器控制	
		机器	人	数据	人	机器	人
混智	企业建立机理模型、数据分析模型以及模型之间的关系，机器对未知问题给出决策建议	以需求为导向的数据采集，异构数据融合		建立机理模型、数据分析模型以及模型之间的关系，个体模型能在信息空间进行协作；已知问题机器基于知识库决策处理，未知问题由机器基于模型给出建议，达到人机协同		已知问题机器自动执行，未知问题由机器驱动人共同执行	
		机器	人	数据	人	机器	人
数智	企业建立高级模型分析，进行多对象、多目标分析，机器能够自主处理未知问题	基于业务需求，自主调整数据采集的数量、频率、内容		建立高级模型分析，模型间通过特征关联、协同推演等方式进行多对象多目标分析；已知问题机器基于知识库决策处理，未知问题机器可根据物理空间的变化自主处理		已知问题机器自动执行，未知问题机器自动控制	
		机器	数据		人	机器	人

（3）组织方式变革：从"传统组织"向"柔性组织"转型，如图1-11所示。

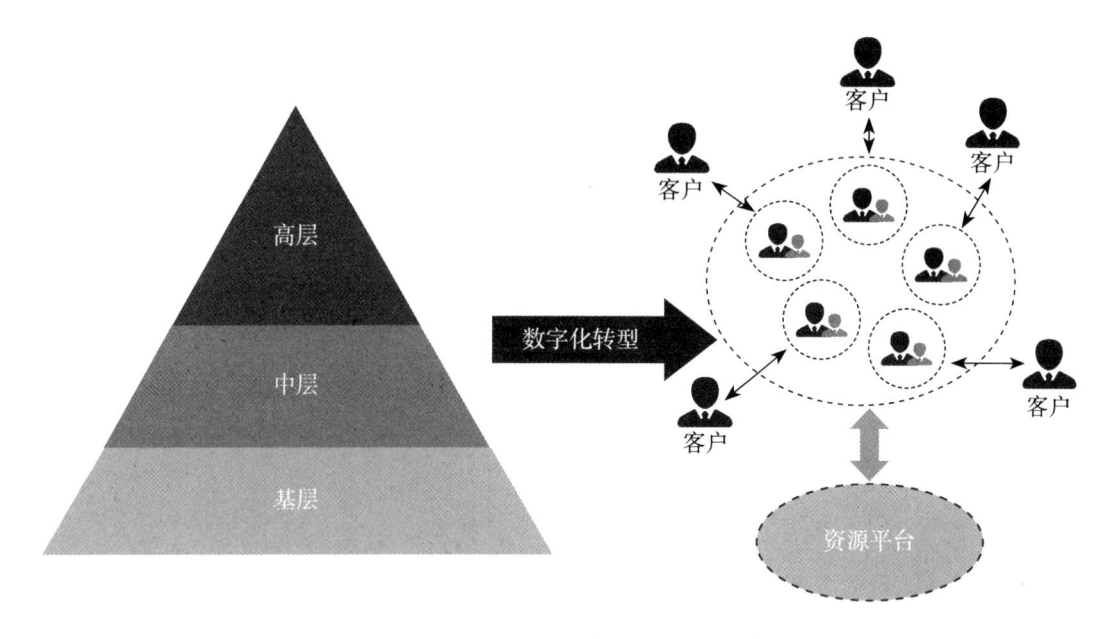

图 1-11 基于数字化的组织方式转型

（三）数字化转型标准框架体系

数字化转型标准框架体系，如图 1-12 所示。

三、数字化转型实施体系

（一）数字化转型的"一个核心"：以数据驱动业务创新，实现价值创造

企业数字化转型如果有一个中心的话，那就是业务创新，数字化转型为业务服务。因此，数字化转型的重心不是数字技术，也不是业务转型，而是运用数字化技术推动业务创新，创造前所未有的价值。由此可见，数字化转型的核心是围绕价值创造实施数字化转型。一切不创造价值的数字化转型的做法都是在浪费资源，对企业的可持续发展无益。例如，很多企业有很多数据系统，却只是成了信息的仓库，并没有应用数据创造价值；明明有很多客户的交易数据，可是对客户的行为规律并没有进行分析，不能为客户经营决策所用；明明有很多供应商的交易数据，可是供应商的绩效表现没有客观分析，不能为供应商经营管理所用；等等。

（二）数字化转型实施的"三个层次"

数字化转型的实施有三个层次：业务数据化、数据业务化、决策智能化，如图 1-13 所示。

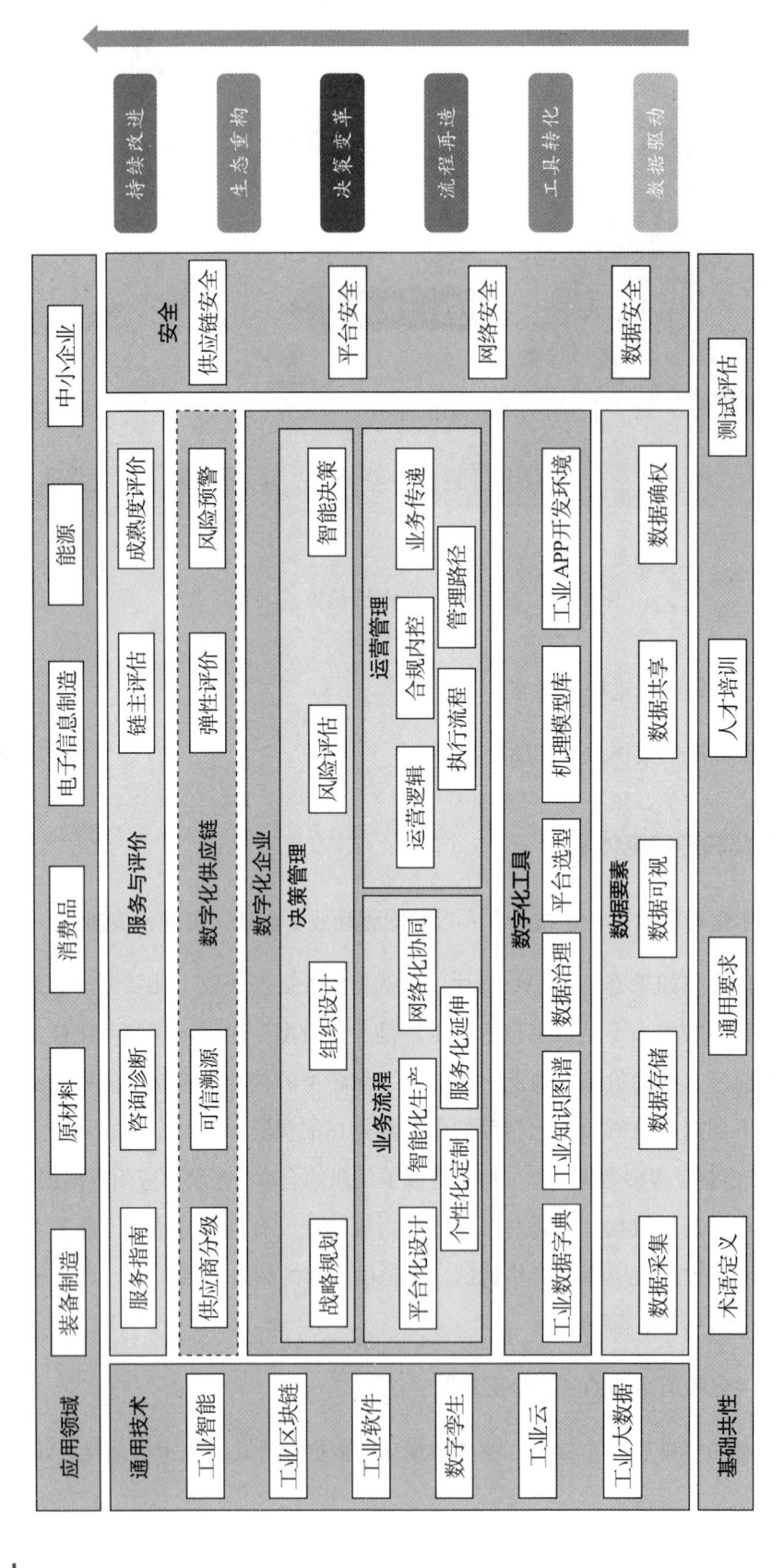

图 1-12 数字化转型标准框架体系

第一章 数字化转型及其方法论

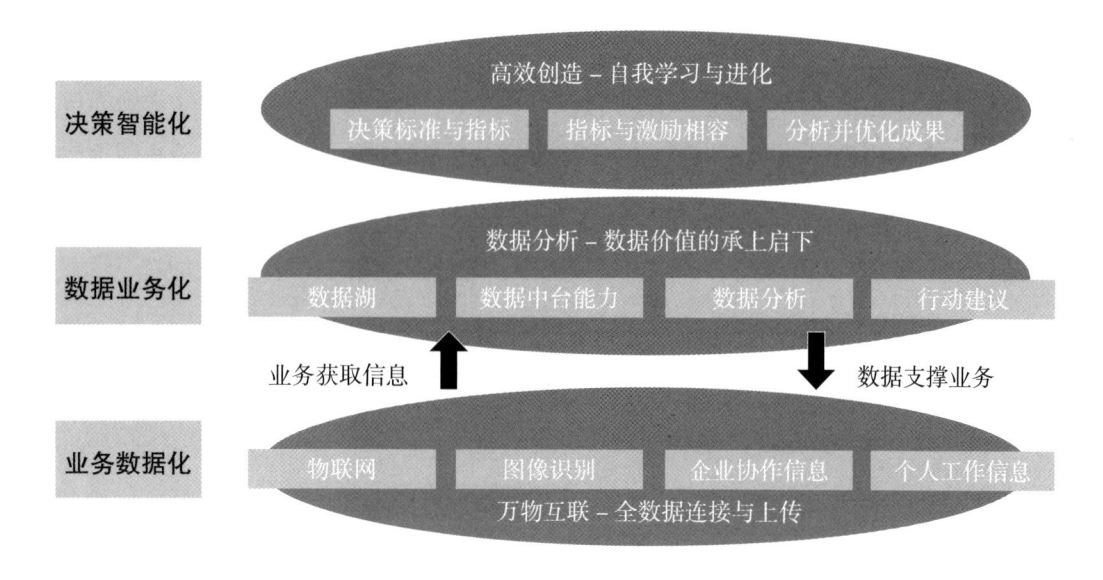

图 1-13 数字化转型实施"三个层次"

1. 业务数据化

业务数据化，即所有业务数据相关的信息（人员、供应链、研发、产品、管理、销售）在线。

业务数据化的本质是希望能在数据当中看到一些有助于企业实现营利的信息，并将这种信息进行落地，最终实现营利。

对于企业的经营者来说，在这个层次一定会基于企业自身的业务特点通过 IT 工具提升企业的运营效率。从内部到外部、从供应链上游到销售服务下游进行关键数据获取，并通过报表的形式，按一定周期交付给业务负责人或者管理层进行评估，辅助企业有针对性地对业务进行相关的优化或调整。

这里提到的关键数据获取是指对企业生产运营的各个重要节点以量化指标的形式进行梳理。同时，通过技术研发，实现指标数字的自动采集、汇总和加工。

对于一些受限于技术能力暂时无法实现自动化采集的数据，需要企业制定严格的管理规范并培训员工进行采集，务必保证数据的准确性和及时性。同时，开始基于采集的数据，搭建并设计具有业务特征的算法模型，并通过数据报表的形式为企业经营者进行评估与决策辅助。

这里要特别注意的是，前期的数据报表的构建更多出自企业管理层或具体业务负责人的认知，带有很强的主观性。因此，需要不断地基于业务的经营和发展，不断优化和更新相关的算法逻辑，进而保证数据的客观与决策的准确性。

2. 数据业务化

数据业务化，即企业能够将数据转变为带有建议性的信息，帮助客户实现新的价值创造，把信息化过程中长期累积下来的产品数据、交易数据、电商数据、用户数据、媒体数据、行业数据等，不断融入企业的管理和经营过程中，通过数据发现问题、发现规律、发现商机，用数据优化业务组合、优化业务流程、优化经营模式，实现企业的持续运营、持续创新、持续发展。

随着"独角兽"企业的发展，雄厚的资金裹挟着海量的优秀工程师将数字技术的标准化构建得日益完善，在潜移默化的人才溢出过程中，企业信息化的成本越来越低。现在的大部分企业都基于时代的技术红利，通过采购低价格、高品质的云服务，构建了基础的信息化能力。

在"犀牛"企业中，以零售业务为主的企业首先拥抱数字化转型。2020年伊始，蒙牛集团正式开启了数智化业务战略转型，而不是传统意义上单纯的IT战略。蒙牛集团强调数智化，不是单纯的数字化，这里不仅有数字数据，还有为智能决策进行的沉淀与布局。蒙牛的数智化遵循以下2点。

（1）一切业务数字化。通过参透业务的本质，满足客户的核心诉求之后，将业务的所有行为全面数字化和在线化，洞察所有的业务数据。

（2）一切数据业务化。用数据做决策的企业，用数字化的方式改变原有的商业模式。

数字化的核心和本质是运用大数据、云计算、物联网、区块链、AI、5G、VR/AR等数字技术，实现企业的业务和管理创新，增强企业竞争力，其重点关注的是"数据驱动"业务，典型的工具是数据化系统，如数据仓库、数据湖、智能分析平台、算法平台、数据资产管理平台等。

3. 决策智能化

决策智能化，即将信息转化为任何规模的更好行动的数字科学技术。

在企业数字化转型过程中，团队成员的数字化意识日益增强、经验日益丰富，能够熟练通过相关的算法模型、机器学习、机器人、大数据等技术的应用，替代传统的人工作业和人为决策等工作。其中，一方面，制定决策原本就是企业各个业务管理者的重要工作，从某种程度来说智能决策是在削弱其价值；另一方面，打破业务负责人原来基于经验和主观判断的思维壁垒，通过数据和结果优化相关的智能决策建议。

在这个阶段中后期，通过业务负责人的参与，企业已经将数字化算法模型做到可以针对部分一线工作给出正确的决策。这时就需要通过技术研发，提升一线职能工作的自动化程度，如通过无人配送落地配送策略，通过算法评估非销售人员的绩效等。

决策智能化是一种新学术理论，其将数据科学、社会科学、管理科学融为一体，涉及个人生活改善、企业经营优化、社会治理高效等重要场景。

人类不是优化者，而是满意者，也就是说人类满足于"足够好"而非"完美"。智能决策的价值就在于可以利用机器学习和运筹优化技术解决大规模、多约束条件的问题，在具体生产过程中，能够从全局来调控各项资源和生产要素，以达到既定目标的最优化。

四、数字化转型的四大路径

企业的数字化转型需要从以下四个方面同时发力。

一是领导力的转型，以智慧决策为先导，做好顶层设计。在企业数字化升级的过程中，领导者必须转变思维，重新思考自身的创新战略，通过创新自身业务、培养数字化能力，来占领价值链的制高点。对于做顶层设计的企业决策者而言，想要成为数字化转型的"引领者"，决策观念就要从经验判断向"数据说话""智慧决策"进行转变。

二是组织结构的转型，以业务增长为目标，成立数字机构。企业需要破除业务与技术之间存在的界限和"鸿沟"，成立新型的数字化机构，作为企业数字化转型的推动者，实现融合创新，重构企业的业务组合、协同方式和管理层级。同时，企业还要在全组织范围内树立数字文化，打造具有高度组织凝聚力的平台。

三是运营管理的转型，以客户需求为中心，重塑全部流程。企业数字化系统的运行逻辑应该是以用户为中心，实现服务者、被服务者和经营管理者在同一个平台的交流、互动，才能高效地推动企业经营发展。因此，企业要打通"横向、纵向和端到端"的三大数据流，实现从设计到服务、从生产到客户、从前端到后端的"数据互联互通"能力。

四是技术能力的转型，以技术应用为支撑，推进技术创新。华为公司联合牛津经济研究院发布的《数字溢出，衡量数字经济的真正影响力》报告表明，数字技术投资的平均回报率是非数字技术投资的6.7倍。相比于获得最新技术，更重要的是企业要关注技术运用的成果，并仔细思考每项新技术将如何带领企业走向数字联通的未来。

在把握数字化的本质和数字化转型的四个方面后，企业要成为数字企业，还需要实现全要素、全流程和全链条的数字化，不断提高业务经营能力、产品服务能力、渠道覆盖能力，打造出核心竞争力。

五、数字化转型的五个维度

（一）精益化维度

精益化维度的主要任务是通过精益管理定位并消除企业运营过程中存在的浪费，系统性实现降本增效，包括实际业务数据采集、企业核心流程梳理、核心业务数据分析，最后基于分析结果构建匹配的数字化解决方案和配套的新流程。

数字化战略在精益化维度的发展，首先要实现企业运转状态的透明化，充分暴露业务中预期同实践的差异，并重点寻找差异产生的原因。其次是使用数字化工具，改进甚至取代当前的工作流程，缩短业务实际状态同期望之间的差距，有效提升企业内部绩效。例如，企业通过数据分析，发现某型测试设备的单日实测任务量比预定值平均低 2 个单位，主要原因是设备预约管理颗粒度较大（以天为单位）。解决方案是通过信息系统导入，将测试管理颗粒度单位提升为小时，使单日测试量大幅度上升。

（二）集成化维度

集成化维度同软件工程中系统集成概念相关，但有较大区别。企业的主要工作包括数据标准化和互联化两部分。

数据标准化主要是指对现有大量数据的整理和清洗，同时对后期数据采集工作流程进行改进。许多人误认为该工作只有那些拥有大量数据的企业才需要做，其实对于正处在数据积累阶段的企业和组织而言更有意义。标准化工作的首要任务是依据企业的战略需要，制订符合自身的标准化计划。例如，选择标准的系统接口、通信协议、数据格式乃至数据载体等。其中，还应包含建立与数据相关的标准工作流程，如数据的收集、上传、存储和使用流程。如果企业能够在数字化战略执行的初期完成标准化工作，就能够最大限度地规避后期数据整理和清洗的巨大工作量。

互联化工作非常依赖标准化工作的成果，其主要内容是打通各数据源之间，以及数字化工具之间的壁垒。在数据互联层面，目的是实现数据共创、共存和共享，提升数据的使用效率并降低存储成本。在工具互联层面，主要是实现数字化工具的模块化、协同化和平台化。这样能够有效提高企业跨职能、跨区域、跨供应链乃至跨行业的协同工作效率。例如，将各职能部门的不同数字化工具应用化，放置在统一的信息化平台进行使用、管理和维护。从显示集成开始，逐步实现业务流集成再到底层数据的集成。

（三）定制化维度

从字面上看定制化维度，似乎与集成化维度相矛盾，但实际上两者存在先后关系。定制化维度发展需要建立在集成化维度工作搭建的标准化框架上。定制化维度的核心工作是解决数字化转型中"最后一公里"的问题。企业内部各职能部门的工作职责、核心绩效和 KPI 考核完全不同，因此不可能仅凭借一种标准的数字化工具满足所有职能部门的管理需求。在数字化转型进行到"深水区"的时候，一定要考虑各职能部门对数字化工具的定制化需求，通过满足这些需求，在微观层面立竿见影地提升某一职能部门的工作效率和产出，以实现在某个业务上的定向突破。例如，基于企业某核心产品线研发部门的研发流程，为其设计定制化的数据查询和使用工具，以此有效提高原方案设计数据的复用率，提高新产品研发和现有产品的更新速度。

（四）数据化维度

本书所指的数据化包含结构化、量化及模型化。企业在数据化维度的发展，主要需要完成以下三个方面工作。一是结构化，即对企业的核心业务流程进行结构化描述，如使用流程图或 UML 图；无法进行结构化描述的流程意味着其在执行过程中存在较强的随机性，如果这种随机性无法被有效管理，就会存在风险。二是量化，即对业务施行过程中的诸多核心绩效指标、流程节点或存在问题等被管理对象进行量化设置，如在项目成本管理中，某模块成本超过预算的 10% 后会被认定为成本严重超支，没有被量化的指标也就无法被准确定义、描述、测量和管理。三是模型化，就是尝试将客观世界内的物理实体，通过数据进行描述，如将一个产品系统数据化，并映射为一个虚拟的 3D 模型。

（五）数资化维度

数据的最大特点是其可以像厂房、设备等实体资产一样成为企业的资产。数字化战略发展的数资化维度工作，就是针对这种特殊资产进行管理，核心目标是要提高数据资产的价值而不是数量。这不仅是因为物以稀为贵，更重要的是，若企业真正拥有高价值的数据资产，如数据、模型、图纸，甚至数据相关算法，这些都可以成为新产品和对外业务，并促使企业在业务层面实现真正意义上的数字化转型。

六、数字化转型的六大主战场

从整体来看，企业应着眼于整个价值链，而不是某一个环节开展数字化转型，尤其是要规划建设研发、生产、供应链、营销、经营管理和财务六大价值链关键环节的数字化体系，并将它们全线打通，形成紧密连接、互为促进，共生共赢关系，共同创造企业价值链新生态。

（一）研发数字化

从用户需求趋势预测到创意快速验证，数智化应用具有巨大的价值前景。因此，尽管研发的复杂性高、不确定性大，数智化研发仍具有极大的潜力。迎向数智化的研发潮流，企业急需理解的是数智化时代自身的研发规划、数智化的适用性，以及关键管理要素。

研发数字化，具体来说包含两个部分：一是研发管理数字化，二是研发产品数字化。随着用户的变化、技术的发展，企业要求研发端具有更高的效率和效益；同时，用户对产品和服务的需求在不断迭代变化，推动企业开发出更丰富的数字化产品和服务。

研发数字化的实现有三大关键：一是做好需求管理，识别有价值的需求；二是建立并不断迭代优化产品研发体系；三是建立高效的协同研发环境。

（二）生产数字化

生产数字化不仅仅是对生产业务的科学决策、智能设计合理排产，而且是实现工厂内部的数字化装配、加工、维护、绩效管理、质量管理和可持续发展，打通端到端的价值链（主要集中在供应网络、产品开发、规划、交付以及用户的连接性），实现快速响应用户需求的全流程价值链的变革，实现从规模化生产向个性化生产的转型。生产数字化最终要实现智能制造。

不同企业开展生产数字化转型的方向或许各不相同，但必然都指向实现整个生产环节的自动化、数字化、智能化，形成全价值链端到端互联互通的能力和生态体系。在这个过程中，《中国企业数字化转型白皮书》梳理出四大关键点：以用户为中心开展个性化生产；以传感器为纽带实现生产全链路实时在线连接；以数字孪生为基础开展智能化生产控制；以系统融合为支撑建设智能化工厂。

第一章 数字化转型及其方法论

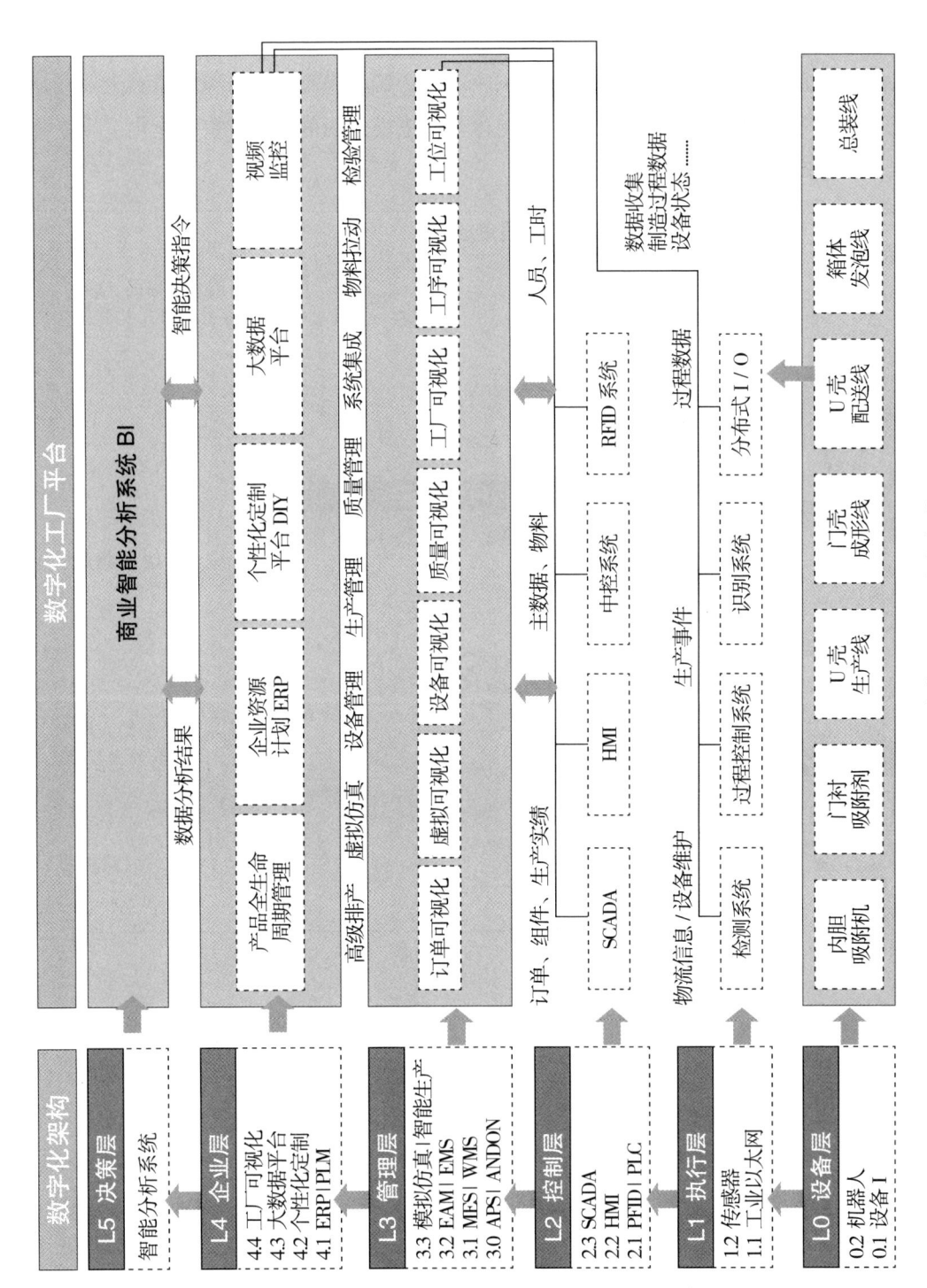

图 1-14 数字化工厂系统架构

如图 1-14 所示，智能化工厂通过将 MES 与 ERP、PLM、工业控制系统、物流管理系统进行集成，将研发、制造、销售、物流、服务、管理等运营各环节紧密地互联互通，整个工厂可以变成一个类似人脑一样的智能系统，实现高品质、高效率、高柔性的订单响应、定制生产、快速交付，打通生产、供应链、销售、物流、财务等价值链全过程，推动工厂的数字化、智能化、可视化、定制化等先进模式的落地。数字智能化工厂系统集成示例，如图 1-15 所示。

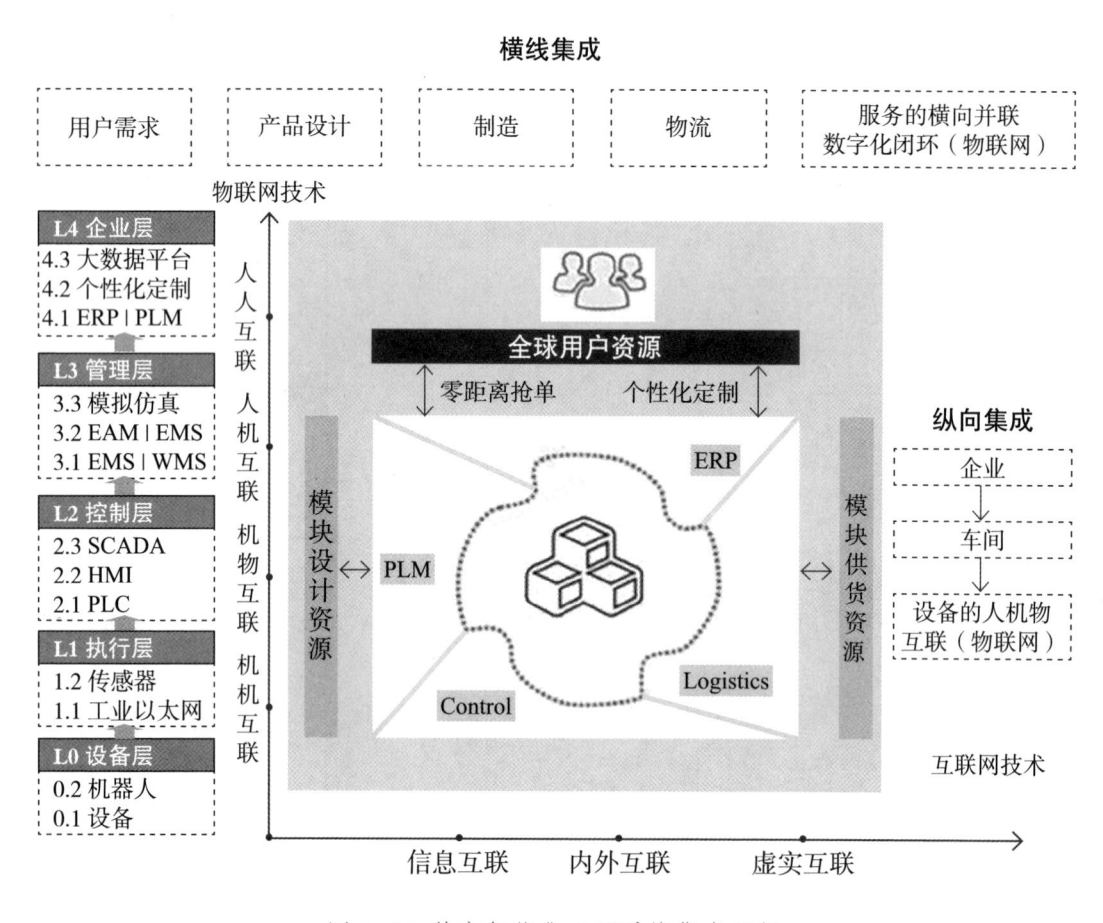

图 1-15 数字智能化工厂系统集成示例

（三）营销数字化

数字化营销通过云计算、大数据、人工智能等新一代技术应用，实现人与人、人与产品、人与信息的链接，让数据参与到营销的每个环节，在连接过程中体现消费者参与，进而可以动态化调整与改进。

据此，可以将数字化营销理解为：在数据化时代，以用户为核心，以数字化工具为手段，通过寻找、发现、留存、感动用户并促成转化，以达到协同营销效果的一种营销方式。数字化营销是基于明确的数据库对象，通过数字化多媒体渠道，实现营销精准化，营销效果可量化，数据化。

营销数字化转型有三大关键：一是实现用户数据化，链接全场景；二是读懂用户，满足、引领、创造用户需求；三是以平台为支撑，搭建营销数字化生态矩阵，如图 1-16 所示。

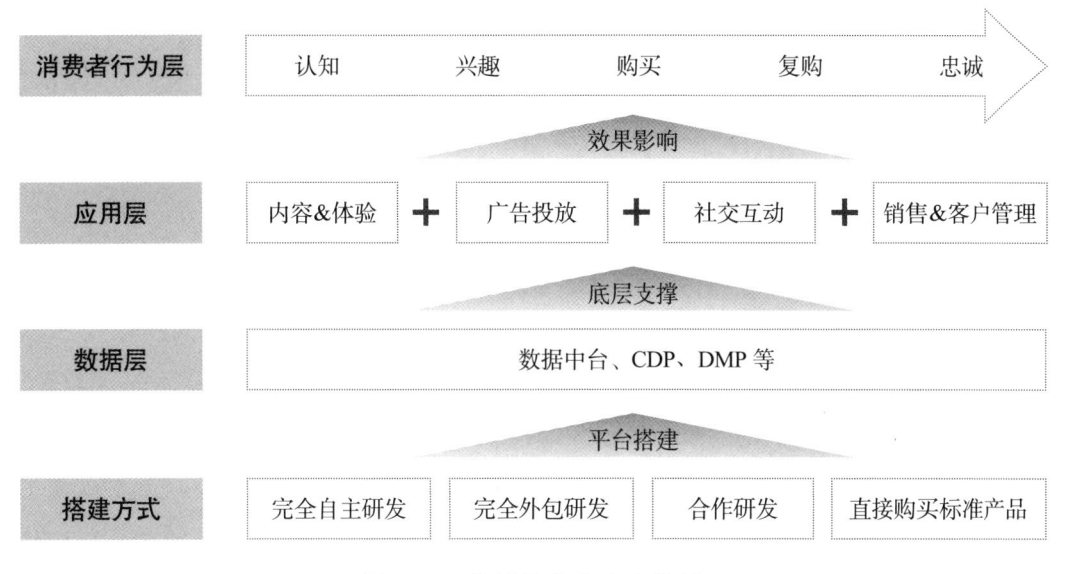

图 1-16 营销数字化生态矩阵

（四）财务数字化

财务数字化转型是企业数字化转型的一个重要方面。在数字化转型中，企业财务由于其专业属性及功能，天然带有优势。一方面，财务作为一门用货币数字计量并反映企业经营状况及经济成果的学科专业，是最早探索并践行要素数字化的，并通过长期的演进发展，形成了一套成熟且覆盖面广的体系。另一方面，财务在功能上本身就带有强烈的数据分析需求，是各类数据分析工具使用的一个重要领域。

企业财务数字化有 3 个核心、5 个目的。3 个核心分别为数据驱动、数字化技术、算法模型，数据、技术和算法是基础；5 个目的分别是实现运营效率、资源配置、决策模型、商业模式、企业效益的变化。

"4×4"财务数字化应用场景矩阵（Financial Digital Application Scenarios Matrix，FDASM），是对财务领域数字化应用场景进行的归纳总结，由"4 横"与"4 纵"共同构成。"4 横"为数字化财务的四种工作方式：操作记录、规则计算、统计分析、模型算法；"4 纵"为数字化财务职能的四个层次：财务会计、管理会计、业务支持与决策支持，如图 1-17 所示。

图1-17 "4×4"财务数字化应用场景矩阵

第一章 数字化转型及其方法论

企业数字化重要的一环是经营管理数字化。经营管理数字化需要完成5件事情，分别是重塑价值体系、优化业务流程、重塑管理机制、完善指标体系、明确企业核心决策点。经营管理数字化要基于数据来替代经验进行决策，用算法和模型支持决策。财务是信息循环的组成部分，所以财务的数字化支撑着企业经营管理数字化，企业经营管理数字化又是企业数字化的重要组成部分。

企业数字化既包含主价值链的数字化，也包含管理的数字化，也就是说企业三大循环分别是业务循环、管理循环和信息循环，这三大循环都应该完成数字化的革命。第一是产品研发、生产运营和产品服务是业务循环，是业务的数字化，也是按组织价值链划分的数字化。第二是经营管理的数字化，它是管理循环的数字化。第三是信息循环的数字化，财务是信息循环的重要组成部分。三大循环互为支撑，互相包含。

会计管理活动论和大会计观认为，财务数字化转型是在财务领域运用云计算、大数据等技术重构财务组合和再造业务流程，通过统一财务数据标准和建立财务大数据逐步实现业财融合，提升会计信息质量、工作效率、合规程度及价值创造能力，推动财务管理职能由传统会计核算为主向经济管理和经营决策为主转型，提升财务数据的输出质量和运营效率，更好地为企业业务赋能、支持经营管理、协助企业决策，如图1-18所示。

在数字化大背景下，财务要走出企业内的会计循环，走向衔接产业链上下游的业务循环和更浩瀚的社会数据循环，连接和打通企业内部的财务体系、业务体系和企业外部的产业体系，以"数据驱动"作为主线，构建"价值创造型"财务体系，使财务真正成为战略和业务的合作伙伴，推动乃至引领企业的价值创造，支持业务发展。

财务是企业的数据中心，是企业唯一一个专门从事数据采集、加工和数据提供的部门。如果财务不能实现数字化，那么企业的数字化就是局部的。因此，我们提出了一个"五新"财务管理体系框架，如图1-19所示。

实现财务数字化转型的三大关键：

（1）构建"价值创造型"财务体系。价值创造型财务是以价值管理为核心，发挥财务体系对企业战略推进和业务发展的决策支持与服务功能，使财务成为业务发展和价值创造的重要驱动力。

（2）让财务深入业务场景，解决业务问题。在数字化时代，财务、业务一体化成为必然，财务应由后端会计核算、财务预算、管理会计、税金管理等向前端业务经营延伸，实现业财深度融合。

企业数字化转型一本通

企业数字化

- 产品研发数字化
- 生产运营数字化
- 经营管理数字化
- 产品和服务数字化

价值体系	业务流程	管理机制	指标体系	核心决策点
基于价值体系确定企业经营管理目标	企业经营业务流程高效运转	管理循环助力经营业绩提升	经营关键指标透视分析全貌	经营管理有据可依数据驱动决策

财务会计数字化 → 管理会计数字化 → 业务支持数字化 → 决策支持数字化

财务数字化

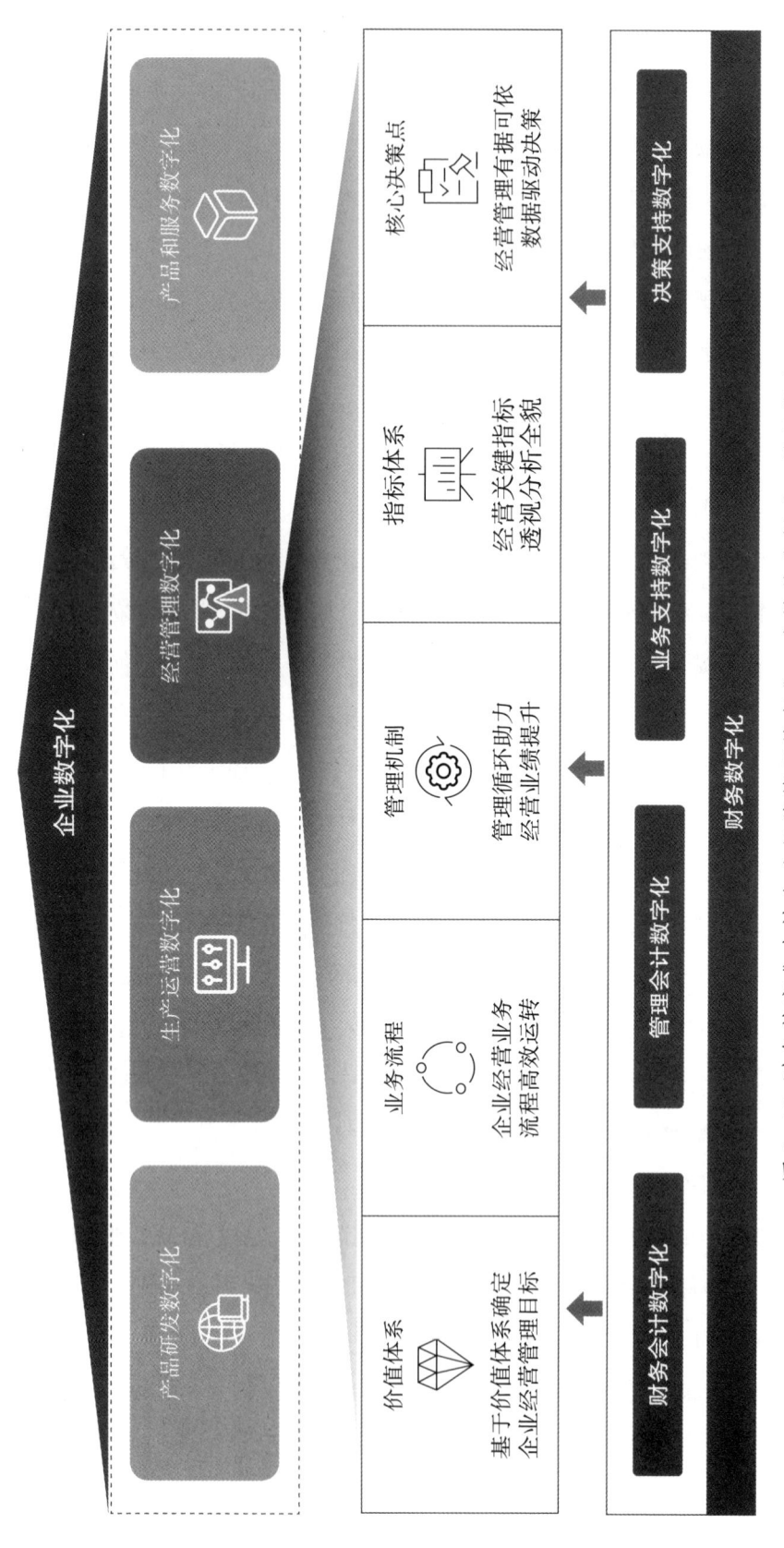

图 1-18 财务数字化支持企业经营管理数字化，支持价值创造、效益提高

第一章 数字化转型及其方法论

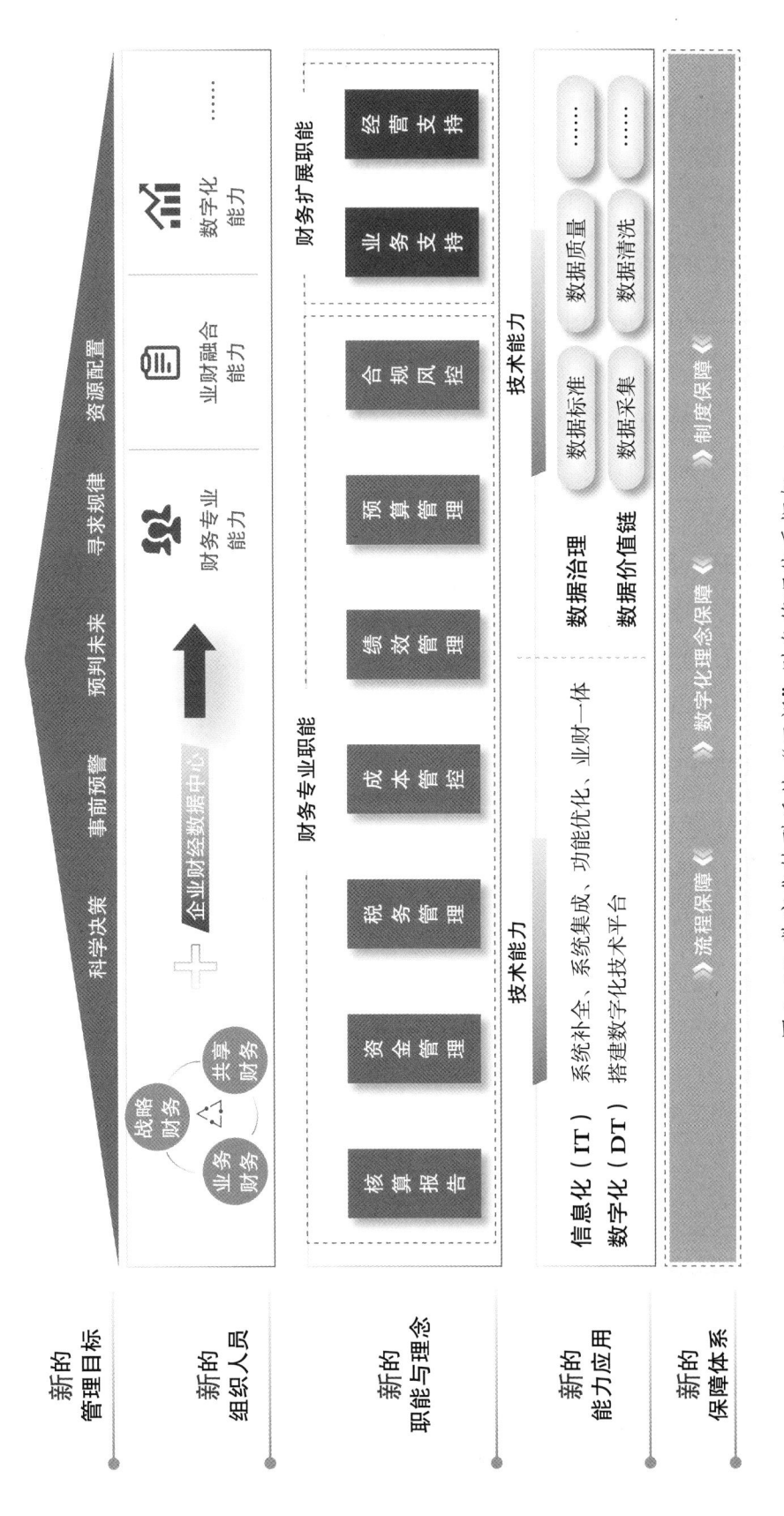

图 1-19 数字化转型后的"五新"财务管理体系框架

（3）让数据更丰富，让数据更有价值。企业可以利用信息化广泛收集企业中各职能部门的数据，积极推动业财融合，实现业务流、资金流、信息流等数据源的及时共享。企业还需要收集国家、行业、竞争对手的外部数据，从而实现合理配置资源，建立合理经营决策、战略规划、动态控制、过程核算、分析、反馈、考核评价、激励的数字化基础。

（五）供应链数字化

数字化智慧供应链生态圈（体系）由数智化、全链路框架构成：

（1）数智化：通过数字协同和网络智能，持续优化行业供应链的成本、效率与体验。包括混合多云、大数据、人工智能、物联边缘、区块链等数字技术，及业务中台、数智中台、企业管理、协同办公、数字员工等数字应用，构建数智化的新基础设施。

（2）全链路：实现从消费端到产业端价值链各个环节的整体优化与重构，拉通消费互联与产业互联，实现价值流、物流、信息流、资金流四大链接，促进以供应链一体化为基础的采购、研发、生产、营销、服务等价值链路的深度协同，有效调动各供应链、价值链环节的社会化资源，提升供应链敏捷响应速度与匹配效率。

基于数字化的智慧供应链生态圈框架如图1-20所示。

（六）经营管理数字化

数字化转型重在技术，根在业务，但可能毁于管理。在数字化转型的大背景下，企业如何有效利用数据资产进行实时智能的决策和预测，是在不确定性的市场环境下取得成功的重要保障。

企业通过信息技术融合应用，打通核心数据链条，基于数据的广泛汇聚、集成优化和价值挖掘，优化、创新乃至重构企业战略决策、产品研发、生产制造、经营管理、市场服务业务活动，构建数据驱动型高效运营管理模式的能力。它不仅关乎技术的变革，更涉及企业组织架构、业务流程、企业文化等多方面的整体性改变。

企业经营管理数字化不仅需要技术上的升级，更需要企业从上至下的观念转变和组织变革。它需要企业打破传统的部门壁垒，建立高效协同的跨部门合作机制；需要企业培养和挖掘具备数字化思维和技能的人才；需要企业建立灵活适应市场变化快速响应的机制。

七、数字化转型的六个阶段

企业数字化转型大致分为六个阶段：业务数据化、数据资产化、资产价值化、价值服务化、服务生态化。这六个阶段并非瀑布式依次递进，各个阶段之间也不一定有清晰的跃迁标志。这些阶段很可能会同时存在，只不过在某一特定时期某个阶段会占主导，因为数据资产是持续累积、完善和优化的过程。

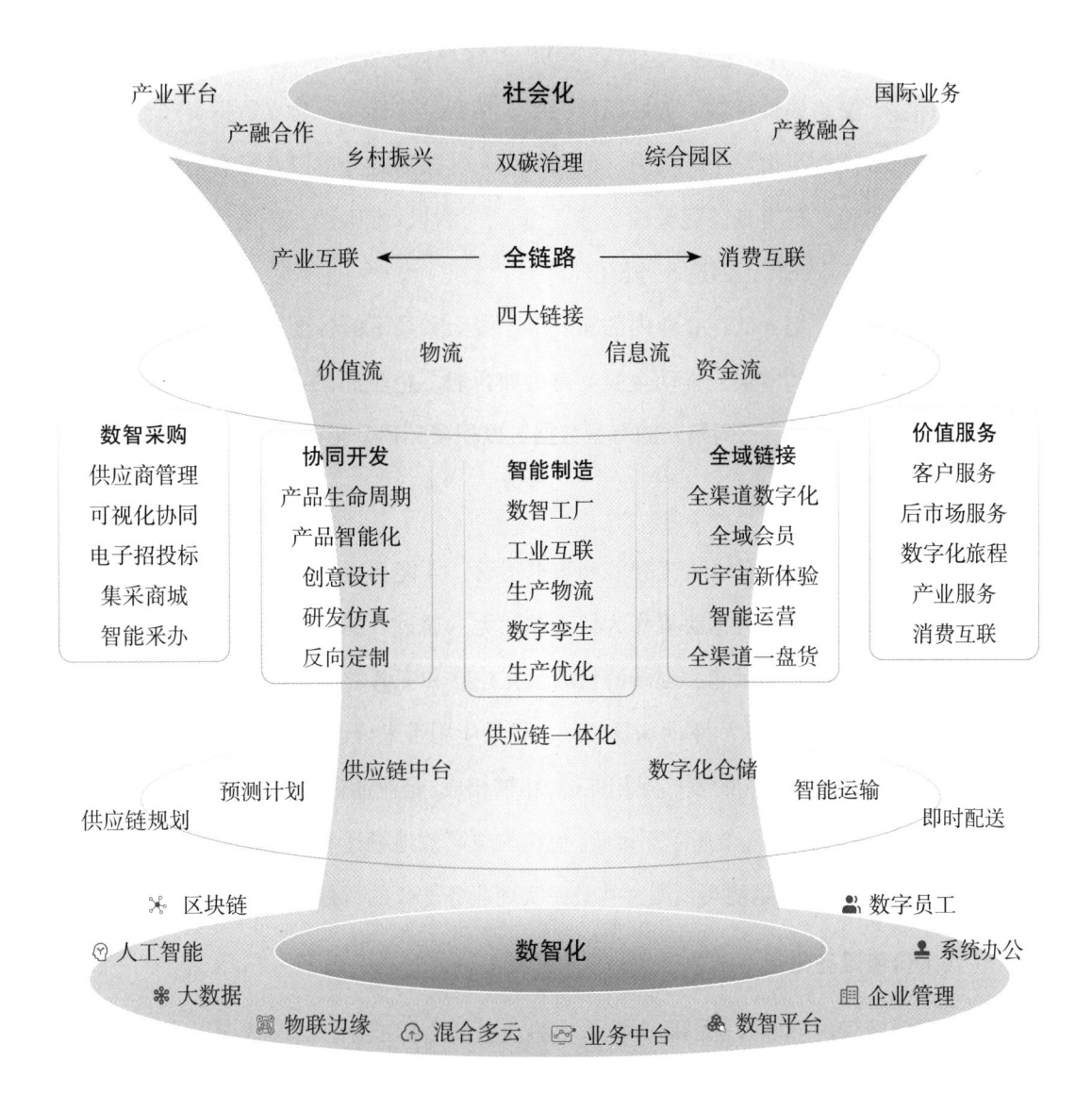

图 1-20 基于数字化的智慧供应链生态圈

（一）业务数据化

在信息化时代，企业也逐步搭建了业务经营需要的不同的业务系统，IT 系统围绕业务服务，在服务的过程中沉淀了众多数据，再在数据的基础上做一些分析，如 ERP、

CRM、供应链、线上商城、线下 POS、主数据等系统。

（二）数据资产化

基于移动互联、物联网、云计算、大数据技术，企业通过数字化手段采集消费者信息（粉丝、潜客、新客、老客、忠诚客等），给客户打上各种标签，如人口属性标签、行为属性标签、交易属性标签、偏好属性标签、消费趋势标签，建立数据资产目录，形成群体画像（如高购买力、中购买力、低购买力）。孤岛式分散以及没有清洗和整合的数据没有太多价值，只有具备完整性、唯一性、一致性、准确性、合法性、及时性的数据才是数据资产，才能真正创造业务价值。

数据资产化需要把分散在企业内部和外部、线上和线下的各个平台中碎片化的数据聚集起来，互相打通和增强，推动企业变得更加智能，企业都在尝试利用各种技术来处理超大量级、不同类型、不同格式的海量数据，以积累和提升企业数据资产的价值。

（三）资产价值化

数据必须结合业务场景、人工智能和数据运营，才能真正呈现价值，改变过去系统辅助决策的方式，逐步以数据决策作为核心驱动力，通过数据复用、安全共享来达到沉淀经验、提效减负、业务赋能和创新的目的。在建立和完善数据资产化的基础上，对消费者做精细化运营，通过数据驱动场景应用，场景应用带来价值。

数据的积累和人工智能的发展互相促进，相辅相成。企业通过智能化的手段进行预测、预警、推荐，实现千人千面、千店千面运营，更精准更高效地触达和营销，如最优人群推荐、最优 SKU 推荐、关联商品购买预测，并最终实现业务增长的目标。

（四）价值服务化

企业需要梳理内部和外部的服务能力，将业务能力标准化，封装成服务，通过平台化思维来规划和搭建可复用的价值服务平台，打通企业内部前后台、对接外部生态平台。数字化时代需要以数据驱动为出发点，把数据资产作为企业的战略资产来经营，让数据资产增值和变成业务价值。

价值输出平台也是最近几年比较火热的中台，如业务中台、数据中台、技术中台、组织中台等。企业通过中台赋能，互相调用、互相赋能，调用别人的长板来弥补自身的短板的同时，也要开放自身的长板供别人调用，并依据新的价值链条获取相应的价值回报。

（五）服务生态化

未来企业要转型升级就要开放，与产业形成链接，需要有共生、共存、共建、共赢的思维，纵向服务企业内部前端和后端，横向服务各业务单元和整个产业链的上下游。

对于产业中的龙头企业或拥有核心数据的企业，除了对企业内部各业态进行服务和赋能外，还可以将服务体系延伸到产业生态，将内部平台延伸为c2S2b2c（或c2B2b2c），S是指供应平台，b借助供应平台S的赋能对c进行服务。

（六）生态产业化

数字化的核心要点就是产业链上下游企业借助同一个数字化平台、企业赋能各自的核心能力和资源，来实现高效的分工和更合理的价值分配，改变过去"麻雀虽小、五脏俱全"的企业组织形式，把企业的边界和组织扩展到产业链层面，同时规避了企业各自的短板。

八、数字化转型的七大核心路径

（一）转意识

数字化转型其实是一个"一把手"工程，企业的管理者首先要高度重视，从而使企业的员工在思想上达成一致，要讲清楚为什么必须这么做，才能推动下去。

（二）转组织

企业在转型过程中往往需要在业务侧，由业务与IT组成一体化团队，过去数字化转型往往是业务需求，现在数字化和业务深度融合对技术平台的要求更高。业务和技术融合在一起，形成新的敏捷更高效的组织系统，基于统一的数字平台，共同开展数字化转型工作，如图1-21所示。

（三）转业务——业务与数字技术"双轮驱动"

转业务不是换赛道，而是要依赖数字化的能力，去改变企业的业务模式、管理模式，甚至商业模式，也包括创新的数字化服务。举个简单的例子，原来银行的客户服务主要以人工客服为主，现在智能客服系统就可以减少很多人工电话。

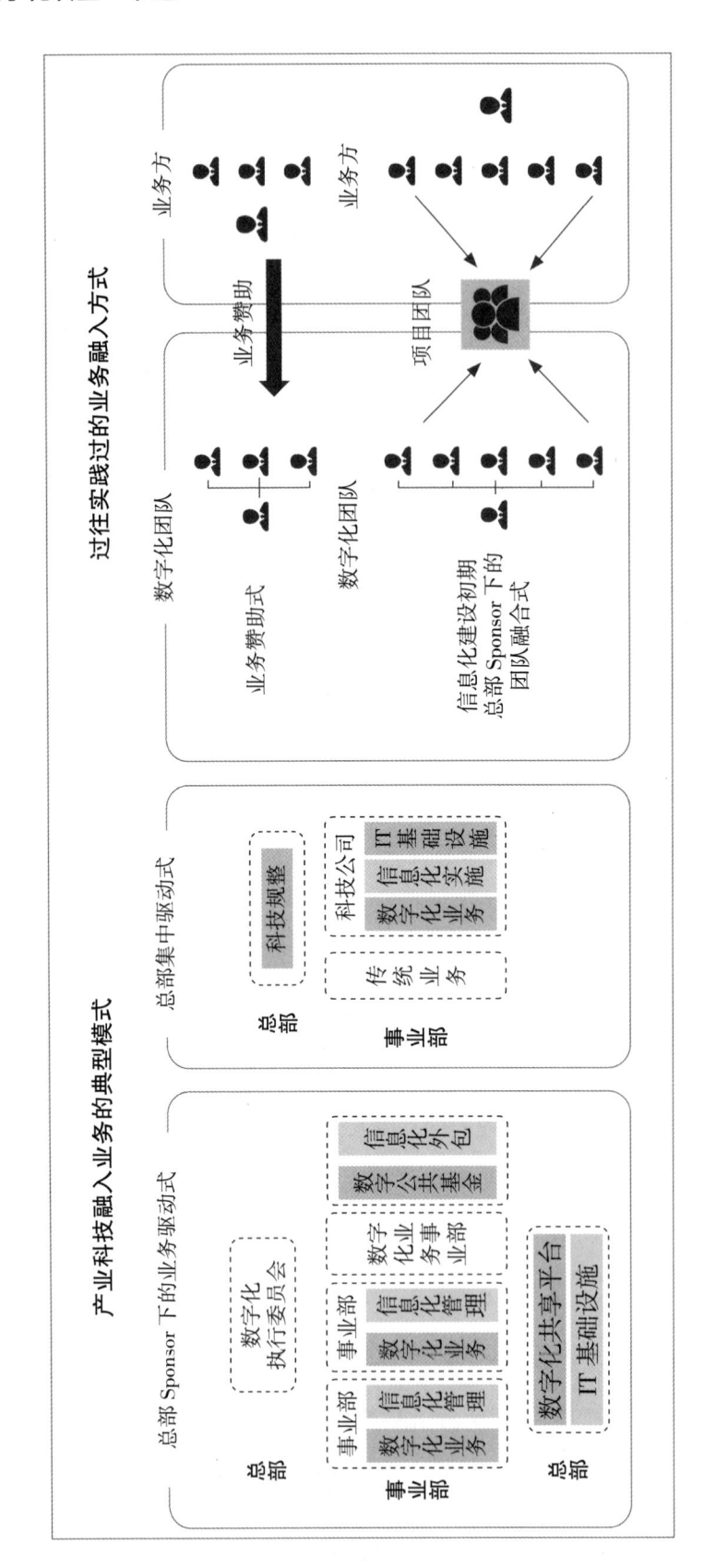

图 1-21 数字化组织转型

第一章 数字化转型及其方法论

（四）转技术

在技术层面，包含的东西就比较多，因为业务模式变了，必然要有相应的 IT 系统去支撑。这项技术包括底层的 IT 基础设施、中间的各种技术平台、数据处理、上层的业务处理系统等，这就需要用到各种新型技术（大数据、云计算、物联网、人工智能等）回归业务，实时感知，为客户、用户创造价值，如图 1-22 所示。

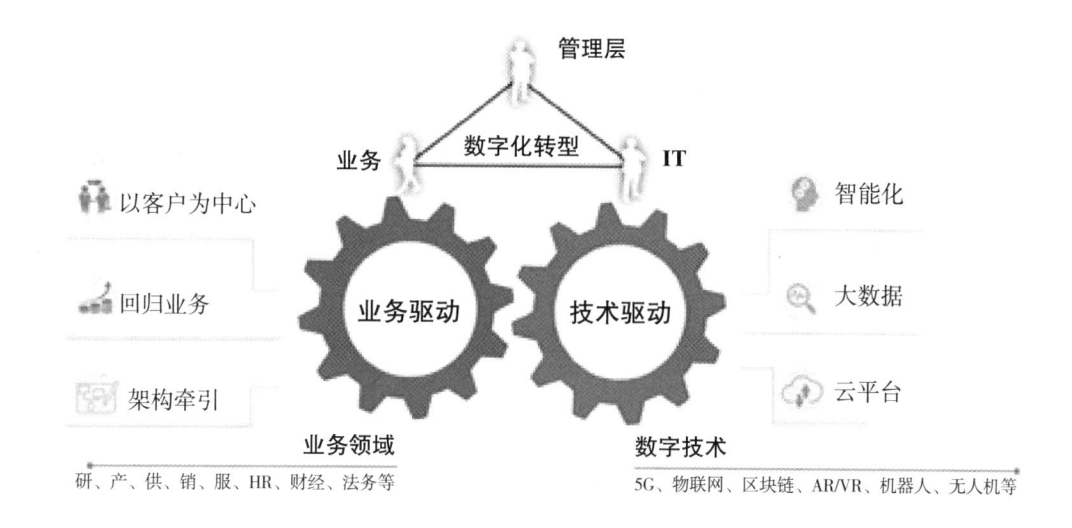

图 1-22 数字化业务 & 数字技术"双轮驱动"转型

（五）转模式

过去的系统存在很多问题，但也为企业创造了价值，只是在技术上存在很大缺陷，如何解决新旧之间的问题，需要我们用云原生的底层架构构建新的系统，实现新老数据平滑的演进，如图 1-23 所示。

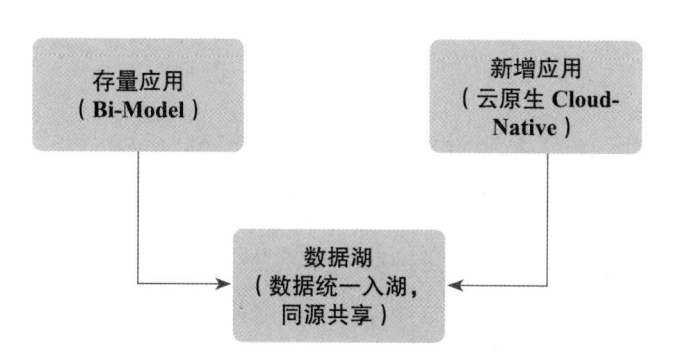

1. 存量应用采用 Bi-Model 方式：传统软件包延续瀑布模式，服务化应用转为采用 EdvOps 敏捷开发模式；
2. 新增应用采用云原生方式构建：直接构建在云平台之上，采用为服务架构，DevOps 敏捷开发模式；
3. 数据统一入湖：实现数据同源共享。

图 1-23 数字化模式转型

（六）转方法

数据驱动和企业深度融合，数字孪生在整体和局部就会出现。数据孪生通过数据挖掘，为业务提升效率，使业务自动化。要实现真正的数字孪生，就要把业务对象数字化，在打好数字化基础的同时，不断地丰富和完善数字化场景和方案，如图1-24所示。

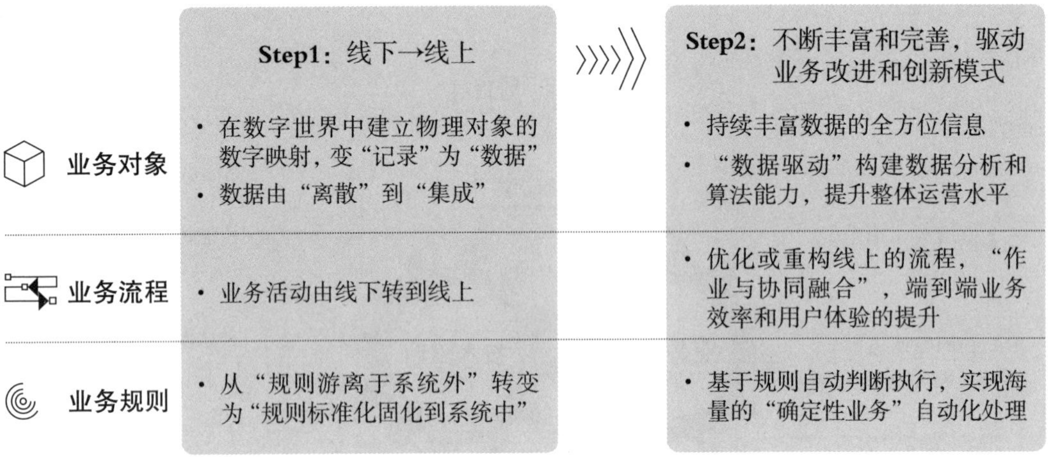

	Step1：线下→线上	Step2：不断丰富和完善，驱动业务改进和创新模式
业务对象	· 在数字世界中建立物理对象的数字映射，变"记录"为"数据" · 数据由"离散"到"集成"	· 持续丰富数据的全方位信息 · "数据驱动"构建数据分析和算法能力，提升整体运营水平
业务流程	· 业务活动由线下转到线上	· 优化或重构线上的流程，"作业与协同融合"，端到端业务效率和用户体验的提升
业务规则	· 从"规则游离于系统外"转变为"规则标准化固化到系统中"	· 基于规则自动判断执行，实现海量的"确定性业务"自动化处理

图1-24 数字化方法转型

（七）转文化——营造"我为人人，人人为我"平台文化

说到文化，大家会觉得非常空泛，其实通俗一点说，就是公司要鼓励创新、鼓励变革，把它纳入激励体系中，增强员工数字化转型的积极性，形成一种氛围。

另外是协同文化。制约数据流动的更深层的阻力是"部门墙"，如何削弱"部门墙"，不仅仅是技术上，更是思想上的转变。先我为人人，才能人人为我，只有完成这种转变，数据才能流动起来，数据才能成为流动要素。

九、数字化转型的八大关键点

数字化转型是用信息技术全面重塑企业经营管理模式，是企业发展模式的变革创新，是企业从工业经济时代迈向数字经济时代的必然选择。加快推进企业数字化转型，打造数字时代企业业务运行模式，构建企业数字竞争力，是推动产业转型升级和高质量发展的必由之路。企业数字化转型不是简单的新技术的创新应用，是发展理念、组织方式、业务模式、经营手段等全方位的转变，既是战略转型，又是系统工程，需要体系化推进，重点是抓住以下八个关键点。

第一章 数字化转型及其方法论

（一）战略规划是企业数字化转型的思想引领

数字化转型是企业发展理念、组织方式、业务模式、经营手段等全方位的变革，需要统筹规划、顶层设计、系统推进，做好企业战略规划则是保障数字化转型成功的关键。一是要做好企业业务发展规划，适应数字社会和网络时代发展趋势，充分分析市场和用户的需求变化，以及内外部资源条件禀赋，谋划好数字化条件下企业业务新的发展模式和推进路径。二是要做好人才保障规划，根据业务数字化发展需求对人员素质要求的变化，及时做好各个环节人员知识结构的调配，让信息素养成为各业务环节业务人员知识要求的标配，让人员保障成为各环节数字化转型的发动机。三是要做好薪酬激励规划，建立与信息技术人才社会价值相适应的薪酬激励体系，激发信息技术人才干事创新的活力。

（二）路径选择是企业数字化转型成败的关键

路径选择关系着企业数字化转型的成败，不同行业、不同规模的企业因其资金保障、技术支持、业务模式等不同，其数字化转型的路径也有所不同，合适的转型路径选择有利于企业更好地充分利用各类资源加快推进数字化转型。一是针对中小企业，数字化转型技术支撑服务更多的是依托外部资源，借助外在力量，可以依托供应链上下游的协同来倒逼企业数字化转型，采用云计算、电子商务、智慧物流、网络安全保障等大型行业性的信息技术服务商的服务，来完善企业各环节数字化保障。二是针对行业大型企业，企业数字化转型不仅要考虑企业自身需求，还需要统筹产业链上下游，除了采用社会通用的信息技术服务之外，还需要依托自身体量优势，积极发展面向行业的专业性公共信息服务，依托专业性公共信息服务完成企业行业角色的转变。

（三）上云是企业数字化转型的首要任务

企业上云是转变企业数字化发展模式的重要途径，是推进企业数字化转型的关键步伐，企业信息系统上云上平台，有利于业务信息系统升级改造和互联互通，有利于业务数据的自由流动，有利于数字化建设成效更好地发挥。一是按照先易后难、先外部后内部、促进业务创新等原则，做好企业上云规划，谋划好云端业务信息系统部署需求和部署方式。二是积极推进已建信息系统通过升级改造向云平台迁移，更好地提高其业务弹性负载、运维安全保障和系统互联互通等能力。三是基于云平台开展企业新建业务系统规划，鼓励采购成熟的 SAAS 云业务系统服务和大型 PAAS 云平台开展企业业务系统建设。

（四）数据打通是企业数字化转型的技术路线

数据流是企业生存的血脉，是企业构建数字经济时代核心竞争力的关键。打通企业各个环节留存数据，促进业务数据在企业各个环节的快速流动，有利于降低数据使用成本，有利于企业信息流引进物资流、资金流、人才流和技术流，有利于更好地促进企业业务创新和发展方式转变。一是构建企业大数据中心，统筹规划企业数据资源，建立企业基础信息库、业务信息库等，推进各类业务信息系统数据和系统分离，实现企业数据资源统一规划、统一存储和统一管理。二是根据业务数据流动需求，加快企业信息系统升级改造，推进企业信息系统互联互通，确保数据能够根据业务应用需求实现无缝流动。三是构建企业数据开发利用统一支撑平台，完善数据开发利用规则，健全数据治理机制，以数据应用创新推动业务创新变革。

（五）适应变革是企业数字化转型的创新导向

企业数字化转型不是简单地上一堆信息系统就一劳永逸的事情，而是一个与时俱进、变革创新、持续推进的动态过程。企业数字化转型需要适应信息技术的变革创新，适应社会消费需求的变化，适应社会运行模式的转变，才能让企业创新成为引领社会发展的风向标。一是要适应信息技术的变革创新要求，不断加强互联网、大数据、人工智能、区块链等新技术应用创新，提高对业务创新技术支撑能力，最大限度释放新技术促进业务变革创新的红利。二是适应社会消费需求的变化，积极利用信息技术，丰富服务渠道，创新服务模式，优化服务手段，提供与消费者新需求相适应的服务。三是适应社会运行模式的转变，大力拓展网络空间新服务，提供数字化、网络化和智能化服务。

（六）供给改革是企业数字化转型的关键保障

简单易用、标准通用、性价比高的信息产品和服务供给能力不足，是当前制约企业数字化转型速度的至关重要因素。大力推进面向企业的信息产品和服务供给改革，提供满足企业信息化和工业化深度融合的易装、易联、易通、易用的信息产品和服务，才能彻底消除企业数字化转型的核心障碍，加速企业两化深度融合步伐。一是发展满足行业业务需要的专业性云服务，打造开放竞争的专业性云服务市场，强化云服务商之间的互联互通，破除限制云服务迁移的障碍。二是推进企业数字化装备的标准化，加快数字化装备专业操作系统、设备硬件接口、网络连接协议等标准化，促进设备互联互通和数字应用迁移。三是大力发展面向制造业等行业的信息系统集成服务，提高行业信息系统集成服务能力。

（七）数字化人才是企业数字化转型的核心动能

企业竞争归根到底是人才比拼，企业数字化转型不是简单的信息技术应用，而是需要为企业打造一支能够适应数字时代业务发展的战略军。企业只有拥有了一批具备先进数字理念、数字技能、数字业务能力的人才，企业数字化转型才会有源源不断的动能。一是加强企业数字化战略人才保障，成立企业数字化转型战略研究团队，持续推进企业数字化转型研究和讨论。二是加强企业数字科技创新人才保障，提高信息技术研发、集成应用和运维保障等领域人员比例，提高信息服务部门保障能力，以技术创新和先行应用引领企业数字化转型。三是提高企业全体员工信息素养，加强员工信息技能培训，弘扬信息文化，营造人人拥抱信息技术的企业发展氛围。

（八）体制机制建设是企业数字化转型的持续保障

企业数字化转型不是简单的新一代信息技术应用，是企业构建数字化条件下经营管理模式的一次大变革，需要从体制机制层面加快改革创新，构建适应数字化发展的企业运行体制机制。一是构建适应企业数字化运行的组织机制，适应信息技术发展特点，创新企业组织管理机制，加快企业管理层级的扁平化和放权，畅通企业信息流通渠道，消除管理冗余，提高应对市场变化的响应能力。二是构建适应企业数字化发展的激励机制，加强对信息技术研发人才、新技术创新应用人才、数字化转型管理放权人员等的激励，调动各方面推进数字化转型的积极性。三是构建引领企业数字化发展的投入机制，持续加大信息设备升级改造、新技术试验应用等方面的投入，以新技术试验应用投入引领企业业务数字化转型。

第三节 数字化转型方法论

一、数字化转型的"道法术器势"

在企业数字化转型的实践过程当中,我们需要更明确的目标、方法、策略和工具来指导和支撑企业数字化转型的具体工作,正所谓"道以明向,法以立本,术以立策,器以成事"。

所谓"道",是规律,是本质,是方向,是策略,是机制,就是数字化转型的终极目的。

所谓"法",是方法,是法则,是体系,是制度,就是数字化转型的方法论。

所谓"术",是本领,是手段,是计谋,是技巧,就是转型之法的具体实现。

所谓"器",是工具,是资源,是结果,就是数字化转型实践时所使用的工具。

所谓"势",就是趋势、情势、形势、势能。势本身蕴含着无穷无尽转型的能量。

数字化转型"道法术器"的理念,如图1-25所示。

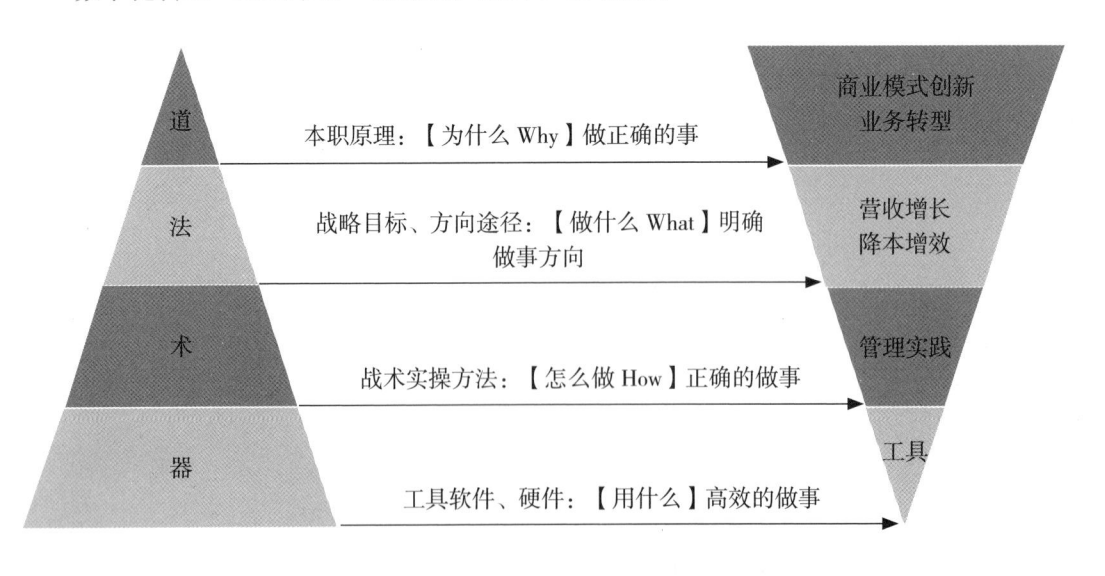

图1-25 数字化转型"道法术器"理念

第一章 数字化转型及其方法论

（一）道——"道"法自然

道的本质是遵循规律，即人法地，地法天，天法道，道法自然。数字化转型应顺应时势和企业发展规律，让数字化转型回归其本质。

企业数字化转型之"三观"体系，如图1-26所示。

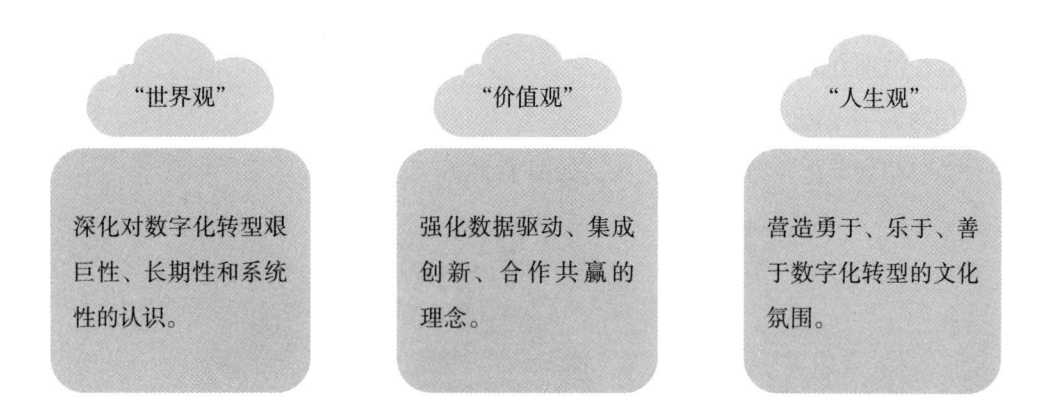

"世界观"：深化对数字化转型艰巨性、长期性和系统性的认识。

"价值观"：强化数据驱动、集成创新、合作共赢的理念。

"人生观"：营造勇于、乐于、善于数字化转型的文化氛围。

图1-26 数字化转型之"三观"体系

"三观"合方可同路行，不能正确地认知企业数字化转型，必定难以开展数字化转型工作。

（二）法——"法"无定则

各有套路又殊途同归，最终都可归结为战略、文化、能力、组织，关键是如何找到适合自身的战略、文化、能力、组织。

1. 麦肯锡四步法

麦肯锡四步法，如图1-27所示。

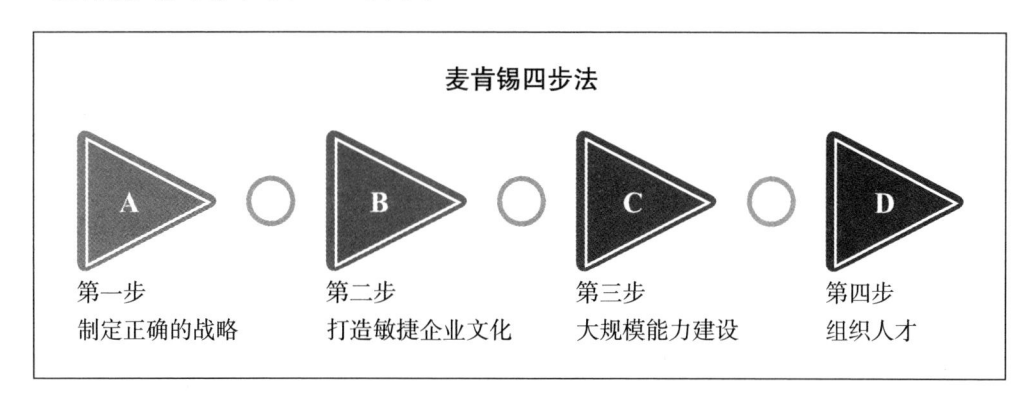

麦肯锡四步法：
- A 第一步 制定正确的战略
- B 第二步 打造敏捷企业文化
- C 第三步 大规模能力建设
- D 第四步 组织人才

图1-27 麦肯锡四步法

（1）找到最合适自己的数字战略至关重要。

（2）将传统文化与速度、灵活性、开放度和学习能力相结合，弥补其技能的缺失。

（3）模块化IT平台与敏捷技术交付能力，让公司在快速发展的世界中随时与客户保持同步。

（4）以数字业务模式为主导，发展数字业务所需的独特文化、构建相关的绩效管理体系和管控治理方法。

2. 华为数字化转型自我进化法

华为公司数字化转型自我进化法，如图1-28所示。

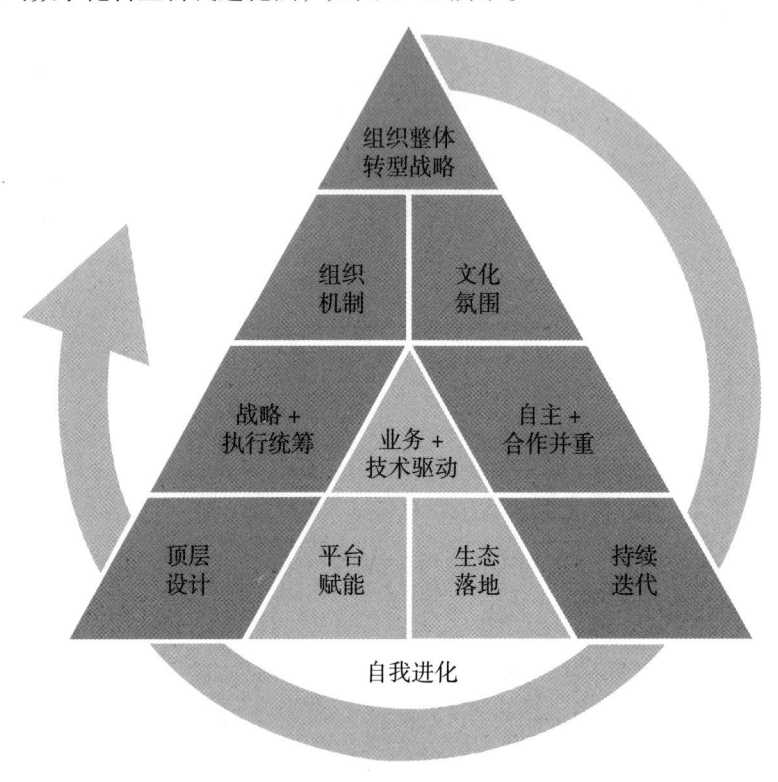

图1-28 华为公司数字化转型自我进化法

（1）坚持1个企业级转型战略，把数字化转型定位为企业级战略，全局谋划。

（2）创造2个保障条件，通过组织转型激发组织活力，通过文化转型创造转型氛围。

（3）贯彻3个核心原则，将核心原则贯穿转型全过程，保证转型始终在正确的轨道上。

（4）推进4个关键行动，通过4个关键行动控制转型关键过程。

3. 数字化转型的基础和方向

数字化转型要先夯实基础，如图1-29所示。

第一章 数字化转型及其方法论

4 个转型方向

产品创新数字化
- 提升产品与服务数字化策划、实施和优化过程数字化水平;
- 打造差异化、场景化、智能化的数字产品和服务。

生产运营智能化
- 推动跨企业集成互联与智能运营;
- 建设智能现场。

用户服务敏捷化
- 建设数字营销网络;
- 建设敏捷响应服务体系;
- 探索平台化、集成化、场景化增值服务。

产业体系生态化
- 建设产业链数字化生态协同平台;
- 探索跨企业、跨产业、跨界合作新模式。

4 个转型基础

技术基础
- 探索新型架构模式;
- 建设数字技术赋能平台;
- 加快企业上云步伐。

管理基础
- 应用两化融合管理体系;
- 完善数字化转型战略架构;
- 积极推动多体系融合。

数据基础
- 建设集团数据治理体系;
- 采集汇聚全业务链数据;
- 建设大数据平台。

安全基础
- 建设态势感知平台;
- 使用安全国产产品;
- 建设网络安全基础资源库;
- 强化检测评估和攻防演练。

图 1-29 4 个数字化转型方向和 4 个转型基础

（1）技术方面：加快推进新一代信息技术的应用。

（2）管理方面：尽快消除业务与信息技术之间的"鸿沟"，重构企业的业务组合、协同方式和管理层级。

（3）数据方面：打通"横向、纵向和端到端"三大数据流，实现从设计到服务、从客户到生产、从前端到后端的"数据互联互通"能力。

（4）安全方面：加强安全资源储备，提升安全防护水平。

数字化转型可以从多个方向入手：

（1）产品创新。开发具备感知、交互、自学习、辅助决策等功能的智能产品与服务，更好地满足和引导用户需求。

（2）生产运营。探索更适合企业的管理模式，利用数字能力调整企业的商业模式和运营管理体系。

（3）用户服务。实时感知、分析和预测用户需求。整合服务渠道，实现从订单到交付全流程的按需、精准服务，提升用户全生命周期响应能力。

（4）产业体系。与内外部生态合作伙伴共同探索形成融合、共生、互补、互利的合作模式和商业模式。

（三）术——"术"业有专攻

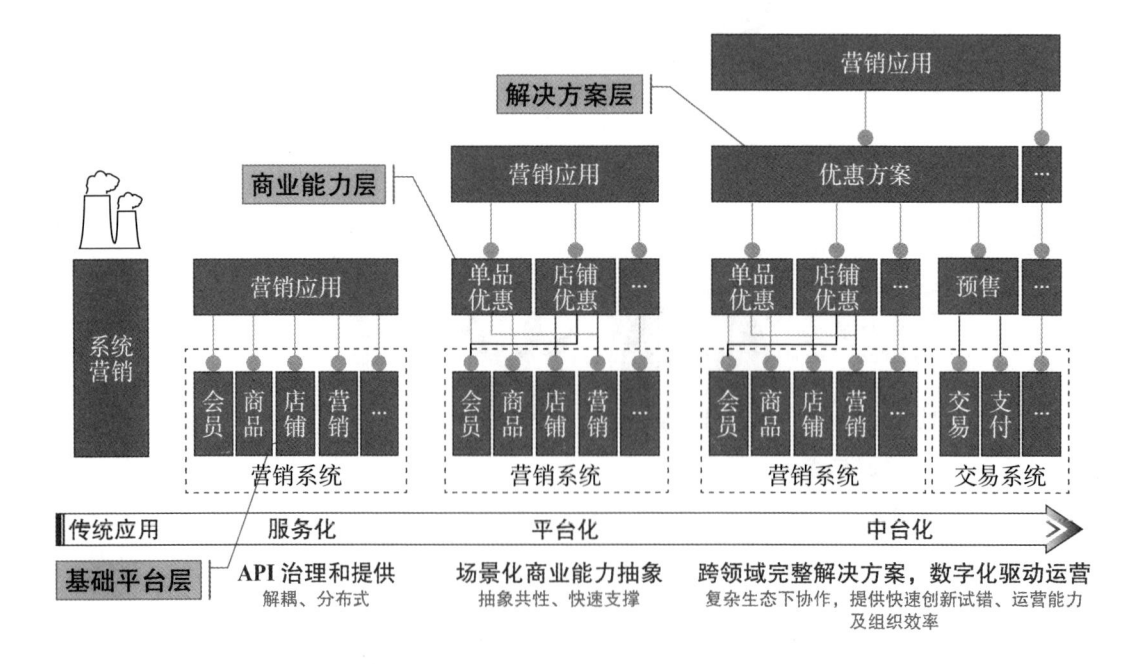

图1-30 数字化平台助力数字化转型

第一章 数字化转型及其方法论

如图 1-30 所示，数字化转型不会只有一种实现方式，哪怕我们用最传统的"烟囱式"单体应用也照样能实现数字化转型，但不同的架构模式实现数字化转型的代价不一样、效率不一样，中台化的架构模式能让数字化转型变得简单。

典型的中台架构，如图 1-31 所示。

中台通常可分为技术中台、数据中台和业务中台，都是将相关领域的基础能力整合，为各自领域提供随需而变的"业务能力"和支撑快速实现这些"业务能力"的工具。

（四）器——工欲善其事，必先利其"器"

"器"指的是工具，即通过工具高效地做事。在数字化转型层面，有了"道、法、术"之后，需要用工具提升效率。"器"包括软件、硬件、平台、工具，通过工具可以高效地做事，提升数字化转型的降本增效或者业务营收的效率。

工具很容易想象，跟数字化转型相关的技术、软件硬件、平台，比如物联网、AI、大数据、云计算、算法等。以企业最熟悉的 ERP 领域为例，据 IDC 统计，金蝶的 ERP 软件已经在中国 ERP 市场云服务占有率排名第一，其旗下的金蝶云·星空，就是一种最具代表性的云服务技术。如图 1-32 所示，它包含了财务云、供应链云、PLM 云、制造云、MES 云、全渠道云、经营分析云等和一些行业化的体现——如新零售云和餐饮云等等。这些全方位的云服务，能帮助企业实现降本增效和商业模式的创新。同时，金蝶云·星空的架构涵盖很多技术，比如轻分析、AI 服务平台、物联网、Dev&Ops 等。他们还提出"五力成长飞轮"模型，立足成长型企业的真问题，针对性地增加数字云服务产品，从而提升企业的产品力、获客力、交付力、口碑力、收益力，实现数字化转型。这就是"器"带来的效率提升。

（五）"势"——数字化转型要善于借势、造势、借力

数字化转型之"势"是企业中的"万有引力"，企业的数字化转型要善于借"势"、造"势"、借"力"——包括数字化支持优惠政策、政治影响力、哲学洞察力、战略规划执行力、数字化应用力和文化驱动力等。

数字化转型"道法术器势"框架，如图 1-33 所示。

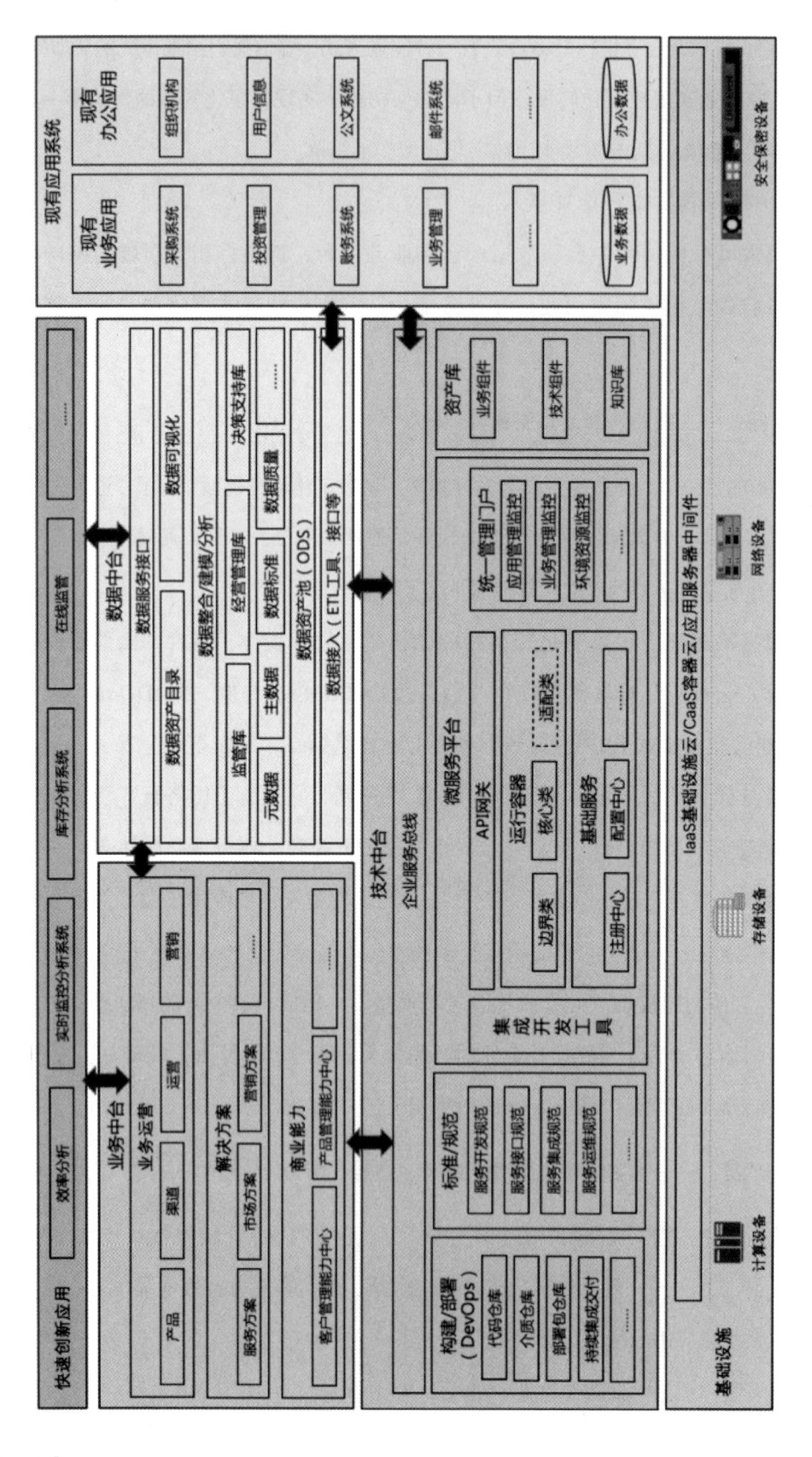

图 1-31 典型的数字化中台架构

第一章 数字化转型及其方法论

财务云	供应链云	PLM云	制造云	MES云	新零售云	餐饮云	全渠道云	经营分析云
23个云应用	8个云应用	9个云应用	10个云应用	3个云应用	10个云应用	22个云应用	12个云应用	5个云应用
· 总账 · 智能会计平台 · 费用报销 · 资金管理 · 预算管理 · 存货核算 · 成本核算 · 经营会计	· 采购管理 · 销售管理 · 库存管理 · 信用管理 · 组织间结算 · 条码管理 · VMI管理 · 协同平台	· 系统建模 · 研发管理 · 物料标准化 · BOM管理 · 文档管理 · 变更管理 · 软件集成	· 工程数据 · 计划管理 · 生产管理 · 委外管理 · 车间管理 · 质量管理 · 生产线生产	· 智慧车间 · 设备联网 · OEE分析	· 基础档案 · 价格促销 · 会员管理 · 促销管理 · 门店协同 · 礼券管理 · 返利管理 · 多端POS	· 食品成本 · 销售预测 · 门店订货 · 加工数据 · 移动POS · 营业营业 · 前台营业 · 微信点单	· BBC业务中心 · BBC经销商门户 · BBC门店门户 · B2B电商中心 · 促销管理 · 返补货管理 · B2C电商中心	· 运行平台 · 设计平台 · 财务分析 · 销售分析 · 财务报表

基础平台	BOS平台	协同开发平台	国际化平台
基础资料、集成平台、实施平台、系统管理……	工作流、业务流程、信息中心、开发平台……	协同开发平台、云协同开发平台……	多语言翻译平台……

图1-32 金蝶云·星空工具助力企业数字化转型

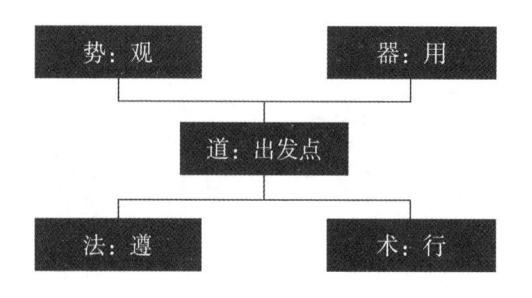

图 1-33 数字化转型"道法术器势"框架

企业数字化转型务必以"道"为根本,讲究方"法",注意方式,利用规律,善用工具,巧用技术,势不可当,达成目标。只有达到"道法术器势合一"的至高境界,才能保障企业经营目标的实现。

二、企业数字化转型之道:"3L8P"模型

(一)数字化 3 个转型层

数字化的 3 个转型层级,如图 1-34 所示。

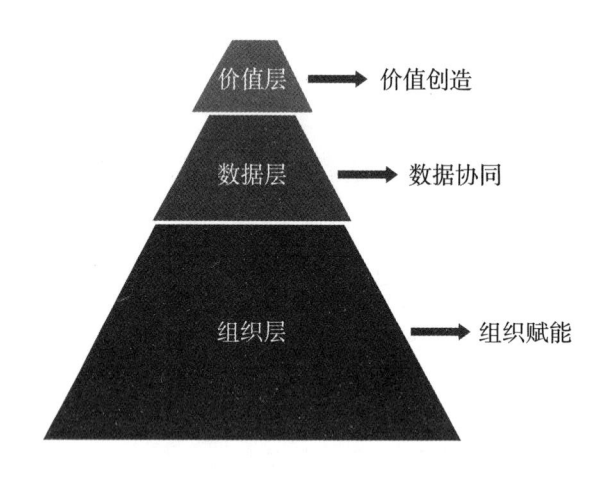

图 1-34 数字化 3 个转型层级

1. 顶层——核心价值主张:价值创造

以企业业务、职能领域的数字化转型愿景和目的为单元,围绕企业核心价值主张,构成"3L8P"模型的第一层——价值创造层。从外部到内部,从业务、职能到价值创造,达成创新或增强价值主张,由管理层主导,推动企业整体业务模式变革。

2. 中间层——数据协同

以各个领域数据需求和技术需求为单元，围绕核心数据资产，构成"3L8P"模型的中间层——数据协同层。数据协同就是数据共享加多方计算生成数据协同网络，将企业现存的大量数据进行资产化，并且进行持续开发、管控、治理，解决用户问题。通过各类技术手段全面支持企业的各项数字化转型愿景和目标的实现。

数据协同基于跨数据中心一体化，实现资源的统一管理和灵活调配、计算任务的分布式分发、资源的标准化供给和自动化操作，为数字化转型提供有力支撑。有效建设和盘活企业的核心数字资产并辅以相应的数字化治理体系和技术，可以促进企业核心价值的增强或转型。

数据协同层会对单一单元或多单元的效率产生影响，在一定程度上对整个企业层面的业务转型产生影响。

3. 基础层——组织赋能层

以企业业务管理各单元领域的数字化组织建设需求为单元，围绕转型数字文化，构成"3L8P"模型的基础——组织赋能层。

组织赋能可以提高企业的组织效率。组织的运行强调正确地做事和做正确的事，归根结底是为了提升组织的运行效率。通过组织赋能，能够推动组织自上而下地释放权利，驱动结构扁平化和管理信息化，加快对内外部环境特别是对外部市场的反应速度，将组织结构由内部管理与控制转变为服务外部客户、市场与上下游企业，不断激发组织的活力与动力，打造良好的发展生态，找寻新的利益增长点。

企业在数字转型过程中，通过具体的业务及管理的组织能力变革实现细节的数字化转型活动及阶段性目标。转型创新文化是组织赋能的核心，是承接商业模式和数字化转型的重要载体，是支撑数字化转型的全部组织能力的重要黏合剂。

价值创造、数据协同、组织赋能3个转型管理层的核心是价值主张、数字资产及转型创新文化，这3个核心共同构成了"3L8P"模型的3条支撑核心。

（二）数字化转型8根支撑柱

在数字化转型的过程中，随着对与核心的转型层配套的周边越来越成熟，企业的各项变革需求逐渐细化，像柱子一样，支撑企业数字化转型的业务模式和战略目标及愿景。

如图1-35，8根支撑柱围绕核心层，共同构建了"3L8P"模型的完整模型和方法论体系。

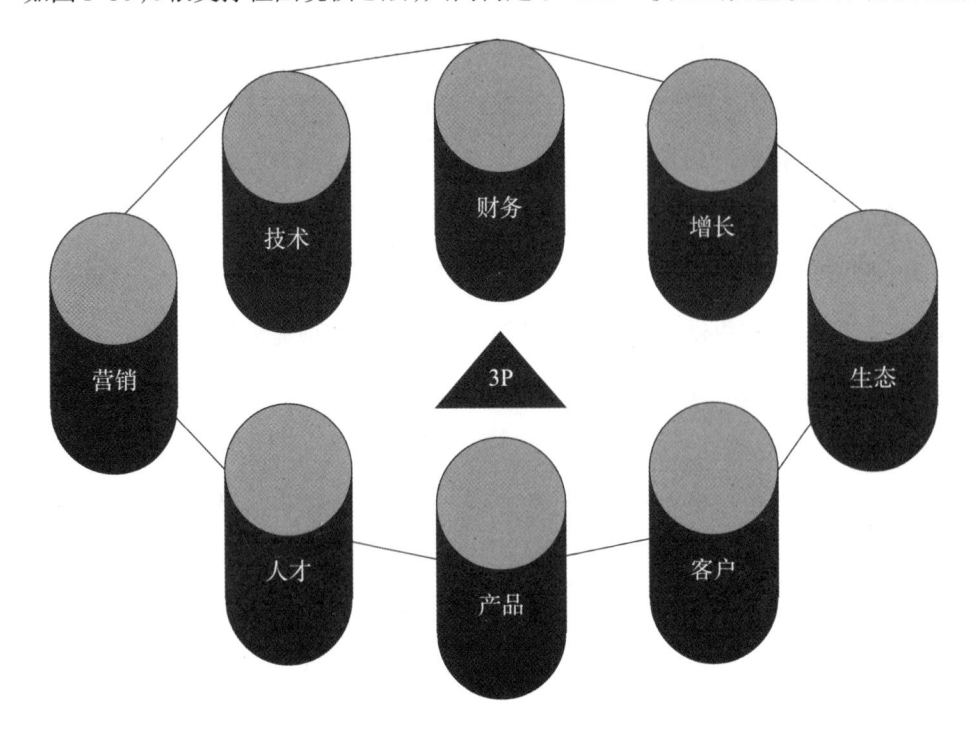

图 1-35 数字化转型 8 根支撑柱

"3L8P"模型作为数字化转型方法论和框架，为数字化转型提供了一套以愿景、数据、组织为核心的普适模型，通过围绕战略制定、业务、数据与执行的统筹，业务和职能的全面协同发力，最终完成全面系统的组织能力变革和转型。

第四节 标杆企业数字化转型方法论范例解读

一、华为公司数字化转型"钻石模型"

周良军、邓斌结合华为公司 20 余年的管理变革与数字化实践，在《华为数字化转型》一书中总结了华为公司数字化转型的"金刚钻"——钻石模型，如图 1-36 所示。该模型用"三力"解码数字化转型之"道"，勾勒出基于实践的数字化转型方法和规则；用"三驱动"阐述数字化转型之"术"，让大家了解华为公司数字化转型的关键行动以及实践中的经验。

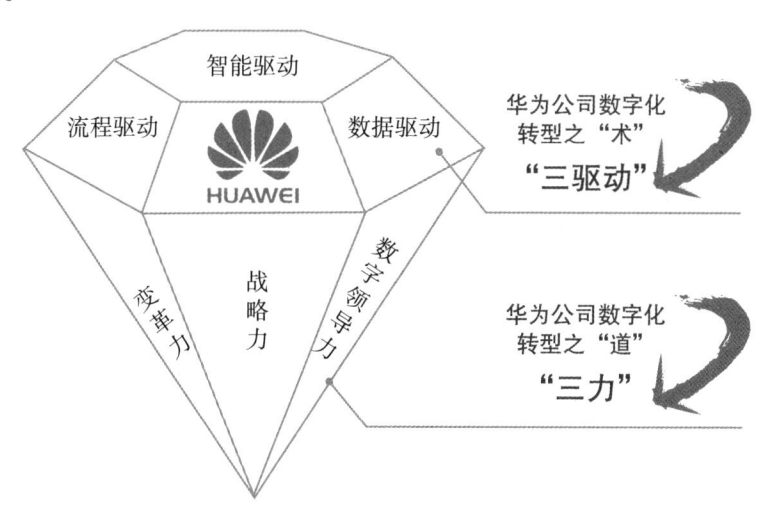

图 1-36 华为公司数字化转型钻石模型

（一）华为公司数字化转型之"道"："三力"（战略力+数字领导力+变革力）

"道"代表万物的开始、根源、本质；数字化转型之"道"的本质是找出实现数字化转型"一生二，二生三，三生万物"的规律，这些规律被发现并被固化后就成为机制。

"三力"是"道"，勾勒出基于实践的数字化转型方法和规则，在钻石模型的下方，起着支撑的作用。

战略力、数字领导力和变革力是最为关键的数字化转型成功因子，也是华为公司管理变革与数字化转型过程中的核心理念和管理方法，是企业数字化转型之"道"。

1. 战略力

战略力明确了企业数字化转型的本质，是数字化转型的纲领、方向和定位，企业要避免开展数字化转型像无头苍蝇一样四处碰壁的现象。经过对业界多个数字化转型项目案例的观察，我们发现它们具有一个共性特征：但凡没有上升到企业战略高度的数字化转型项目，无一例外最后都以失败而草草收场。企业需要依靠战略力，建立数字化转型的共同目标和共享愿景，将数字化转型从领导想做、个别部门要做，变成企业必须做、大家一起做的共同战略。

2. 数字领导力

企业领导者在数字化转型过程中的决策往往是决定数字化转型成败的关键要素。技术只是数字化转型成功的关键之一，更主要的还是企业有没有数字领导力，有没有推动企业数字化转型的决策能力和指挥能力。在数字化时代，传统的领导力是否足以支撑企业数字化变革的需要？新型数字领导力和传统领导力的本质区别是什么？如何构建新型数字领导力？

3. 变革力

数字化转型本身就是一场变革。变革力的本质是用规范化的制度管理数字化转型的执行落地过程。特别值得强调的是，变革的本质是对人的行为的重塑，因此变革要强调转型过程改变人的行为的重要性。

综上所述，数字化转型之道可被归纳为：有了正确的方向和定位（战略力），有了企业领导者拥抱时代的新型领导力（数字领导力），有了变革管理机制的有效运作（变革力），企业就掌握了数字化转型的基本规律。不管数字技术如何演进，不管外部环境如何不确定，企业都能以确定的"道"，从容应对数字化转型，以事半功倍的能效，稳步实现企业数字化转型的目标。

（二）华为公司数字化转型之"术"：三驱动（流程驱动+数据驱动+智能驱动）

有了"道"的认知，还需要借助"术"来助力落地。数字化企业是具备连接、在线、共享、智能四大关键特征的企业。这4个关键特征，除了"连接"是数字化基础和使能的共性手段，其他特征的实现都依赖于"三个驱动"的转型之术——流程驱动、数据驱动、智能驱动。

流程驱动聚焦"在线"特征，通过业务流程化和流程数字化，实现业务在线、组织在线。

数据驱动聚焦"共享"特征，实现共性业务的平台化和服务化，实现数据的资产化和业务的可视化。

智能驱动聚焦"智能"特征，实现业务流程场景智能，实现业务管理决策智能，支撑企业在不确定的多场景中保持可持续增长的态势。

华为公司数字化转型在以上3个驱动方面拥有丰富的实践经验。

1. 流程驱动数字化转型阶段

华为公司数字化转型的基础阶段，既是最艰难的也是最有成效的数字化建设阶段。在这个阶段，华为公司开始在业务、流程、组织、IT等方面为数字化转型打地基：在业务上，向全球优秀管理实践学习，建立规范化的管理体系；在流程上，基于数字化进行重整，建立高效简洁的运营流程；在组织上，基于流程进行适配，建立流程化的端到端组织；在IT上，聚焦主航道、主流程，打造以客户为中心、有竞争力的业务在线数字化主平台。这4个方面所有动作的共性特点是，在"连接"的基础上构筑"在线"，华为人的专用术语则是"拉通"。

2. 数据驱动数字化转型阶段

华为公司以IFS变革项目为契机，开启了数据驱动数字化转型阶段，该阶段又被称为华为公司数字化转型进程中以数据为中心、以"共享"为特征的阶段。在这一阶段，华为公司聚焦数据治理和数据质量，主张跨流程的数据共享，对主数据持续改进，建设数据分析和管理平台，实现基于产业价值链的业务协同和平台协同共享。在该阶段，"共享"成为数字化转型的关键词，数据共享与持续的业务云化形成更紧密的融合双轮，深化企业数字化转型成果，提升数字化在业务层面的价值感知。

3. 智能驱动数字化转型阶段

在云计算、物联网、大数据和人工智能等新技术的加持下，在企业"连接""在线""共享"形成的数字化基础上，如何让业务更"智能"成为新的数字化诉求，企业由此步入数字化转型的高级阶段——以"智能"为关键词，构筑面向管理者、员工、客户、合作伙伴、供应商的全方位个性化体验的企业数字化能力，成为领先的数字化企业。

在解读流程驱动、数据驱动和智能驱动时，虽然使用了"阶段"一词，但其并不是完全串行线性递进的发展阶段，它们在实际应用中经常呈现并联重叠的关系。例如，流程驱动是聚焦业务重构数字化流程，这是数字化转型的基础。在这个阶段，从企业的角度来看，数据是不完整的，所以不要硬性强调以数据为中心。不过，数据已经在随着业务的开展中逐步产生，所以企业也需要开展有限度的数据治理工作；流程驱动还可能会运用一些成熟、智能化的工具来改造业务流程，因此也会使用智能驱动的方法论。

又如，数据驱动也并不需要在流程数字化全部实现后才开展，它可以伴随流程的持续优化，构筑数据共享价值；数据驱动的成果也并非智能驱动的唯一输入，智能驱动也并不会待数据驱动的数据治理完成后才启动。比如，智能驱动虽然在一定程度上依赖数字孪生、智能传感、人工智能等方面的发展进步，但如果应用场景不成熟，流程在线、数据共享、技术领先等储备再多，智能化也无法在业务上实现。

总之，数字化转型在行动上必须采用渐进思维，在转型推进过程中一定会有所取舍，每个阶段都会有每个阶段的聚焦点。企业需要根据行业的发展阶段、企业自身业务的特点、自身数字化的基础及战略意图的需要，在流程驱动、数据驱动、智能驱动三大"术"方面厘清数字化转型的优先级，选择最适合自己企业的数字化路径。

任何模型都无法涵盖现实世界的一切，数字化转型是一个非常复杂、涉及面非常广的系统工程。企业在实践运用该模型时，需要根据企业自身的情况加以适当调整。碰到问题时，只要不僵化、不冒进、实事求是，坚持管理常识，坚持灰度思维，就没有过不了的难关。

在对数字化转型的关键认知达成共识后，其实就已经抓住了数字化转型的"牛鼻子"，让我们共同打开"钻石模型"，把握其"道"和"术"，通过诚心向华为公司这样的领先者学习，最终引领企业成为所在行业的领先者。

二、华为公司数字化转型方法论

华为公司数字化转型方法论框架体系如图1-37所示，即1套方法、4类场景、3大平台。用1套方法贯穿数字化转型的全过程，用数字化重构4类场景，用3大平台，用3阶12步为数字化转型提供保障和支撑。

（一）华为公司数字化转型方法体系架构

1. "1套方法"贯穿转型全过程

好的方法是数字化转型成功的重要因素。华为公司在自身数字化转型过程中，初步

第一章 数字化转型及其方法论

```
"1 套方法"贯穿数字化转型的全过程
┌─────────────────┐ ┌─────────────────┐ ┌─────────────────────────┐
│  数字化转型规划  │→│   变革项目实施   │→│   IT 产品持续迭代        │
│(愿景驱动的数字化 │ │(用变革的方法确保 │ │(IT按产品管理,业务和IT   │
│   转型规划)     │ │   规划落地)     │ │      一体化)            │
└─────────────────┘ └─────────────────┘ └─────────────────────────┘

"4 类场景"实践业务重构
┌──────────────────────────────────────────────────────────────┐
│               数字化重构业务运作模式                           │
├──────────────┬──────────────┬──────────────┬──────────────────┤
│  数字化作业   │  数字化交易   │  数字化运营   │   数字化办公      │
│(减少业务高能 │(让做生意简单、│(实现业务运营 │(构建全方位的连接  │
│   耗点)      │    高效)     │   模式升级)   │     与协同)       │
└──────────────┴──────────────┴──────────────┴──────────────────┘

"3 大平台"为数字化转型提升保障和支撑
┌──────────────────────────────────────────────────────────────┐
│                      统一的数据底座                            │
├──────────────────────────────────────────────────────────────┤
│                      云化数字平台                              │
├──────────────────────────────────────────────────────────────┤
│                      变革治理体系                              │
└──────────────────────────────────────────────────────────────┘
```

图 1-37 华为公司数字化转型总体框架体系

总结了 1 套行之有效的方法,包括阶段、过程、交付件要求,以及过程中的参考模型或框架,如图 1-38 所示。

(1)"数字化转型规划"方法要点。企业需要在数字时代重新思考业务战略,重新思考和定义如何为客户创造价值,重新思考企业的商业模式,以清晰的业务战略作为数字化转型规划的输入,通过愿景来描绘未来 5~10 年数字化转型将取得的成就,进而设计架构蓝图,对愿景进行系统性的、分层分级的梳理和诠释,最后规划出变革项目,承接数字化转型举措,并为每一个项目确定优先级。

(2)"变革项目实施"方法要点。如图 1-39 所示,"七横八纵"完整地展示了变革项目实施的各个阶段(纵向),以及贯穿变革始终的关键要素如何被以项目的形式有效地组织并管理(横向)。其中,价值是变革从此岸到彼岸的指南针;"TAM 模型"从结果、能力、管理体系 3 个方面来指导项目进行价值管理,如图 1-40 所示。

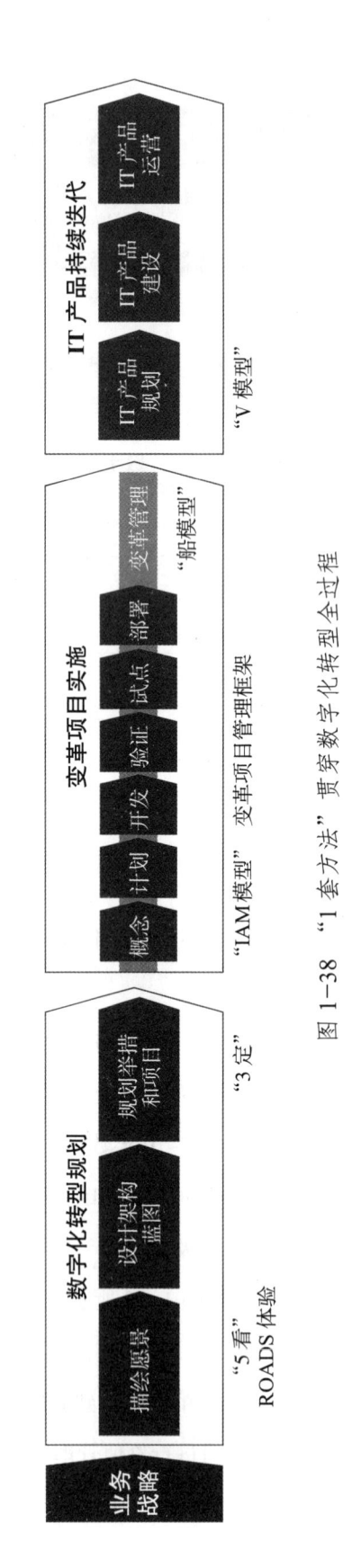

图1-38 "1套方法"贯穿数字化转型全过程

数字化转型规划：描绘愿景 / 设计架构蓝图 / 规划举措和项目
"5看"
ROADS体验
"3定"

变革项目实施：概念 / 计划 / 开发 / 验证 / 试点 / 部署 / 变革管理
"IAM模型" 变革项目管理框架
"船模型"

IT产品持续迭代：IT产品规划 / IT产品建设 / IT产品运营
"V模型"

业务战略

第一章 数字化转型及其方法论

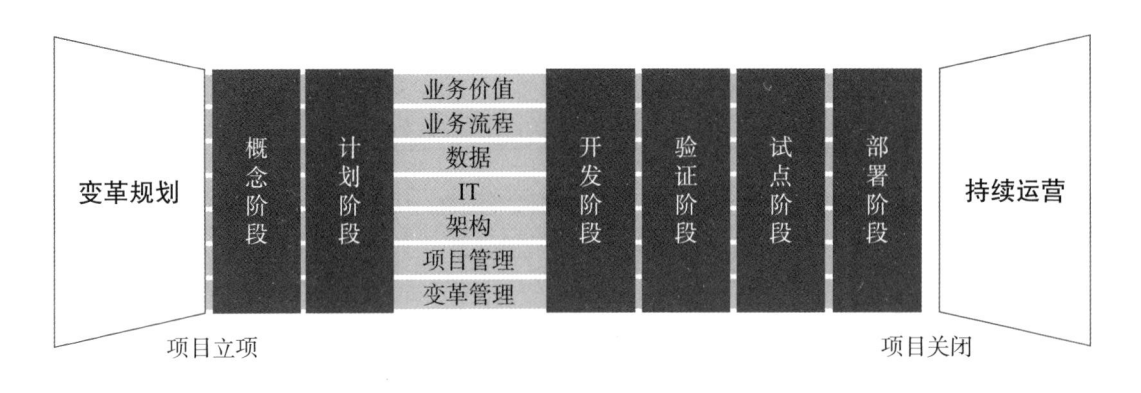

图 1-39 华为公司变革项目管理框架

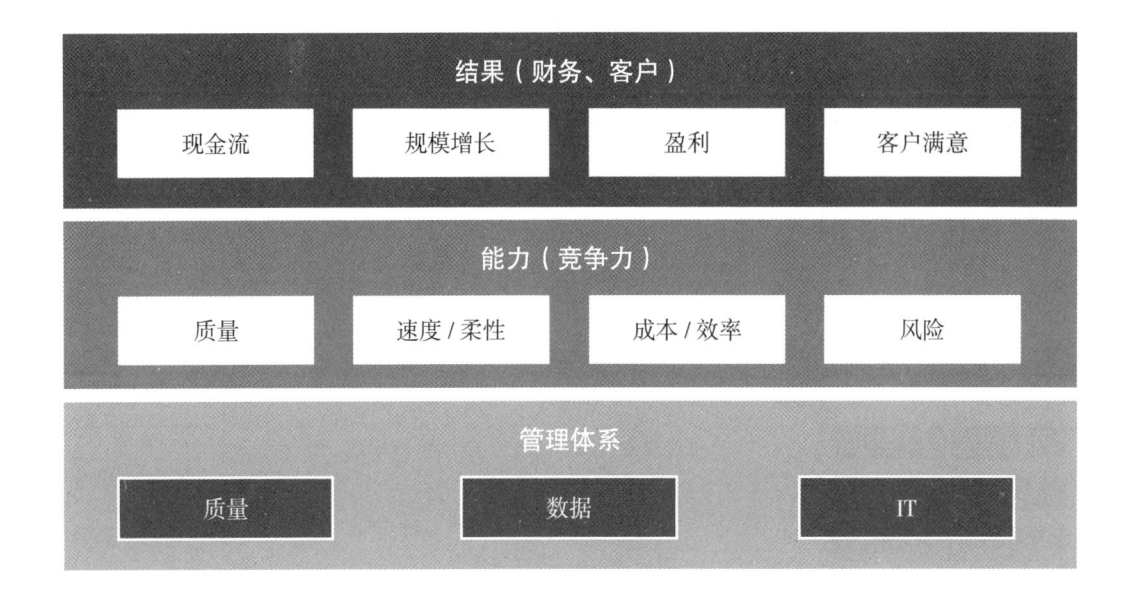

TAM: Transformation Achievement Measurement

图 1-40 华为公司变革价值度量"TAM 模型"

"船模型"总结了如何用结构化的变革管理方法影响人心，提升变革支持度，实现"转人磨芯"，如图 1-41 所示。

（3）"IT 产品持续迭代"的方法要点。IT 产品与项目应适当解耦。IT 产品化运作，需要企业改变作战队形，改变之前需求交接式的 IT 开发方式，将 IT 融入业务，共同组建业务和 IT 一体化产品团队，并实现"业务、数据、IT"联合组队，做到"业务人员懂 IT，IT 人员懂业务"，实现产品团队一盘棋运作。

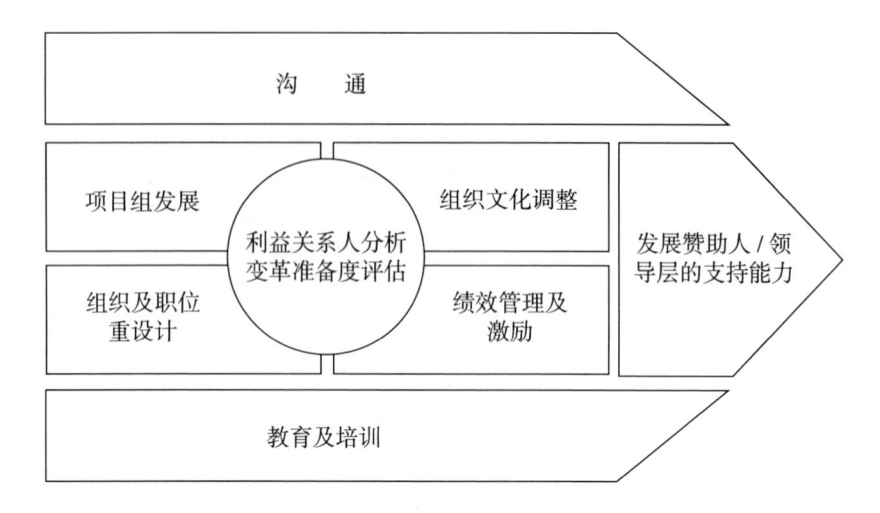

图 1-41 数字化变革管理"船模型"

数字化转型要求 IT 产品团队能更敏捷地响应业务，改变之前的"烟囱式"IT 交付方式，由"做功能"变为"做服务"。这就需要 IT 产品团队改变设计方法，用服务化"V 模型"（见图 1-42）指导团队的一体化设计，让业务、数据、IT 有机融合在一起。

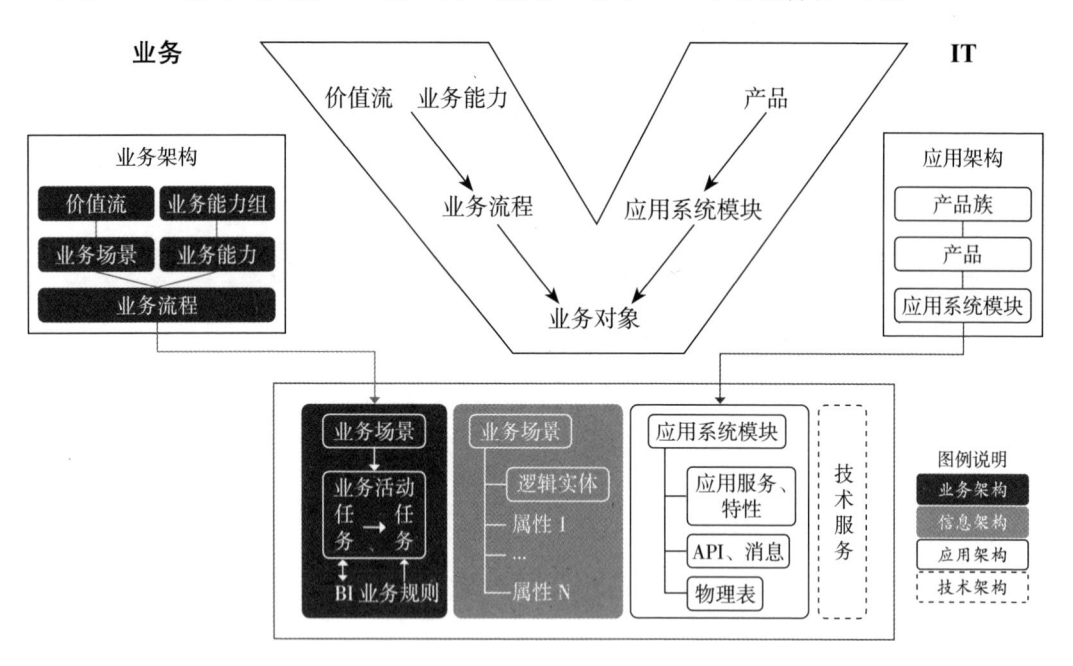

图 1-42 数字化服务化 V 模型

2. 从"4 类场景"着手业务重构

在华为公司，不同的数字化转型项目有着不同的关注点和开展方式，其所依托的数字技术也有不同的侧重，我们将这些差异归纳总结为 4 类数字化场景，如图 1-43 所示。

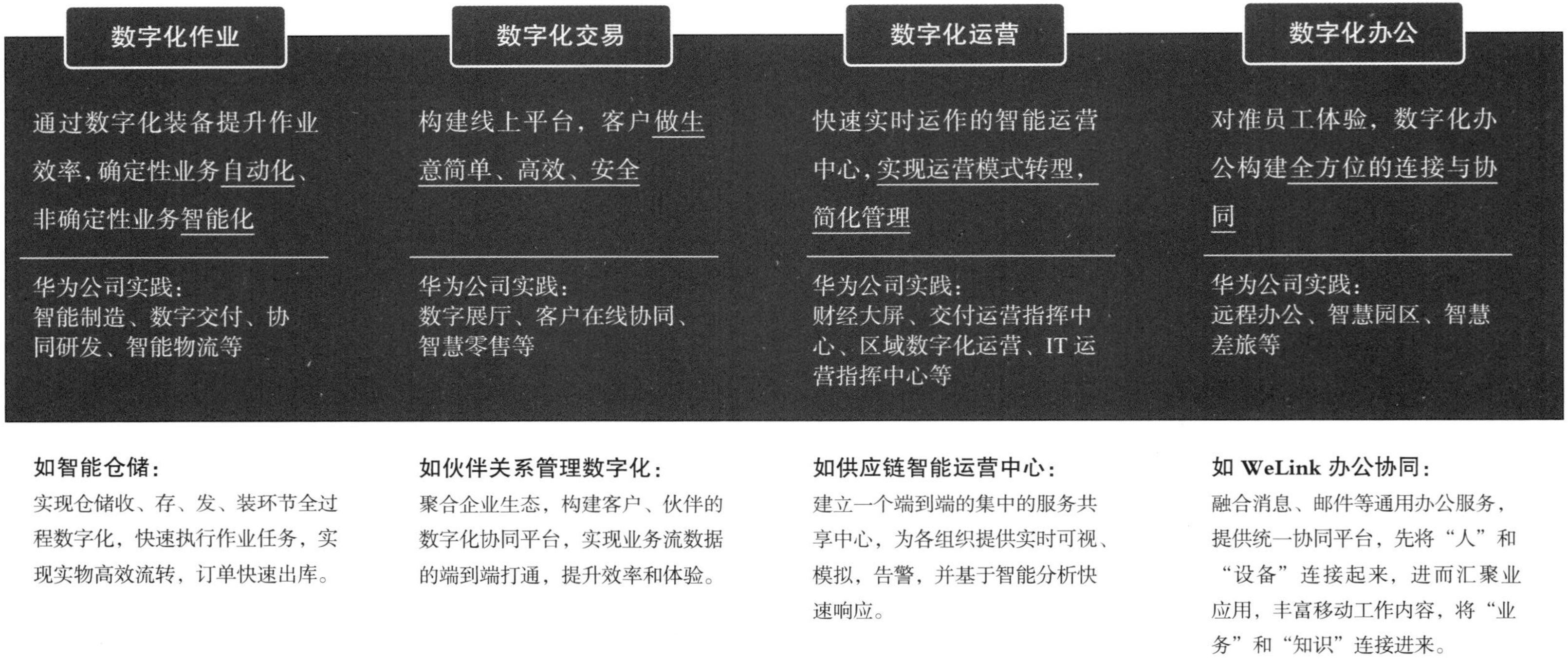

第一章 数字化转型及其方法论

数字化作业	数字化交易	数字化运营	数字化办公
通过数字化装备提升作业效率,确定性业务自动化,非确定性业务智能化	构建线上平台,客户做生意简单、高效、安全	快速实时运作的智能运营中心,实现运营模式转型、简化管理	对准员工体验,数字化办公构建全方位的连接与协同
华为公司实践:智能制造、数字交付、协同研发、智能物流等	华为公司实践:数字展厅、客户在线协同、智慧零售等	华为公司实践:财经大屏、交付运营指挥中心、区域数字化运营、IT运营指挥中心等	华为公司实践:远程办公、智慧园区、智慧差旅

如智能仓储:
实现仓储收、存、发、装环节全过程数字化,快速执行作业任务,实现实物高效流转,订单快速出库。

如伙伴关系管理数字化:
聚合企业生态,构建客户、伙伴的数字化协同平台,实现业务数据的端到端打通,提升效率和体验。

如供应链智能运营中心:
建立一个端到端的集中的服务共享中心,为各组织提供实时可视、模拟、告警,并基于智能分析快速响应。

如 WeLink 办公协同:
融合消息、邮件等通用办公服务,提供统一协同平台,先将"人"和"设备"连接起来,进而汇聚业务应用,丰富移动工作内容,将"业务"和"知识"连接进来。

图 1-43 4 类数字化场景

065

3. 构建"3个平台能力",为转型提供支撑

企业如果拥有统一的数据底座,以及稳定、高效的数字平台,那么它的数字化转型就会拥有源源不断的数字动能。同时,1个精心设计的变革治理体系,将是有序推进数字化转型的重要保障。

上述"3个平台能力",企业在开展数字化转型之初就需要重点关注并提前做好准备,并在转型过程中不断完善和优化。

(1)统一的数据底座。企业需要建设统一的数据底座,支撑各业务领域有效地开展数字化运营。通过数据底座将企业内外数据进行汇聚,对数据进行重新组织和连接,并在尊重数据安全与隐私的前提下,打破数据孤岛和数据垄断,重建数据获取方式和秩序。

(2)云化数字平台。数字平台赋能应用、使能数据、做好连接、保障安全,为业务开展数字化转型提供统一的IT平台和基础设施服务。在建设过程中,建议采取推拉结合的思路、适度超前的策略,将用户的核心诉求和平台本身的技术能力提升结合起来,构建稳定、高可用、弹性灵活的云化数字平台。

(3)变革治理体系。数字化转型需要重量级的变革管理团队,持续构建数字化领导力,负责批准公司重大变革项目的立项和关闭,批准变革预算,发布治理规则并对跨领域问题进行裁决,指导和批准各领域的数字化转型规划。同时,在公司统一的牵引和协调下,各业务领域需要主导自身的数字化转型,业务一把手默认是本领域转型的第一责任人。

(二)基于愿景的数字化转型的规划方法

基于愿景的数字化转型的规划方法即"3阶12步",如图1-44所示。

"3阶12步"的步骤与工作内容,如表1-4所示。

(三)华为公司数字化转型金字塔模型为数字化转型提供系统指导

如图1-45所示,华为数字化转型金字塔模型为系统提供了以下指导:

(1)要有蓝图和目标:要有统筹的规划;

(2)要有业务对象和服务对象:只有明确了服务对象,才能使生产更有方向;

(3)统筹规划、实施、运营:数字化转型有起点,没有终点;

(4)搭建四个架构:业务架构,应用架构,信息架构,技术架构;

(5)着眼五个转变:转意识,转组织,转文化,转方法,转模式;

第一章 数字化转型及其方法论

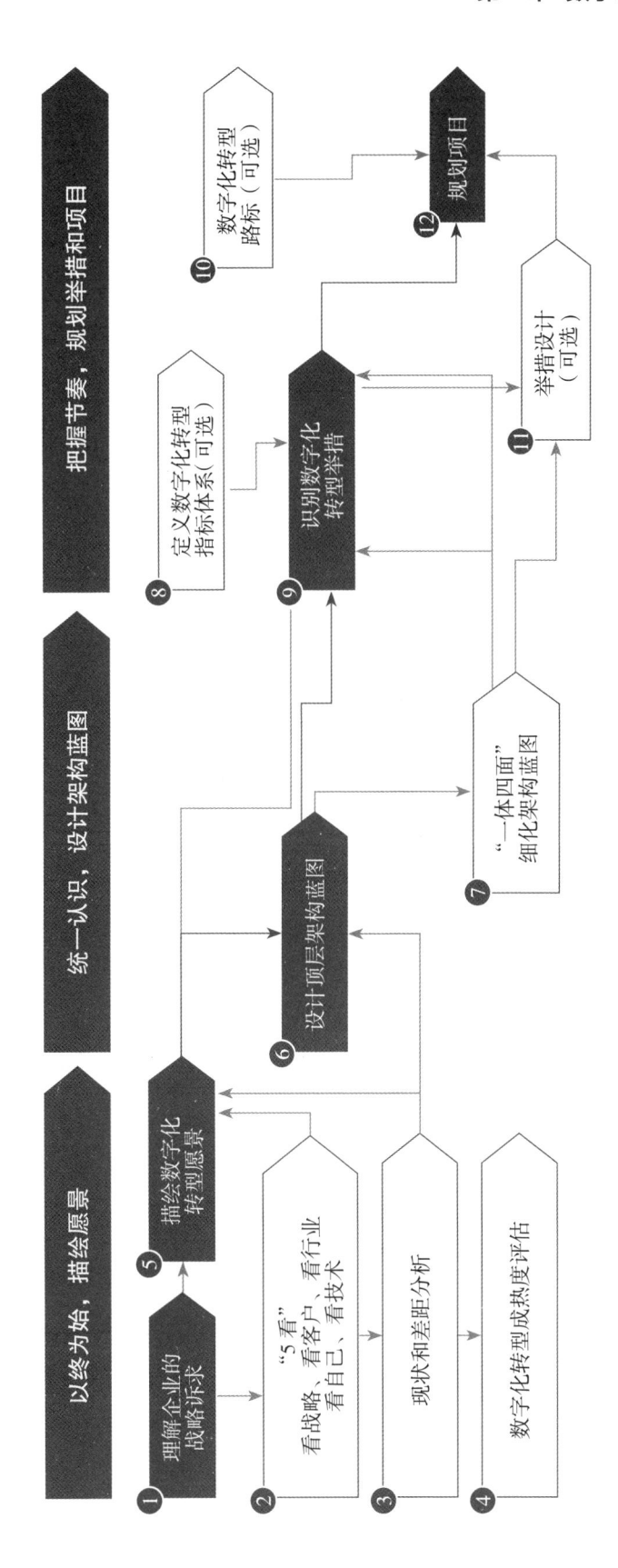

图1-44 华为"3阶12步"数字化转型路径图

以终为始，描绘愿景
1. 理解企业的战略诉求
2. "5看"：看战略、看客户、看自己、看行业、看技术
3. 现状和差距分析
4. 数字化转型成熟度评估
5. 描绘数字化转型愿景

统一认识，设计架构蓝图
6. 设计顶层架构蓝图
7. "一体四面"细化架构蓝图

把握节奏，规划举措和项目
8. 定义数字化转型指标体系（可选）
9. 识别数字化转型举措
10. 数字化转型路标（可选）
11. 举措设计（可选）
12. 规划项目

表 1-4 "3 阶 12 步"步骤与工作内容

序号	阶段	步骤	工作内容
1	以终为始,描绘愿景	理解企业战略诉求	(1)进行业务高层访谈,获取他们对业务战略和目标的描述,以及数字化转型的期望;(2)进行业务战略解码,识别战略关注要点,进行专项分析,畅想如何利用数字化技术支撑战略目标的达成,思考如何利用数字化技术构建企业的核心竞争力
2		"5看"	看战略(看业务战略诉求)、看客户(看客户体验需求的变化)、看行业(看行业发展趋势)、看自己(看业务模式的变化)、看技术(看数字技术融入业务的场景和业界标杆案例)
3		数字化转型成熟度评估	(1)进行关键业务客户访谈,在访谈中可以基于"数字化转型评估模型",对模型中的各项内容进行面对面交流和现场评估;(2)访谈中采集并记录业务的关键需求,以及他们对数字化转型的期望
4		现状和差距分析	与业界标杆企业数字化实践进行对比,针对业务诉求,识别业务和数字化技术、管理上存在的差距:(1)可基于"数字化转型成熟度评估模型"中的评估,结合业界的相关实践,识别现状与差距;(2)对标行业标杆,识别数字化技术、管理使用上存在的差距
5		描绘数字化转型的愿景	结合"5看"的输出,制订一个不拘泥于现状的、有前瞻性的数字化转型愿景
6	统一认识,设计数字化转型架构蓝图	设计顶层架构蓝图	从整个企业视角,对如何实现数字化转型愿景用企业架构方法进行清晰、系统性、分层分级的梳理和诠释
7		"一体四面",细化架构蓝图	各领域在公司统一架构蓝图下,以"一体四面"思路,结合各领域自身诉求,对顶层架构进行细化,从架构上思考本领域从哪些方面入手开展数字化转型,识别数字化转型的"突破口"

第一章 数字化转型及其方法论

续表

序号	阶段	步骤	工作内容
8	把握节奏，规划数字化中心项目和举措	定义数字化转型指标体系	（1）设计一套数字化转型指标体系，来衡量数字化转型工作是否对准价值的达成，是否达到来数字化转型价值预设的指标值； （2）在传统的指标基础上，增加与数字化转型直接相关的数字化、智能化指标。用来衡量数字化转型所带来的成果
9		识别数字化转型举措	基于数字化转型架构蓝图，识别支撑数字化转型愿景实现的关键成功要素，形成举措，并对举措进行描述和定义，明确举措实现的目标
10		数字化转型举措设计	为更好地落实举措，可以打开每个举措，设计举措的架构方案，同时将举措细化到具体的变革点
11		制订数字化转型路径路标	制订数字化转型路径路标用以把握数字化转型的节奏，通过制订数字化转型路径路标来明确哪些工作是数字化转型的基础工作，需要先期开展；明确每一阶段数字化转型路径路标的关注重点和抓手，以便形成合力进行集中突破
12		规划数字化转型项目	（1）规划数字化变革项目，落实数字化转型愿景及实施举措。数字化转型项目的节奏与数字化转型的路径路标保持一致（同步）； （2）同时明确哪些项目由集团（公司）层面来做，哪些项目由领域、部门来做

企业数字化转型一本通

- 1个目标蓝图,企业级战略目标
- 2个对象,聚焦服务和业务两大对象
- 3个阶段,通过规划、实施、运营持续优化,支撑目标达成
- 4A架构,企业数字化转型的整体规划依托TOGAF(The Open Group Architecture Framework)4A架构展开
- 5个转变,从意识、组织、文化到方法和模式进行全方面转变

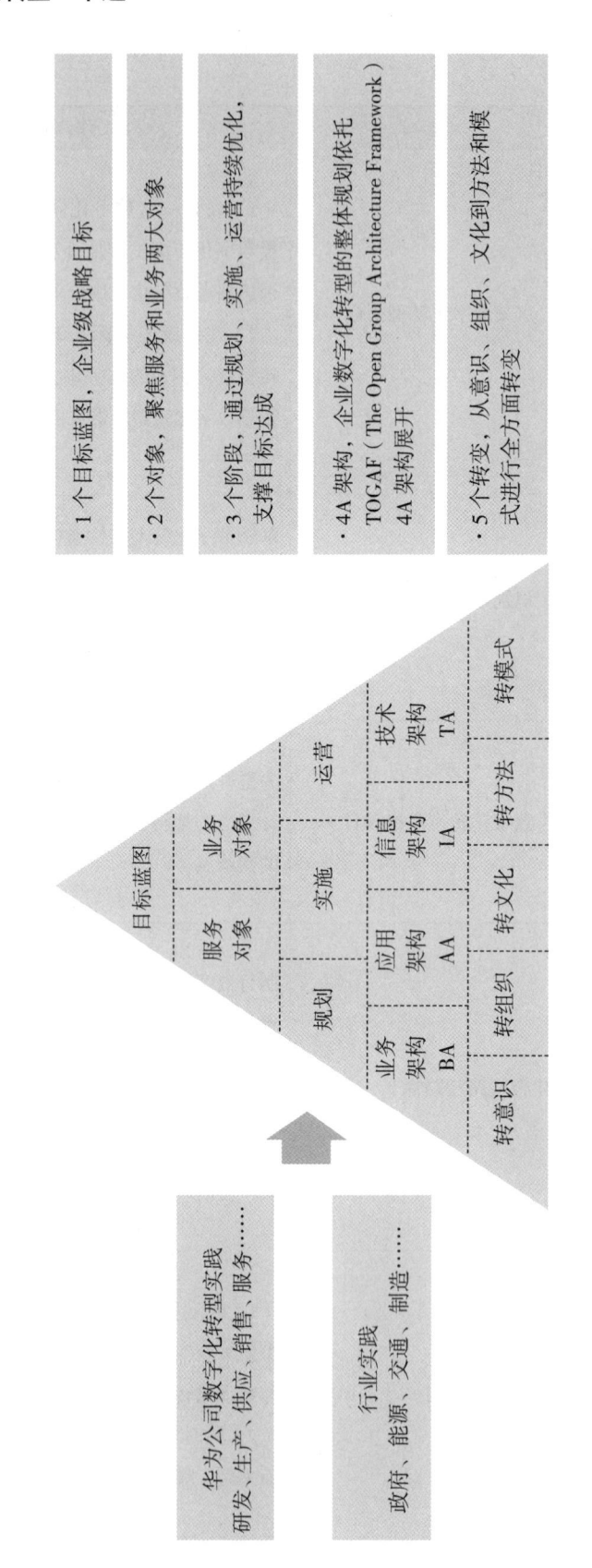

华为公司数字化转型实践
研发、生产、供应、销售、服务……

行业实践
政府、能源、交通、制造……

金字塔模型:
- 目标蓝图:服务对象、业务对象
- 规划、实施、运营
- 业务架构BA、应用架构AA、信息架构IA、技术架构TA
- 转意识、转组织、转文化、转方法、转模式

图1-45 华为公司数字化转型金字塔模型

第一章 数字化转型及其方法论

1.1 个目标——愿景驱动，企业级的战略目标

数字化转型往往结合新的技术、业务的发展来看未来的发展。愿景并不是静态的，通过结合新型的数字技术、企业的业务特征来制定自上向下的远景目标，自下而上地落实技术支撑，以华为公司数字化转型目标为例，华为公司未来3~5年实现数字化且第一个3年目标为收入翻番，人员不显著增加，如图1-46所示。

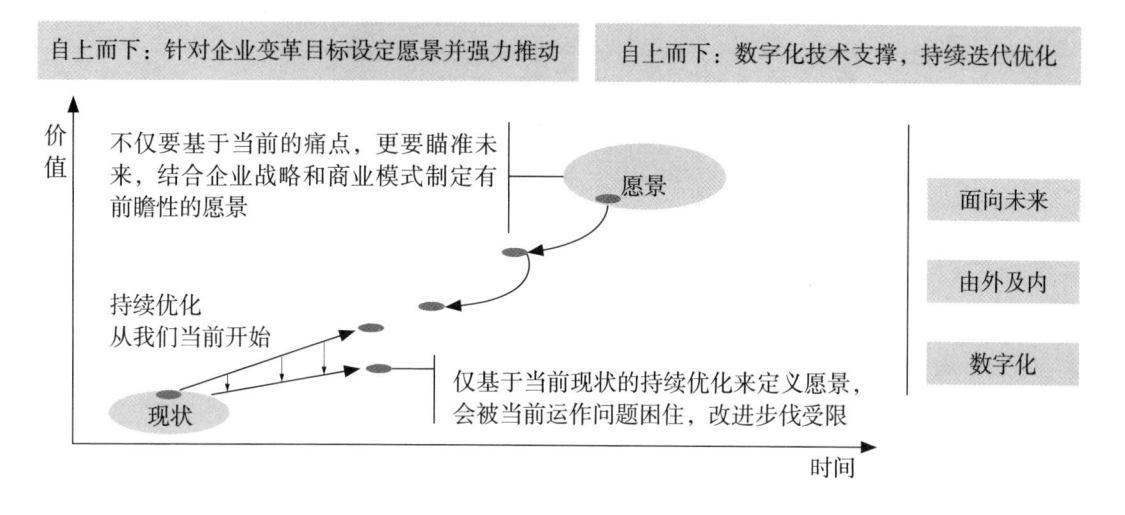

图1-46 华为公司数字化转型目标

2.2 个对象——聚焦服务对象和业务对象

对于华为公司来说，业务对象有运营、交付、营销、服务、财经等，原则是构建大平台下的精兵作战，围绕数据形成更好的服务，更好支撑各个模块，更好地服务各个对象，如图1-47所示。

3.3 个阶段——规划、实施、运营持续优化，支撑目标达成

华为公司按照顶层进行规划，按照方法论来识别业务的痛点，规划的方向要落实并持续化运营，如图1-48所示。

4.4A 架构——数字化转型整体规划依托 TOGAF 4A 架构展开

数字化转型要为业务创造价值，所以要从业务角度出发，按照应用来适配流程和业务，数据和技术平台进行支撑，形成4A架构，牵引IT向云化，服务化演进，支撑企业数字化转型，如图1-49所示。

5. 着眼5个转变——从意识、组织、文化到方法和模式进行全方面转变

（1）转意识：业务与数字技术"双轮驱动"，回归业务，实时感知，为客户、用户创造价值，见图1-22。

企业数字化转型一本通

服务对象

对准作战,通过与客户交易过程数字化,实现6类用户ROADS体验和提高客户满意度

客户 — 消费者 — 合作伙伴 — 供应商 — 开发者 — 员工

在线营销 — 在线交易 — 在线支付 — 实时物流 — 在线服务

ROADS:Real-time、On-demand、All-online DIY、Social

业务对象

各业务领域数字化,服务化,打通跨领域的信息断点,提升运营效率

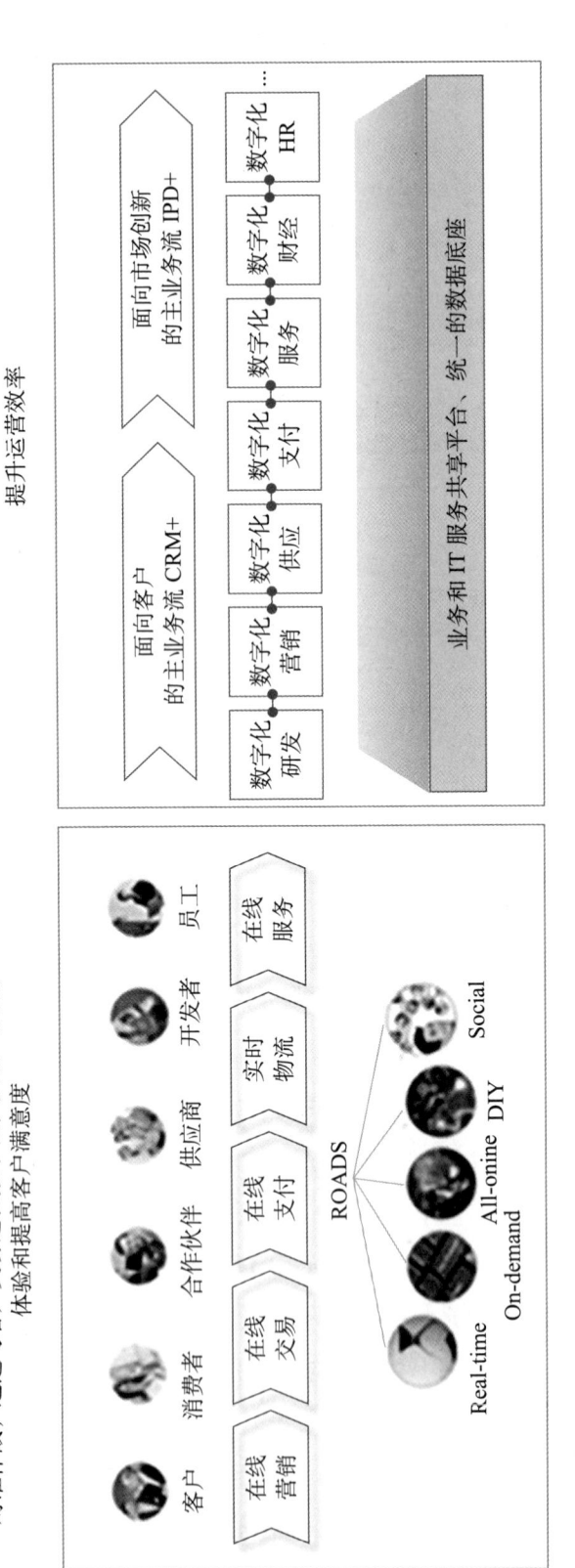

面向客户的主业务流 CRM+:数字化研发 — 数字化营销 — 数字化供应 — 数字化支付 — 数字化服务

面向市场创新的主业务流 IPD+:数字化财经 — 数字化HR ……

业务和IT服务共享平台、统一的数据底座

图 1-47 数字化转型聚焦2个对象:聚焦服务对象和业务对象

第一章 数字化转型及其方法论

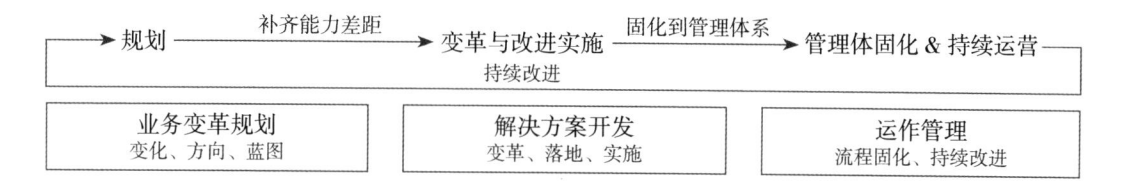

图 1-48 规划、实施、运营持续优化三个阶段支撑目标达成

图 1-49 数字化转型依托 TOGAF 4A 架构展开

（2）转组织：转型过程中往往需要在业务侧，由业务与 IT 组成一体化团队，基于统一的数字平台，共同开展数字化转型工作，见图 1-21。过去数字化转型往往是业务需求，现在数字化和业务深度融合，对技术平台要求更高，业务和技术融合在一起，形成了新的更敏捷、更高效的组织系统。

（3）转文化：营造"我为人人，人人为我"的协同文化，数字化转型带动企业文化的改变，如图 1-50 所示。制约数据流动的更深层的阻力是"部门墙"，如何削弱"部门墙"，不仅仅是技术上，更是思想上的转变。先我为人人，才能人人为我，只有这种转变，数据才能流动起来，数据才能成为流动要素。

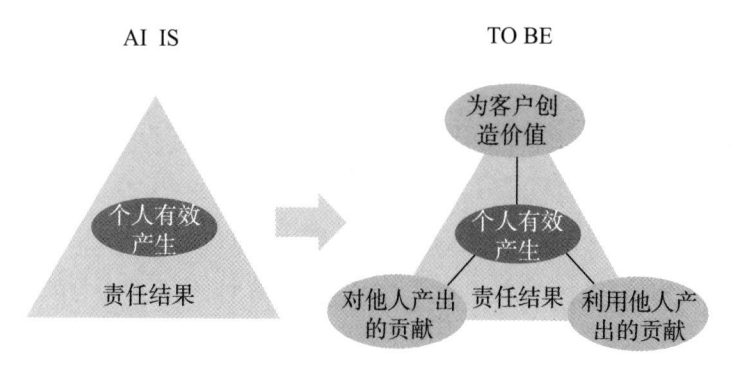

图 1-50 文化转型：营造"我为人人，人人为我"的协同文化

（4）转方法：实现对象数字化、流程数字化、规则数字化，在打好数字化基础的同时，不断丰富数字化场景和方案，见图1-24。数据驱动和企业深度融合，数字孪生在整体和局部就会出现。数据孪生通过数据挖掘、仿真、机器学习，为业务提升效率。使业务自动化或者半自动化，要实现真正的数字孪生，要把业务对象数字化。

以合同对象数字化为例，"合同360"架构制作有难度，推行更有难度，如图1-51所示。但是数据沉淀以后，原来看似无用功的工作变成了数据资产。例如，某一个客户历史上的合同是类似的，新的可以进行自动化的推荐，提高效率。通过对象的数字化，可以把数据的积累变成企业的资产。

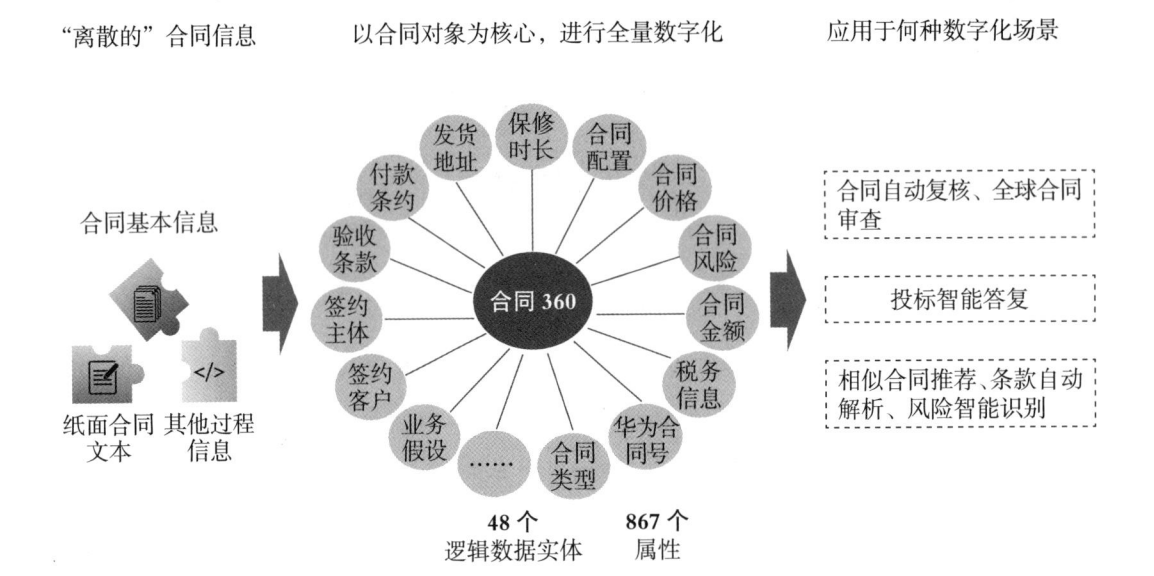

图1-51 "合同360"数字化框架体系

（四）华为公司数字化转型成功的"十六字箴言"

对于华为公司数字化转型成功的关键要素，华为云BU副总裁、首席数字化转型官苏立清将其归结为"十六字箴言"：

"上下同欲"——数字化转型一定是企业高层重视，并且驱动企业形成一种数字化转型文化，只有这样才能构建数字化转型的基础。

"双轮驱动"——数字化转型一定是双人舞，就是业务和IT部门共同参与来进行数字化转型。数字化转型本质上是运用信息技术来提升业务效率，业务部门自然是要参与的，所以"双轮驱动"非常重要。

"眼高手低"——对准价值。数字化转型一定要有总体规划，同时要特别关注落地的效果，也就是说要实现业务的价值，无论是帮助业务提升效率，还是增强体验，或者创新商业模式，一定要产生价值，这样就会营造这一种数字化转型氛围，通过不断迭代，从小的成功积累，变成大的成功，企业数字化转型形成一个"马太效应"，形成一种良好氛围。

"立而不破"——传统的企业既想拥抱未来、新型的云、人工智能，以及以数字为驱动的新型IT架构，又想将过去存量的系统融合进来，Bi-Model双模式这种立而不破的架构，将是适合很多企业不断数字化架构演进的一种非常重要的选择。

三、上海电气集团数字化转型：1个核心、2条主线、3项目标、5个阶段

2022年10月28日，在上海电气科技大会暨人才工作会议上，上海电气集团全新发布题为《数制融合·智慧赋能》的上海电气数字化转型白皮书。白皮书结合离散制造、装备制造型企业的共性特点，梳理了上海电气数字化转型的实践场景和成功经验，总结形成了一整套制造业数字化转型基因模型（见图1-52），助力制造业企业数字化转型。

（一）数字化转型一个核心：服务企业战略目标

数字化转型为企业构建的新能力与新价值，必将对企业的发展战略起引领作用。企业应深刻理解数字化转型与企业战略之间的互相促进、互相引领的关系，要将数字化转型作为企业战略的重要组成，明确企业数字化转型的愿景、使命、定位、目标、战略举措等。

数字化转型的唯一核心即服务于企业战略目标，其与企业市场战略、产品战略、人才战略等其他发展战略共同规划和选择企业前进方向，促进企业业务高效和可持续发展。上海电气集团的发展战略，如图1-53所示。

（二）数字化转型两条主线：产品实现与管理运营

数字化转型驱动企业整体性的变革，其价值效果体现在规模效益、运营效率、客户黏性等多个方面，但其本质是围绕企业的两条主线：产品实现与管理运营，如图1-54所示。数字化转型让产品实现与管理运营过程产生并积累大量数据，数据既支撑业务运作，又反哺业务分析和决策，形成一个长久的、持续的、螺旋上升的转型过程。

1. 产品实现过程

企业的产品实现过程，从产品的定义、开发，到原料的采购供应、生产加工、物流运输，再到交付最终用户、健康运行，都可以基于大量的产品数据进行端到端跟踪和优化。利用工业互联、人工智能等数字化手段采集、转化、加工产品数据，用高质量的数据换得高质量产品的交付，同时为改进产品设计、售后服务和增加整体收入作出贡献。

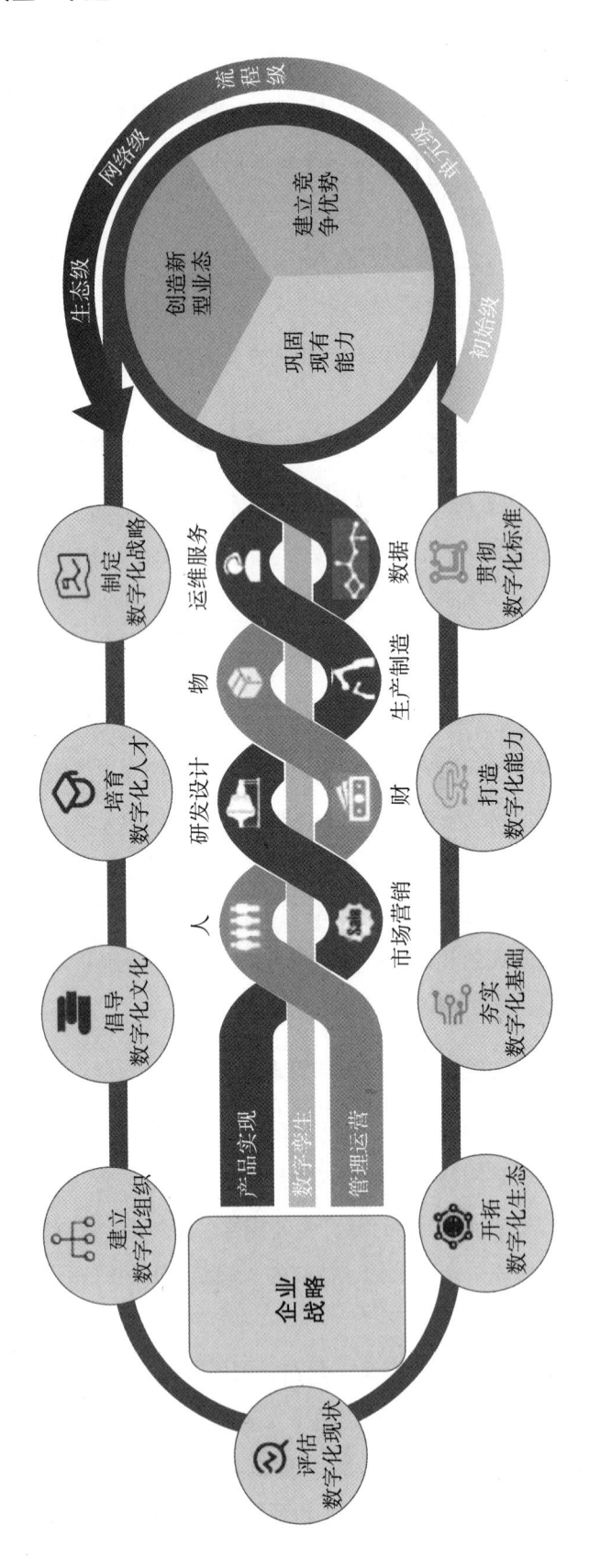

图 1-52 上海电气集团数字化转型基因模型

市场战略
- 发掘潜在客户
- 扩大市场占有
- 开发新的市场

产品战略
- 传播产品声誉
- 优化产品组合
- 研制新型产品

人才战略
- 吸引获取人才
- 优化人才结构
- 发挥人资效能

数字化战略
- 提升运营效率
- 建立数字生态
- 挖掘数据价值

图 1-53 上海电气集团发展战略

2. 管理运营过程

企业的管理运营过程，基于数字化、网络化、智能化的业务运行体系不断优化调整资源配置，重构客户体验。利用区块链、知识模型、智能算法等新一代数字技术，加强内外部资源协同、信息共享、经验固化，构建数字化组织和业务流程，监控和预测企业运营状况，提升企业管理运营各方面的风险防范能力。

（三）数字化转型三大目标

数字化转型的核心目标是通过持续地洞察与改进，依托新一代数字技术，助力企业构建一种面向不可抗拒的市场变化下的敏捷响应、快速吸收、柔性调整的能力，从而实现企业价值释放的可持续发展。

1. 巩固现有能力

企业通过数字化转型，对传统生产关系和生产要素按照最优原则重新进行排列组合，进而最大化地合理利用。通过数字化转型，在企业现有的业务价值链路中，增强责任意识与协作机制，固化实践经验和标准，在确保企业基本盘稳定的基础上，产生更高效的生产力价值。

2. 建立竞争优势

企业通过数字化转型，将多年的行业经验与敏锐的数据洞察相融合，根据环境态势

图 1-54 数字化转型两条主线

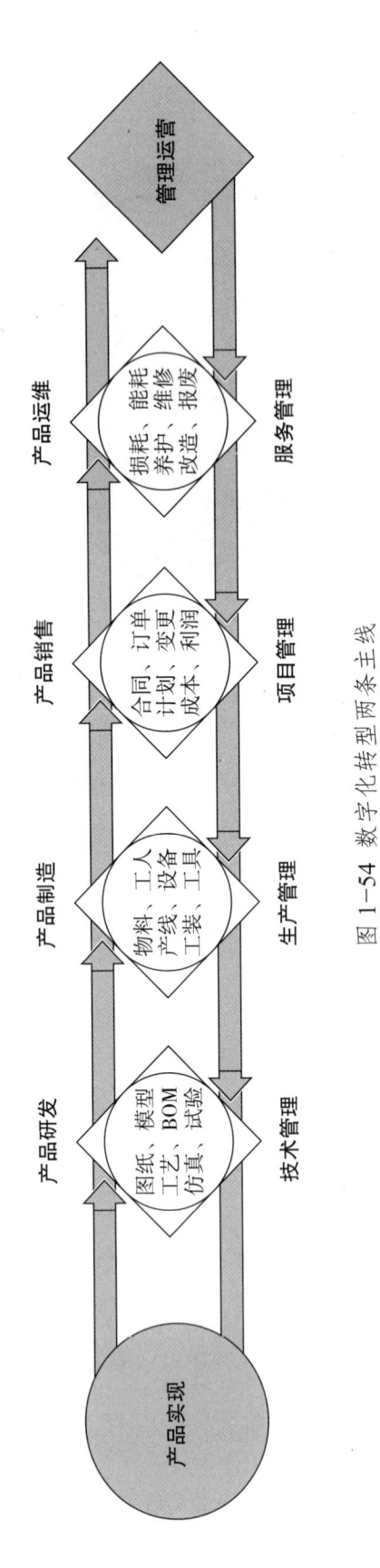

有效地构建起产品和服务在质量、成本、技术、人力资源等方面的竞争优势。通过数字化转型营造高品质的客户体验、高自驱的员工体验、高信任的生态系统体验，让企业在不断变化的外部条件中占得先机，保持优势地位。

3. 创造新型业态

企业通过数字化转型，拓展新载体、新形式交付的产品、服务、内容或信息，突破传统业务舒适区，丰富业务形态，激发出大量全新的商业模式和服务模式。通过数字化转型不断累积和形成新的数据与能力资产，形成企业全新的商业竞争力，并为自身长久发展构建互利共赢的生态体系。

（四）数字化转型 5 个阶段

基于企业数字化发展阶段的不同、数据要素在不同发展阶段所发挥驱动作用的不同，数字化转型有着不同的发展状态和特征，企业应结合自身现状和业务发展战略做好数字化转型顶层设计，制定适合自己的数字化转型目标与路径。

数字化转型的 5 个阶段，如图 1-55 所示。

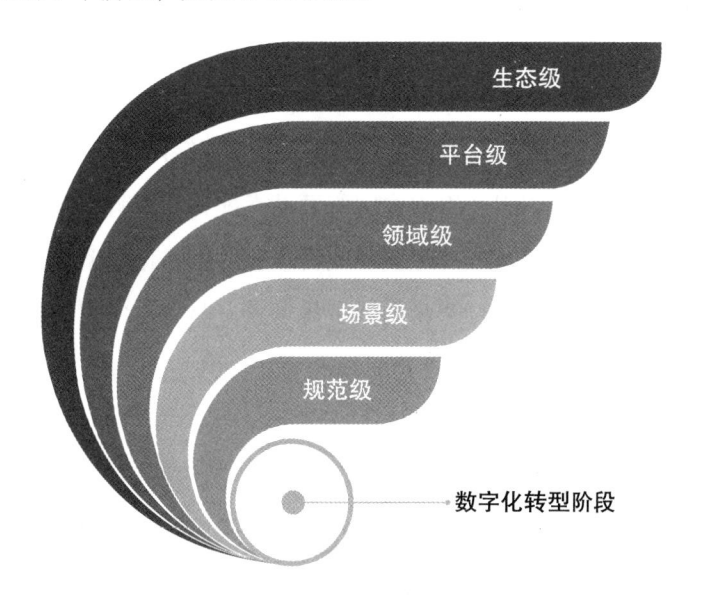

图 1-55 数字化转型 5 个阶段

1. 规范级

处于数字化规范阶段的企业，数字应用水平相对较低，尚未有效建成支持主营业务范围内关键业务数字化和柔性化运行的新型能力。此类企业的数字化转型，首先应当驱动业务数字化，将信息技术与数字技术引入原有业务中，为其带来效率提升。对于一些小微企业而言，可以利用云服务整合资源，借力外部产品，快速提升基础能力。

2. 场景级

处于数字化场景级阶段的企业已经通过数字化手段提升相关单项业务的运行规范性和效率，建成支持关键业务资源配置效率提升、关键业务活动数字化、场景化和柔性化运行的场景级能力。此类企业的数字化转型应加快数字化转型步伐，建立形成企业"数字主线"，打通企业增值业务链，实现数据要素流通共享。对于一些历史悠久、中大规模的企业而言，确定转型突破点，同时加强技术能力和专业队伍的培养，以点带面打通转型通道。

3. 领域级

处于数字化领域级阶段的企业，数字化应用水平相对较高，已经初步实现业务关键流程、软硬件、行为活动等要素间的集成优化，并且建成支持主营业务领域内资源全局优化配置，以及主营业务集成融合、动态协同和一体化运行的领域级能力。此类企业的数字化转型应持续关注数据对业务的价值赋能，挖掘数据潜在价值。特别是大型集团企业需打造知识、资源、人才等聚集池，沉淀好的数字化经验，系统性规划和构建数据中台、AI 智能中台等高阶数字化体系与平台。

4. 平台级

处于数字化平台级阶段的企业已通过数字化和产业互联网级网络化，面向组织全员、全要素和全过程建成支持组织以及组织之间资源动态配置，主营业务网络化协同的平台级能力，在数字化转型中积累了成功经验。此类企业的数字化转型应构建全价值链数字化能力，引入领先的智能技术，打磨新的数字化场景，驱动业务数据具备持续治理和共享服务能力，创造新的用户价值、生产力价值和商业价值。

5. 生态级

处于数字化生态级阶段的企业在文化、组织、体系、方案、技术等各方面已成为数字化转型引领者，面向跨组织、生态合作伙伴、用户的生态圈，建成支持智能驱动的生态资源按需精准配置，以及生态合作伙伴间业务智能化、集群化、生态化发展。此类企业的数字化转型应推动与生态合作伙伴间资源、业务、能力等要素的开放共享和协同合作，提出数字化生态兼容方面的能力要求，共同培育智能驱动型的数字新业务，帮助更多企业适配多种生态环境和技术路线，促进上下游数字化生态健康发展。

（五）数字化转型九大举措

数字化转型的九大举措如图 1-56 所示。

图 1-56 数字化转型九大举措

1. 评估数字化现状

企业在开展数字化转型前，应定期对自身状况进行摸底检查。如在时间或能力不足的情况下，企业也可寻找熟悉自身产业、了解行业特点的第三方评估机构或公司，基于业务战略目标，构建一套全面的评估和诊断体系，评估当前数字化建设现状、存在的问题，收集业务提升需求。数字化现状的评估应该是动态且持续的。通过一个阶段的评估诊断可帮助企业在数字化转型中找准位置、定准重点、强化协同、推进工作。

企业可选择贯彻实施两化融合等国家标准、行业标准，将先进理念、方法、最佳实践内化为可执行、可操作的管理制度，分级开展组织治理、能力治理、应用治理、数据治理，将价值效益目标贯彻落实到数字化转型各项具体工作中。

2. 建立数字化转型组织

数字化转型是一个系统变革的过程，是一个生产要素优化组合的过程，是一个流程优化与再造的过程，涉及的面广、线长、点深，需要企业建立起一把手负责制的数字化转型组织，统揽企业数字化转型工作，制定数字化转型路线图和关键工作方案，方能具备数字化转型长效驱动力，使相关工作按既定目标稳步推进和落实。

目前，超过 60% 的央企集团已专门设立了数字产业公司，同集团不同的产业板块也应建立相应机构和组织，深度整合数字化转型的目标、任务、风险、流程，让数字化组织融合进业务，促进业务部门在数字化建设项目中的协作，按照"管理、建设、运维、应用"的维度，促进数字化项目发挥成效。

3. 倡导数字化文化

数字化文化是企业数字化转型的"土壤"，数字化转型应体现在思维和文化的变革中。数字化文化可以为企业数字化转型提供思考方式、行为准则，引导全体员工采取恰当的行动。通过倡导数字化文化，加强员工对数字化的理解，引导员工转变传统思维模式，加快数字化各类资源要素的配置，加强对数字化创新的激励，让员工主动拥抱数字化，在数字化转型进程中形成头雁效应。

以企业数字化文化促进企业领导的数字化价值观的形成，提升数字化思维能力和数字化专业素质，提高企业员工的数字化素养和技能水平。以企业数字化文化引领企业数字化转型，构建数字化经营模式和生态系统。如果企业的传统文化不做改变，数字化转型会被原有惯性拉回既定的轨道。只有对企业深层的文化进行变革，营造良好的数字化转型氛围，才能帮助组织有效推动数字化转型。

4. 培育数字化人才

数字化转型让企业在关键岗位上对数字化人才的需求更显急迫。市场上数字化人才短缺且断层，供需严重不匹配。因此，企业在积极引入外部数字化人才的同时，更应该主动消除人才壁垒，在组织内部培育一批既懂业务又懂数字化的复合型人才，同时在集团内部进一步加强复合型数字化人才的培养、流动，进一步打破在原有信息化人才发展中所存在的"天花板低、部门墙厚"的问题。数字化专业人才具备技术能力、产品能力、运营能力和项目管理能力，还拥有数字化意识与思维。数字化专业人才精通业务并提出优化改进方向，可将数字化应用到业务场景上，提高业务价值与效率。

5. 制定数字化战略

企业开展数字化转型，首要任务是要制定数字化转型战略，并将其作为发展战略的重要组成部分，把数据驱动的理念、方法和机制根植于发展战略全局。企业应围绕自身总体发展战略所提出的愿景、目标、业务生态蓝图等，科学、系统设计数字化转型战略，制定数字化转型的目标、方向、举措、资源需求、预期价值等，通过采用"战略蓝图 + 总体方法论"的方式，从全局上对数字化转型进行蓝图规划设计。

企业应在数字化转型总体蓝图规划的指引下，以数字化新型能力的建设、运行和优化为主线，选取价值显现度高且可快速实现的场景切入进行重点突破，在蓝图框架下"小步快跑"和迭代创新，有效串接起业务、技术、管理等相关内容，与职能战略、业务战略、产品战略等有机融合，有效支撑企业总体发展战略实现。

6. 贯彻数字化标准

数字化转型需要数字化标准的强力支撑。数字化标准是企业数字化转型中的基础要素。一方面，企业需要建立数字化专业标准，包括研制通用基础、数据基座、支撑能力、数字安全、数字信任等各类标准；另一方面，企业还应将数字专业标准与管理标准、技术标准、作业标准相融合，推动其他标准的完善。

针对不同应用场景中的共性要求，企业需要聚焦数字化标准，围绕转型过程中基础性强、约束性高、协调面广的工作开展标准制订，探索研制具有统一指导作用的企业数字化转型建设导则。以标准化支撑构建企业数字化转型的大格局，构建适应新发展阶段的标准化工作机制。

7. 打造数字化能力

企业需要把握发展规律，聚焦数字化通用核心能力体系建设，打造快速响应的敏捷执行能力、专注核心的持续运营能力、共创共赢的持续创新能力、人机协同的智能应变能力、数据支撑的洞察决策能力。

通过打造数字化能力，企业将激活数字化内生动能，进而逐步探索形成符合自身特色的数字化转型之路，以确定性的能力建设和应用应对市场不确定性，用强大的数字化核心能力助力走出数字化转型"深水区"，加速数字化价值变现。

8. 夯实数字化基础

过去十几年，企业以信息系统建设为主，信息资源不能共享，信息系统不支持跨部门、跨地区业务协同，传统的技术基础设施是企业部署数字化能力的又一道障碍。而在数字化转型驱动下，企业数据集中管控成为大势所趋，特别是大型集团、产业集团的共性基础设施，应加强联通性和共用性，提供统一的基础设施及标准化的连接设备，减少非必要的投入。同时，应关注数字化安全。数字化安全是企业转型的底线和基线。数字化世界由"1"和"0"组成，数字化安全就代表着有价值的"1"，若没有安全的"1"，其他建设的"0"就没有意义。企业在数字化转型中不可只顾实现功能而忽略了安全，在数字化建设中要从初期就考虑植入数字化安全的要求。

9. 开拓数字化生态

通过数字化转型，企业可使用产业互联网向上对接企业经营层，向下对接边缘设备层，以平台促进交流，汇聚创新。在数字化转型过程中，有效发挥集中力量办大事的平台优势，利用平台的延展性和适配性，实现数字化转型经验模式的快速、规模化复制推广。

生产装备先进、供应链强大的企业，可通过数字化转型对产业链上下游起带动作用，构建全方位战略级合作机制，发挥自身优势，形成区域资源互补，打造数字化转型价值传播路径。

数字化转型是多生态的发展趋势，企业与企业之间更应通过数字化转型实现彼此资源共享、收益共享。

第二章

企业数字化转型步骤、路径与策略

第一节 企业数字化转型步骤与路径

一、企业数字化转型的升级步骤

企业数字化转型的升级步骤，如图 2-1 所示。

二、企业数字化转型的五步提升

企业数字化转型的五步提升如图 2-2 所示。

三、企业数字化转型的"五阶路线"

宝洁公司 NGS 团队 Leader 所著的《数字化转型路线图：智能商业实操手册》中，提出了要想成功进行数字化转型，需要借鉴航空行业的"瑞士奶酪"模型，作为数字化转型成功的指导原则和清单，即图 2-3 所示的数字化转型的五阶路线图。

四、企业数字化发展的五个阶段及其转型路径

（一）企业数字化转型的发展阶段及其特征

如图 2-4 所示，企业数字化发展阶段由低到高可分为规范级、场景级、领域级、平台级、生态级五个发展阶段，企业数字化转型沿着这五个发展阶段不断跃升。不同发展阶段的转型模式和路径也将不断演进。处于规范级的企业运行以职能驱动型为主，规范开展数字技术应用，提升企业主营业务范围内的关键业务活动运行规范性和效率；处于场景级的企业运行以技术使能型为主，实现主营业务范围内关键业务活动数字化、场景化和柔性化运行，打造形成关键业务数字场景；处于领域级的企业运行以知识驱动型为主，实现主营业务领域关键业务集成融合、动态协同和一体化运行，打造形成数字企业；处于平台级的企业运行以数据驱动型为主，开展跨企业网络化协同和社会化协作，实现以

机器智能越来越"智慧"

- 信息通信技术不断突破瓶颈：计算、存储、网络
- 物联网、大数据、云计算、VR等极大延伸了人类能力
- 工作与生活中越来越多的行业领域被标准化和规范化
- 数字化生活已经成为一种习惯，移动原生独二代登场
- 大数据成为新的生产要素，机器因数据变得越来越聪明

智能化
- 机器可以模仿人类思考和决策
- 数据是智能化的物质基础
- "千人千面"和"看人下菜"
- 智能化改变人机关系和社会分工

自动化
- 自动化相对于人工劳动而言
- 自动化作业带来多方面价值
- 自动化把人类劳动得以解放
- 自动化与智能化关注点不同

数据化
- 信息加工后转化为数据
- 结构化数据才能被机器利用
- 数据需要在深度和广度上连接
- 数据成为一种新型生产要素

信息化
- 信息化不同于电子化
- 信息化需要标准化和规范化
- 机器优先替代重复性高频次高的环节
- 信息是数据化的前提和基础

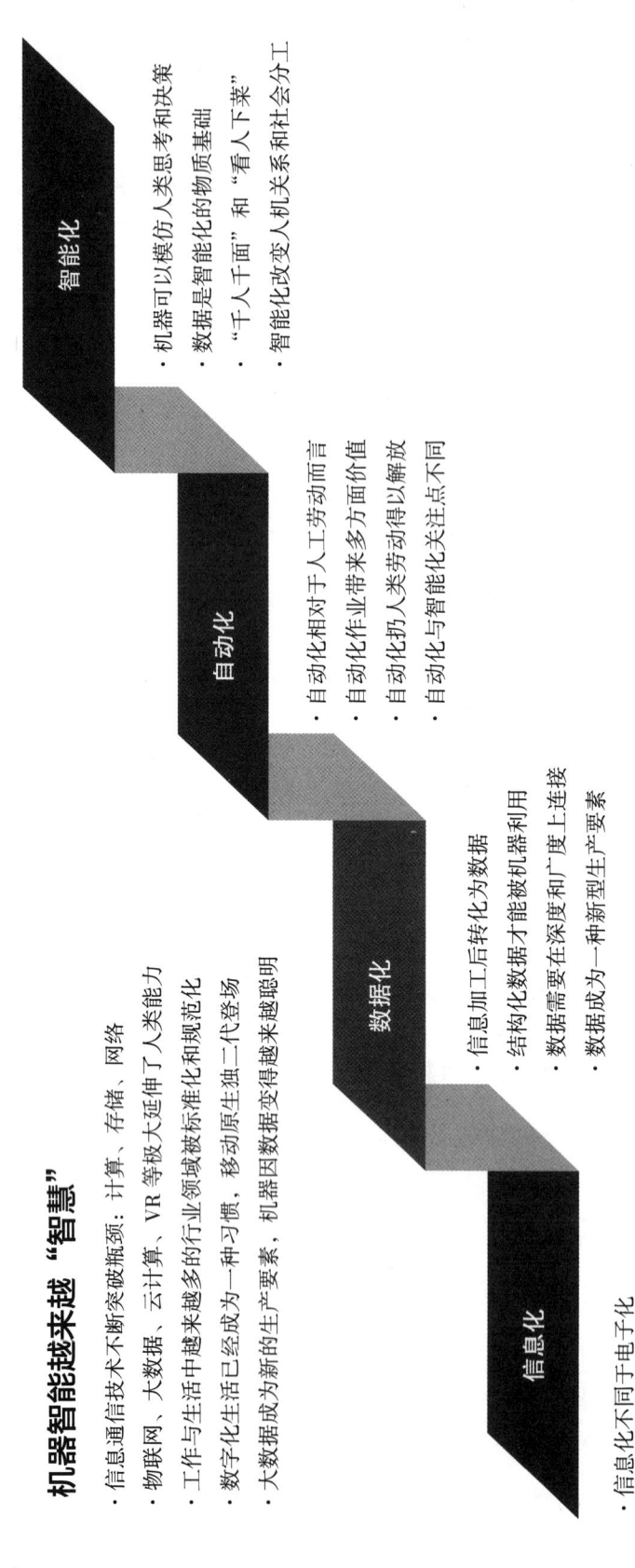

图 2-1 企业数字化转型的升级步骤

第二章 企业数字化转型步骤、路径与策略

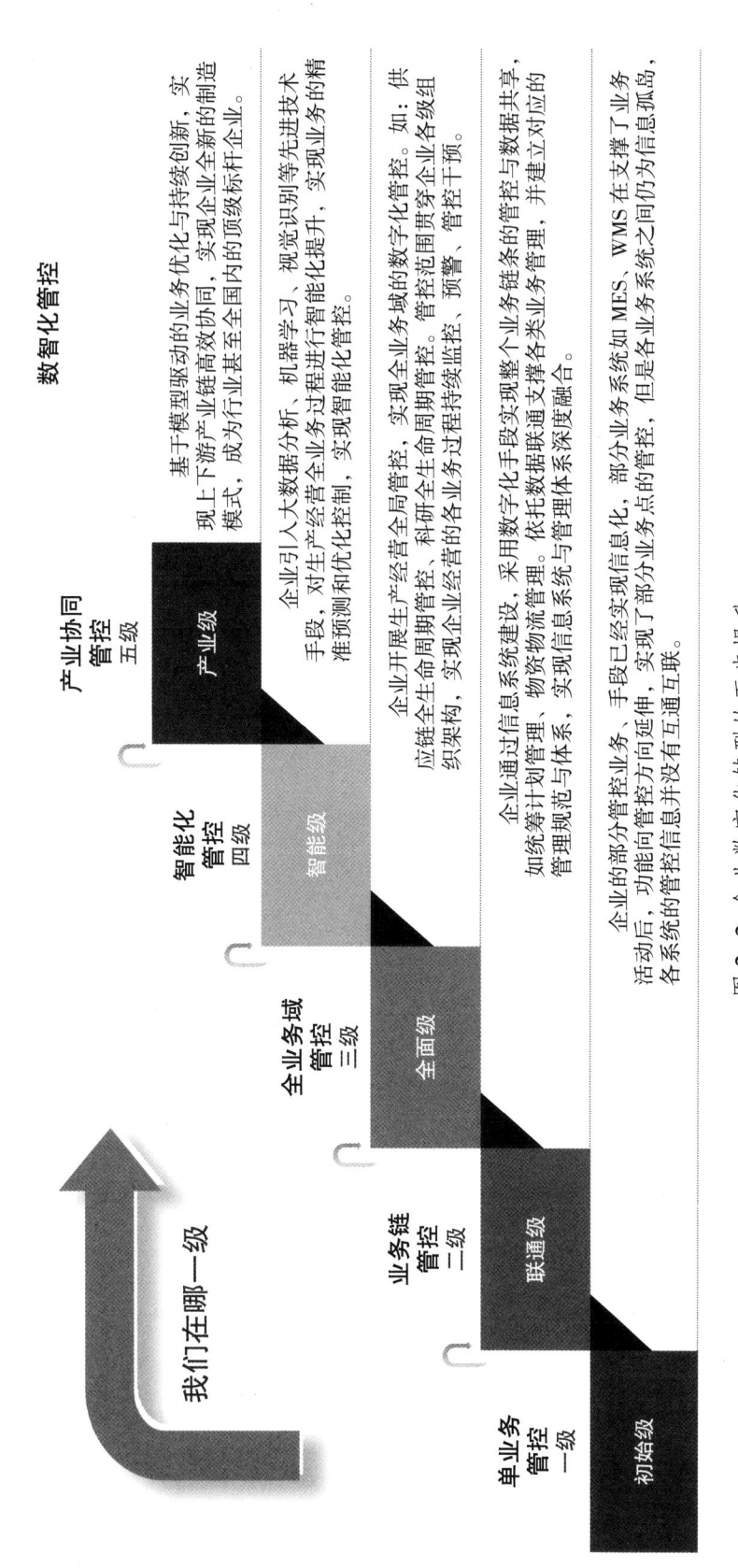

数智化管控

产业协同管控 五级 / 产业级
基于模型驱动的业务优化与持续创新,实现上下游产业链高效协同,实现企业全新的制造模式,成为行业全国内的顶级标杆企业。

智能化管控 四级 / 智能级
企业引入大数据分析、机器学习、视觉识别等先进技术手段,对生产经营全业务过程进行智能化提升,实现业务的精准预测和优化控制,实现智能化管控。

全业务域管控 三级 / 全面级
企业开展生产经营全局管控,实现全业务域的数字化管控。管控范围贯穿企业各级组织架构,科研全生命周期的各业务过程持续监控、预警、管控干预。

业务链管控 二级 / 联通级
企业通过信息系统建设,采用数字化手段实现整个业务链条的管控与数据共享。如:供应链全生命周期管理、物资物流管理。依托数据联通支撑各类业务管理,并建立对应的管理规范与体系,实现信息系统与管理体系深度融合。

单业务管控 一级 / 初始级
企业的部分管控业务、手段已经实现信息化,功能向管控方向延伸,实现了部分业务点的管控,但是各业务系统之间仍为信息孤岛,各业务系统的管控信息并没有互通互联。活动后,部分业务系统如MES、WMS在支撑了业务的各业务系统之间仍为信息孤岛,各业务系统的管控信息并没有互通互联。

我们在哪一级

图 2-2 企业数字化转型的五步提升

|089|

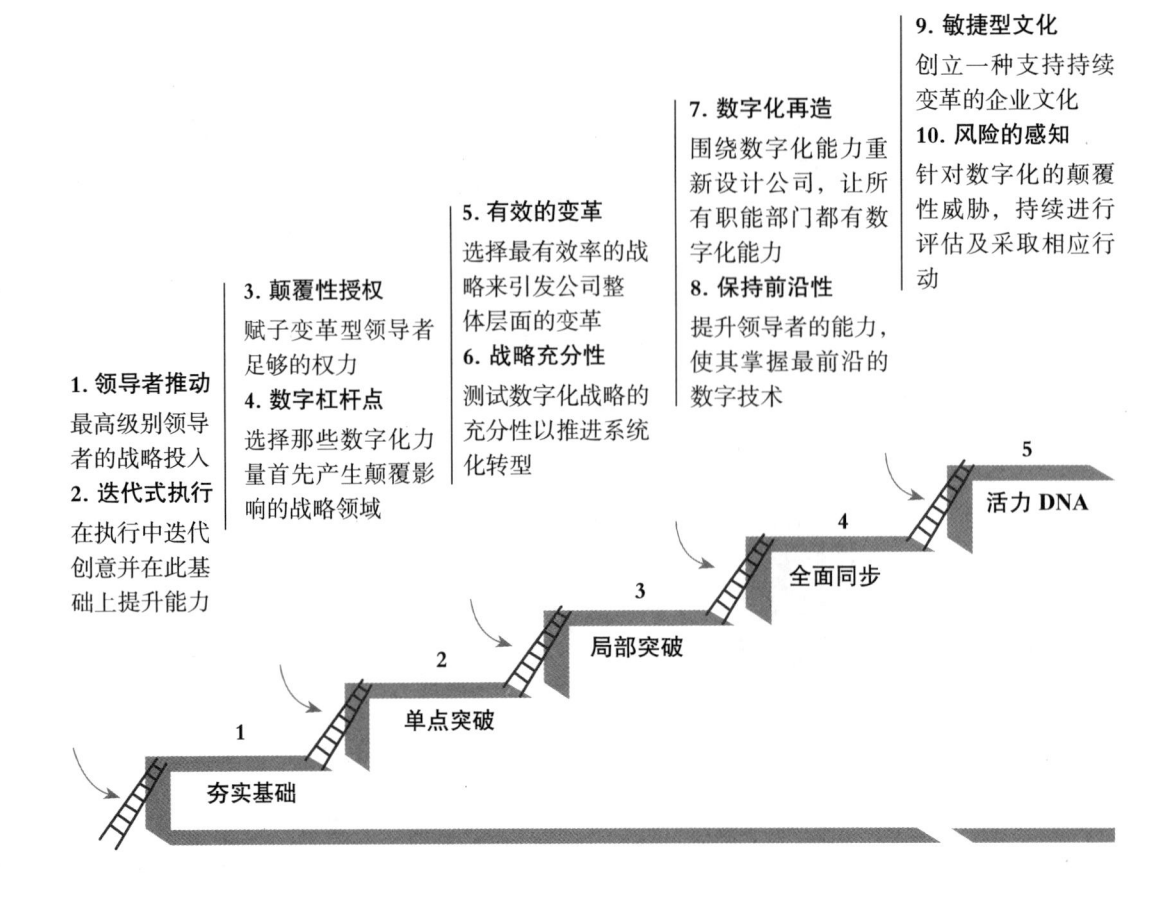

9. 敏捷型文化
创立一种支持持续变革的企业文化
10. 风险的感知
针对数字化的颠覆性威胁,持续进行评估及采取相应行动

7. 数字化再造
围绕数字化能力重新设计公司,让所有职能部门都有数字化能力
8. 保持前沿性
提升领导者的能力,使其掌握最前沿的数字技术

5. 有效的变革
选择最有效率的战略来引发公司整体层面的变革
6. 战略充分性
测试数字化战略的充分性以推进系统化转型

3. 颠覆性授权
赋予变革型领导者足够的权力
4. 数字杠杆点
选择那些数字化力量首先产生颠覆影响的战略领域

1. 领导者推动
最高级别领导者的战略投入
2. 迭代式执行
在执行中迭代创意并在此基础上提升能力

1 夯实基础
2 单点突破
3 局部突破
4 全面同步
5 活力DNA

图 2-3 数字化转型的五阶路线图

数据为驱动的业务模式创新,打造形成平台企业;处于生态级的企业运行以智能驱动型为主,推动与生态合作伙伴间资源、业务、能力等要素的开放共享,共同培育数字新业务,打造形成生态企业。

(二)企业不同阶段的数字化转型路径

企业数字化五个发展阶段及转型路径,如图 2-4、图 2-5 所示。

1. 规范级

处于规范级发展阶段的国有企业,通常具备开展数字技术的应用,获取、开发和利用关键业务数据,能够增强相关业务活动运行规范性,但是尚未有效建成支持主营业务范围内关键业务数字化、柔性化运行的新型能力,尚未实现基于数字化的业务创新的特征。

规范级数字化转型路径,如图 2-6 所示。

第二章 企业数字化转型步骤、路径与策略

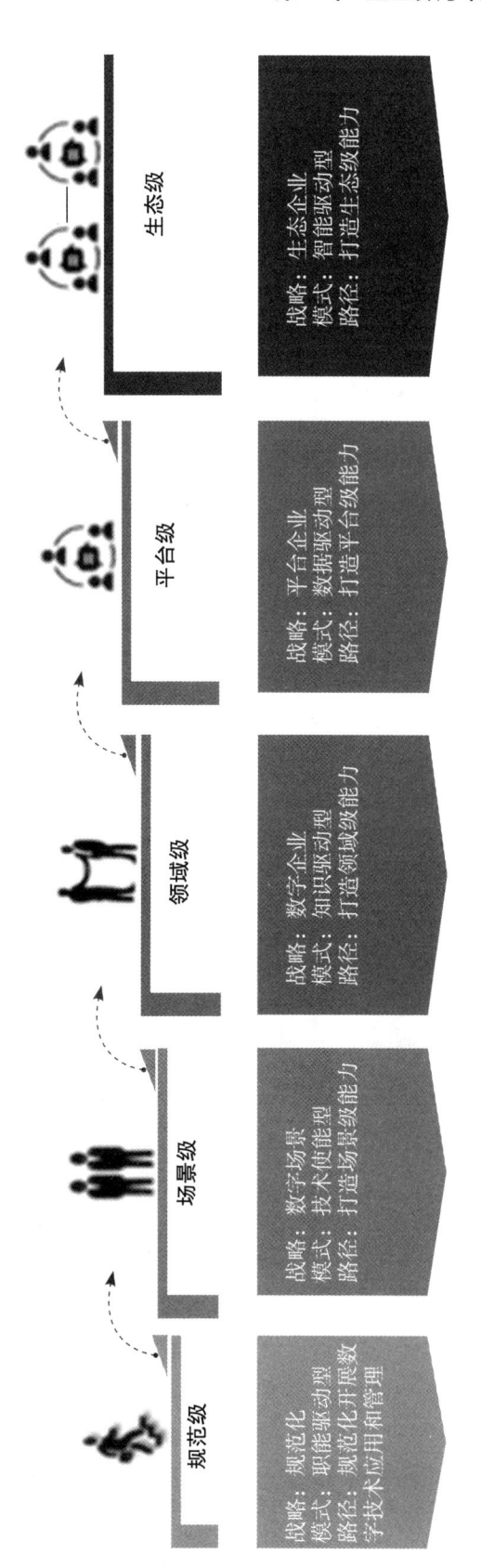

图 2-4 企业数字化的五个发展阶段

规范级
战略：规范化
模式：职能驱动型
路径：规范化开展数字技术应用和管理

场景级
战略：数字场景
模式：技术使能型
路径：打造场景级能力

领域级
战略：数字企业
模式：知识驱动型
路径：打造领域级能力

平台级
战略：平台企业
模式：数据驱动型
路径：打造平台级能力

生态级
战略：生态企业
模式：智能驱动型
路径：打造生态级能力

091

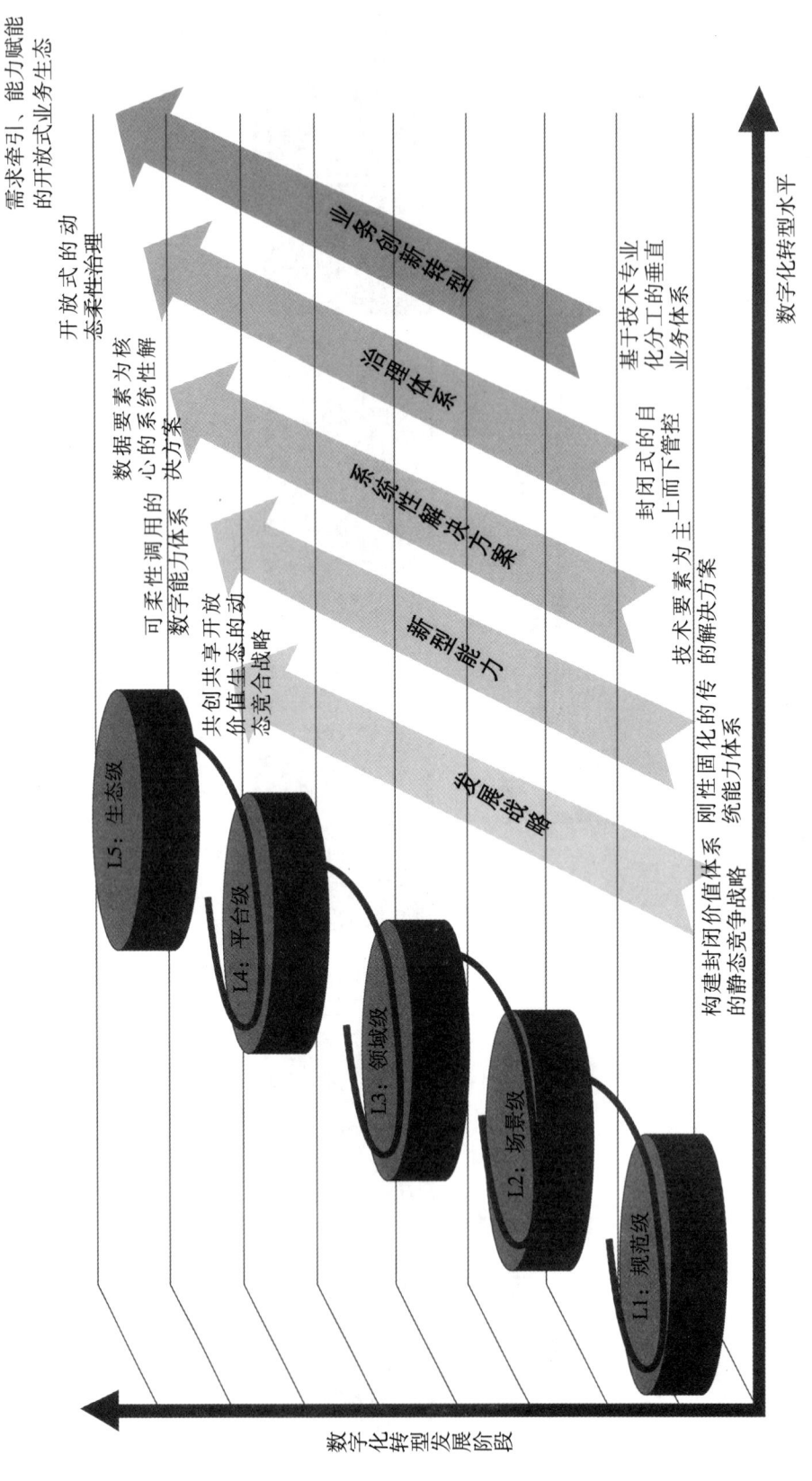

图 2-5 企业数字化五个发展阶段的转型路径

第二章 企业数字化转型步骤、路径与策略

规范级 转型路径

路径	总体要求
发展战略	数字化技术应用纳入战略规划
新型能力	开始建设与数字化技术有关的新型能力
系统性解决方案	应用数字技术手段工具
治理体系	建立并有序执行与数字技术应用相关的制度体系
业务创新转型	应用数字技术实现业务和运营管理活动的规范化运行

图 2-6 规范级数字化转型路径

2. 场景级

处于场景级发展阶段的国有企业，通常具备在关键业务场景开展数字技术的应用，获取、开发和利用关键业务场景数据，能够发挥数据作为信息媒介的作用，提高关键业务场景的资源动态配置效率和水平，以及基于各类技术融合应用形成专业技能，以技术使关键业务活动数字化、场景化和柔性化运行，打造形成关键业务数字场景的特征。因此，企业在场景级阶段的转型路径应基于技术使能型的典型模式开展。

场景级数字化转型路径如图 2-7 所示。

3. 领域级

处于领域级发展阶段的国有企业，通常具备基于企业级数字化和传感网级网络化，获取、开发和利用主营业务领域数据，以知识为驱动，提升主营业务活动集成融合和动态协调联动水平，提高企业资源全局优化配置效率，以及探索基于数据的价值在线交换，推进基于数据建模的业务知识数字化、模型化、模块化和平台化，提升主营业务活动柔性协同和一体化运行水平，打造形成数字企业的特征。因此，国有企业在领域级阶段的转型路径应基于知识驱动型的典型模式开展。

领域级数字化转型路径，如图 2-8 所示。

企业数字化转型一本通

场景级 转型路径

路径	总体要求	具体要求
发展战略	将数字场景建设作为重点战略任务	· 数字场景建设和关键业务数字化、场景化、柔性化运行作为重点战略任务 · 重点构建成本、效率、质量、价格、性能、服务等竞争优势
新型能力	支持业务数字化、场景化和柔性化运行的场景级能力	包括但不限于： · 产品创新能力，快速响应产品创新和研发设计动态需求 · 生产与运营管控能力，快速响应生产与运营等动态需求 · 用户服务能力，快速响应用户服务的动态需求 · 生态合作能力，快速响应供应链合作关键业务的动态需求
系统性解决方案	以工具级数字化为主	· 设备设施数字化、智能化改造，应用IT软件硬控，建成场景级互联网络 · 关键业务流程优化设计、在线运行和管控 · 自动采集关键业务场景内主要数据，实现支持关键业务柔性化的数据模型开发
治理体系	设置数字化专责部门，以技术使能型管理方式为主	· 中层或以上领导担任（新一代）信息技术应用的主管领导 · 建立项目制或事业部制等组织结构，设立数字化专责部门，专职数字化岗位 · 采用能型管理方式，建立明确的目标责任制 · 将员工视为"经济人"，主要采用经济手段和权利来维持员工的效力和服从
业务创新转型	形成关键业务数字化、场景化和柔性化运行模式	· 产品创新、研发设计、生产运行、运营管理、市场服务等一个或多个业务活动实现数字化、场景化 · 有条件的组织实现关键业务场景的集成融合和协调联动，场景级业务运行和管理模式创新，探索场景级数字业务

图 2-7 场景级数字化转型路径

第二章 企业数字化转型步骤、路径与策略

路径		总体要求	具体要求
领域级转型路径	发展战略	战略层面统筹推进全面数字化和数字企业建设	· 主营业务全面数字化和数字化企业建设作为重点战略任务 · 重点构建企业总体成本、效率、质量、运营卓越、用户体验等竞争优势,以及基于供应链上下游动态协调联动、构建产品、业务、用户服务协同创新等竞争优势
	新型能力	支持业务集成融合、动态协同和一体化运行的领域级能力建设	包括但不限于: · 基于经营管理与生产作业现场集成,建成产品生命周期管理等能力,动态响应产品生命周期研发创新活动的多样化需求 · 基于经营管理与生产作业现场集成,建成供应链,动态响应供应链生命周期合作的多样化需求
	系统性解决方案	企业级数字化+传感网	· 构建传感网级网络,实现关联设备设施之间的互联互通和集成优化 · 完成跨部门、跨层级业务领域内的主要业务流程优化设计,运行状态动态跟踪和在线管控 · 自动采集主营业务领域的主要业务流程数据,实现数据流的设计和开发
	治理体系	设置跨部门协调机制,以知识驱动型管理模式为主	· 扶策层领导担任数字化转型工作的主管领导 · 制订以专责部门为核心的跨部门组织协调机制,设立数字化岗位和职位序列 · 采用知识驱动型管理方式,开展跨部门、跨环节的协同计划、组织、协调、控制、指挥等管理活动 · 将员工视为"社会人",用数字化技术手段激发员工主观能动性
	业务创新转型	沿纵向管控、价值链和产品生命周期等推进业务柔性协同和一体化运行	· 纵向整合集成、产品生命周期集成、价值集成,实现知识驱动的数据互联互通、资源动态匹配、业务协同优化 · 有条件的组织实现企业级整体业务运行和管理模式创新,形成主营业务范围领域级数字业务

图 2-8 领域级数字化转型路径

4. 平台级

处于平台级发展阶段的国企,通常具备依托平台级数字化和产业互联网级网络化,进行整个企业及企业间数据的获取、开发和利用,实现数据驱动的业务模式创新和价值网络化在线交换,提升企业资源动态配置和综合利用水平,以及探索用数据科学重新定义并封装生产机理,构建基于数据模型的网络化知识共享和技能赋能,提高企业创新能力和资源开发潜能,打造形成平台企业的特征。因此,国有企业在平台级阶段的转型路径,应基于数据驱动型的典型模式开展。

平台级数字化转型路径如图2-9所示。

5. 生态级

处于生态级发展阶段的国企通常通过生态级数字化和泛在物联网级网络化,推动与生态合作伙伴间数据智能获取、开发和利用,实现智能驱动的资源、业务、能力等要素的开放共享和协同合作,共同培育智能驱动型的数字新业务,以及应用数据科学重新定义并封装生产机理,实现基于数据模型的生态圈知识共享和技能赋能,提升生态圈开放合作与协同创新能力,提高生态圈资源综合开发潜能,打造形成生态企业的特征。因此,国有企业在生态级阶段的转型路径,应基于智能驱动型的典型模式开展。

生态级数字化转型路径如图2-10所示。

五、企业全生命周期数字化转型路径

企业数字化转型并没有统一标准答案,既不是一蹴而就,也切忌全线出击,而是需要基于企业自身所在的发展阶段和内外部环境,明晰具体的战略定位、业务发展、组织管理、技术能力的核心目标和需求,结合关键痛点找到高频刚需的应用场景作为破局点,再由点及面,逐步展开数字化转型升级。

企业全生命周期数字化转型路径如图2-11所示。

第二章 企业数字化转型步骤、路径与策略

转型路径	总体要求	具体要求
发展战略	数字化转型成为核心战略推进平台企业建设	· 数字化转型成为组织发展战略的核心内容 · 重点构建数据驱动的产品快速迭代、平台化运营、个性化用户体验与服务,以及跨界产业链的产品创新、业务模式创新、跨界增值服务等竞争合作优势
新型能力	支持网络化协同和社会化协作的平台级能力	包括但不限于: · 建成平台化连接与赋能等能力、敏捷响应个性化、全周期、全维度研发创新活动、生产与运营活动、用户服务活动、产业链/供应链协作活动、人才开发和知识赋能活动等的需求
系统性解决方案	平台级数字化+产业互联网	· 构建基础资源和数字能力平台,设备设施上云上平台,IT 和 OT 网络互联互通 · 端到端的业务流程体系设计,在线跟踪、全生命周期、全价值链等数据,实现支持数据平台化共享的企业数据架构开发
治理体系	采用数据驱动的平台化管理模式	· 由一把手直接负责数字化转型工作 · 建立数据驱动的平台型组织结构,设置覆盖企业全员、全过程的数字化转型职能职责及沟通协调机制,制定并实施数字化人才队伍建设规划 · 采用数据驱动的平台管理方式,实现覆盖平台全员、全流程的社会化管理 · 将员工视为"知识人",员工成为企业核心资产
业务创新转型	与合作伙伴推进网络化协同、服务化延伸、个性化定制等业务模式创新	· 基于云平台实现内外部资源、知识、能力的平台化、社会化协同和按需动态配置,实现网络化协同、服务化延伸、个性化定制 · 有条件的组织,基于组织范围内及组织之间数据资源的开发利用,形成平台数字业务

图 2-9 平台级数字化转型路径

生态级 转型路径

路径		总体要求	具体要求
路径	发展战略	以原始创新、共生进化生态为目标的数字化转型战略	· 制定以原始创新、共生进化生态系统为目标的数字化转型战略规划，建立生态合作伙伴间的数字化转型战略规划认知协同机制 · 构建和形成智能驱动的生态化运营，以及生态级的原始创新、共生进化等竞争合作优势
	新型能力	支持生态圈共建、共创、共享的生态级能力	包括但不限于： · 生态共生、共创和进化等能力，按需响应和智能执行生态共创和进化中的研发创新活动、生产与运营活动、用户服务活动、生态共建共创共享活动需求、生态化的人才开发和知识赋能活动等的需求
	系统性解决方案	生态级数字化＋泛在物联网	· 企业成为社会化能力共享平台的核心贡献者，设备设施高度智能化，OT 和 IT 网络互联互通 · 生态合作伙伴间的业务流程协同设计和优化，在线智能跟踪、认知协同和自学优化 · 企业内部数据、供应链数据、产业链数据、生态合作伙伴关键数据、第三方数据等生态数据的在线按需获取，实现生态化数据架构开发
	治理体系	建立生态组织架构，形成智能驱动的价值生态共生管理模式	· 由各生态合作伙伴一把手形成协同领导机制 · 建立智能驱动的生态组织结构，设置各相关主体共建、共享产业生态的职能职责及协调沟通机制，制定并实施生态圈数字化人才队伍建设 · 采用智能驱动的价值生态共生管理方式，能够实现生态合作伙伴之间的自组织和智能管理 · 将员工视为“合伙人”，支持员工与组织形成合作共生的生态关系
	业务创新转型	与合作伙伴共同培育形成智能驱动型的数字业务新体系	· 基于生态圈信息物理系统（CPS）实现网络化协同，服务化延伸，个性化定制 · 组织基于生态圈数据资源的开发利用，进入以数字业务为主营业务的新发展阶段

图 2-10 生态级数字化转型路径

第二章 企业数字化转型步骤、路径与策略

核心目标	初创期 活下去 打造有竞争力的核心产品	成长期 谋增长 探索增长空间，跑马圈地	成熟期 强体格 提升营利水平，打造竞争力	蜕变期 拓赛道 重点突出，兼顾新业务探索
战略引领	▶ 以数据为依托，快速聚焦战略重点，打造核心产品	▶ 数智化手段发现市场空间，迅速、准确抓取市场份额	▶ 数智化赋能战略方向决策，建立可持续营利能力	▶ 以扎实的数智化底盘形成中长期适应、迭代期应对外部变化
业务重构	▶ 简化业务流程，推动产供销等关键环节透明与高效	▶ 降本增效，通过全价值链的数智化转型提高业务增长效率和内部管理的效率	▶ 精益运营，提升企业整体效率效能，如提高产品质量、加快资金周转等	▶ 产业链上下游赋能，提升生态圈成员的整体效率和效能，实现共赢式增长
组织升级	▶ 组织线上化，打造高效灵活的敏捷型团队	▶ 制度系统化，审批流程透明化，提升组织流程效率	▶ 打通部门间壁垒，打造高效协作组织，以业务数据驱动技术革新和敏捷组织	▶ 组织智能化，打造拥有自我驱动和自主优化能力的组织模式
技术赋能	▶ 基于公有云和数智化开放平台的一站式数智化应用与在线化服务	▶ 应用系统、流程、数据的综合集成，减少业务断点、部门壁垒和信息孤岛	▶ 统一数智化规划与技术架构，实现全链路、全流程、全要素的全局业务数智化	▶ 整合跨组织连接、多业务协同，多应用集成、数据共享、智能决策等能力

图 2-11 企业全生命周期数字化转型路径

（一）初生牛犊——初创期数字化转型路径

企业初创期数字化转型路径如表 2-1 所示。

表 2-1 企业初创期数字化转型路径

	战略引领	业务重构	组织升级	技术赋能
明确核心目标	如何打造具有竞争力的核心产品？	如何推动核心产品的业务增长？	如何构建合适业务发展的组织？	如何实现业务和组织的在线互联？
数字化要求	以数据为依托，帮助创始团队快速高效聚焦战略重点，打造核心产品	简化业务流程，推动生产、进销存、营销等关键环节的透明与高效管理	组织关系和沟通办公的线上化，打造高效灵活的团队	基于公有云和数字化开放平台的一站式数字化应用与在线服务
转型方向与路径	➢ 行业环境认知，竞争格局洞察，提炼企业面临挑战机遇 ➢ 结合企业自身资源与能力认知，聚焦战略和产品重点 ➢ 上下一致，明确企业核心竞争力建设目标，以数字化为依托重点强化	➢ 厘清业务模式和业务流程，明确客户、市场、竞争对手、产品、渠道、盈利等关键节点的关键竞争力 ➢ 利用数字化工具提升业务效率和效益 ➢ 业务流程和生产过程的数据沉淀	➢ 组织形态方面保持扁平精简、灵活敏捷的同时，提升组织运行管理效率 ➢ 加快组织关系、沟通协作、日常审批的在线化管理 ➢ 提升初创团队和员工凝聚力	➢ 基于公有云和数字化开放平台架构，为未来技术拓展预留接口 ➢ 选择标准化程度高、较为成熟的数字化工具、SaaS应用和在线服务，规避自建的复杂性与高成本 ➢ 通过数字化生产力工具和办公协同平台实现人员、组织和业务的在线化与透明化
典型应用场景	➢ 初创资源整合 ➢ 经营数据梳理 ➢ 行业资讯获取	➢ 工单管理、排班管理与设备巡检等数字化车间管理 ➢ 进销存数字化管理 ➢ 数字化营销工具	➢ 即使沟通、音视频在线会议、企业邮箱 ➢ 在线文档、知识库与云盘 ➢ 基础人事管理与考勤管理 ➢ 内部签署与流程审批	➢ 单点业务环节的在线互联与数据采集 ➢ 人员组织的在线沟通与办公协同
应用价值	信息支持、聚焦重点	简化流程、透明搞笑	扁平敏捷、精简快速	开箱即用、随用随付

企业的初创期是创始人从孕育想法到付诸实践的过程，也是产品从构想到落地的爬升期。这一时期的企业风险系数大，产品结构单一，市场份额小，市场接受度不高，无一不在考验着初创团队"活下去"的能力。考虑到企业规模和资源，这一阶段数字化转型的建设目标更多表现在在线化和透明化，力求通过简捷、高效的方式帮助团队直观有效地推动业务发展。

（二）破茧成蝶——成长期数字化转型路径

企业成长期数字化转型路径，如表2-2所示。

表 2-2 企业成长期数字化转型路径

	战略引领	业务重构	组织升级	技术赋能
明确核心目标	如何获得持续增长空间？	如何推动主要产品业务增长？	如何构建制度与流程清晰化、系统化的组织？	如何实现跨业务、跨部门、跨系统的集成优化？
数字化要求	通过数字化手段加速发展，获取市场份额，提升竞争优势	降本增效，通过全价值链的数字化提升内部经营效率，进行多元业务拓展	规章制度系统化，审批流程透明化，提升组织流程效率	系统、流程、数据的综合集成，减少业务断点、部门壁垒和信息孤岛
转型方向与路径	➢ 关注业务增长策略、提升利润表现、短期脱困等问题，以数据支撑经营分析与战略规划 ➢ 制定业务增长战略，设立可追踪的经营指标，建立数字化、可视化的指标数据看板	➢ 利用数字化手段提升业务效率并降低运营成本 ➢ 进行跨业务，跨部门、跨系统的业务打通与流程优化，以数据驱动业务流程 ➢ 加强数字化触点的应用与线上业务的拓展，实现客群的精细管理与全方位触达	➢ 利用数字化平台和工具，完善人力资源管理体系，实现规章制度与流程规范的清晰化、系统化 ➢ 多流程集成，数据互联互通，统一高效的数字化流程管理，提升协作效率	➢ 设备终端与业务系统逐步上云 ➢ OT/IT融合，实现全链路数据采集与监控分析 ➢ 应用与流程集成，低代码开发平台实现创新开发 ➢ 构建可视化数据分析平台，打通数据孤岛 ➢ 打造企业数字化协同平台，构建统一工作台和门户

续表

	战略引领	业务重构	组织升级	技术赋能
典型应用场景	➤ 数据支撑的战略规划 ➤ 经营数据报表分析 ➤ 可视化数据看板	➤ 设备管理，生产计划、调度、物料管理等生产管理 ➤ 端到端采供销实时管理 ➤ 数字化客户管理 ➤ 线上线下精准营销	➤ 招聘、薪酬、绩效、培训等人事管理数字化 ➤ 人事QA、财务报销、电子合同等审批流程数字化	➤ 生产经营过程数字化 ➤ 组织关键要素和行为活动数字化 ➤ 以数据驱动业务流程与组织协同
应用价值	加速发展、数据支撑	降本增效、业务拓展	制度清晰、流程透明	综合集成、协同优化

从初创期进入成长期，企业逐渐确立了核心产品线，销售收入持续增长，主营业务开始产生效益，也拥有了较好的资金流。随着业务规模的快速扩大，这一阶段企业更聚焦在跨业务的流程规范和跨部门的效率提升，通过数字化手段实现跨业务、跨部门、跨系统的集成，以数据驱动业务流程，减少业务断点、部门壁垒和信息孤岛。

（三）雄鹰驰骋——成熟期数字化转型路径

企业成熟期数字化转型路径，如表2-3所示。

表2-3 企业成熟期数字化转型路径

	战略引领	业务重构	组织升级	技术赋能
明确核心目标	如何打造企业整体竞争力？	如何推动业务利润增长？	如何提升大型组织的协作、治理与决策效率？	如何实现全局数据智能和内外部网络协同？
数字化要求	➤ 基于数字化能力赋能战略方向决策，建立可持续的行业地位、竞争力和盈利能力	➤ 精益运营，提高产品质量，提升客户体验，加快资金周转，加速研发迭代等，实现运营精细化、决策智能化和创新敏捷化，提升企业整体的效益和效能	➤ 打破组织间壁垒，以前中后台的组织变革提升业务敏捷能力与组织治理能力，并推动产业链上下游的网络化协同	➤ 统一的数智化规划与技术构架，减少重复建设 ➤ 实现全链路、全流程和全要素的全局业务数字化 ➤ 实现跨组织、跨部门、跨层级的统一组织数字化

续表

	战略引领	业务重构	组织升级	技术赋能
转型方向与路径	> 指定数字化转型的顶层设计和框架蓝图，引领长期发展 > 建立数据为基础的战略指标，通过指标指引战略决策	> 建立体系化的运营指标，搭建指标监测看板，实现全链路、全流程的精细化管理 > 利用大数据、人工智能，进行实时洞察、数据挖掘与智能预测 > 上下游企业协同管理，实现研产供销服协同	> 构建前台、中台、后台的组织架构，提升业务响应效率 > 通过企业级的数字化协同平台实现跨组织、跨部门、跨层级的统一赋能与管理，以及供应链上下游的开放协同 > 组织与人才盘点管理，建立数字化管理辅助决策工具与机制	> 基于云原生技术构建弹性敏捷、安全可靠的云计算能力底座 > 中台能力建设，实现数据汇聚、能力复用以及云上智能 > 专属、安全、开放的企业级协同平台构建内外部统一赋能与上下游的网络协同能力
典型应用场景	> 经营环境分析 > 战略场景模拟 > 智能经营决策	> 研发设计工具与平台数字化 > 全链路数字化的数字工厂 > 研产供销服、供应链上下游的数字协同管理 > 全域全渠道营销服一体化管理	> "选用育留"人力资源全生命周期数字化管理 > 项目管理、任务管理、日程管理等数字化 > 业财一体化管理	> 业务精细化运营与智能化决策 > 业务流程智能优化与组织资源高效配置 > 组织内外部全局网络协同
应用价值	数据驱动，智能决策	精益运营，提升效率	打破壁垒，高效协作	数据共享，能力复用

成熟期企业在整体规模与营收水平上均已实现突破，市场规模与占有率进一步稳步提升，营利能力进一步加强。但伴随企业规模的不断增长，通常拥有更加复杂多元的业务模式和组织架构。此阶段企业的数字化建设可通过"前中后台"的架构进一步提升业务敏捷能力与组织治理能力，向全局智能化和产业链上下游协同升级演进，实现企业的全局数据智能和内外部网络协同。

（四）大象跳舞——蜕变期数字化转型路径

企业蜕变期数字化转型路径，如表2-4所示。

表 2-4 企业蜕变期数字化转型路径

	战略引领	业务重构	组织升级	技术赋能
明确核心目标	如何推动企业成功转型？	如何成功探索新业务？	如何构建适配新业务的组织？	如何支撑企业平台化、多元化、创新型业务发展？
数字化要求	➢利用扎实的数字化底盘形成中长期的适应能力和迭代能力应对外部变化，并加速组织内外部协同，实现企业生态圈指数级扩展	➢发掘拓展新赛道，赋能产业链上下游，提升生态圈成员的体验、整体效率和效能，实现生态共赢式增长	➢组织智能化，打造拥有自我驱动和自主进化能力的智慧型敏捷组织	➢一体化数智化技术构架与平台能力支撑企业进行多元化、平台化、生态化转型升级 ➢整合跨组织链接能力、多业务协同能力、多应用集成能力、数据开放共享能力、智能决策能力及生态支撑能力
转型方向与路径	➢以一体化数字化平台支撑企业战略生成到执行落地的全闭环数字化管理 ➢积极寻找新赛道，利用企业积累的数字化能力，分析自身优劣势及新市场进入社会，做出数据支撑的战略决策	➢从业务和运营数据中挖掘拓展新业务的机会点，分析业务效率提升和新业务拓展可能性 ➢利用数字化技术平台与开放能力赋能产业链与生态圈，催生新产业、新业态与新模式	➢实时洞察组织管理核心指标，进行战略、业务、财务、人力的整合分析与智能决策 ➢以企业全局数据分析驱动业务战略拆解，设计组织阵型，精准发现组织优秀人才	➢构建云计算基座、平台能力底座、数字化应用与解决方案、多终端跨场景商业服务的一体化智化技术构架 ➢弹性拓展、快速响应、高度共享的云原生构架，低耦合、模块化、可视化的开发方式，按需索取、开放兼容、敏捷迭代的应用方案

续表

	战略引领	业务重构	组织升级	技术赋能
典型应用场景	> 基于数字生态的战略预测模型 > 全产业链生态智能协同 > 智能化风险预警	> 研发仿真，研发平台数据共享 > 供需精准匹配，柔性制造，智能工厂 > 研产供销服的产业链互联协同与产业创新	> 组织盘点、人才盘点 > 组织大脑实现战略与业财一体化 > 财务的全面预算、智能分析预测与管控预警	> 企业全链路、全环节、全要素的智能决策与战略管理 > 组织协同、业务智能、创新开发和生态赋能的全面支撑
应用价值	数字引领，转型变革	业务拓展，生态共赢	智能自驱，应对变化	平台赋能，融合创新

经过长期稳定的发展，传统管理方式已无法应对高速变化的内外部环境带来的诸多挑战，唯有扎实推进数字化转型变革，提升核心竞争力与可持续发展的能力，才能从根本上提升生产力，提高生产效率，形成中长期的应变能力和迭代能力。企业通过数字化转型，使企业管理的广度、深度、精度、效率不断提升，提高资源整合配置能力，同时推动新赛道探索和产业生态圈扩展，打破企业边界并塑造组织的自我驱动与进化能力，最终实现蜕变和新生。

随着数字化转型逐渐进入深水区，企业管理者不仅需要考虑如何利用数字技术化解当下的经营与管理挑战，更需要洞悉技术本质，洞察发展规律，着眼于未来，制定中长期的数字化战略规划，拓展转型范围，延伸技术价值，加速业务创新，不断提高企业洞察性、预见性和前瞻性能力，提升组织的敏捷与韧性，持续打造面向未来的竞争力，从而穿越周期，实现基业长青。

第二节 制造企业精益数字化转型及"点→线→面→体"转型路径

一、精益数字化"点→线→面→体"转型路径理论

数字化"点→线→面→体"转型路径理论是曾鸣教授在《智能商业二十讲》中提到的一种企业进行数字化转型的战略定位思考方法，如图 2-12 所示，主要内容是将企业的数字化进程分为"点→线→面→体"四个阶段，其中每个阶段对应着企业不同的数字化转型程度。

（一）数字化转型的"点"

数字化转型的"点"是指企业刚开始尝试进行数字化转型，以某项业务或某个节点为基础进行数字化，规划布局企业数字化转型建设。它是企业数字化转型的第一步，也是最考验企业管理人员战略意识的关键一步。在这个时期，企业管理人员会选择一项具体的业务进行信息化、数字化尝试。

数字化转型的"点"如图 2-13 所示。

数字化转型的"点"可以从签到、请假、报销等单个环节切入，将业务流程转移到线上，例如员工请假行为的申请、审批、复验等环节都可以在一个界面处理，不再需要和不同员工沟通，简化了整个流程，提升了企业内部信息流转的速度。

（二）数字化转型的"线"

数字化转型的"线"是指企业已经完成了点的建设，将单项业务拓展到部门或整条业务线，利用业务信息系统完成业务线的数字化建设。它是企业整个部门或单个业务链条的转型。在这个阶段。企业可以将一些流程比较固化的业务线进行数字化转变，通过部署业务系统来提升效率，并通过业务系统数据库来大量沉淀业务数据。

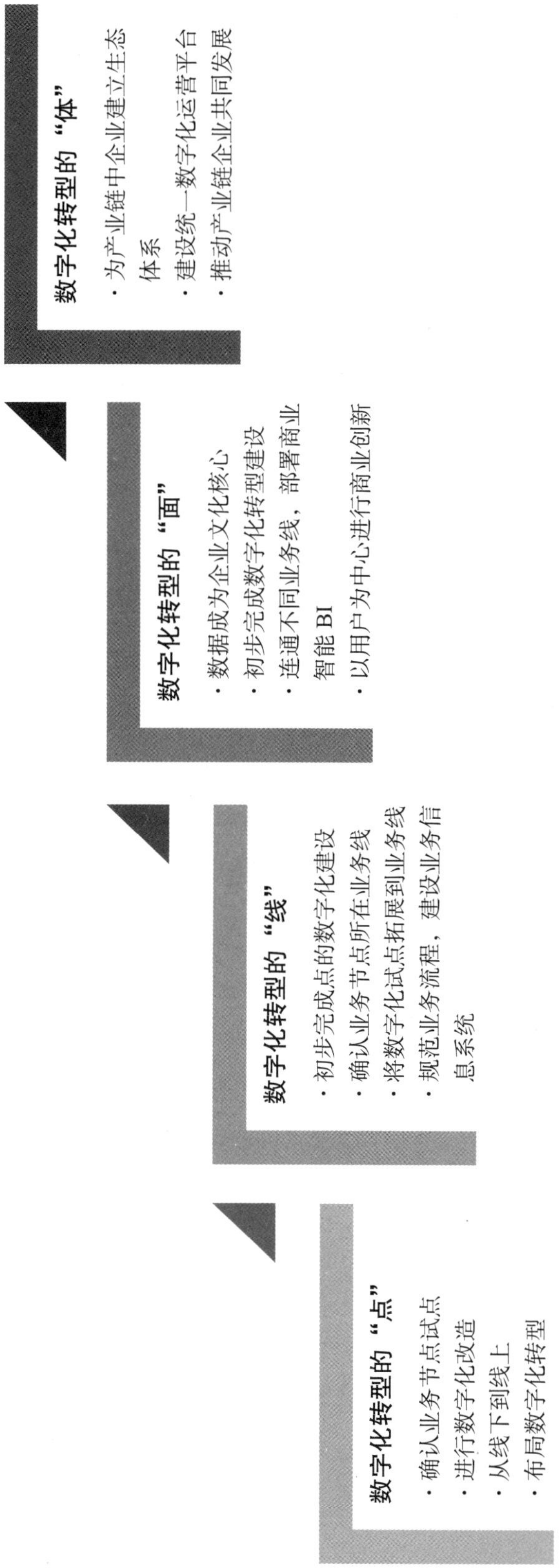

第二章 企业数字化转型步骤、路径与策略

数字化转型的"体"
- 为产业链中企业建立生态体系
- 建设统一数字化运营平台
- 推动产业链企业共同发展

数字化转型的"面"
- 数据成为企业文化核心
- 初步完成数字化转型建设
- 连通不同业务线,部署商业智能 BI
- 以用户为中心进行商业创新

数字化转型的"线"
- 初步完成点的数字化建设
- 确认业务节点所在业务线
- 将数字化试点拓展到业务线
- 规范业务流程,建设业务信息系统

数字化转型的"点"
- 确认业务节点试点
- 进行数字化改造
- 从线下到线上
- 布局数字化转型

图 2-12 数字化转型的"点→线→面→体"实施路径

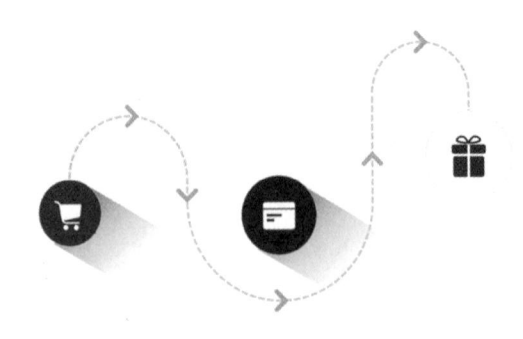

图 2-13 数字化转型的"点"

数字化转型的"线"如图 2-14 所示。

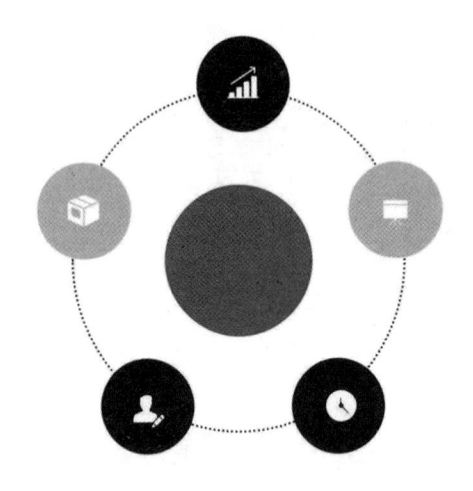

图 2-14 数字化转型的"线"

数字化转型的"线"可以从内部办公整个业务流程切入,将入职、档案、打卡、请假、报销等一系列办公业务串联在一起,部署一个业务系统,将这些不同的业务放到一个平台进行线上处理,既提升了效率,减少了成本,也可以将这些业务数据沉淀到业务系统的后台数据库中。

(三)数字化转型的"面"

数字化转型的"面"是指企业的数字化已经普及整个企业,实现了业务、技术、文化上的数字化,基本完成了企业的数字化转型。它是企业整体的转型,意味着企业的数字化转型已经比较成熟。在这个阶段,企业已经为大部分部门或业务链条部署了业务系统,并且在数据库中沉淀了海量的业务数据,接下来就是将这些业务和业务数据连通,将企业真正变为一个整体。

数字化转型的"面"可以选择部署商业智能BI，将生产、人力、供应链、销售等不同业务系统打通，并将这些业务数据经过数据抽取、转换和加载（Extraction-Transformation-Loading，ETL）处理统一汇总到数据仓库，并通过指标、标签对数据进行分级分类。后续企业就可以直接在数据仓库中调取数据，对数据进行可视化分析，将数据转化为信息，辅助管理人员进行决策。

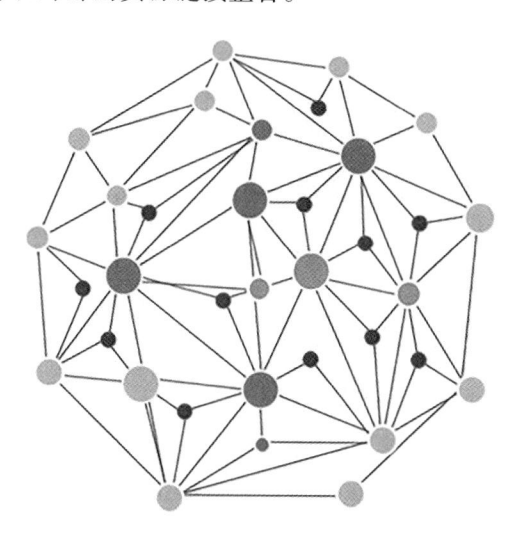

（四）数字化转型的"体"

数字化转型的"体"是指企业开始涉足生态体系，布局产业链上下游相关企业数字化转型，将众多企业通过数字化生态建设进行连接。它是企业内外部产业链的转型。在这个阶段企业已经基本完成了自身的数字化转型，打通了企业内部不同的业务系统，将企业塑造成一个整体，并开始将企业发展从内部延伸扩展到外部。

数字化转型的"体"如图2-15所示。

数字化转型的"体"可以连接上下游的不同企业，打通生产、供应、运输、上市等需要不同企业参与的产业链条，将这些企业转变为基于一种社会化的、上下游协作分工的模式，实现企业内部和外部的资源链接整合。

图2-15 数字化转型的"体"

（五）"点""线""面""体"的实现

1. 从业务上

（1）找出企业流程相对固化、和数据有较强相关性的业务节点，建立数字化试点，找出企业数字化转型的基点。

（2）确认试点中数字化效果较好的业务节点，将数字化拓展到节点所在的部门或业务线，凭借成功经验逐步拓展到其他部门或业务线。

（3）列出企业所有部门及业务线，分别进行数字化建设，建设完成后将这些部门或业务线进行连接互通，完成企业数字化转型任务要求。

（4）沟通协调企业在产业链中的上下游其他企业，进行产业链的数字化生态建设，帮助上下游企业进行数字化建设，建立统一的数字化大平台，共同促进业务增长。

2. 从技术上

（1）为选择的业务节点建立试点，通过数字化技术将线下业务搬到线上，简化业务流程，提高效率。

（2）将试点从业务节点拓展到完整的业务线，安装业务信息系统，将线下业务线集成到线上软件或小程序中，规范业务流程，沉淀业务数据。

（3）打通企业业务线并进行连接并拓展到整个企业，部署商业智能 BI，对业务信息系统数据进行整合，通过 ETL 和数据模型提高数据质量并储存到数据仓库，将企业所有业务数据分级分类，优化数据利用流程。

（4）企业确认产业链上下游企业建设生态体系，建立统一的数字化平台，分享业务、市场、决策等信息和数据，对生态体系中企业进行统一调度、统一需求、统一运输等。

二、精益数字化"点→线→面→体"转型驱动机理

制造业精益数字化理论框架如图 2-16 所示。

企业精益数字化转型按照自上而下与自下而上相结合的原则，从"点、线、面、体"四个维度，由企业全体人员共同参与推进。"点线"阶段主要参与者是一线员工与基层管理者，包括对员工的精益数字化培训、员工的生产标准化与准时化等，在其精益数字化实施过程中对实施效果的影响差异较小。在企业中的实际地位差距也较小，因此，本书将基层管理者和一线员工看作一个参与者（称为企业员工）来进行分析。"面体"阶段主要参与者是中层管理者与高层管理者。管理层的数字化决策是推动精益数字化快速发展的保障，可将高层管理者和基层管理者看作一个参与者（称为企业管理者）来进行分析。因此，本章将精益数字化转型分为两个阶段，不同阶段管理者对员工采取不同的激励机制，保证了员工的参与积极性。

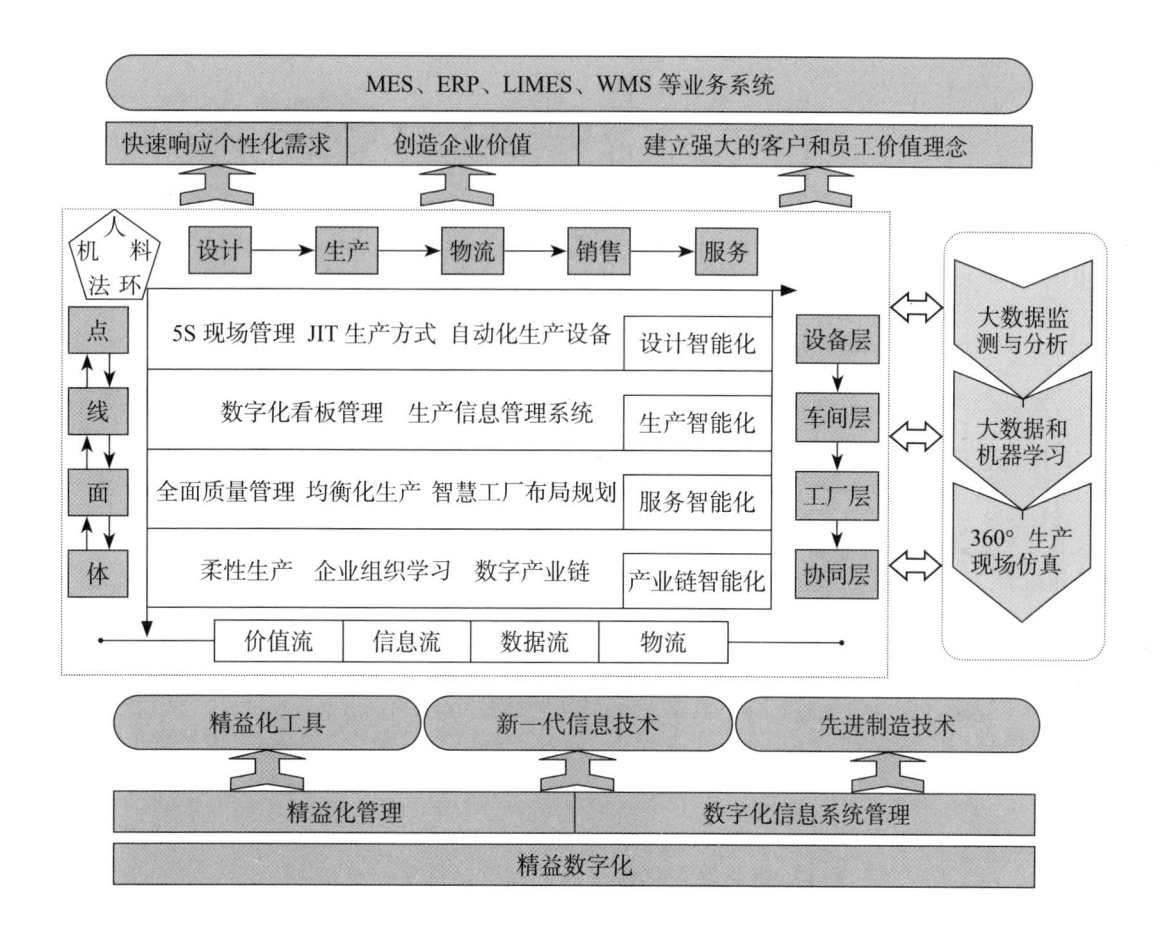

图 2-16 精益数字化转型理论框架体系

在组织韧性的个体层面，利用动态博弈模型分析精益数字化转型的驱动机理。以激励的动态性为切入点，通过委托代理理论分析管理者的认知能力与员工韧性，分析横、纵向监督对精益数字化转型中管理者激励机制的影响，得到精益数字化转型过程驱动机理，提升团队员工的合作效率，促进精益数字化参与者克服逆境并实现自身成长的"心理—行为"过程。企业精益数字化转型的过程驱动机理分析框架如图 2-17 所示。

精益数字化强调全员参与、全面改善，从"点→线→面→体"四个阶段，由员工（一线员工、基层管理者）与管理者（中层管理者、高层管理者）为主要推动者，分别针对现场、作业、流程、战略机制进行持续改善。本书从组织韧性的个体层面应用动态博弈，分析了横、纵向监督对精益数字化转型过程中主体参与激励机制的影响，实行团队收益分享激励机制仅仅确保了努力规范的建立以及成员之间相互监督动力的产生，从而得到精益数字化转型过程驱动机理，具体情况如图 2-18 所示。

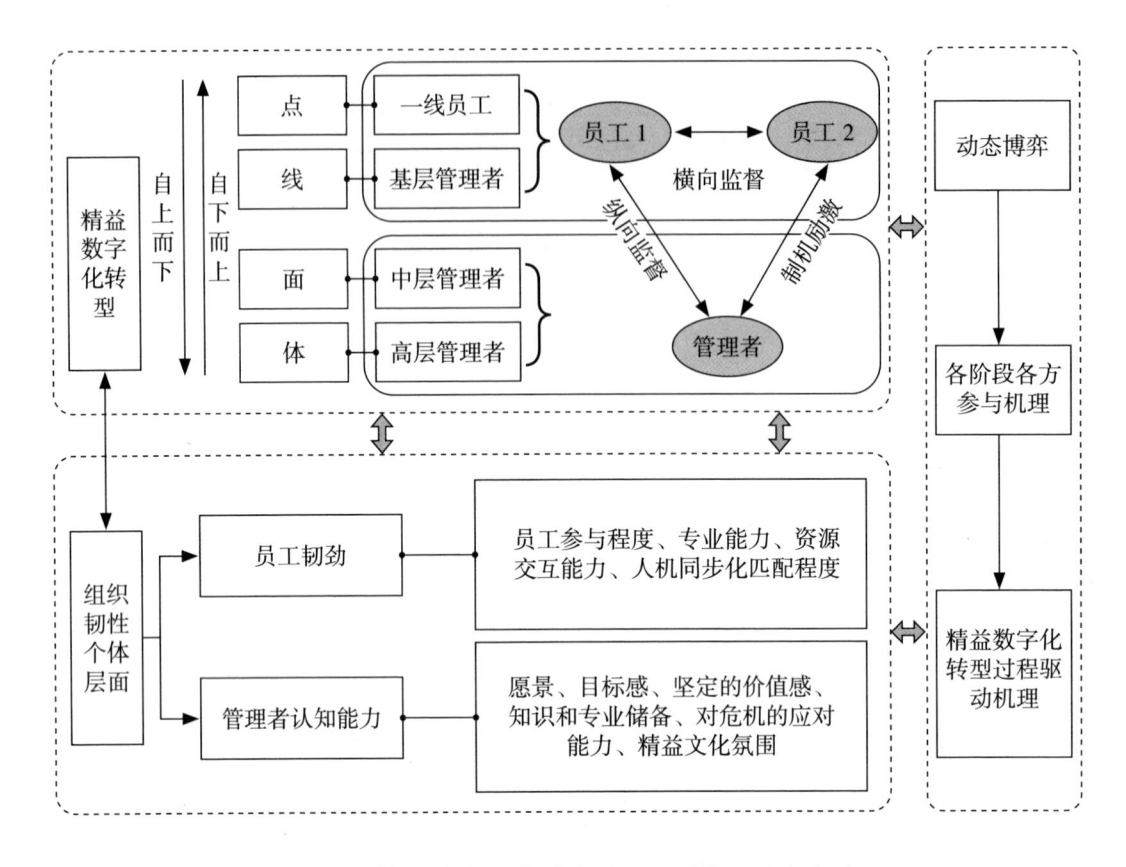

图 2-17 精益数字化转型的过程驱动机理分析框架

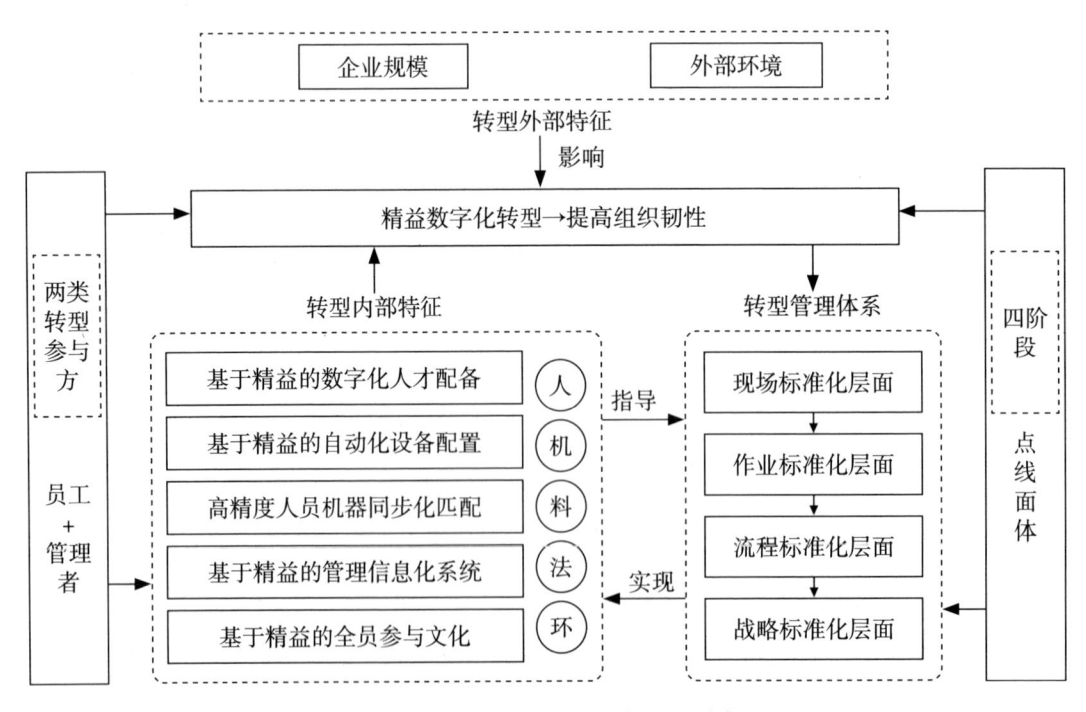

图 2-18 精益数字化转型过程驱动机理

三、精益数字化"点→线→面→体"各阶段转型的要求及特征

精益数字化"点→线→面→体"各阶段转型的要求及特征如图2-19所示。

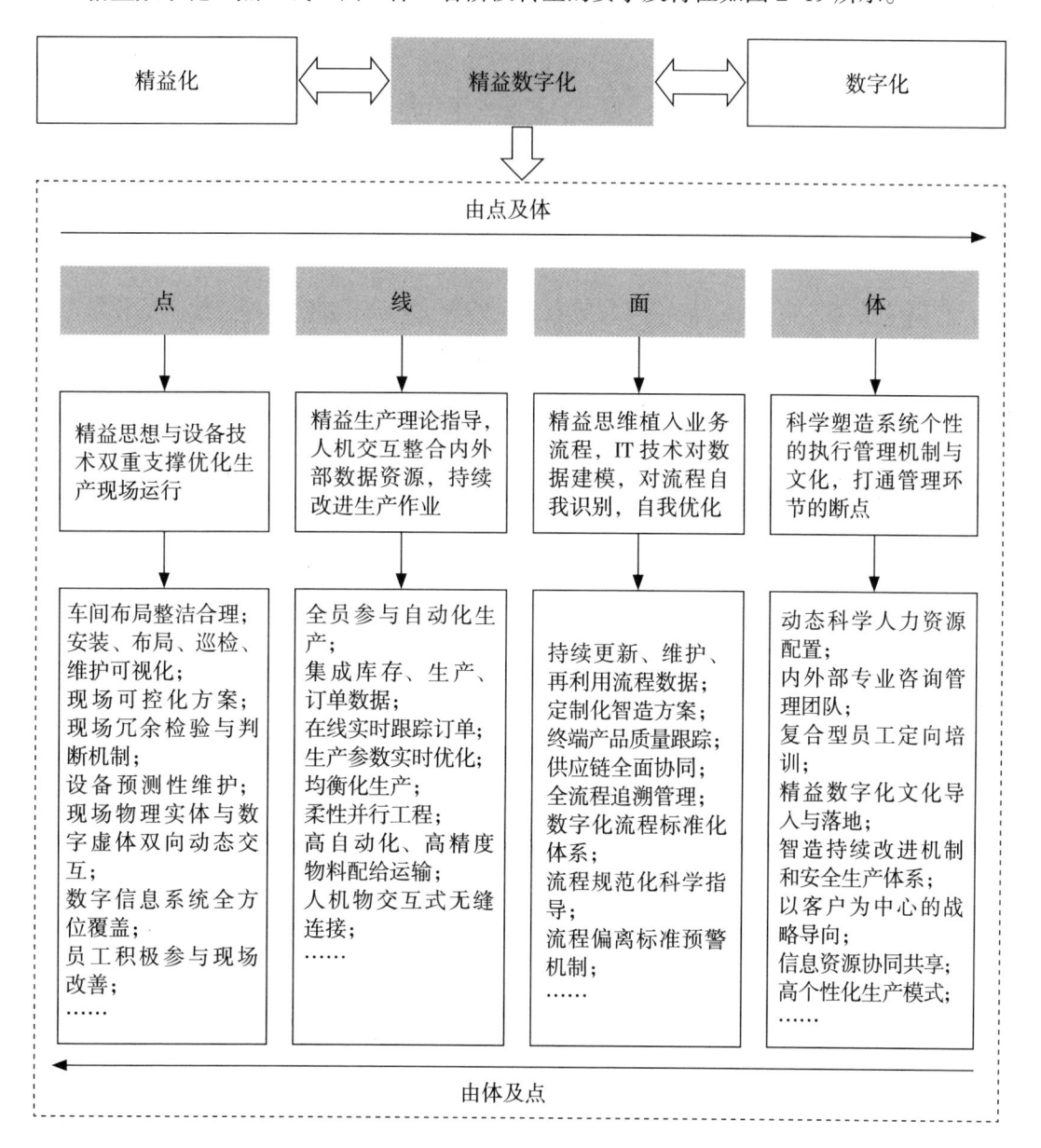

```
[精益化] ⇔ [精益数字化] ⇔ [数字化]
              ↓
```

由点及体 →

点

精益思想与设备技术双重支撑优化生产现场运行

车间布局整洁合理；
安装、布局、巡检、维护可视化；
现场可控化方案；
现场冗余检验与判断机制；
设备预测性维护；
现场物理实体与数字虚体双向动态交互；
数字信息系统全方位覆盖；
员工积极参与现场改善；
……

线

精益生产理论指导，人机交互整合内外部数据资源，持续改进生产作业

全员参与自动化生产；
集成库存、生产、订单数据；
在线实时跟踪订单；
生产参数实时优化；
均衡化生产；
柔性并行工程；
高自动化、高精度物料配给运输；
人机物交互式无缝连接；
……

面

精益思维植入业务流程，IT技术对数据建模，对流程自我识别，自我优化

持续更新、维护、再利用流程数据；
定制化智造方案；
终端产品质量跟踪；
供应链全面协同；
全流程追溯管理；
数字化流程标准化体系；
流程规范化科学指导；
流程偏离标准预警机制；
……

体

科学塑造系统个性的执行管理机制与文化，打通管理环节的断点

动态科学人力资源配置；
内外部专业咨询管理团队；
复合型员工定向培训；
精益数字化文化导入与落地；
智造持续改进机制和安全生产体系；
以客户为中心的战略导向；
信息资源协同共享；
高个性化生产模式；
……

← 由体及点

图 2-19 精益数字化"点→线→面→体"各阶段转型的要求及特征

四、精益数字化"点→线→面→体"转型路径

根据上述对精益数字化转型的分析，对实施精益数字化的制造企业进行实地调研（历史数据统计），横向从制造业企业产品生产流程出发，纵向从制造业企业推进精益数字

化"点、线、面、体"各阶段的特点出发，形成精益数字化发展路径的矩阵形式，可以总结提炼出推进精益数字化转型的以下5种路径。

（一）路径一（W_1）

按照"点→线→面→体"自下而上，在企业中先推行精益化，再推行数字化。主要包括企业首先从点阶段对产品生产流程（设计→生产→物流→销售→服务）推进精益化，再推进数字化。依此类推，直到对企业的体阶段进行精益数字化的推进，如YQ企业的"TPS"模式、中集集团的"ONE"模式等。

根据"精益为基、数字驱动、智能引领"的理论，在工业4.0和智能制造背景下，精益是企业制造服务成功的基础，足够成熟的精益生产要素和精益生产系统是实施数字化工具的推动者。该路径为企业提供的是循序渐进的过程，先从一线工作人员开始进行精益推进，全员参与，激发员工的积极性和创造性，营造企业文化，为数字化模式的引进打好基础，有利于企业的长期战略发展。但也存在较大的成本，如时间投入成本、资金回收成本等。

（二）路径二（W_2）

按照"点→线→面→体"自下而上，在企业中同时推进精益化与数字化。主要包括企业首先从点阶段对产品生产流程（设计→生产→物流→销售→服务）同时推进精益化与数字化。依此类推，直到对企业的体阶段进行精益数字化的推进。精益化是理论指导，数字化是实现手段，二者之间的有机融合更有效地促进了企业的发展。该路径为企业提供的是精益化与数字化的融合发展，现场标准化与设备自动化同时推进，保证工作质量，提高工作效率，加快对市场的反应速度。

（三）路径三（W_3）

按照"体→面→线→点"自上而下，在企业中同时推进精益化与数字化。主要包括：一是企业首先从"体"阶段对产品生产流程（设计→生产→物流→销售→服务）同时推进精益化与数字化，依此类推，直到对企业的"点"阶段进行精益数字化的推进；二是企业从产品生产流程的设计方面对"体→面→线→点"阶段同时推进精益化与数字化。依此类推，直到对企业的服务方面进行精益数字化的推进。伴随着数字化技术的到来，企业领导者紧抓时代潮流，从组织管理层对精益数字化进行推进，通过建立数字工厂、信息监测系统、自动化产生流程，让智能生产更加高效率、低成本地运行。在此基础上逐步将精益数字化思想下放到企业各阶层，为企业带来了广阔的发展空间，从而得以持续改善提升。

（四）路径四（W_4）

按照"设计→生产→物流→销售→服务"产品生产流程，在企业中先推行精益化，再推行数字化。主要包括企业从产品生产流程的设计方面对"点→线→面→体"阶段先推进精益化，再推进数字化。依此类推，直到对企业的服务方面进行精益数字化的推进。企业利用互联网时时了解顾客需求，加强内部资源管理，通过产品制造流程引进精益管理，并逐步实现各阶段的标准化，不断强化精益生产组织管理。在此基础上，通过大数据等数字技术的发展，引进先进的信息资源，搭建资源共享平台，有利于形成一套高效的产业链。

（五）路径五（W_5）

按照"设计→生产→物流→销售→服务"产品生产流程，在企业中同时推进精益化与数字化。主要包括企业从产品生产流程的设计方面对"点→线→面→体"阶段同时推进精益化与数字化。依此类推，直到对企业的服务方面进行精益数字化的推进。该路径为企业提供的是精益化与数字化的融合发展，按照产品生产流程，按照企业组织结构，标准化与自动化同时推进，推动企业实现全员、全过程、全方位的全面质量管理的目标。

精益数字化转型的5种路径如表2-5所示。

表2-5 精益数字化转型的5种路径

类型	路径名称	优点	缺点
路径一	按照"点→线→面→体"自下而上，先推进精益化，再推进数字化	全员参与激发员工的积极性和创造性；营造企业文化；有利于企业长期战略发展	时间推进时间长；资金回收时间较长
路径二	按照"点→线→面→体"自下而上，在企业中同时推进精益化与数字化	全员参与；工作效率提高；对市场的反应速度加快	时间推进时间较长；资金投入较大
路径三	按照"体→面→线→点"自上而下，在企业中同时推进精益化与数字化	推进时间较短；工作效率提高；有利于企业长期战略发展	不利于调动员工的积极性；资金投入较大

续表

类型	路径名称	优点	缺点
路径四	按照"设计→生产→物流→销售→服务"产品生产流程，先推进精益化，再推进数字化	降低资源的浪费，节约成本；及时了解顾客需求	部门职责分配不明确；资金回收时间较长
路径五	按照"设计→生产→物流→销售→服务"产品生产流程，在企业中同时推进精益化与数字化	有利于实现全面质量管理	资金投入较大

表2-6为不同规模结构的企业最优精益数字化转型路径。

表2-6 不同规模结构的企业精益数字化转型路径

规模结构	路径优劣程度排序	最优路径
x_1	$W_3 > W_1 > W_2 > W_4 > W_5$	W_3，按照"体→面→线→点"自上而下，在企业中同时推进精益化与数字化
x_2	$W_2 > W_3 > W_1 > W_4 > W_5$	W_2，按照"点→线→面→体"自下而上，在企业中同时推进精益化与数字化
x_3	$W_1 > W_4 > W_2 > W_5 > W_3$	W_1，按照"点→线→面→体"自下而上，先推进精益化，在推进数字化
x_4	$W_4 > W_1 > W_2 > W_5 > W_3$	W_4，按照"设计→生产→物流→销售→服务"产品生产流程，先推进精益化，再推进数字化

第三节 标杆企业数字化转型路径案例解析

一、美的集团数字化转型路径解析

(一) 美的集团数字化转型历程

2010年，美的集团在环境的变化中发现了需要数字化转型的问题，由此，开启了美的集团的数字化转型之路。其实施历程如图2-20所示。

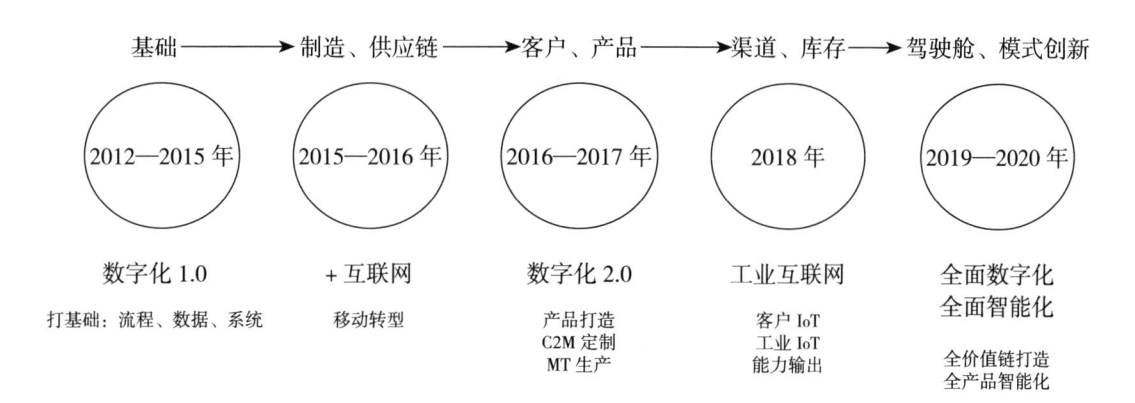

基础 → 制造、供应链 → 客户、产品 → 渠道、库存 → 驾驶舱、模式创新

2012—2015年	2015—2016年	2016—2017年	2018年	2019—2020年
数字化1.0	+互联网	数字化2.0	工业互联网	全面数字化 全面智能化
打基础：流程、数据、系统	移动转型	产品打造 C2M定制 MT生产	客户IoT 工业IoT 能力输出	全价值链打造 全产品智能化

图2-20 美的集团数字化转型历程

在数字化转型过程中，美的集团先是经历了1.0时代，后通过"623"项目整合了业务部网络，并更换了IT系统，实现了美的集团"一家美的、一套系统"的发展目标，真正做到了一个流程、一个数据、一个系统。后来美的集团又经历了2.0时代，推行"T+3"客户订单制新兴产销模式，以客户为中心，打通了整个价值链的信息透明度，使产品的品质与价值得到保证，决策也更加全面有效。之后又经历了3.0时代，美的集团首先在南沙成立了试点工厂，开始打造工业互联网，凭借着已有的制造业经验，建造了智慧工厂。美的集团利用软硬件，挖掘出数据以及信息的价值，实现了价值链各个要素、各个环节的连接，使成本降低的同时提升了效率。此外，和中国电信以及华为公司成功签约，

中国电信成为美的集团的5G运营商，华为公司供应5G设备，而美的集团也将承担应用的落地实操，因为5G将使美的集团的生产流程变得更加安全快捷。在组织力和领导力的提升方面，美的集团提供了良好的福利待遇来吸引人才，并且在创新人才的组织结构方面实行扁平化，使得创新内容能够更快更有效地得到采纳，真正留住了现在所稀缺的数字化人才。

1. 以IT一致性为核心的数字化1.0阶段

1.0阶段始于2012年，当时美的集团"大而不强"，并且迎来了新一波的挑战。从外部来看，消费者对于家电各个方面的要求越来越高，促使美的集团必须进行不断升级。家电行业的各个品牌也在变革，因此美的集团面临着很大的竞争压力。随着数字化的发展，各个网上平台比如淘宝、京东商城等得到了迅速发展，这对于美的集团的渠道冲击也是不小的。

从内部情况来看，虽然美的集团已经准备好整体上市，但是美的集团旗下的子公司数量很多，包含电冰箱、中央空调、洗涤机、压缩机等几十个事业部，各个事业部之间并没有形成统一的管理系统，没有相互共享数据，也没有生产流程之间的直接连接。这些事业部彼此独立分散经营，涉及采购、生产、销售、物流、投资等许多环节，业务分散。由于信息系统不统一，经营状况与成果以及资源的合理配置的效率处于低下的状态，信息"孤岛化"非常严重。

在数字化发展初期，美的集团非常重视新品的开发，以此来提高市场占有率，并形成市场竞争力。当时，电商平台如天猫、京东商城等的兴起，对依靠自身网络发展的公司造成了巨大的冲击。为了公司整体上市，并且进一步实现数字化发展，美的集团决心整合各业务信息系统，随后"一个美的"的理念正式成立，美的有线电视机、美的空调、空气净化器都是公司信息化工作的缩影，代表美的集团信息化工作初见成效。

为了更好地上市，美的集团开始整合事业部的信息系统。这次改革也被称为"623项目"。"623"即六大运营平台、三个信息管理网络平台以及两大门户和综合信息技术网络平台。六大运营系统平台包括产品生命周期控制（PLM）、排产控制系统（APS）、供货商管理体系（SRM）、资源规划系统（CERP）、制造执行体系（MES）和客户关系管理系统（CRM），三个企业管理网络平台包括企业决策系统（CBI）、财务系统（FMS）和人力资源管理系统（HRMS）。三大决策系统根据公司经营目标来运用大数据分析资源，进而极大提高工业生产工作效率。MDP和MIP两种技术平台，是公司进行集成的基础关键和保障。2015年全面落实，除了IT系统的更换，还秉承着"一个美的、一个体系"的原则，也就是一个流程、一个数据、一个系统，希望趋于一致化。

第一，流程的一致性，是指美的集团整体、每个事业部都采用同一套流程。

第二，内部数据的一致性，是指所有关于美的集团客户、供应商和物料等数据，在美的集团内部是一致地归集团的。

第三，所有系统的一致性，是指所有系统都属于美的集团。

"623项目"的不断发展也带来了组织结构的变化，美的集团的业务部也根据改革的需求不断地重组、拆分、融合。美的集团原来实行的是三层组织架构，也就是第一层为集团、第二层为产业集团、第三层为事业部，在"623项目"的改变下，所有的职能赋予集团层面，以产品经理为核心重组组织结构。各个事业部已经在2012年到2015年将"623项目"完全落实，最后了一套美的、一套标准、一套管理体系、一套数据分析、一套企业管理语言、一套企业管理文化、一套IT管理系统。这之后的数字化变革以及项目变革都是以它为基础进行的。换句话说，"623项目"为美的集团的数字化发展奠定了一定的基础。2016年，美的集团的净收入已经超过了2 000亿港元，是荣登《财富》世界500强的第一个华人家电企业，这表明美的集团已经做得非常好。2016年和2017年，美的集团并购了日本东芝家用电器、意大利中央空调Clivet和库卡公司等，以便更好地经营全球业务。在2018年启动的美的全球"623项目"中，美的集团希望让世界各地的美的公司共享一个信息系统，以提升管理质量和规范水平。

2. "T+3战略"和数字化2.0驱动的C2M阶段

2015年以后，随着"623项目"的落实，美的集团又开始进行"互联网+"的创新，利用互联网大数据技术实现向智能制造的转变。美的集团制定的战略为双智战略，也就是智慧生产、智能管理。美的集团通过这种方式把数字化转型伸向了公司的内部，建立了智慧管理的工厂，并搭建了大数据管理系统，以实现企业系统移动化。

进入2016年，美的集团除了继续维持新品开发之外，还添加了重点"全球"，这也意味着美的集团已经开始向海外拓展，以实现全球的发展战略。仅在2016年，美的集团就进行了三次跨境收购，总金额已经超过了300亿港元。可以说，线上购物渠道已经得到了普遍推广和使用，也因此，在这个时期美的集团作出的最大的转型变革便是对成本与管理模式的转型。

美的集团的业务也产生了全新的变革。美的集团之前的生产模式一直是以产定销，经销商如果出了问题对于集团来说压力巨大，存货周转率低、周期长，易发生危机，对于产品的发布和营销来说也是不利的，严重限制了美的集团的发展。于是，美的集团进行了数字化2.0的改革。美的集团首先在内部推行C2M，从以前的以产定销转为以销定产，希望定制化可以更加柔性地来进行生产管理，将生产中心集中到以消费者为导向，更加精准地进行生产设计，利用先进科学技术减少资源浪费，从而解决库存问题，提高效率。

因此，美的集团革新了生产运营方式，推行"T+3"的用户订货制新兴产销模式，如图2-20所示。与传统方式比较，生产方式由用户订货制驱动，整个价值链从接收用户订货开始，向原料备货、车间制造、发货销售等依次递进，每个阶段都有一定的周期时间。如图2-21中所示，以T为下单时间，T+1为备料时间，T+2为制造时间，T+3为发运时间。从前的美的集团只有一个整体的时间，各个阶段的周期分别是多少从来都没有一个精确的计算，而这种模式对整体周期进行了拆分，精确到各个阶段分别花费了多少时间并进行分析，从而通过流程的优化和制造工艺的升级使供货时间从7天缩短到3天，总体时间缩短到12天。

"T+3"是以用户无需求为主导的

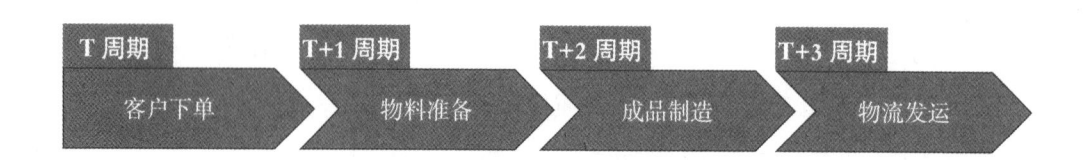

给予客户订单满足的产销新模式

图2-21 "T+3"新产销模式

"T+3"模式本身要求先有订单再有备货、生产、物流，因此必须保证整个价值链的密切统一，在管理上要做到事无巨细，在产品上要做到统一标准、精简，在交付上要做到时间缩短，尽量回避风险、降低成本。通过整个价值链信息的打通，每个步骤可视化，贯穿订单到送货的整个过程，形成闭环数据体系，进而更好地进行质量管控，提高产品的品质与价值，同时做到正确的管理决策与改进，助力美的集团的数字化水平提升。

2015年，"T+3"模式首先在美的集团洗衣机事业部进行尝试，取得了一定的效果后，在2016年，向整个集团各个事业部开始普及。旗下小天鹅品牌，在这种模式下可以以更低的成本生产出更多的洗涤机，小天鹅2015年的营收达131.3亿元，超过了当时的世界洗涤机巨人海尔公司。尝到甜头之后，美的集团开始将其运用到中央空调行业，最突出的效果就是大幅度降低了存货，仓储规模由最大的120万多平方米减少至10万多平方米，3天就可以实现货物的周转。美的集团模式下的企业市场生命周期缩短了45%，生产成本也减少了85%，现金流周期从30天减少到6天，收入也从2012年的1 000亿元增加到2 800亿元，盈利也呈倍数增长，从33亿元变成了240亿元。

通过前期的电商布局和公司内部整合的信息系统，美的集团已经形成了渠道云、新零售和用户云的数字销售模式，以用户为核心，逐步建立全新的生态模式。其中的渠道云也帮助美的集团在代理商、分销商、终端门店之间实现信息的有效传递，从而使采购、产品、人员、市场、客户、业务等资源实现数据共享，信息管理得以透明化，产品管理水平得以提升，业务水平得以提高，与顾客实现共赢。

新零售通过打造电商平台，形成自营、分销的体系，使得线下服务体验的信息可以向上反映，提高了企业的经营效率，使零售得到转型和变革。

用户云是指充分利用线上社交平台，不断更新升级用户，在各个窗口分析数据，整理数据信息，并提供个性化、针对不同用户的、独有的解决方案，加深品牌与消费者之间的友好关系。至此，美的集团在大环境下形成了以网络为主的营销方式。与此同时，美的集团也在物流配送上下了苦功，并专门成立了安得智联物流科技子公司，以提供数智化、移动化、全流程的物流体验，自身配送效率大幅提升。美的集团2016年在全国范围内统一配送一体化产品，并运用鲲鹏大数据平台以及鲲鹏云套件统一接受订单、管理仓储并配送，从而真正地实现了数字化和数智化。2020年，美的集团建成了全国140个城市的统一配送中心，网点数量位居全国第一，乡镇覆盖率将达到97%。

3. 基于IoT驱动的工业互联网运营阶段

2018年年初，在美的智能制造基地——广州市南沙区，美的集团正式启动了"工业互联网"计划。公司将41个类别、189个设备通过智能网连接在一起，形成了一个完整的工业网络系统。

除硬件方面以外，美的集团在软件方面也有了一定的积累。结合50多年的制造业经验，美的集团建立了一个"硬件、软件、制造业"三位一体的产业网络平台。

2018年10月，美的集团推出工业互联网M.IoT1.0，并以美云智数为核心，将"制造知识、软件、硬件"三位一体的数字化生产模式输出到世界各地。美的集团让所有家用电器成为可互联的，利用 App，让中央空调、冰柜、洗衣机等家电可以被消费者操作控制，并能提供场景化的应用。例如，美的集团推出的 Air 空间站系统是数字化技术与硬件的结合，能根据用户自身的习惯提前预设环境，并把温度湿度、风度、过滤结合起来，统一操作调节；再比如厨房产品，嵌入烹饪曲线、营养健康曲线，使得菜谱和厨具共同为健康服务。与此同时，可以更简单地获取数据，跟踪消费者的行为习惯，从而了解如何进一步开发和创新产品，也能更好地为客户提供服务。

在开始引进工业互联网体系之后，美的空调产品在广州市南沙区的生产效率提高了 28%，单位成本下降了 14%，物流交付周期缩短了 56%，原材料和成品库存减少了 80%，物流周转率提高了 2~4 倍，每月的生产量从 30 万套提高到了 90 万套。2018 年，美的集团开始了工业互联网 1.0，通过集团旗下的美云智数提出了制造业知识、软件、硬件三位一体的数字化转型方案。2020 年，美的集团又启动了制造业转型的新 2.0 工程，经过这次变革，美的集团组织架构中的职能层变得更为清晰，产品更加丰富，形成了"四横八纵"的制造业新格局。

"四横"指的是美的集团的四层能力，即技术层、应用层、业务层和业务底层。技术层面是指通过库卡机器人的云端基础设施，对所有合作伙伴进行开放。应用层是指销售、新产品开发、智能生产等技术方面。企业层通过引入八大矩阵技术，在模具、智能物流和智慧建筑等领域开展企业赋能。行业层是指借助自有的工业互联网技术产品与企业在相关领域合作，建立各行业的工业互联网生态系统。

"八纵"指的是美的集团商业层的八大模块，有美云智数、安得智联、库卡中国、合康新能、美的暖通系统与楼宇、美的金融服务、美的供应管理服务中心和美的模具。这里的美云智数是企业网络问题解决的门户，企业一般对数字化产品进行内部经验验证后再交给美云智数，以实现企业对外赋能。任何一家制造业企业都无法满足工业互联网的所有需求，因此美的集团选择了和其他专业机构进行合作，在生态链、AI 算法技术、图像识别技术、视频语音分析等其他公司所不具备的领域寻求合作，但由于美的集团自身具有这些公司所不具备的行业场景优势，合作通常也可以进行。南沙工厂在经过 3 年的试点后，在优化、迭代等方面都获得了成功，最终成为工业和信息化部定位工业互联网国家级试点单位。

4. 以 5G 驱动的数字化 3.0 阶段

2019 年，美的集团与华为公司、中国电信共同建立了第一个 5G 工厂，由华为公司全权负责该工厂中 5G 设备的供应，5G 的运营和管理交由中国电信，而美的集团则落实设备的应用。美的集团首席设计师王文华表示，"5G+智能工厂网络"已在 7 个园区进行了试点。美的集团在不断探索中，已经找到了 20 多个 5G 应用场景，最终实现了 11 个。

相比于 4G，5G 的最大优势在于流量快、时滞短、容量宽，虽然人们在手机上已经感受到了它的优势，但是在工厂中带来的变化可以说是革命性的。其中一个应用场景：在 5G 技术还没有普及的时代，工厂中的网络主要有三个，分别是生产网络、办公网络和安全网络。办公网络不能和生产网络连接，因为办公网络较弱，容易受到黑客的入侵和病毒的侵蚀，如果生产网络不能做到强大，就会导致停工停产。如果办公网络下载大的文件导致网络变慢，也会影响生产。因此，这三个网络相互之间是独立的。5G 技术则改变了这一情况，使得三个网络可以同时使用，极大地方便了生产办公之间的协调。

5G 技术对于美的集团来说是一个低成本更自动化的钥匙，数字化转型也慢慢地使美的集团缩减人员规模，使成本变低、效率变高。但是，不能用 5G 技术完全代替生产，以客户为中心，保障品质才是最重要的。

5. 全面数字化和智能化阶段

2020 年以来，美的集团将继续推进世界开发格局和技术创新，并进一步增强对国际技术创新的深远影响，同时着手向全方位互联网数字化和全方位智能变革，将逐渐从传统家电企业转化为高科技企业。对内，美的集团通过运用数字化技术提高生产效率，实现全价值链的有效运营；对外美的集团通过数字化抓住客户、紧跟客户、直达客户。截至目前，美的集团已初步打通了智慧开发、智能生产、智慧销售、智能管理、智慧客服等的数字化体系。利用这项技术，美的集团完成价值链从客户到公司的过程，交易的时限控制在 12 天之内。经过数字化改造，美的集团的全部经营都以数字为核心，全部价值链都以数字化为基础，用数字操作。美的集团建立起了统一流程、统一数据、统一 IT 系统，从一家家电企业逐步转变成科技与创新企业，整个集团也变成"一个美的、一套系统、一套规范"，为实现"品牌引领、效益带动、国际发展"的发展战略提供了支持。如今，美的集团的订货分析、自行补货、企业排产、物流路径设计、国内仓库布置等都依靠算法实现数字化运营。

图 2-22 为美的集团数字化改造具体方案的总结示意图，美的集团的数字化持续了 9 年的时间，总投资已经达到了 120 多亿元，不过还没有到达终点。美的集团总裁表示他们的使命就是将美的集团的数字化改造彻底地转变为现代商业模式。

企业数字化转型一本通

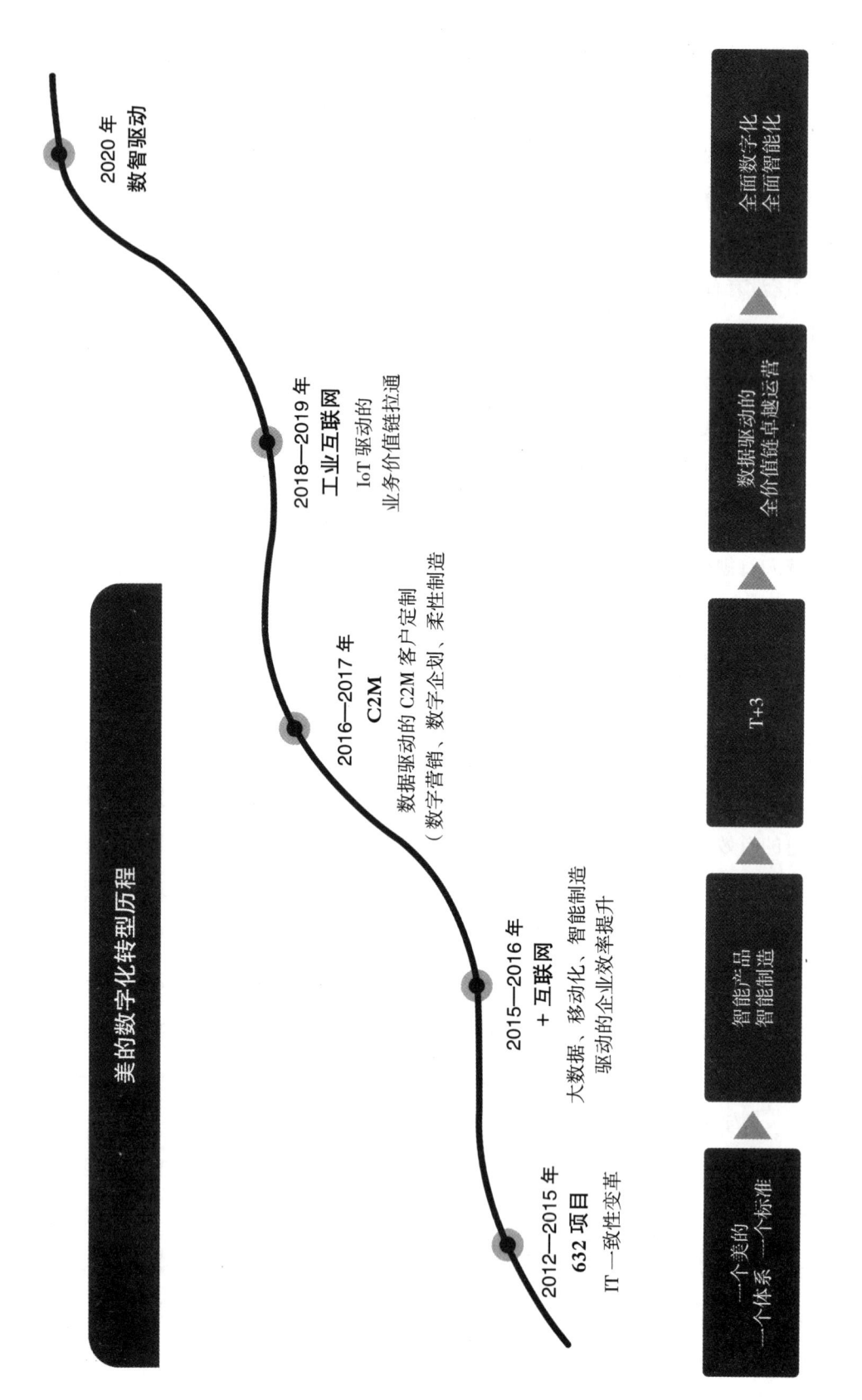

美的数字化转型历程

- 2012—2015年 632项目
  IT一致性变革
- 2015—2016年 +互联网
  大数据、移动化、智能制造驱动的企业效率提升
- 2016—2017年 C2M
  数据驱动的C2M客户定制（数字营销、数字企划、柔性制造）
- 2018—2019年 工业互联网
  IoT驱动的业务价值链拉通
- 2020年 数智驱动

一个美的 → 一个体系 一个标准 → 智能产品 智能制造 → T+3 → 数据驱动的全价值链卓越运营 → 全面数字化 全面智能化

图 2-22 美的集团数字化转型历程

第二章 企业数字化转型步骤、路径与策略

（二）美的集团数字化转型路径

1. 统一业务流程和标准，实现信息集成

（1）利用IT技术变革组织结构实现信息集成。通过改革组织机构，精简生产模式，构建集团体系，改进生产资源向数据转换后的标准化水平，实现企业的数据化、规范化。美的集团在进行转型以前，存在着部门信息不对称的问题，每个部门都有自己的IT体系，业务流程和标准也不尽相同，形成数据"孤岛化"，导致企业很难从集团层面对各个部门进行评估。即便同一个供应商或客户，也需要采用不同的系统来进行有效的多维度分析与管理。在这种情况下，企业内部的各种资讯很难整合、流通和共享，因而无法即时发现、分析和解决问题。为了克服这些困难，美的集团首先进行了机构改革，打破了各个部门的隔阂，将各个部门的业务流程、标准、产品种类和模式进行了整合，并运用IT技术建立了"632"信息体系，从而实现了企业的统一管理。

在组织架构上，采取去职能化，将法务部、人力资源部等部门的职能整合到一起，以提升集团对各部门的治理水平和效能。以企业为核心，对企业运营风险控制、服务支持等职能进行了全方位的掌控。公司的机构改革，不但提高了公司对各个部门的控制能力，而且统一了部分职能的管理。

（2）基于模型数字分析与验证精简产品实现标准化。在标准化水平上，对商品的种类及款式进行了简化。美的集团在过去的规模驱动下，开发了多种不同类型的商品，其中有很多非主营业务的商品，这些商品缺乏发展潜力。在以生产为主导转变为以效益为主导的战略后，美的集团于2012—2014年进行了一次重新整合，淘汰一些利润率不高且缺乏发展潜力的边缘产品，共清理掉30多个生产平台上的7 000多种生产模型。这类商品及有关服务不仅对整体效益的贡献很小，降低了整体的净利率，也消耗了资金、人才等资源，使公司的机会成本极大提高。摒弃劣质的最大优势是优化了企业的内部人员，将员工放在了自己的核心部门。这样，他们就可以专注于自己的主业，提升自己的竞争能力。

通过缩减经营范围，美的集团这一"壮士断臂"行为让转型成功实现，而科技创新是美的集团未来发展的基石。放弃了传统粗放投资战略，美的集团将重点放在产品研发和技术创新上，并在IT体系建设和自动化等方面取得了重大进展和突破；美的集团加大研发投入力度，增强了产品的领先性。美的集团把原本计划投资到固定资产的资金都用于技术和产品研发中，可见美的集团加大对研发阶段的重视。事实也确实如此，美的集

团的研发投入在 2015 年就达到了 52 亿元。

（3）建立"632"集团级信息系统，提供统一平台。2013—2015 年，美的集团分别从各个部门中抽取了一批核心技术人才，与顾问公司的专家一起，对各个部门的工作流程进行了全面的梳理，建立了一个集团级信息系统，也就是目前的 6 个运营系统、3 个管理平台、2 个门户网站和集成技术平台，如图 2-23 所示。"632"体系的构建本质上是一个信息化的过程，它是横向以 ERP 为中心，垂直以 FMS 为核心，整合横向、纵向信息。在数字化转型的初期，它使公司数字和互联网连接，为实施消费者导向、精益管理和国际化运作的过程打下了坚实的基础，并为生产、销售等各方面的数字化变革提供了一个统一的平台。

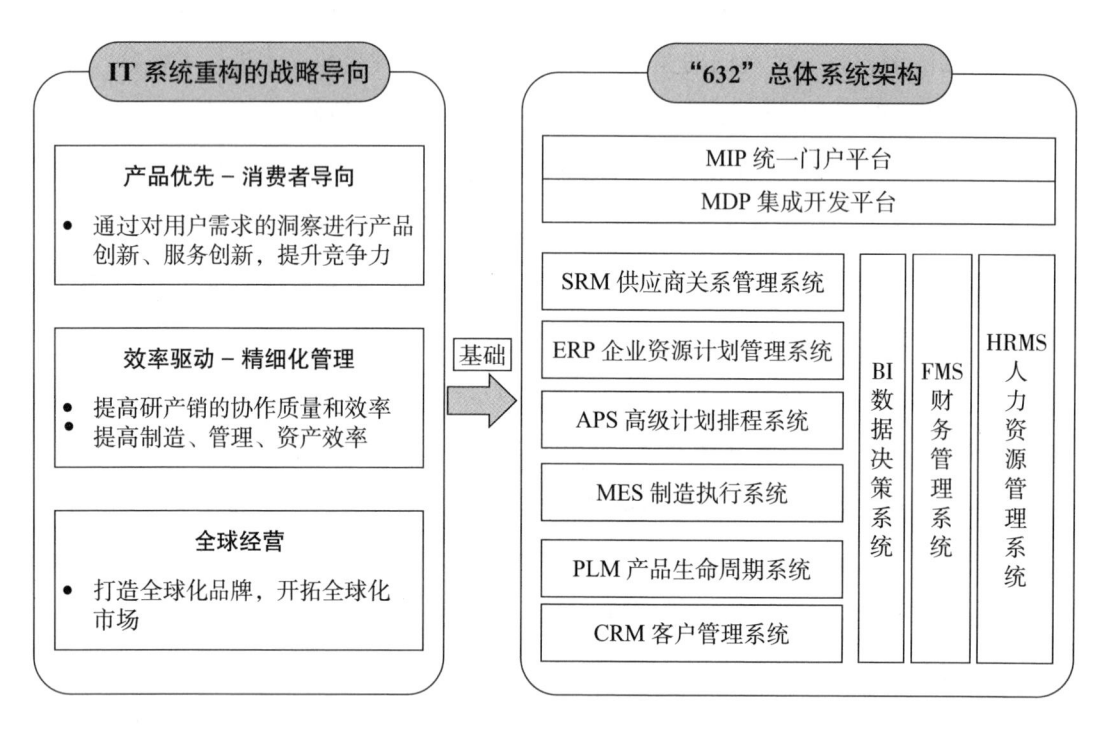

图 2-23 美的集团"632"系统架构

2. 运营模式重构，实现业务流程数字化

（1）打通数据壁垒，搭建美的大数据运营体系。美的集团对内外资源进行全面整合，建立了一个基于大数据的经营系统。自 2012 年起，美的集团开始搭建大数据平台，将各个业务和功能的信息连接起来，使整个公司都能够进行数字化的信息分享。在没有构建大数据业务系统以前，受时空等因素制约，美的集团产品数据的采集存在一定的滞后，无法实现完整的数据可视化。由于缺乏有效的竞争手段和市场信息，美的集团无法规范统一的信息收集与处置方式。针对客户的需要和回馈，收集到的资料来源不畅，资料的整理水平参差不齐，资料的使用情况也不尽相同。

为解决以上问题，美的集团建立了大数据体系，如图2-24所示。大数据平台系统包括三大方面的数据，包括市场、内部运营和使用者，体系包括5个方面。"水晶球"负责整合智能家居、财务、销售等有关内部数据，将这些数据以指标、报表的形式呈现出来，为公司的业务分析与决策奠定了坚实的依据。"观星台"通过分析国内外线上平台反映的实时产业信息及用户评价，研究对手、洞察客户、监测舆论，达到对市场的精准把握，从而为产品的改进、用户的精准营销及服务的优化提供数据上的帮助和支持。"地动仪"则以线上的交易、售后服务及客户资料为对象，首先进行数据清洗，接着运用聚类、标签化、建模等方法，对客户的消费习惯及喜好进行统计，以辅助研发及市场推广。"陀螺仪"是数据处理与运算的基本平台。"服务号"则将数据传递给使用者，培养使用者对资料的使用习惯，从而改善使用者的使用体验，也会增加使用者对数据的使用需求，提高使用者对品牌的忠诚度。

通过构建大数据的运行系统，可以将各个行业之间的数据壁垒打通开来，形成"用户—研发—制造—营销—分销—用户"的闭环信息系统。从价值链的整体角度出发，运用数据进行分析与运用，做出较为准确、有根据的运营决策。

（2）"T+3"模式实现产销送全价值链数字化。以订单为出发点，进行产品制造与运作的转型，推动整个产业链的反应与运作效能。由于受到了网络环境的影响，消费者对商品的要求日益差异化，使得以往"以生产为导向的大规模生产"的生产方式已经很难满足不断发展的市场需要。2014年，美的集团旗下小天鹅公司首次采用了"T+3"的销售方式，如图2-25所示，这是一种以"订单"为主导、订产销一体化的经营方式。该模型的最显著特征在于无须盲目地囤积大量存货，而是以顾客为导向，将需求与订货相结合，从而为研究开发提供了新的发展空间。原来的生产方式对销售者施加压力，导致其销售积极性下降，库存周转速度慢，经营周期长，影响新一代产品的推出和宣传。以市场为导向的生产经营模式极大地改善了这种情况，其主要表现为：一是产量和所生产的商品种类随着需求的改变而改变，无须预先储备大批库存，降低了仓储费用；第二，及时掌握市场需要，及时制定相应的产品战略，减少呆账；第三，减少渠道的销量压力，提升营销热情，加速存货的周转，提升经营效能。

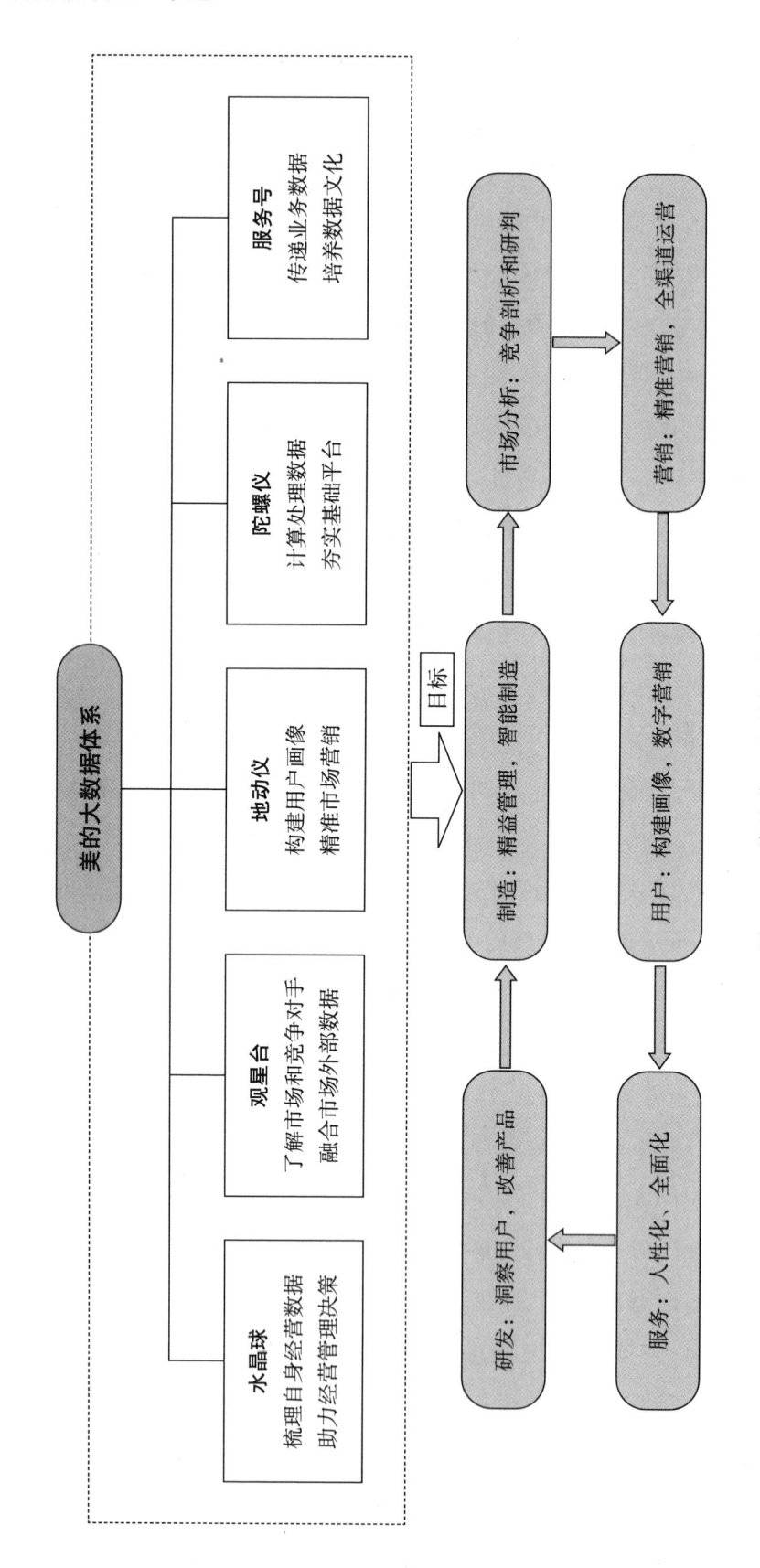

图 2-24 美的集团大数据系统

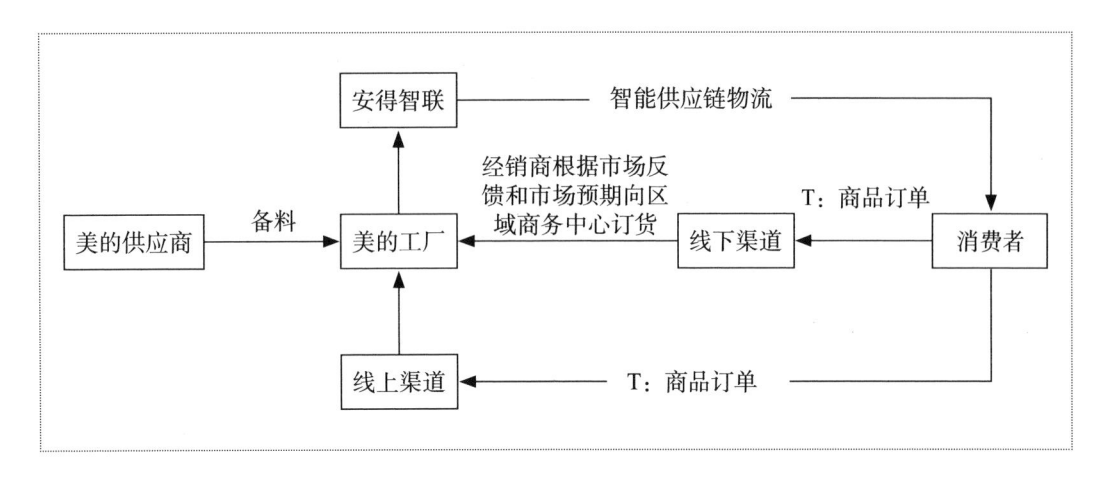

图 2-25 "T+3"模式流程图

"T+3"的生产方式由销售展开，增强了对外界环境的适应性，实现了数字经济的转型。该生产方式改变了"压货"式销售方式，形成一股全新的市场推动力，这必须依靠优秀的产品力量和品牌力量。所以，品质、品类、品牌层级的覆盖，服务创新等都需要相应的提升。制造业的数字化有两个方面：一是以智能的精益工厂为中心，如图2-26所示，将智能机器和数据处理相融合，利用APS、MES、SRM、SCAD等系统，将一些工序的实施和决策自动化，从而解放了一些人力。第二，通过对生产流程进行数字化的分析，来帮助作出决策。

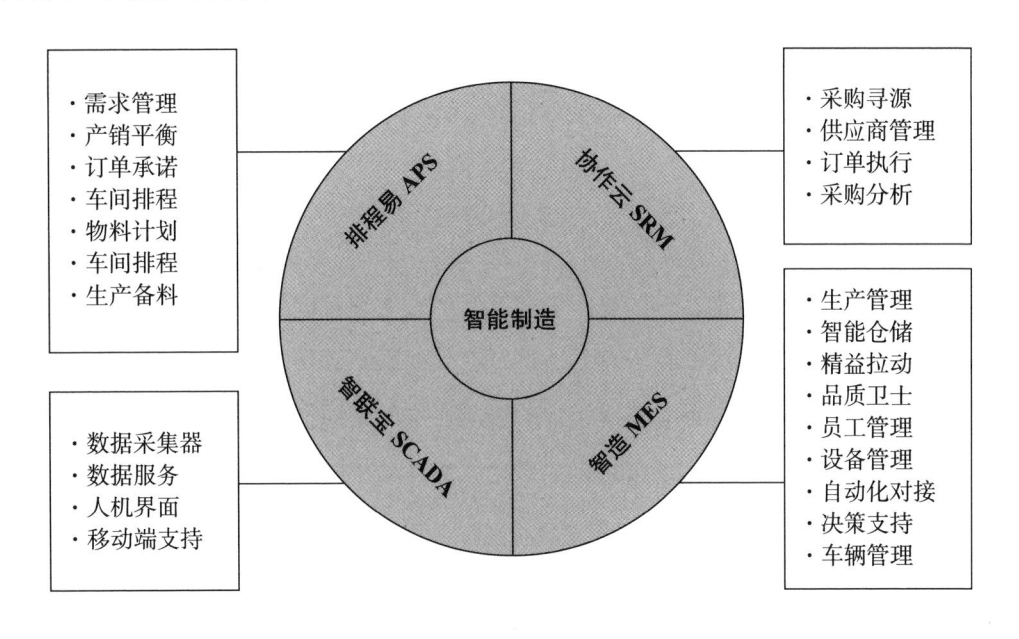

图 2-26 制造端数字化协同图

大数据运营平台的数据可以为企业制订计划和方案提供支持。第一，在大数据系统中建立了"观星台"，以了解客户的需求。产品改善的常规方法是从保修单、竞争产品等渠道获取，这样仍然有很长的延迟，许多因为微小缺陷而提出改善建议的使用者的声音并没有被听到。"地动仪"挖掘和剖析了大量的使用者意见，进行了数字处理，并与他们的研究成果相融合，持续改善他们的需求。第二，为满足需求的产品提供数据支撑。在大数据系统中，"水晶球"可以根据以往的业务资料，对各个时期的商品进行预测，以达到对市场的迅速、准确响应。第三，建立三个层次的规划系统，以促进原料的供应和产品的制造，促进产销的协调。规划是生产的出发点，它决定了产量与销售是否相适应，据此，公司建立了三个层次的生产规划系统，如图2-27所示，体系利用大数据引导规划，整合了价值链，实现了产销相配，从而缩短了运营周期。同时，基于物料的规范化和生产流程的可视化，企业可以根据计划变化迅速调整物料计划和生产安排。

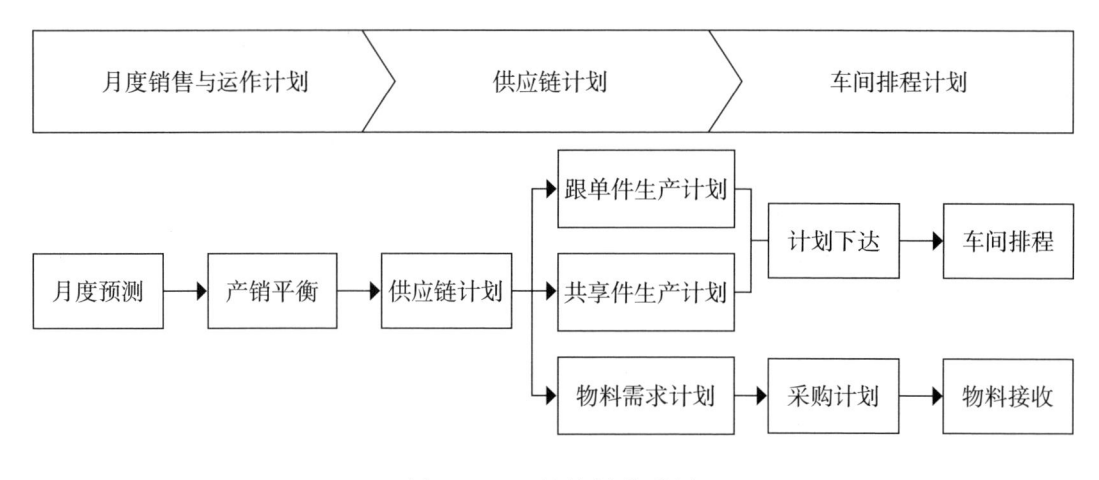

图 2-27 三级计划体系图

在实现数字化转型以前，美的集团销售系统面临着很多问题，例如：用户的在线信息不能及时获得，网络上的产品没有办法进行有效的引导营销。这不仅增加了企业经营的费用，还会对公司的品牌形象造成一定的影响。美的集团通过电商云、渠道云和慧销云三大系统完成了数字化的市场销售，上与仓库对接，下同消费者沟通，打通了线上和线下的端口，促进精细化运营。

如图2-28所示，电商云将线上电子端口汇聚起来，把产销存的信息打通，实时显示供求信息，并对核心经营指标进行数字化处理，将线上用户及相关交易转化为数据信息，汇集并存储进大数据平台中，绘制出客户肖像，从而达到精确营销的目的。

第二章 企业数字化转型步骤、路径与策略

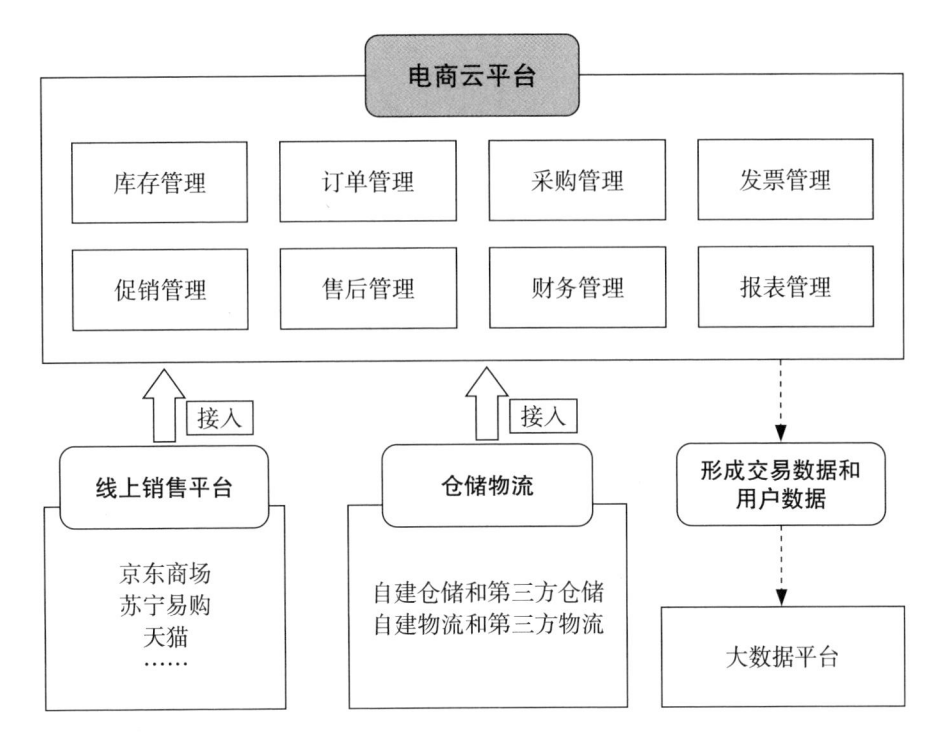

图 2-28 电商云平台

利用"渠道云"系统对门店、代理商、分销商进行全面整合,统一经营数据,使线下的渠道数据直观化,实现企业的数字化协同合作。"慧销云"通过收集使用者信息,作为使用者与消费者之间的桥梁,实施精确的市场推广,帮助营销数字化转型。

美的集团很早就已经在网上进行了网络营销,包括京东商城、天猫等多个线上渠道。2020年,公司主要产品在中国市场的占有率都有了一定的提高,并且在各大电商平台如京东商城、天猫、苏宁易购等领域依然保持家电产品的领先地位。多元化的销售渠道不仅为线上及线下的营销打下了坚实的根基,而且近年来,美的产品市场份额持续增长,亦显示出顾客对其品牌认知的持续提升。总之,以线上线下多元化渠道为基础,通过"电商云"汇聚线上销售端口,借助"渠道云"使线下销售可视化,最终通过"慧销云"收集全渠道使用者信息进行业务运营和精准过程营销,助力企业的营销过程实现数字化。

智能物流系统与整个系统的营销网络连接,实现了从生产到消费的全程可视化。2011年以前,美的集团各部门独立运作,没有任何的信息交流,后勤系统的运作也有差别。为了满足碎片化和多元化的用户需求,生产方式采用订单驱动,转为多批次、小批量生产,这也要求公司具有快速响应能力和灵活的配送系统。美的集团的安得智联公司具有智能的信息体系,可以从产品生产到派送全程进行全方位可视追踪,以实现仓库的精细化管理,

为库存预警、仓储布局等方面的信息提供支持。通过与各地不同的销售渠道进行物流的直接联系，从制造厂家直达市场和终端。这不但可以减少交货时间，而且可以大幅减少中间环节的费用，为快速反映市场需要创造有利的环境。

（3）建设美的云平台，实现管理数据化。搭建美的云端，让企业的经营更具流动性。在传统的生产过程中，企业内部的各种业务流程都比较分散，成本较高，用时较长。所以，对企业的内部经营流程进行数字化，就要突破时空局限，提高内部的信息流转速度，从而提高企业经营的效能。基于业务流程的数字化转型，美的集团建立了"美的云"，并将其应用于全渠道链和企业内的所有人员。如图2-29所示，首先利用美的微信公众号和企业线上App，为用户带来全方位的购物体验；第二，利用"美信""美的通"和"直通宝"打通产业链，实现从研发、生产、销售、物流到客户的移动办公和服务；第三，利用"iHR""美课""美+"等软件进行资源共享和协作。

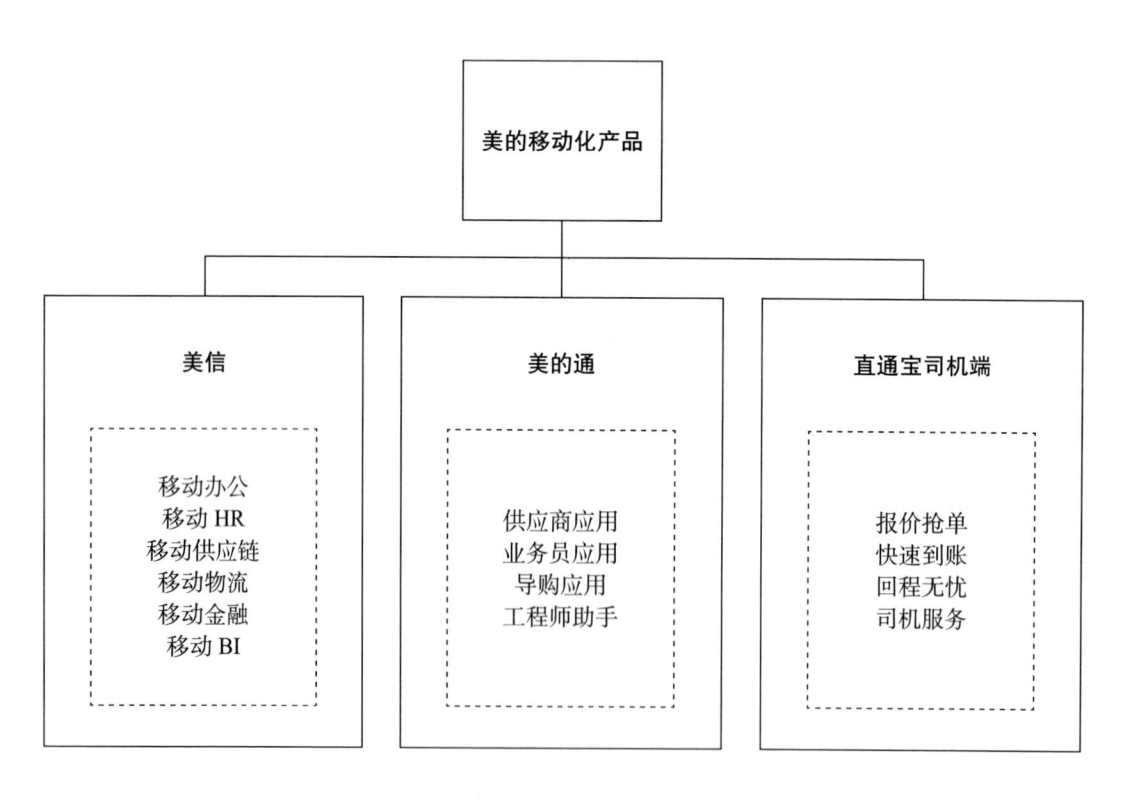

```
                    美的移动化产品
        ┌───────────────┼───────────────┐
       美信           美的通         直通宝司机端
    ┌────────┐    ┌────────┐      ┌────────┐
    │ 移动办公 │    │供应商应用│      │ 报价抢单 │
    │ 移动HR  │    │业务员应用│      │ 快速到账 │
    │移动供应链│    │导购应用 │      │ 回程无忧 │
    │ 移动物流 │    │工程师助手│      │ 司机服务 │
    │ 移动金融 │    └────────┘      └────────┘
    │ 移动BI  │
    └────────┘
```

图 2-29 美的移动化产品图

从以上研究结果可知，业务的数字化带来的是企业价值链的信息化和互联化，这个过程是从供货商到企业，再到顾客的。业务数字化能够突破时间和空间的局限，使价值链流通效率得以提高。

3. 利用数字技术促进产品和服务数字化转型

（1）赋能传统产品，提供数字化产品。将数字技术和企业的传统商业模式有机地融合在一起，赋能传统的商品，提供数字化服务。随着消费者个性化需求日益得到重视，加上科学技术的发展，提升了厂商感知顾客需求的敏感度。以往美的集团以传统的家用电器、物流业为主，缺乏对商品与服务的绝对竞争。对于传统产品的创新，就是在原有的经营模式下，发掘尚未满足顾客的需要且具有巨大商机的痛点，来提供卓越的产品和服务，以满足顾客的需要。美的集团是以数据云为纽带，将消费者、行业等信息整合起来，并对信息进行梳理，以获得消费者的基本需求。由于受到空间和时间的限制，传统的家用电器无法适应人们对家居生活的人性化、自动化要求。美的集团以数码科技为依托，以满足顾客需要为中心，深入发掘客户的需要，对原有家电产业进行优化与革新，打造以智慧家居、智慧家电及与之配套的产业生态为主导的智慧家居产业。

（2）结合数字化技术扩展服务类别。拓展智能化产业链，打造新的业务模式。美的集团在数字化转型过程中，从效益的角度出发，必须确保核心零部件的准时、高质量供应，确保工厂的自动化以及物流系统的智能化。在采用数码技术以前，美的集团主要进行传统的家用电器生产，同时拥有物流服务。如表2-7所示，现在美的集团已有智能化业务、暖通与楼宇等业务，在实现自身价值链赋能外，也将数字技术与原有的产品相融合，拓展业务和服务类别。

表2-7 美的集团产业链新业务及其服务

业务	提供的创新服务
机器人与自动化	提供机器人及自动化生产设备和解决方案
暖通与楼宇业务	暖通与楼宇智慧生态集成解决方案

以数字化为核心，开拓新的产业链，扩大新的商业领域。美的集团自动化、柔性化的生产过程要求自动化的生产和服务。从本身的需求出发，美的集团发现了汽车等行业自动化的发展趋势，并向自动化和机械行业发展，将自己的数字技术与其相结合，不断对外界进行输出。

美的集团于2017年开始正式运作美云智数，在支撑自身软件数字化的同时，也将自己的数字化资源、知识、能力等作为商品进行业务输出，为其他企业提供线上技术支持，如表2-8所示。截至2020年末，美的集团为超过40个行业的300多家公司推出了价值链的云服务，为公司实现了数字化的转型升级。

表 2-8 美云智数业务

对应价值链流程	产品
智能制造	智造 MES、美云智数 APS、协作云 SRM，SCADA+智联宝、工业仿真
大数据	互联网大数据、美云水晶球
数字营销	渠道云、新零售、用户云
人力财务	财务云、iHR
移动化与身份认证	美云智数移动平台、身份云 IDM
咨询服务	咨询规划

（3）上线 App 等创造客户新体验。在特定的范围内，制造流程的数字化转型为个性化的生产创造了有利的环境。用户可以通过订户终端选择自己的商品，并且可以看到空调的整个生产过程。就像美的武汉分公司的一条智能化生产线，用户可以通过网络，直达厂家定制自己想要的空调。客户可以在公司的 App 上订购，App 上有不同的空调型号、规格和功能模块，客户可以根据自己的需要选择一款，工厂在付款后进行生产。顾客的意愿交付工厂后，厂方设计部门根据不同的需求，制订相应的产品方案。顾客下单后，可以在线查看全部的图案、材料、制作、包装等。达到"一台空调机，一条流水线"的定制生产。

美的集团主营业务是家电产品，除了在家用电器方面不断地创新外，美的集团在服务方面也在不断创新和优化。通过 AI、大数据等技术，美的集团构建了 200 余种智慧家居环境，以满足用户的个性化定制需求。另外，客户可以在美的专门网络平台上，进行报修报装、申请深度清洗等服务。在商品趋于同质化的今天，消费者对于商品与服务的认同是最重要的。

二、海尔智家数字化转型路径案例解析

（一）海尔智家数字化转型路径

在对海尔智家数字化转型的发展历程进行梳理后，本书总结了 3 条进行数字化转型的路径，具体路径如图 2-30 所示。

```
                    ┌─────────────────┐
                    │  数字化转型路径  │
                    └─────────────────┘
          ┌────────────────┼────────────────┐
          ▼                ▼                ▼
┌──────┐ ┌──────────┐ ┌──────────────┐ ┌──────────────┐
│ 路径 │ │商业模式创新│ │全价值链数字赋能│ │ 工业互联网平台│
└──────┘ └──────────┘ └──────────────┘ └──────────────┘
```

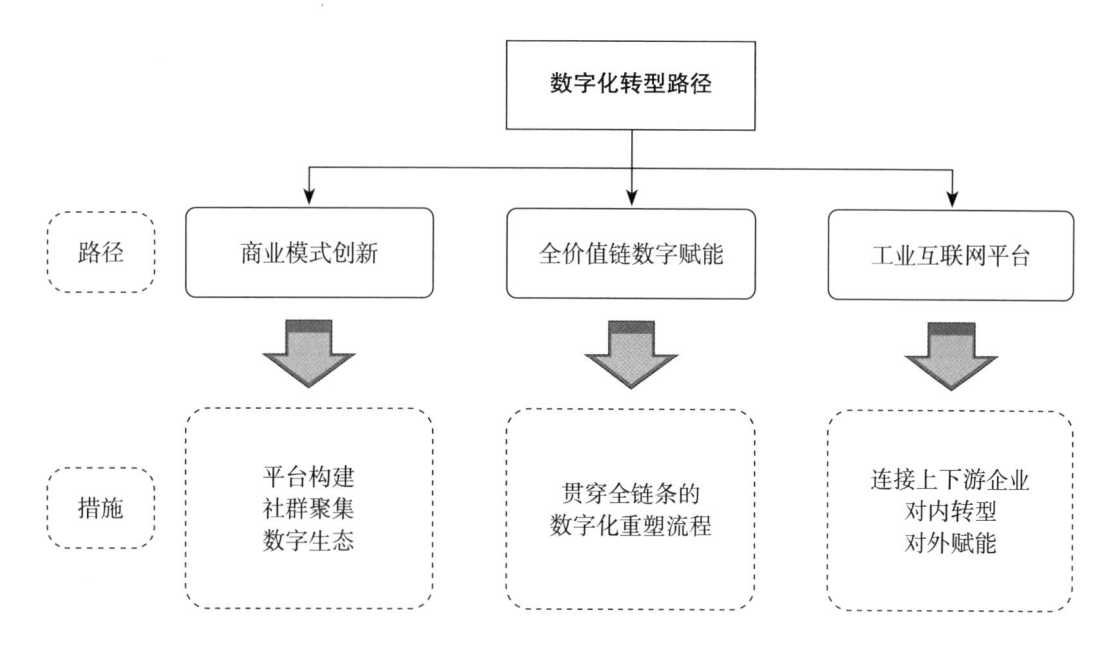

图 2-30 海尔智家数字化转型路径

1. 商业模式创新，助力企业转型

企业推动数字化转型不能仅凭数字技术的更新迭代，还需要结合大数据、物联网等最新数字技术来实现商业模式的创新。在这个过程中，企业需要不断地与外界进行互动来应对可能的技术更新及市场需求的变化，变革原有的组织模式，破除内部阻碍，挖掘潜在的价值，为企业赢得更多的竞争优势。海尔智家在数字化转型的过程中探索商业模式创新可以分为3个阶段，分别为探索阶段、发展阶段和扩展阶段。

（1）探索阶段，在这个阶段过程中，海尔智家面临的发展困境主要是企业原有的模式不能很好地应对数字经济背景下的市场变化，例如，原有的供应链中运输及仓储环节增加企业运营成本，层层分销的零售模式使得消费者的需求变化得不到及时反馈，从而进一步拉低新产品的更新速度等。进行商业模式创新是解决困境的良方。在这个阶段，海尔智家强调以用户为核心，开始了由"产品导向"向"服务导向"的转变，从原有的仅提供产品，转变为同时向用户提供产品和服务的一体化模式，以平台化的方式打破原有的传统组织模式，开发人单合一的模式，创建五大研发中心，从消费者终端入手，在利用信息技术的基础上与消费者进行直接互动，从而实现与需求相关的信息更高效率的传递，帮助企业更好地挖掘消费者真实需求，提升消费者使用体验。

（2）发展阶段，在这个阶段过程中，企业外部环境的变化更加复杂，这对于企业来说需要更快的产品更新速度以及更高的业务效率，加之消费者需求的个性化更加突出，海尔智家在开展各项业务的过程中逐渐形成了一种社群聚集的新模式，在平台上聚集的各个社群在交互的过程中可以实现从提出需求到创意转化的过程。同时，聚集的企业可以通过数据共享平台获取数据信息，并进一步整合分析挖掘其中的机会，通过平台来汇集整合多方资源，尽可能缩短反馈时间，提高产品供应效率，通过平台拓展与利益相关者的合作方式，为协作过程中的各方利益主体创造更多的价值，改变原有的价值创造方法及价值传递方式，实现数字化商业模式的创新。例如，OSO 第一社群聚集了 100 多万名微店店主可以实现与用户的零距离交互，创造并分享价值；HOPE 开放创新平台则可以汇聚各类创新人才，实现创新需求的交互，共同探讨问题的最优解。

（3）扩展阶段，在数字经济飞速发展的过程中，智能化体验和场景模拟成为消费者购物过程中的新需求，开放性的物联网生态成为数字化商业模式创新的新形态。海尔智家在智能化水平不断提升及虚拟场景应用更加普遍的背景下，基于现有的平台，将不同产业链中的多个社群进行聚合，形成了一个开放性的物联网生态系统，可以吸引更多持有不同资源的企业加入其中，在生态系统内部进行资源的互换与共享，在一定程度上可以降低企业扩展新业务的风险，形成较强的聚合力，数字化和智能化的技术可以为整个系统运作赋能，在资源共建共享的过程中实现价值创造与共享。

2. 全价值链数字化，降本提质增效

企业进行数字化转型的过程并不是单独对企业某一部分的业务流程进行数字赋能，而是按照价值链展开，进行全价值链数字化赋能，这样才能打通各环节之间的阻隔，进行业务流程的重塑，达到推进数字化转型的预期效果。海尔智家进行数字化转型的过程实质上就是按照全价值链数字化方案进行，具体包括以下几个方面，如图 2-31 所示。

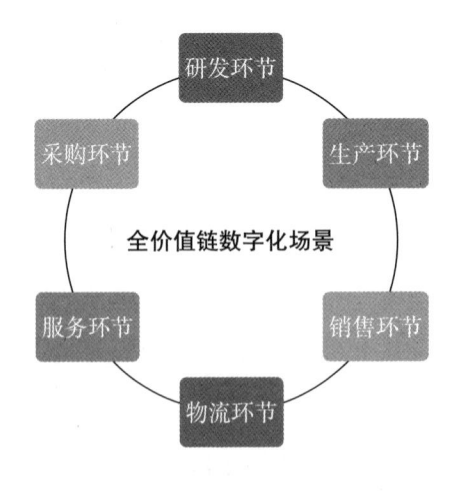

图 2-31 全价值链数字化场景

第二章 企业数字化转型步骤、路径与策略

（1）研发上云，全球协同。互联网技术的广泛应用使消费者拥有了更多了解产品信息的途径，可以充分比较各种品牌产品后再作出选择，这意味着消费者的需求变得更加个性化、差异化，加之技术的更新迭代加快，产品研发周期变短，需要在研发创新方面投入更多的资源。海尔智家原有的创新资源已经不能满足消费者日益变化的需求，而通过收购、自建或联合等方式获取创新资源会导致创新成本居高不下，海尔智家封闭的产品研发体系和瀑布式研发模式致使一件产品从需求分析到产品最终交付的各个环节都需要审批流转，研发周期较长，创新效率低下，同时只有产品交付到消费者手中才能得到反馈，与消费者需求变化的速度不匹配，创新风险较大，急需在产品研发创新环节做出改变。

海尔智家数字化转型在研发环节的举措是推出了 HOPE（Haier Open Partnership Ecosystem）平台。HOPE 平台主要提供三项服务，即技术寻源服务、竞争情报服务、专家咨询服务。其中，技术寻源服务具体的工作流程是：平台中配备的"蛙眼监控系统"是一种科技前沿监控系统，可以为企业持续地关注新兴科技的动态，可以帮助企业实时获取最新的科技动态，通过技术互动确定创新方向；在创新方向的驱动下挖掘需求，此后再通过 HOPE 平台的创新大数据需求与资源匹配系统来寻找解决方案。竞争情报服务通过互联网、数据库等多种搜集信息的途径来掌握有关产品和技术创新的一手情报，在第一时间与技术的供给者合作，取得竞争优势。专家咨询服务是平台邀请世界范围内各个领域具有丰富技术背景和研发实践经验的专家、研发者加入创新社群，来提供例如确定技术方向、评估研发方案可行性、解决技术难题等方面的技术支撑，为企业的研发保驾护航。

（2）智慧物流，数字仓储。海尔智家在物流环节的数字化转型主要体现在日日顺物流，该公司成立于 2000 年，从企业物流部门发展为目前独立的平台企业，现已成为拥有全球一流网络资源、管理理念、物流技术的物流服务平台，日日顺物流在数字化转型的大趋势驱动下，在大件物流领域进行了全供应链智能化升级，从仓储、运输、末端送装等环节都实现了机械化和智能化。

在仓储环节，日日顺物流建立了家电行业内首个智慧无人仓，通过全景扫描站和关节机器人可以高效完成产品入库上架的过程。消费者下单后，无人仓 WMS 系统会接收到自销售系统发送的订单信息，龙门拣选机器人可以运用机器视觉精准拣选出相应的货物并快速投放到托盘中。当拣选过程完成后，龙门拣选机器人会将结果反馈给系统，系统将货物运送到备货区，货车到达后将会装车发运。这种 24 小时无人化作业流程使作业效率与准确率都可以得到很大的提升，每天的出货量可以达到 2.4 万件。在配送环节，日日顺物流创建了行业内首个互联共享的三级分布式云仓网络，并与多元化干线集配网、

仓配一体化网、"最后一公里"末端网等相结合，实现物流服务城乡全覆盖。日日顺物流自主研发了预约管理、订单管理、配送管理、仓库管理四大系统，资源协同、车辆轨迹、移动应用、服务质量四大平台，实现物流全程管理，形成了人、车、店、库之间的互联互通。日日顺物流顺应数字化浪潮，利用智慧科技设备和信息化系统，让物流的各个环节都走上了智慧化、智能化的发展道路，同时为海尔智家整体的数字化转型增添助力。

（3）智能制造，互联工厂。海尔智家在生产环节的数字化转型主要是将互联网技术与工业技术相结合，打造互联工厂，实现生产阶段的自动化、网络化、数字化和智能化，推动生产向定制化方向发展，推行大规模定制，进而实现规模经济。海尔智家的大规模定制以顾客需求为导向，与大规模生产相结合，即将核心零部件大规模生产，同时接受消费者基于自身需求的个性化定制。消费者的个性化定制主要通过众创汇平台，消费者可以通过模块定制、众创定制及专属定制三种方式在众创汇 App 等渠道进行产品的个性化设计，经过这种模块化设计与个性化定制结合，企业可以同一时间高效地生产多品类的产品，使企业的多元化业务更加具有柔性化。为了提高这种大规模定制的生产效率，海尔智家打造了数字化、智能化的生产线，在数字技术的加持下，具备柔性生产、提高生产加工效能、换模响应需求等特征，并将制造执行系统（MES）和智能检测系统（SCADA）与生产线相连接，在生产线接收到定制指令时，工人只需要完成将所需零部件放入生产线的简单操作，生产线就可以自动匹配与换模，同时生产线配备的自动放错机制降低了产品组装错误。

数字技术不仅助力智能制造，也提高了产品质检效率。工厂可以通过拍摄产品超高分辨率的影像并实时上传到总部的边缘计算技术平台，通过边缘侧的机器视觉技术对影像进行分析，从而更加准确地检测判断产品是否存在缺陷，随着相应技术的不断改进创新，产品检测的成功率不断提升至90%，进而提高了产品的质量，降低了同一批产品中返厂次品的数量，使产品周转过程更加流畅。

（4）社群交互，线上营销。海尔智家的创始人张瑞敏先生在2000年提出"不触网，就死亡"的理念，完成 ehair.com 域名注册，随着互联网技术在中国飞速发展，海尔智家通过先进的数字技术推出海尔商城，并根据业务版图，在天猫、淘宝等电商平台上搭建线上销售网络。为了提高消费者的复购率和转化率，海尔智家又基于现有的线上销售经验与技术，推出了名为"顺逛微店"的官方社群平台，任何人都可以申请在顺逛微店平台上开店，店主卖出的产品可以获得2%的佣金。这种无门槛、高回报的创业方式吸引了大量的个人创客，通过这个过程可以获取极大的客户流量，实现用户流量向销售订单的转化，并将产品的口碑传播出去。同时在社群交互中可以准确挖掘消费者的需求，可以将消费者的需求与企业的生产精准对接,迅速对需求作出反应。

顺逛微店率先提出了线上海尔商城、顺逛微店、线下海尔专卖店相结合的"三店合一"OSO模式,紧扣海尔智家的发展战略及数字经济时代的需求,通过社群交互准确地把握消费者的需求点以及需求变化的趋势,并汇集了线上渠道与线下渠道的产品资源,创建了一个涵盖海尔智家旗下的洗衣机、空调、电冰箱等多品类产品的商品库,消费者可以在众多商品中进行选择,增强消费者的用户体验,激活消费者,从而源源不断创造价值。行业数据显示,传统电商的平均转化率在2%~3%,而顺逛平台的转化率历史峰值为8%,而复购率最高可以达到61.2%,转化率与复购率均得到了大幅的提升。

(5)发布平台,汇集资源。海尔智家在采购环节的数字化转型举措方面主要推出了海达源——模块商资源平台。2014年10月,海尔智家立足于"破传统封闭串联零件采购、立开放并联零距离交互用户"的理念拓展全新的采购模式;海尔智家的大规模定制生产模式需要与许多供应商资源进行交互,因此将原有的定点、定价、订单模式转变为具有开放、零距离、公开透明、用户评价四大特征的新采购模式。截至2015年3月共有2万多家世界一流的模块商资源汇聚在海达源平台,此后针对全球范围内不同需求的企业迅速提供个性化的解决方案,通过精准的资源配置满足物联网时代的大规模定制,通过"自注册、自抢单、自交互、自交易、自交付、自优化"的模式,采购方和供应方可以在平台上实现信息交互,并得出最终的解决方案。

在实际采购的过程中,海达源平台可以使企业与供应商之间建立起交互、共享、共创的合作关系,企业可以根据自身的生产需要快速在平台上与符合标准的供应商匹配,集中购买获得价格上的优势,同时维持稳定且有质量保证的供货来源,提高采购的效率。平台配备的数字化供应商管理系统,实现了大数据技术与采购管理间的结合,有利于进行采购决策分析,企业可以通过平台数据获取更加全面、准确的原材料价格,同时根据原材料的数据库,实时掌握原材料的市场价格,结合企业生产计划及原材料库存情况,制订最有效的采购计划,将成本控制做到采购前。事中的成本控制也可以依靠数字化平台来实现,通过平台可以提高成本分析的水平,找出造成成本差异的原因并制定相应的对策来减少成本差异,做到采购中的成本控制。

(6)实时互联,精细服务。海尔智家通过推出智联U+服务模式实现了服务环节的数字化转型,该模式主要通过U+智慧生活App向消费者提供智能化的售后服务。消费者购入商品后,可以通过App扫描商品上的二维码将家电信息一键录入,建立家电电子档案,与电子发票相关联,可以更为便捷地管理家电信息。当家电在使用的过程中出现问题时，以往的解决办法是由消费者联系售后服务中心将问题进行反馈，服务中心派出维修人员上门服务往往需要较长的等待时间。而海尔智家的智联 U+ 服务模式，通过运用云数据技术，智能家电可以进行自动检查，发现问题并反馈给海尔云，服务中心也可以主动联系消费者并提供上门服务，化被动为主动，将服务做到需求前，U+ 智慧生活 App 与互联网相连接，使服务的全过程透明化，消费者可以了解此次服务人员的信息、需要更换的零部件及价格，杜绝了上门服务乱收费的情况发生。

为了进一步增强消费者的服务体验，智联 U+ 借鉴了滴滴出行的运营模式，推出了"滴滴抢单"服务，按照接收用户需求、服务人员抢单、提供上门服务、消费者评价的流程开展，同时获得消费者好评较多的服务人员在之后的抢单过程中享有优先权。这种反馈机制极大激发了服务人员的积极性，给消费者带来更好的服务体验。针对消费者的特殊服务需求，智联 U+ 还推出了"极客无忧"的服务模式，在这种服务模式下，提供服务的时间、地点、方式都由消费者决定，极大满足了消费者的多样化服务需求。

3. 打造工业互联网平台，实现生态互联

工业互联网平台是基于制造企业数字化、网络化、智能化的需求所研发的新型基础设施，它是信息通信技术与工业经济融合的产物，通过数据采集、汇聚、分析，形成覆盖全产业链和全价值链的制造和服务体系。与互联网消费平台相比，工业互联网平台也是连接两端的用户，帮助两端用户实现快速匹配，有效降低搜索过程中的成本。但不同的是，互联网工业平台实现的是三方的打通，即生产、流通与消费，是一种能够实现人机互联与物物互联的全新连接模式，以更高的效率连接平台的参与方，及时解决出现的问题，是一种人流、物流及资金流高效运作的形式，成为未来全球发展的新机遇，充分发挥拉动经济增长的作用。

海尔智家在基于以往智能制造和平台建设的基础上推出了工业互联网平台——卡奥斯 COSMOPlat，如图 2-32 所示，平台框架体系包括 1（主平台）+7（模块）+N（行业），其中的七大模块指的是交互定制、开放创新、精准营销、模块采购、智能制造、智慧物流和智慧服务，N 个行业是指平台并不是只服务于海尔智家集团内部，还可以跨行业、跨领域地对外赋能。在这个框架结构的基础上，卡奥斯通过在模式、科技和组织方面的创新，实现了对传统工业体系的彻底革新。在模式维度上，采用大规模定制，首次引入用户体验，通过信息通信领域技术及操作技术的融合协作，提升自动化水平，前瞻性布局六大科技创新中心，提供核心技术上的支持，通过七大模块数字化赋能传统制造工厂，帮助企业由规模制造转型为规模定制，例如，海尔沈阳冰箱互联工厂，将原有的串联流程改为大量订单中抓取的并行流程，生产效率提升了28%，更具柔性的模块化布局，更好地满足消费者在产品和服务方面个性化的需求。在科技维度上，海尔智家可以提供工业互联网平台所需要的全套软硬件服务，例如，开创性地打造"集装箱式"设备，在一个集装箱内解决机柜、网络及各类系统的安置问题，同时解决云上数据的安全问题，硬件开箱即用。在组织维度上，卡奥斯平台允许各类主体及资源无障碍地进入，企业可以在平台上提供软硬件产品、模块化零部件、消费终端个性化的产品，来一起打造工业互联网新生态。此外，平台也为中小企业提供集约采购、品牌推广等服务，助力企业的成长。工业互联网平台的建立，一方面可以通过智能制造来实现产品生产的柔性化，更好地满足消费者个性化需求，提高产品交货效率；另一方面可以为消费者生产提供更加智能化的产品及服务。此外，平台还可以为中小企业赋能，为中小企业数字化转型提供帮助，创造更多的价值。

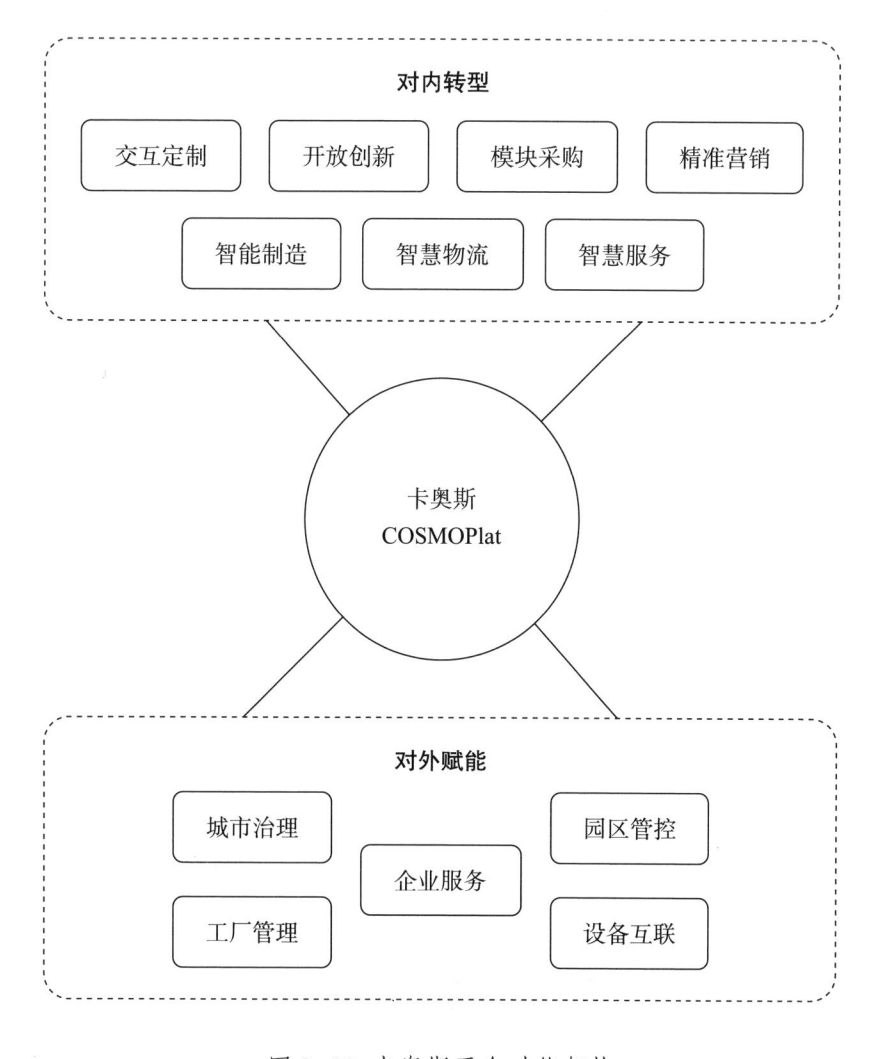

图 2-32 卡奥斯平台功能架构

（二）海尔智家全价值链数字化转型路径

1. 上游经营活动数字化转型路径

上游研发环节是企业的高附加值环节，面对"互联网+"数字经济浪潮的冲击以及快速变化的市场需求，海尔智家通过改善研发条件、打破封闭式创新的传统研发模式来提升研发创新能力，迎合消费者需求，从而提升价值创造。具体路径如图 2-33 所示。

2. 中游经营活动数字化转型路径

中游经营活动环节包括了采购以及生产活动，海尔智家利用搭建"海达源"采购平台、布局互联工厂实现了采购数字化和生产数字化，有力推动了数字化智能制造的发展。具体路径如图 2-34 所示。

3. 下游经营活动数字化转型的价值创造路径

下游经营活动数字化转型过程中，海尔智家通过建立"三店合一"新零售模式扩大了销售范围，提升了产品的销售规模；还搭建了日日顺智慧物流平台，积极发展对外物流业务；同时推出 U+ 智慧生活平台，提供智慧家庭服务。具体路径如图 2-35 所示。

三、JL 汽车数字化转型路径案例解析

JL 汽车数字化转型要本着真正获得转型价值的原则，从产品、生产运营、用户服务、供应链、产业体系等角度进行全方位系统的数字化转型推进；要提高产品和服务的创新能力及产品研发过程的创新能力，缩短价值变现周期，加强体系横向、纵向全过程贯通，实现全价值链、全要素资源的动态配置和全局优化，提高全要素生产率，要以用户为中心，实现全生命周期的用户服务，为用户创造无限价值，甚至服务超出用户的想象，提高用户黏性、用户满意度和忠诚度。加强与合作伙伴之间的资源、能力和业务合作，构建优势互补、合作共赢的协作网络平台。

企业数字化转型能力需要围绕企业的核心业务价值链构成，如图 2-36 所示，连接、数据和智能作为价值链的三部分受益于全产业链的协同，又助力于提升的产品质量和客户体验的满意度。另外，在下层构建了组织支撑和技术支撑，组织支撑包括组织、人员、文化等内容，为企业数字化转型提供组织支持；技术支撑主要包括物联网，云计算，大数据等新一代信息技术，它们提供了技术保障。技术支撑在数字中台中得到整合，数字中台上面构建了运营支撑，运营支撑的核心是数据驱动的以数据价值创造为宗旨的持续改进优化。该框架清楚地诠释了 JL 汽车组织管理、业务、技术和运营在整个数字化转型能力框架里面的链接。

第二章 企业数字化转型步骤、路径与策略

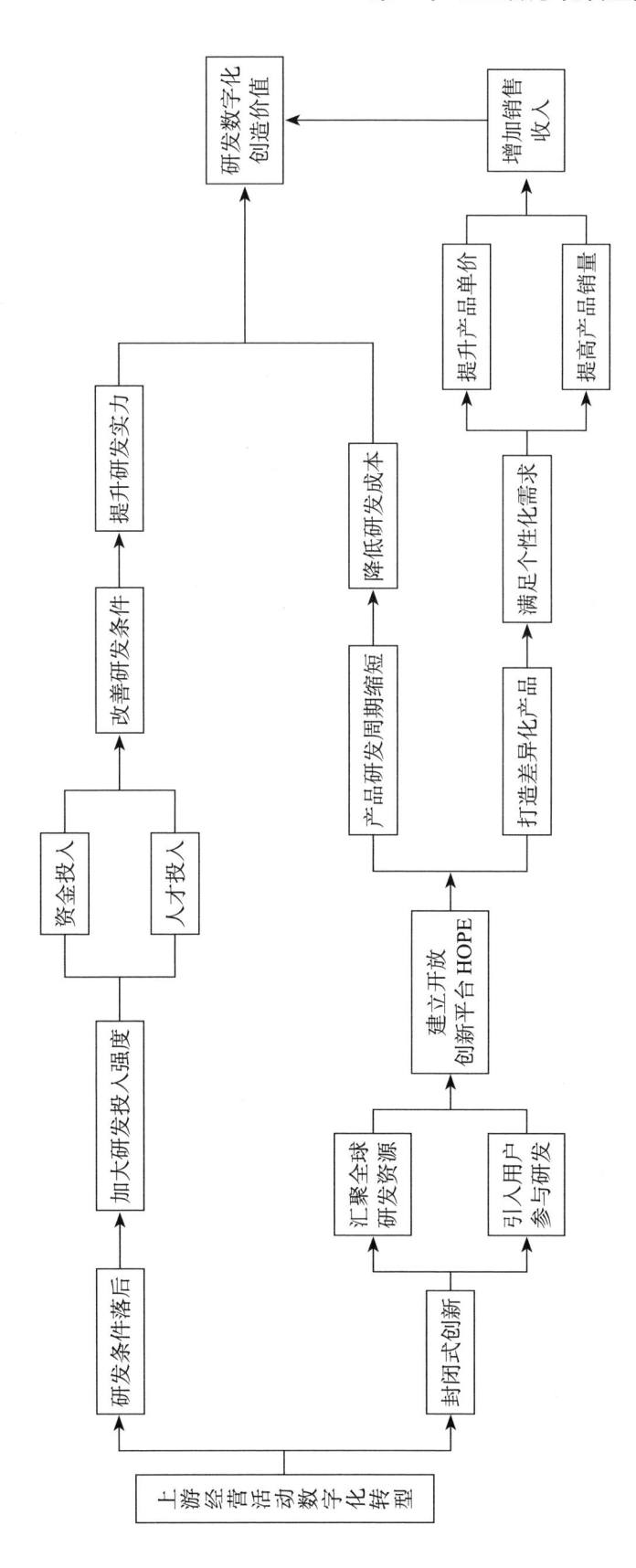

图 2-33 上游研发环节数字化转型路径

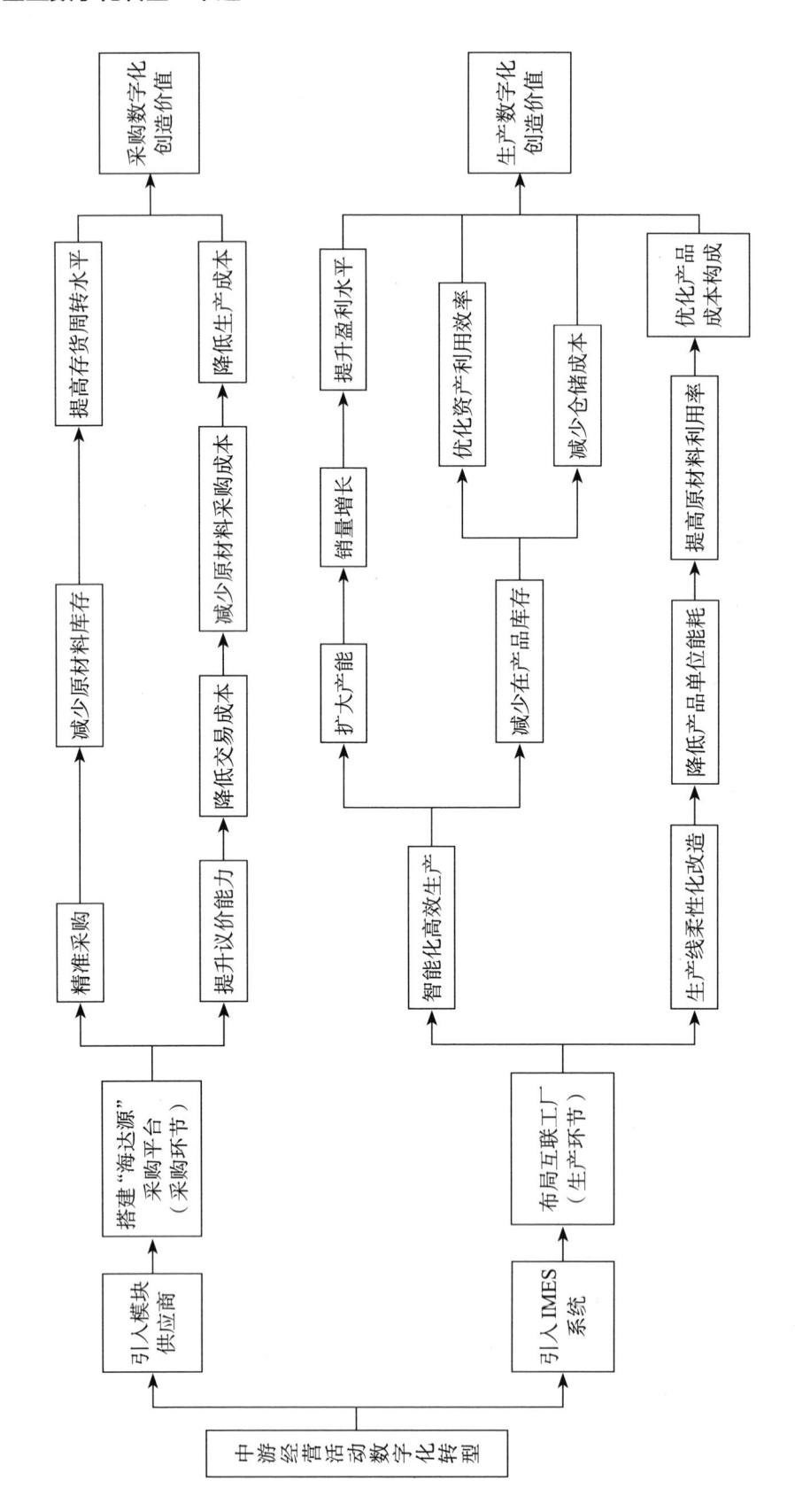

图 2-34 中游采购、生产环节数字化转型造路径

第二章 企业数字化转型步骤、路径与策略

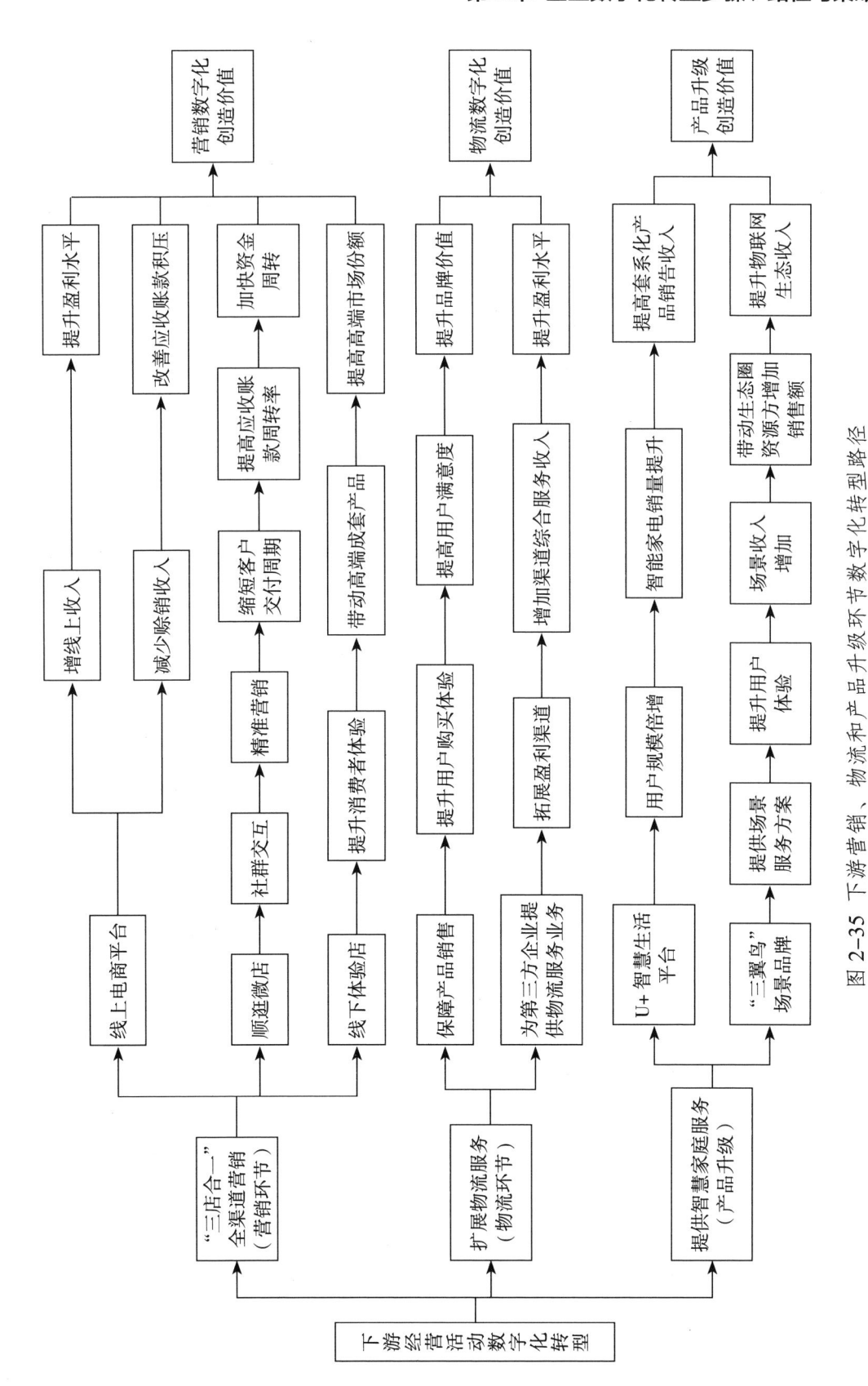

图 2-35 下游营销、物流和产品升级环节数字化转型路径

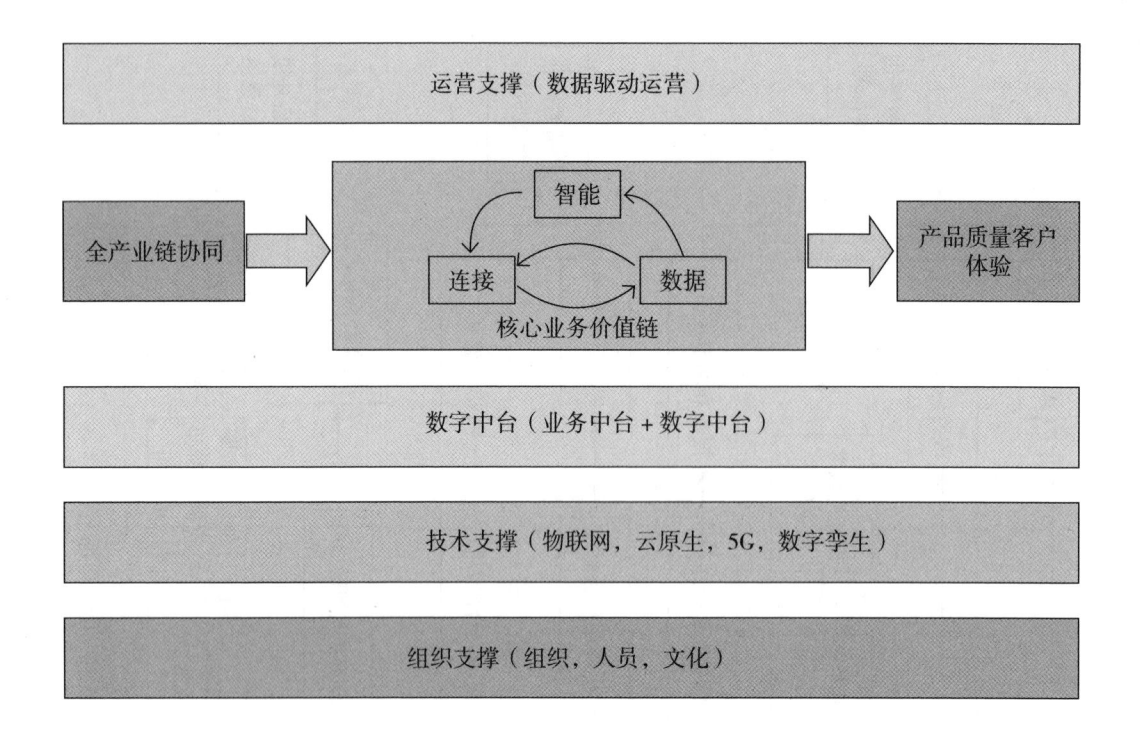

```
┌─────────────────────────────────────────────────────┐
│            运营支撑(数据驱动运营)                    │
└─────────────────────────────────────────────────────┘

              ┌─────────────────────┐
              │         智能        │
              │      ↙      ↖      │
  ┌────────┐  │   连接  ⇌  数据    │  ┌────────────┐
  │全产业链│⇒ │                    │ ⇒│产品质量客户│
  │  协同  │  │   核心业务价值链   │  │    体验    │
  └────────┘  └─────────────────────┘  └────────────┘

┌─────────────────────────────────────────────────────┐
│         数字中台(业务中台+数字中台)                 │
└─────────────────────────────────────────────────────┘

┌─────────────────────────────────────────────────────┐
│    技术支撑(物联网,云原生,5G,数字孪生)              │
└─────────────────────────────────────────────────────┘

┌─────────────────────────────────────────────────────┐
│         组织支撑(组织,人员,文化)                    │
└─────────────────────────────────────────────────────┘
```

图 2-36 JL 汽车数字化转型能力框架

(一)产品业务的数字化转型

JL 汽车通过对生产端、消费端、运行端的数字化转型,挖掘数据价值为业务赋能,支持产品与服务的升级。企业生产的数据可以支撑业务运作,数据反哺业务;数据本身可以持续积累,数据应用于分析和决策,数据产生智能。

JL 汽车数字化转型必须完成内部信息化建设和信息集成,这种集成不仅包括横向围绕业务价值链进行的协同和集成,也包括垂直的以生产制造为核心的集成,还需要完成横向与纵向之间的集成如图 2-37 所示,信息平台建设解决系统之间的整合和集成问题,需要利用新一代信息技术来解决数字化重构问题,提升整合后的内部能力,面对市场和客户需求有足够的柔性应变能力。JL 汽车从汽车生产制造商转变为服务商,发现并释放新的产业价值。JL 汽车数字化转型可以有效地帮助 JL 汽车应对汽车行业竞争和挑战,同时,能稳固主营汽车业务的竞争力。

JL 汽车通过数字中台,利用信息、自动化、智能化技术来提高壁垒,建立差异竞争优势,敏捷应对市场变化,形成可自主完成产品的调研、定义、研发、设计及销售的体系,服务于 JL 旗下多家汽车品牌。

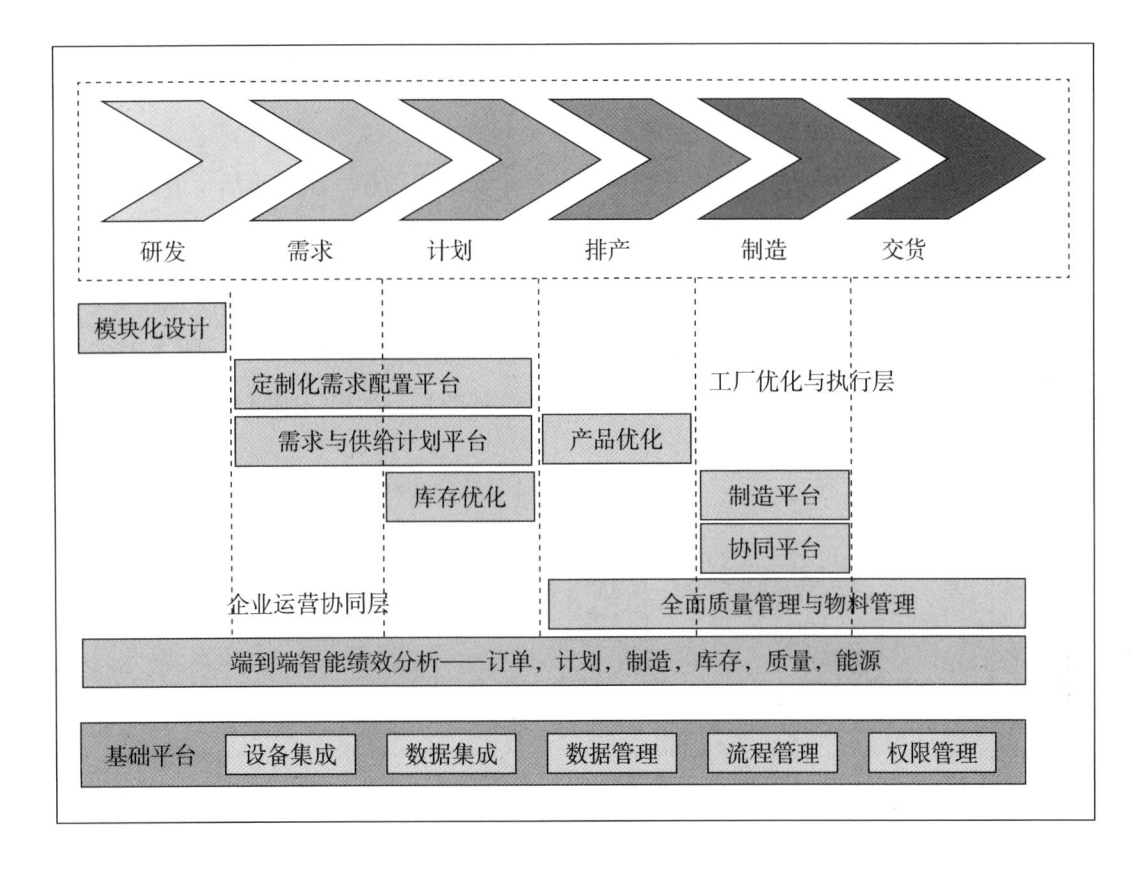

图 2-37 JL 汽车内部信息化建设和信息集成

数字中台通过在生产线部署实时监控设备，获取各生产环节的实时工况数据。对所获得的生产端数据，数字中台将对其进行价值数据筛选并加以应用，包括支持生产流程优化、支持工程仿真业务开展、支持业务数据库的搭建以统一各生产基地参数标准等，支持生产端数据的挖掘，提高制造效率。

数字化转型优化用户驾驶体验，推动产品智能升级。数字中台通过智能互联系统获取用户画像、操作习惯、应用偏好等数据，通过传感设备获取驾驶行为、行驶轨迹等数据。对于所获得的数据，JL 汽车可利用获取的用户画像、操作习惯、应用偏好等数据支持智能交互系统提供更多便捷、智能、娱乐化的服务，并实时分析处理驾驶行为、行驶轨迹等数据以支持智能驾驶服务。

汽车是新一代信息技术与产品的集大成者，车企的未来是对现有信息技术的应用与创新。JL 汽车需要在研发设计、生产排产、供应链管理、组织管理等众多环节尽快推行。JL 汽车数字化转型后，提高产能，加快生产效率，提升工厂组装效率与质检效率，使厂内产品生产运转更加高效。

（二）营销方式的数字化转型

1. 数据变现，增加企业营收新渠道

随着汽车智能化、网联化的提升，围绕人、车、消费场景、城市生活生成的娱乐数据、生活数据、驾驶数据以及场景化数据的增长速度超出想象。通过分析这些维度丰富、规模巨大的数据，可以实现向客户精准推送商品广告和生活娱乐服务，也可以将数据与保险公司、4S 店等商业机构共享，产生间接收益，实现数据价值的变现。图 2-38 所示为数据变现潜在价值，可以通过移动出行服务、改进产品、远程运维服务、地图导航等各种方式变现。

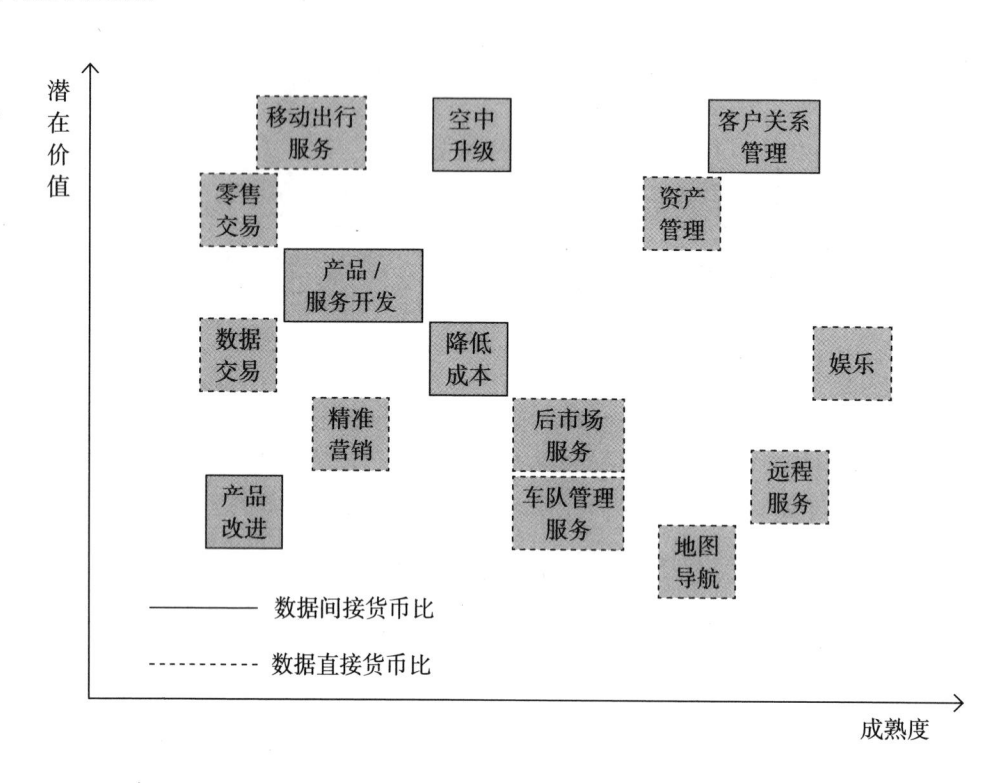

图 2-38 数据变现潜在价值

2. 营销平台数字化转型，打造线上、线下营销闭环

随着电子商务的蓬勃发展，中国大部分汽车购买者将线上了解作为首选了解渠道。越来越多的消费者习惯在线上了解汽车基本信息，比如品牌信息、配置、车型、发动机型号、排量和价格等，然后去线下体验试驾，与销售人员具体沟通一些车辆信息，等大促活动开始时线上付款，然后去 4S 店提车。消费者信息沟通渠道的多元化和所获取信息的碎片化导致了消费者消费体验的碎片化。渠道之间的每一次切换稍有差错，都会加大客户流失的风险。

营销方式的数字化转型如图 2-39 所示，为线上、线下闭环营销平台。借助数字化营销平台，除了可以让线上、线下的营销渠道得以打通，实现渠道的全覆盖，还能为每位消费者创建"唯一 ID"，形成用户数据体系，跟踪消费者在线上、线下的每一个行为数据，从而描绘用户画像，然后通过大数据和人工智能等技术对消费群体进行深入洞察挖掘，进而转化为消费者个性化内容推荐、广告精准投放、预测性维护等服务。

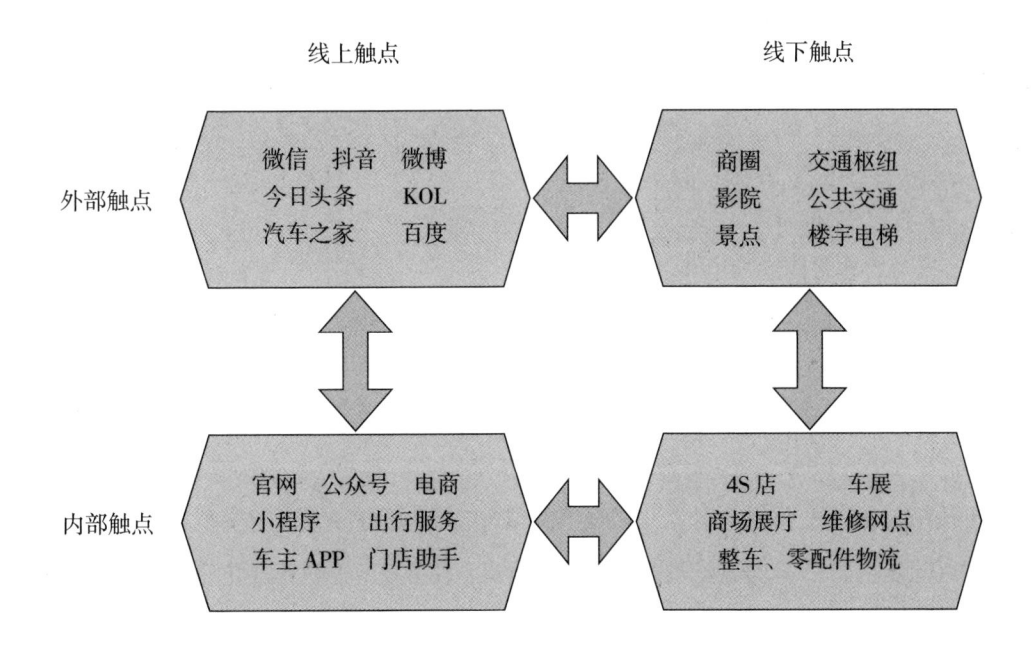

图 2-39 线上、线下闭环营销平台

（三）组织管理的数字化转型

JL 汽车的数字化转型归根到底是人和组织的转型。改革总是自上而下的，只有处于实践一线的个人或者组织成功突破旧有观念、组织的束缚才能在创新上取得成功。因此，数字化部门的领导在企业内的地位越高，越能推进企业数字化转型工作的开展。除了数字化部门领导的地位，企业管理层级的数量也是企业数字化转型中组织架构的重要方面。如图 2-40 所示，JL 汽车转型前的组织结构是典型的金字塔形组织架构，这种金字塔形的组织结构管理决策权高度集中，决策到执行不能快速响应，很难适应复杂多变的市场环境，无法与市场形成有效互动。JL 汽车利用数字中台，建立一个去中心化、扁平化、网络化的液态组织，激活关联的每个个体价值，让决策效率与响应速度最优，最终达到和外部环境变化的同步。

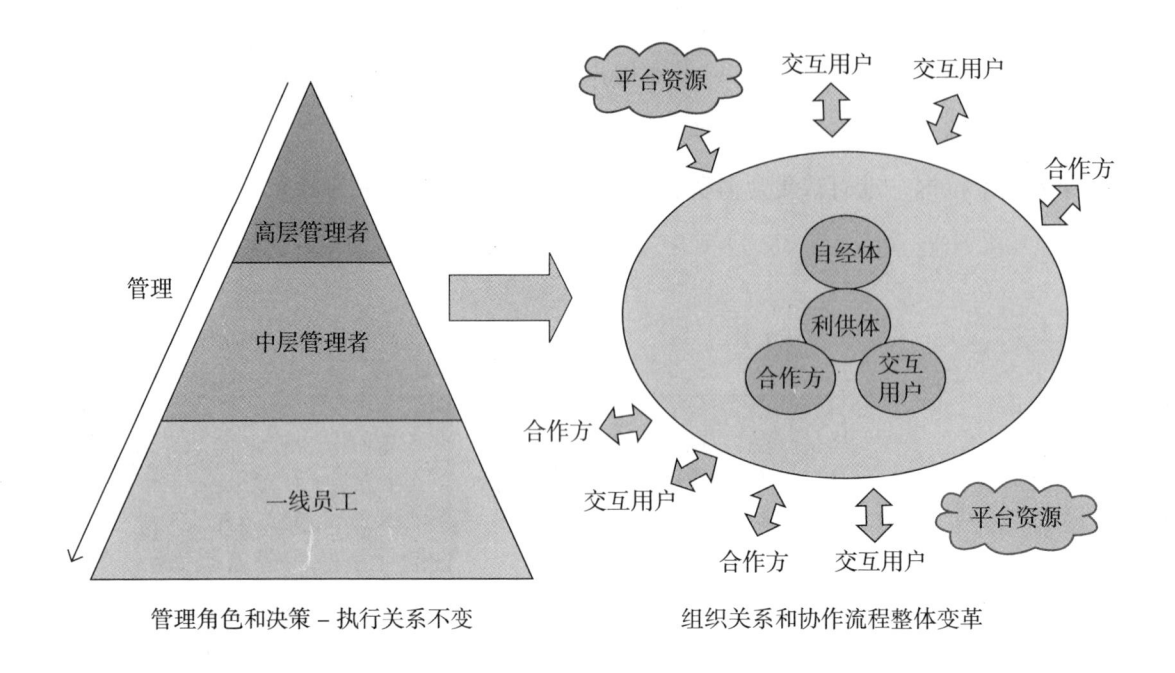

图 2-40 组织结构由金字塔形转向扁平化组织结构

组织结构的改变可以提升组织的适应能力、反应和协调能力，实现了跨部门、跨地区的多点同步协同管理。扁平化的组织架构强调工作效率，通过缩短上下级之间的距离，让信息在企业内垂直流动的速度加快，降低了管理成本，提升组织的整体效率，是企业进行转型发展必须重视的方面。

（四）供应链的数字化转型

供应链链接了研发、生产、消费等各个环节，是 JL 汽车提升核心竞争力、扩大自身市场份额的至关重要的因素。在人工智能、大数据、区块链、云计算、物联网等新兴信息技术不断涌现的时代，企业要想基业长青，就必须跟随时代的技术潮流，让冗长繁杂的链条变得可视、可感知、可调节，让技术来驱动供应链向智能化升级。

供应链的数字化转型主要基于上下游供应链的各个运作环节，结合大数据分析等信息技术对供应链数据进行分析、优化、预测，增强了预测的准确性和计划的有效性，缩短订单到交付的时间，极大地提高了供应链的响应能力和消费者满意度。

供应链的数字化转型需要按照企业供应链的大数据分析要求将产品、供应商、用户、订单、库存、仓库和计划等进行整合，从而保证供应链在运营过程中能够适时抓取标准、计划、执行之间的数据差异，然后进行自我反馈、自我补偿、自我优化和自我调整，形成智慧的行动。随着个性化需求不断增加，消费者对产品和服务的要求也越来越高。产品制造和流转的方式不同，其经历的智能化环节也相应有所差异，那么企业就势必要紧跟消费者需求、洞悉市场潮流、发现产品、服务模式的变化，从而提高企业智能供应链的差异化竞争能力。

JL汽车的供应链转型核心是和用户互联，开创最佳的用户体验，积极探寻人单合一的模式和面向全球客户大规模定制的智慧供应链模式。具体来讲，就是将用户作为中心，将互联工厂作为承载，准确把握用户需求，由为库存生产到每台产品都直发用户，将个性化定制与大规模生产融合起来，用个性化数据来驱动全流程，实现大规模定制。这样一来，JL汽车提供的产品就由电器变成网器，从提供工业产品变为提供美好生活服务方案，实现从产品周期到用户全生命周期的转变，解决了企业边际效应递减的问题，解决了大规模和个性化定制的矛盾。同时，以用户最佳生活体验为中心，开放生态，共创共享。

（五）客户服务的数字化转型

JL汽车数字化转型强调以用户价值为导向。JL汽车通过数字化转型实现企业对用户需求的洞察感知和对市场反应的快速应对，进而增强用户体验，用户通过对企业生产活动的参与，让市场供需之间的信息得以连接，价值得以匹配，也有助于企业瞄准产品生产研发和创新服务的新方向，降低企业的试错成本，提高机会成本。

JL汽车的数字化转型通过企业对顾客"旅程数据"的实时分析，有助于企业快速把握客户需求的变化，并且迅速提供个性化价值服务并敏捷合理地应对市场需求变化。

图2-41所示的是顾客"旅程数据"流通体系，客服与顾客的数据在外部实现数字化循环，客服根据顾客的线上浏览、线下体验、解决顾客疑问等方式引流客户成为潜在客户，从顾客关注产品信息到了解产品到顾客线下体验到购买到最后的售后，形成一站式服务。对顾客进行全方位的数据跟踪，并据此提供精准服务。

JL汽车用户服务的数字化转型体现在以下几个方面。

1. 远程运维服务

在保障用户隐私的前提下，通过技术手段对信息进行收集与分析，建立信息实时共享渠道，及时追踪用户体验和产品运行状态，提高服务的快速响应能力，实现产品问题预判和高效解决。

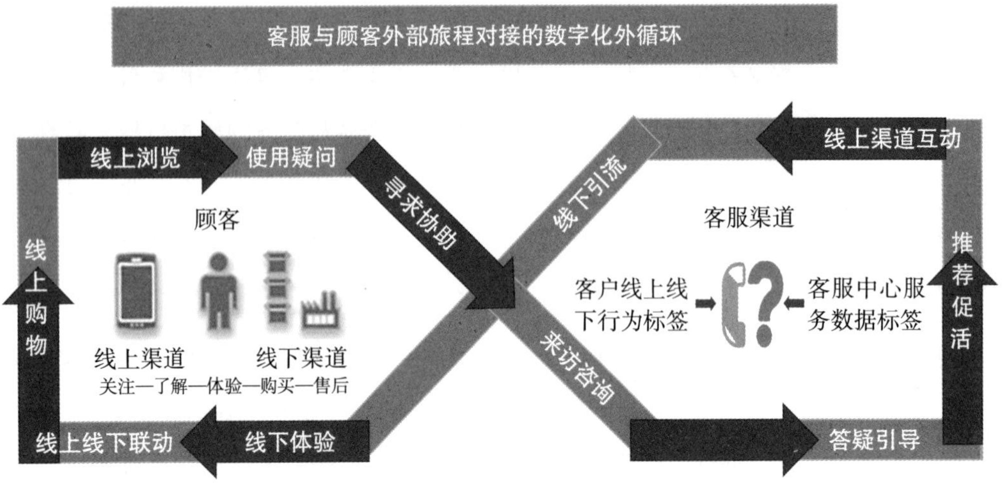

图 2-41 客服与顾客外部数字化循环

2. 客户画像与精准营销解决

供应商为企业提供系统的解决方案，搭建平台，依托线上、线下交互工具，人工智能与大数据等信息技术，帮助企业了解客户的真实需求，实现精准营销。

加快建设数字平台，实现市场变化、用户需求的实时感知、分析和预测，整合上游供应商服务渠道，建设敏捷快速市场环境、用户服务响应体系，实现从订单到生产制造到运输到交付全流程的按需、精准生产服务，提升用户服务满意度，提升产品全生命周期的服务响应能力。动态采集用户产品使用和服务过程数据，提供远程维护等延伸服务，丰富完善产品和业务模式，并且探索新的商业模式。

（六）人才培养的数字化转型

人才是一个企业最珍贵的资源，是企业实现持续健康发展的动力源。人是组织中的最小单位，只有充分发挥人的主观能动性才能让组织更具活力、更有作为。JL 汽车企业在数字化转型过程中，重视并加大数字化人才培养力度，提升员工的数字化技能。

一是完善数字化人才培养体系，统筹数字化产业发展和人才培养开发规划，加强产业人才需求预测，加快培育面向 JL 汽车数字化转型的各专业人才。完善产学研用相结合的数字化人才培养模式，建立完整的数字化教育培训体系。

二是积极探索建立需求导向的数字化人才培养机制，与高校中的特色专业与企业进行合作，形成以校企合作为基础的特色专业人才建设体系；创建平台为国内外知名院校合作提供服务，提升 JL 汽车数字化人才培养层次；以高标准建设一批以研究生为主的实训中心和创新实验室等平台，强化校企协同育人。

三是开展 JL 汽车企业内数字化人才培训计划，打造 JL 汽车内生型人才培养体系，开展管理干部培养、全球研发技术人才培养，海外营销管理人才培养、企业数字化转型人才培养多个项目，为 JL 汽车数字化人才做储备。

四是加大数字化人才投入和数字化转型人才占比，提升员工对数字化技能掌握的深度和广度，加快了 JL 汽车数字化转型的步伐。

四、WL 汽车数字化转型路径案例解析

（一）面向业务系统的融合式数字化转型路径

1. 融合式数字化转型路径目标

融合式数字化转型路径的设计面向企业业务管理系统整体规划，是企业运营管理实体数字化的过程，结合 WL 汽车业务管理系统分散的问题，确定以下数字化转型路径目标。

（1）业务流程数字化实现。数字化背景下，个性化定制服务产品受市场广泛欢迎，但以往"黑箱"式的企业生产与业务流程极大地限制了企业的市场反应能力。因此，将业务流程虚拟化、数字化与可视化后，可以帮助决策人员快速反应，提升企业竞争力。

（2）多业务部门数字化交互。企业内部系统的整合与交互可以提升企业运营效率，由于数字化转型引起的企业变革，可将 WL 汽车内部多部门共同协调与配合变为现实，打破原有企业发展壁垒，提升企业信息交互水平，避免部门与部门之间形成"孤岛"现象。

（3）企业实体业务数字化融合。企业实体业务数字化融合是指将数字技术融入每个业务子系统，并基于数字化实现整个业务组合的升级。企业各个业务部门作为整个企业系统的子系统，在数字化转型过程中融合各个部门的优势、补齐短板，可以实现整体业务的最优化。

2. 融合式数字化转型关键的过程

业务系统的数字化融合包含企业整体业务的各个方面，需要逐级逐类地进行设计。为了实现业务系统融合式数字化，本书依据系统融合理论，结合企业业务流程，明确以下融合式数字化转型路径关键过程，如图 2-42 所示。

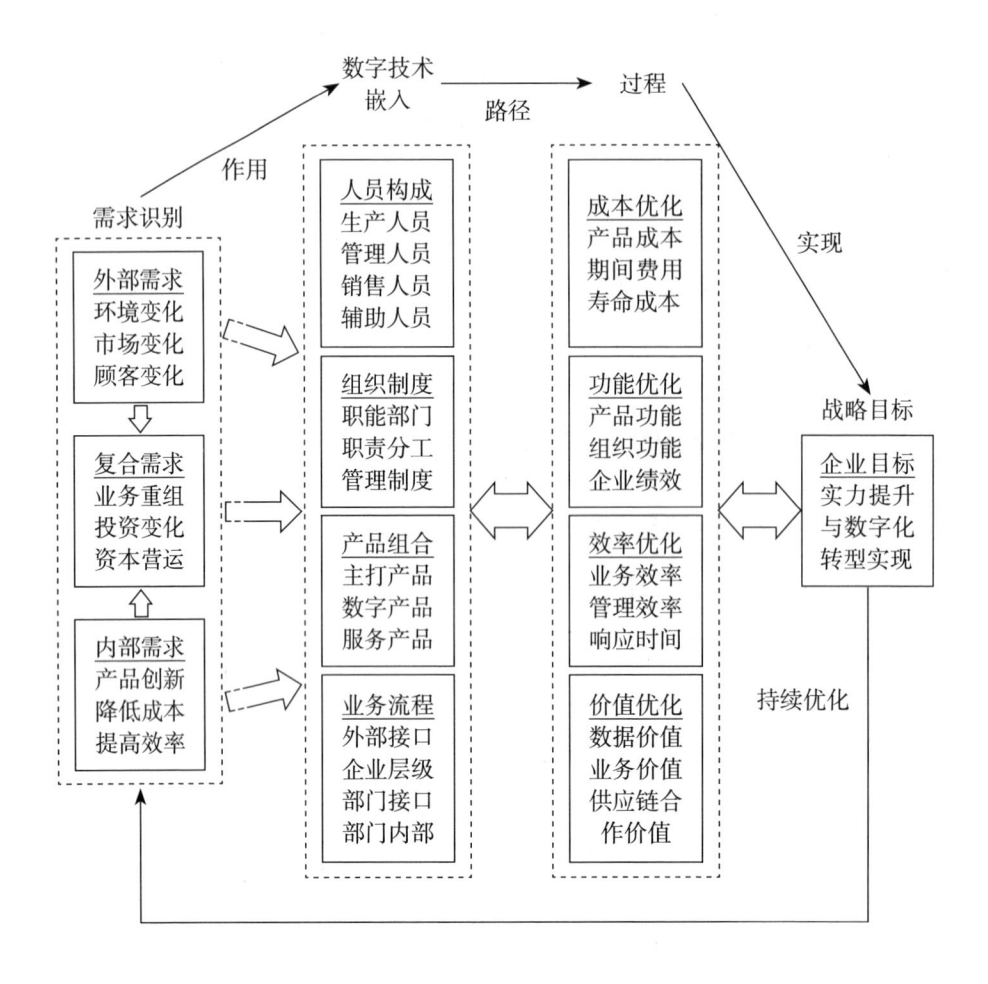

图 2-42 面向业务系统的融合式数字化转型路径

（1）业务系统的融合式数字化转型需求识别。WL汽车数字化需求识别主要从价值实现与价值传递两方面展开，面向产品、服务、生产、人员、组织、功能和成本等多部门。汽车业务部门的数字化转型需求来源广泛，结合各个部门的需求特征，将其分为外部数字化需求、内部需求和复合式需求。其中，外部数字化需求包括市场环境的变化（数字化制度环境的出现）、市场需求的变化（个性化与柔性化的市场环境）、顾客的变化（由产品主导的生产模式转变为以顾客需求主导的模式）；内部需求包括以突破部门现有困境为导向的数字化创新需求、以节约成本为导向的资源整合需求、以提高效率为导向的数字化联通需求；复合需求包括应对环境变化的重组式需求、资金配置变化导致的适应式需求。基于实践调研，外部因素虽然是WL汽车业务系统融合的先决条件，但多数外部因素引起WL汽车数字化转型被动跨界融合的，内部行为的产生是WL汽车业务数字化转型的重要驱动力。

第二章 企业数字化转型步骤、路径与策略

（2）数字技术嵌入业务系统。将数字技术嵌入业务流程板块，可以为不同业务系统注入数字化基因，实现业务系统内部的数字化控制。例如，组织管理模块与数字搜索技术相结合可以对企业内部信息精准管理，帮助企业进行人员管理、薪酬控制等；数字技术在智慧座舱、自动驾驶、三元锂铁电池和快速充电等汽车生产关键环节与外部融合产生了创新突破。同时，数字技术的嵌入使 WL 汽车产生更多有效数字资源，为 WL 汽车的数字化打下基础。WL 汽车实体资源的数字化主要以人力、机器、物料、方法和环境为主，这五类资源全面影响 WL 汽车的产品质量与管理效率。通过数字嵌入活动，WL 汽车将更具价值、更难以模仿和更难以替代。

（3）依托数字系统的业务系统融合。各种数字信息从业务子系统集中传递至企业数字信息系统，数字信息系统将跨层级数字信息集中处理，将不同领域企业数字化发展成果高度融合，加强各个部门之间的交流合作。数字信息系统的可编辑性、易传递性为企业业务系统的连接与融合提供了可能，不仅能够推动 WL 汽车数字化转型，还可以创造新的融合机会，加速 WL 汽车自身产品和服务更新迭代，推动商业模式创新。同时，这种资源互补、价值共创的融合式数字化转型是一种企业架构发展的要求和趋势，可以为企业发展提供支撑。

3. 业务系统融合式数字化实现

WL 汽车通过明确业务系统数字化转型目标、完成转型关键过程，奠定企业实体业务系统的数字化基础，并实现业务系统融合式数字化，主要表现在以下几个方面。

（1）产品系统的丰富。WL 汽车业务不局限于销售智能电动汽车，更为重要的是输出服务与用户体验。其车主以高净值、注重品质群体为主。WL 汽车从补能、售后及运营三个维度为车主提供全维度的服务链，增加用户体验更是数字化转型的根本出发点。例如，WL 汽车为实现极致的用户体验开发的战略布局，通过 App 增强用户数字化和智能化体验。HOUSE 为汽车用户在市中心的位置打造新的生活方式，用户可以在装修精美的空间休闲、社交和办公。为用户建立品牌及用户的服务生态，增强用户黏性和品牌口碑，追求极致用户体验的同时驱动 WL 汽车数字化转型。

（2）创新效率的提升。创新始终是 WL 汽车数字化转型的重要内容。WL 汽车通过业务系统融合提升创新效率是数字化转型最有效的手段，数字化的应用方式决定了数字化转型的模式。例如，WL 汽车与江苏泽景电子合作，实现抬头显示（HUD）设备基于数据防泄漏技术的突破，提升 WL 汽车智能座舱架构创新效率；WL 汽车发布具有更强

的风险电池检测和冷却技术的第三代换电站,总算力达到了 508 TOPS。WL 汽车从用户的使用体验和换电效率方面拓展数字化转型维度。

(3)运营方式的转变。业务系统融合下的商业模式创新体现在 WL 汽车的价值创造、资源获取和价值网络的变革等方面。以商业模式变革驱动数字化转型模式强调资源共享、价值共创。WL 汽车数字化转型以用户体验、坚持高端定位、垂直整合为目标,调整组织架构、构建跨界服务平台,以全新价值逻辑引领商业模式变革。例如,WL 汽车为实现传统汽车产品定量销售向 OTD 定制的交付转变,以商业模式变革为核心,采取业务系统融合技术升级、数字网络平台和运用数字信息技术创造价值等数字化模式。

(二)面向数据管理的平台驱动式数字化转型路径

1. 平台驱动式数字化转型路径目标

WL 汽车以服务化为核心的价值主张在竞争激烈的新能源汽车市场获得竞争优势。在数字化转型的新环境下,数字化平台构建的目标是:充分连接用户与企业,满足内外个性化需求,形成数字化的运营模式。WL 汽车数字化平台设计目标主要包括数据运营、数据匹配、数据拓展,如图 2-43 所示。

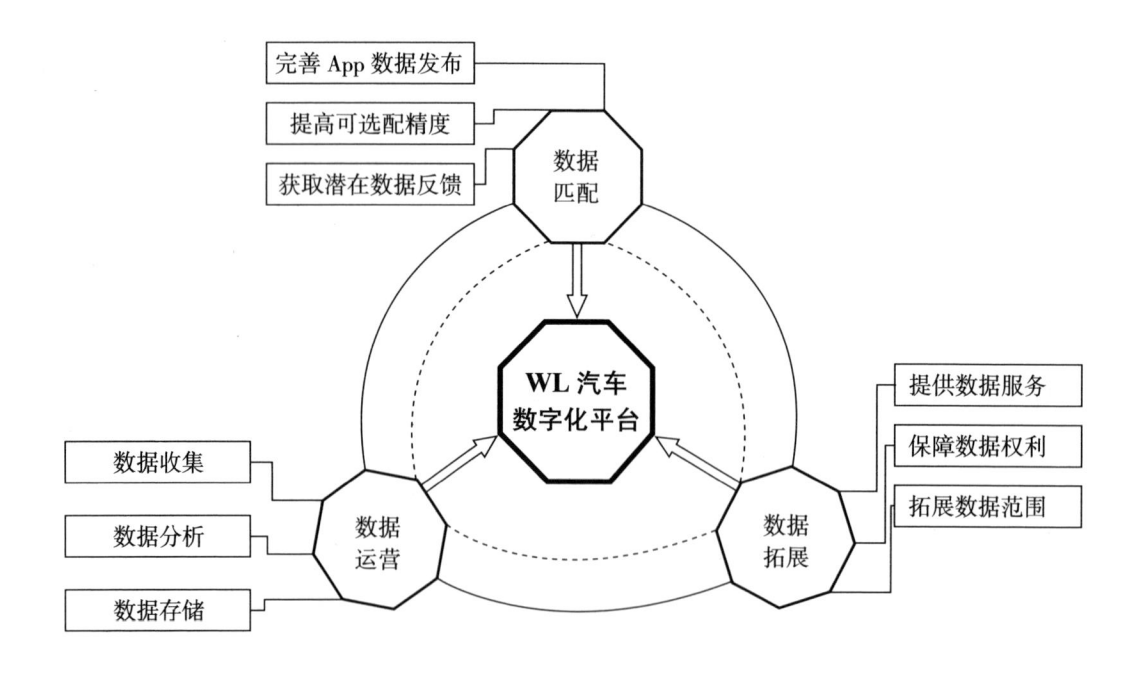

图 2-43 平台驱动式数字化转型路径目标

(1)奠定数据运营基础。WL 汽车的数据运营管理对于企业数字化平台发展是至关重要的。不可脱离数据收集、数据分析和数据储存三方面。数据收集方面，收集的数据包含 App 和 NIO HOUSE 中文本、图片、音频、视频等多源异构数据，并借助相应的数据设备和智能技术将其转换成便于识别的格式。在数据分析方面，WL 汽车需要利用云计算、数据挖掘、模糊计算等数字信息技术对海量的市场数据进行分析和处理。在数据存储方面，传统汽车企业的关系型数据库无法适应海量的结构化、半结构化及非结构化数据的混合处理要求，需要研发大数据的并行处理器技术予以应对。

（2）完善数据匹配系统。根据数据匹配的过程，可将其系统分为数据发布、提高可选配精度、数据反馈等环节。WL 汽车参与数据匹配的不同环节，实现数字化发展。数据发布是指 WL 汽车根据市场的数据需求，在数字化平台将数据集向外界开放。可选配精度是指 WL 汽车与科研团体、技术开发人员对数据进行整合选配、关联分析、可视化处理，进而形成数据产品或服务的过程，其间既需要大量的研发资金投入，也需要专业的数据挖掘技术支持。数据反馈则是 WL 汽车根据消费者的数据使用体验，向数据供给者、数据开发者反馈自身的数据需求与消费需求，进而推动数据产品或服务不断创新。由此，多元主体在数据匹配系统中实现协同合作与生产要素的重新组合，驱动 WL 汽车数字经济发展。

（3）拓展数据范围。拓展数据范围，加强对 WL 汽车信息和新能源汽车行业领域重要公共信息的收集。WL 汽车通过数字化平台来提供个人数据，以换取数据服务享有权和使用权。通过数字化平台上各个企业所支撑的技术来对其全部数据进行价值转化，推动数据增值，把握数据主动权，监督数据权力正常运行。厘清数字化平台内数据信息发布规则，确保在风险可控原则下最大程度公开数据，扩大数据权力范围，规范使用数据权力。

2. 平台驱动式数字化转型关键过程

WL 汽车通过数字化平台实现对数据的收集、组织、选择、合成和分配，形成完善的企业数字化平台，进而驱动企业数字化转型的全方位覆盖，根据企业数字化平台的建设目标，确定平台驱动式数字化转型的关键过程，如图 2-44 所示。

（1）建立数字化平台。根据企业数字化转型需求，确定数字化平台的建设内容。需要运用数字化管理思想和平台治理思维，构建 WL 汽车高效信息传递、分工明确、及时响应、快速决策的数字化平台网络管理模式，实现 WL 汽车全面数字化管理，完成标准且精益的目标。拥有 200 万个注册用户的 WL 汽车以 App 为基础，构建数字化平台的主要功能模块，包括数字化分析平台、数字化运营平台、数字化赋能平台。

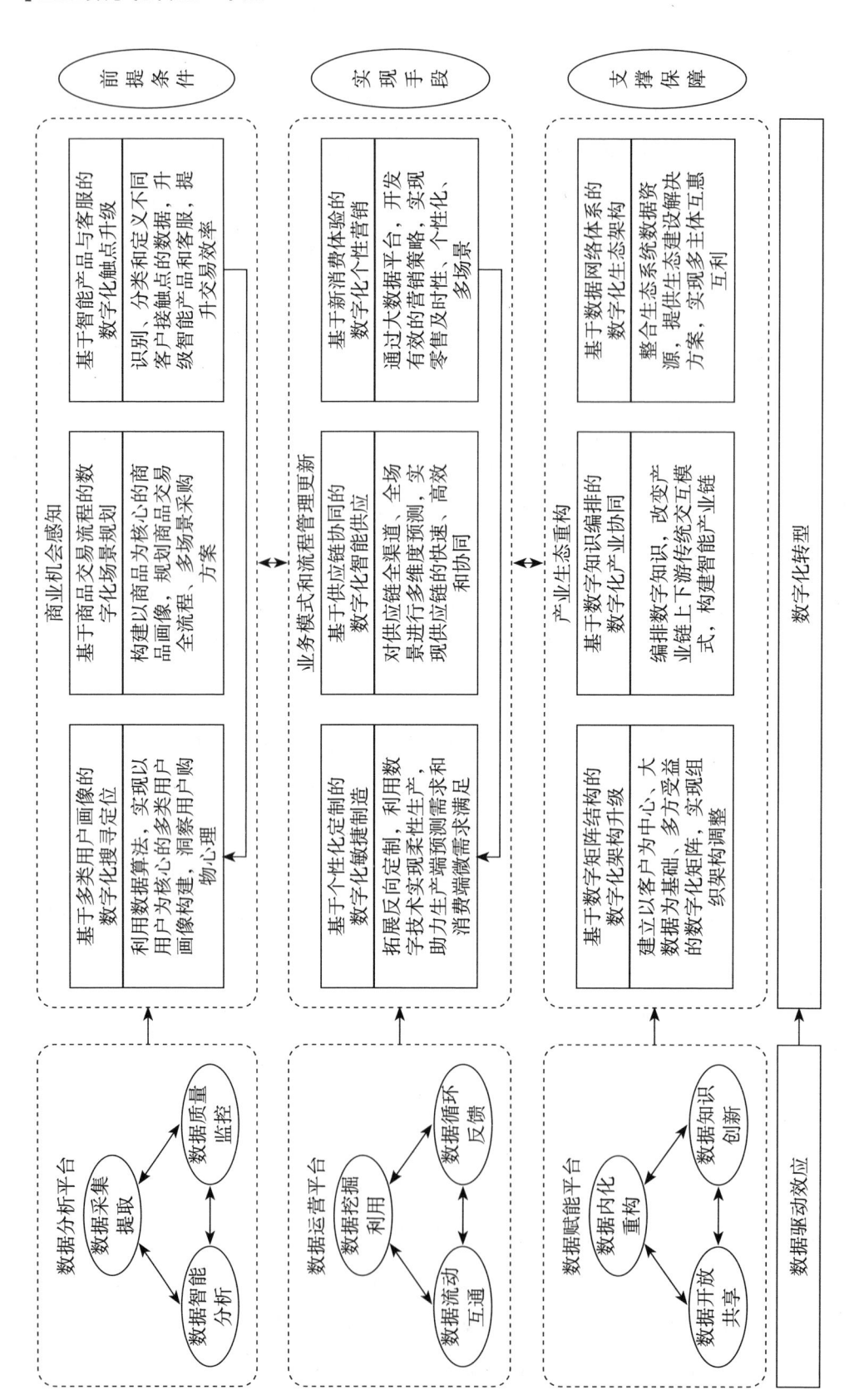

图 2-44 平台驱动式数字化转型关键过程

（2）数字化平台运营。数字化平台的高效运营是企业业务模式和流程管理更新的基础，能够保证企业的快速反应、实现数字化智能供给和个性化的营销等。作为 WL 汽车数字化转型路径的基础支撑，数据资源层是由基础数据资源和数字化转型相关的信息资源集成的平台。WL 汽车聚焦数字化平台网络的数据资源层，将用户与合作伙伴的需求收集并以内外数据资源形式传递，借助数字基础设施实现技术上的承载。扩大数据资源收集范围，提高收集质量，发挥数字化平台网络价值效益，辅助 WL 汽车在数字化转型进行标准化决策。

（3）数字化平台功能拓展。平台单个功能模块的整合与提升，能促进平台整体功能的优化，将更大范围地改变企业的影响力。其中包括建立以客户为中心的数字化架构、实现不同模块的协同、建立网络化的数字生态等。作为 WL 汽车数字化转型路径的终极目标，该管理模式旨在将蔚来汽车在技术、产品和决策等方面的需求反馈到蔚来汽车数字化平台中。以 WL 汽车精益供应链中的相关用户为中心，结合具体需求对数字化转型中各环节资源重新分配，精准提供所需资源及服务。以质量变革为主要目标，从需求端灵活地为 WL 汽车数字化转型提供信息，进而将其转化为标准生产力。

3. 数字化平台作用结果

WL 汽车的数字化平台运营以更好的客户体验为目标，积累更多潜在用户以实现更多价值。通过数字化平台网络运营，WL 汽车可以实现在市场中口碑的提升，为品牌增加竞争力。

WL 汽车数字化平台的前期投入和后续功能的逐步完善，将有合作意向的企业、潜在的消费者和消费者进行串联。收集大数据分析消费者偏好，关注消费群体年龄变动、客单成交额、平台搜索量等数据。WL 汽车数字化平台对网络后台服务进行优化，和优质合作伙伴保持良好合作联系。利用 NIO HOUSE 等线下门店开展活动，策划宣传、推广等线下活动丰富口碑、吸引潜在用户。积极做好线上售后服务，及时妥善处理用户投诉、报修等问题。清晰 WL 汽车数字化平台组织架构，人员岗位变动及时反馈。

（三）面向供应链的精益式数字化转型路径

1. 精益式数字化转型路径目标

精益思想作为 WL 汽车精益供应链的依据，强调的是企业产品的生命周期中所有环节的改良和优化，通过供应链上下游之间连起来的组织或机构高效和有效地拉动，在满足客户需求的同时尽力消除各个环节中的非增值活动。而基于精益供应链的 WL 汽车数字化转型是结合 WL 汽车数字化转型需求和创新环境要求，进行数字化转型战略的重新布局，通过数字技术消除和优化 WL 汽车精益供应链组织各环节中毫无价值的浪费现象，引导 WL 汽车及合作伙伴在研发、生产、销售和服务物理层面共同进行数字化转型。因此，WL 汽车面向供应链的精益式数字化转型路径目标包括以下几个方面。

（1）提升供应链效率。WL 汽车零部件或产品交付速度对精益供应链各个节点企业来说都是核心要务，企业不仅希望在需要时尽快获得库存，也希望能够在更短的时间内移动更多的零件或产品。WL 汽车的精益供应链作为复杂网络系统，需要时刻根据各环节的行为和变动迅速地作出反应。在低透明性的情况下，精益供应链内部规律性的活动容易被某一环节的变动打乱。因此，WL 汽车精益供应链数字化转型通过预测、建模、创建假设情景和及时调整以适应不断变化的条件，使核心企业与供应链中合作伙伴和顾客都能够更为透明地采取行动。

（2）提高企业反应能力。精益供应链的数字化助力 WL 汽车及时应对外部环境的变动，即对供应链中出现的问题作出及时反应。例如，WL 汽车在吉林、江苏等地的工厂因故停止生产，供应链中断导致 WL 汽车新车交付日期延后。精益供应链的数字化通过有效使用收集和建模的信息，及时预测此类事件或采取适当措施助力 WL 汽车应对各种风险。

（3）全球供应链市场连接。WL 汽车作为一家全球化的智能电动汽车公司，近一半的销量是由海外市场提供的。因此，WL 汽车需要在全球范围内快速交付商品和提供服务。一条全球供应链能够支撑得起汽车交付任务，并且可以根据当地制造商变动作出反应。例如，当 WL 汽车在挪威的制造公司的座舱零件短缺时，从中国总部邮递到挪威是十分昂贵且浪费时间。精益供应链的数字化为 WL 汽车建立高效率的全球枢纽直接提供商品和服务。

（4）节约企业成本。WL 汽车在数字化转型的过程中需投入许多资金，但可以减少供应链、价值链各环节的成本。在形成一定规模和成效之后会慢慢减少投入，直到有净收益的时候。对于 WL 汽车来说，精益供应链的数字化本质上是一种成本效益的变革，不仅利用先进的数字技术控制成本，还采用数字化管理思想优化各环节流程，降低流程成本。

2. 精益式数字化转型路径关键过程

随着数字信息技术发展及向 WL 汽车精益数据链的渗透扩散与深度融合，WL 汽车数字化转型速率随之越来越快。成熟的精益供应链的按时交付能力、产品溯源能力、产品完整率等服务正慢慢高出顾客期望，汽车研发、生产、销售和服务环节迎来数据爆发式增长。数字信息技术不停迭代地让 WL 汽车数据感知、收集、传输、存储、处理能力随之提高。数据链中数据流动在 WL 汽车价值创造中起了十分重要的作用，并成为精益供应链中具有基础性和战略性意义的生产要素。合作伙伴间数据链最大限度地提升 WL 汽车精益供应链运行效率，满足各节点合作伙伴和客户对精益供应链灵活性、可视性和透明度的需求。数据链将精益供应链中的信息流描述为从数据中产生价值和有用见解所需要的一系列步骤，也是 WL 汽车数字化转型的重要战略技术趋势。本书借鉴价值链理论，设计精益式数字化转型路径关键过程，如图 2-45 所示。

（1）供应链计划管理数字化。供应链计划管理涵盖需求计划、市场预测、订单承诺、供应商协作和全面调度等内容，是供应链数字化的规范性工作，计算规模大、囊括范围广，对计算能力有很高的要求。云计算是一种可自由支配的、灵活的、按需访问的付费网络共享池。WL 汽车通过云计算技术将精益供应链中数据资源进行适配，改变 WL 汽车时刻落后的生产和运营方式。当云计算时刻结合在 WL 汽车精益供应链的运营中时，随时随地将精益供应链合作伙伴间有用数据的收集直接处理并运用到现有企业运营流程中，减少数据计算压力，从而提升企业资源利用效率。

（2）供应链采购管理数字化。供应链采购管理数字化的核心诉求是全程可视化、可溯源追踪，保证采购管理的清晰可查。区块链技术可以帮助供应链采购管理实现数字化，通过所有参与成员共同维护，所有成员的数据库账本是相同的。该技术具有数据共享、安全性高、不可篡改、去中心化等特性。区块链的数据存储是链式存储结构，通过默克尔树（Merkle Tree）存放交易主要信息。依靠区块链技术，供应链上各节点企业都能够追溯供应链各环节任何参与者的历史记录。在 WL 汽车精益供应链中，区块链技术通常应用于以下场景：合作伙伴物流发货的全程监控，节省收发纸质文件所浪费时间；区块链技术不可篡改的特征大幅增强了精益供应链中数据的安全性，预防数据泄露，有助于精益供应链效率提升。

（3）供应链制造环节数字化。各种数字化、智能化手段在制造环节的投入使用，能实现企业生产制造的数字化，保证供应链的精益式运行。其中，人工智能技术可以在 WL 汽车的精益供应链中像人类一样具有学习和决策能力，主动去收集数据、处理数据和传递数据，控制数据链中数据的流动速率，稳定精益供应链中生产环节的关系。通过海量的数据处理与高度的自我学习实现需求预测、风险识别、设备预测性维护等。人工智能技术的运用加快了数据链中数据信息交换，提升了 WL 汽车的运营管理能力。

（4）供应链仓储物流数字化。利用大数据分析技术可以描述对有可能被 WL 汽车和

企业数字化转型一本通

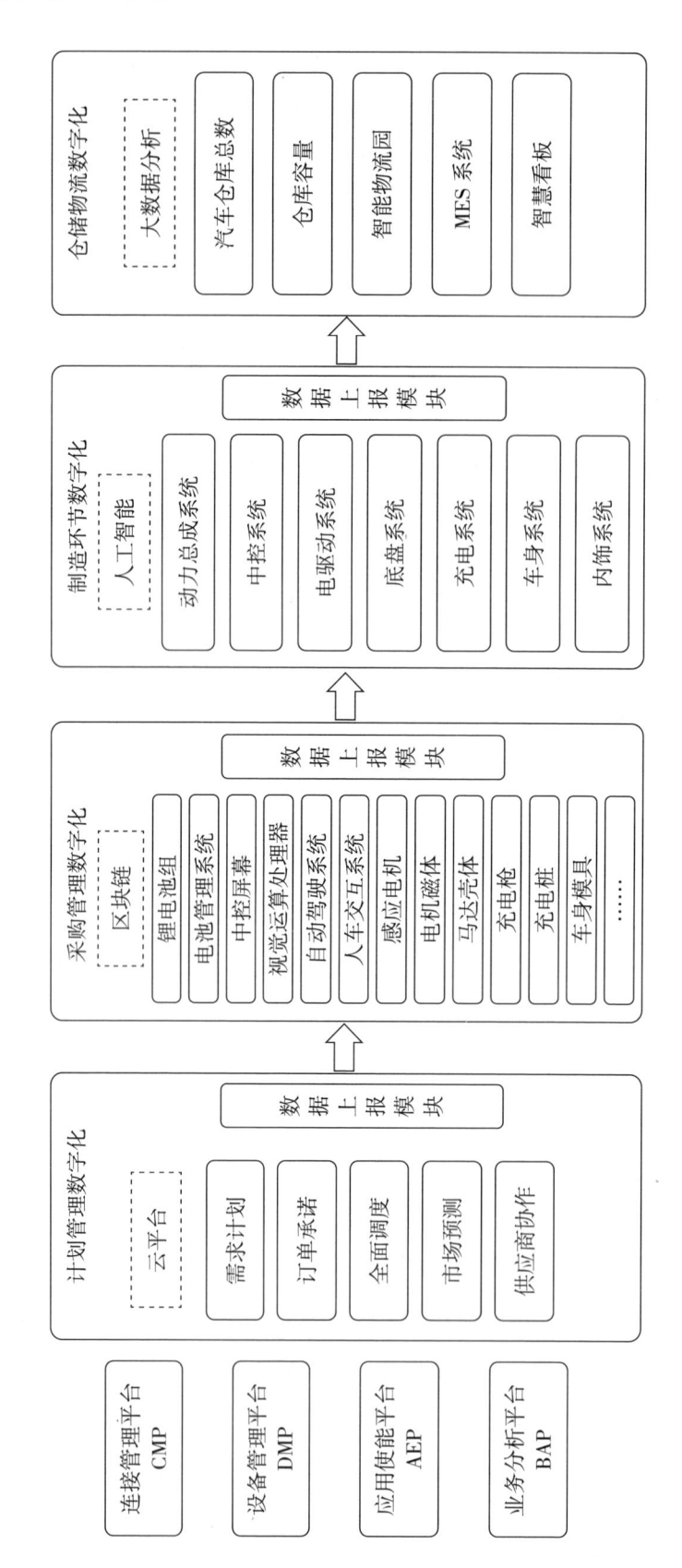

图 2-45 精益式数字化转型路径关键过程

仓储物流数字化
- 大数据分析
- 汽车仓库总数
- 仓库容量
- 智能物流园
- MES系统
- 智慧看板

制造环节数字化（数据上报模块）
- 人工智能
- 动力总成系统
- 中控系统
- 电驱动系统
- 底盘系统
- 充电系统
- 车身系统
- 内饰系统

采购管理数字化（数据上报模块）
- 区块链
- 锂电池组
- 电池管理系统
- 中控屏幕
- 视觉运算处理器
- 自动驾驶系统
- 人车交互系统
- 感应电机
- 电机磁体
- 马达壳体
- 充电枪
- 充电桩
- 车身模具
- ……

计划管理数字化（数据上报模块）
- 云平台
- 需求计划
- 订单承诺
- 全面调度
- 市场预测
- 供应商协作

- 连接管理平台 CMP
- 设备管理平台 DMP
- 应用使能平台 AEP
- 业务分析平台 BAP

162

精益供应链获取的任何大量结构化、半结构化或非结构化数据，并对其进行筛选和分析，应用于仓储物流环节的数字化管理。主要表现如下：对于每天发送的数百万件货物的来源、目的地、尺寸、重量、内容和位置等都在全球交付网络中进行跟踪；通过物联网和云计算对收集到的海量数据进行筛选处理和分析，从而对 WL 汽车精益供应链进行预测性分析，较为准确地预测未来将要发生的事情，并提供发生的原因，这对于核心企业作出正确的决策具有至关重要的作用。

（5）供应链整体精益式数字化。对精益供应链中合作伙伴和客户的各种设备、各个环节产生的数据进行分析，时刻提高算法清晰度，加快 WL 汽车的交付速度，避免不必要的材料损耗。物联网内部主要分为感知层、传输层、平台层和应用层。利用感知层的芯片、模组及采集终端获取物理世界端的数据。借助传输层的信息传输通道，用有线和无线的方式将数据进行预处理并推送到平台层。接着平台层对初步加工后的数据进行处理，主要包括连接管理平台（CMP）、设备管理平台（DMP）、应用使能平台（AEP）以及业务分析平台（BAP）。最后在应用层进行形成各种细分环节的专业解决方案，实现 WL 汽车供应链整体的精益式数字化。

3. 精益供应链数字化转型

数字化转型思想充分体现在企业发展和精益供应链升级上，数字化已成为精益供应链系统升级的新驱动因素。数字化技术的创新和应用实现了 WL 汽车精益供应链端数据的收集、组织、合成、选择和分配，重塑 WL 汽车研发、制造、销售和服务的方式。通过精益供应链数字化转型系统升级，优化精益供应链业务流程，充分挖掘数据传递价值并引起 WL 汽车商业模式和运营模式变革，为 WL 汽车提供一个高效、安全、共享、共赢的企业发展生态环境。

精益供应链数字化转型系统升级将资源配置和能力约束纳入考量范畴，设定该系统从核心企业内部、合作伙伴间、环绕核心企业和市场间四个层次范围的数字化转型系统升级形态，以共轴旋转上升态势，在数字化转型系统中以"变革—创新—循环"的规律发展。

第一层"核心组织内部"。精益供应链数字化转型系统升级应对于 WL 汽车外部环境变动产生快速响应和及时决策，升级运营流程实现价值创造。

第二层"合作伙伴间"。精益供应链数字化转型系统升级应在链条合作伙伴间形成协同运作模式，以多赢为目标形成价值共创。

第三层"环绕核心企业"。精益供应链数字化转型系统升级以 WL 汽车为核心，形成"互补–依赖"的资源整合思路，实现合作伙伴与 WL 汽车业务接触过程中依附式升级，形成价值扩张态势。

第四层"市场间"。精益供应链数字化转型系统升级模式应以构筑市场生态环境为中心，与市场内部各企业技术精准融合匹配增值，以价值共生为导向，将 WL 汽车发展为行业内支柱企业。

（四）WL 汽车数字化转型路径保障措施

WL 汽车数字化转型路径保障措施的实质是以数字化转型驱动价值导向为前提，以实现高质量发展为目标，维系 WL 汽车价值链中与上下游企业和客户之间的关系，促进 WL 汽车更好地捕获外部创新主体的知识互动和信息交互意愿，并产生价值创造实现 WL 汽车数字化转型，其保障措施如图 2-46 所示。

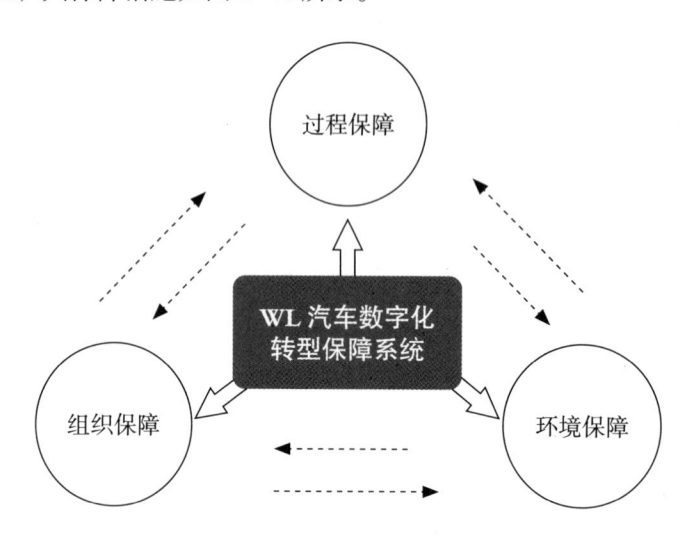

图 2-46 WL 汽车数字化转型路径与保障措施架构

数字化转型是一个复杂的过程，需要设计一系列保障措施来确保其顺利实施。以下是 WL 汽车数字化转型路径保障措施的设计。

（1）组织保障。优化组织架构，包括调整部门职责、优化流程和规范管理制度等。组织架构应该适应数字化转型的需要，提高数字化转型的效率和质量。

（2）过程保障。无论何种企业的数字化转型路径，都要有明确的起点、方向、关键控制点及相应的实现轨迹，从而有效减少在数字化转型过程中发生迷失转型目标、转型关键点模糊或转型进度缓慢等问题，对其进行相应的过程控制保障设计。从阶段过程角度，可将数字化转型过程控制保障措施从转型方向控制、转型关键点控制以及转型进度控制三个方面进行设计。

（3）环境保障。环境保障措施是指新能源汽车通过主体之间、主体与外部环境之间的有效互动，为新能源汽车数字化转型提供支撑。结合 WL 汽车数字化转型需要的条件要素，可从政府制度、数字要素供给两个方面出发进行条件保障措施设计。

第三章
数字化转型价值创造及其路径

企业是一个创造、传递、支持和获取价值的组织，每一项数字化转型活动都应围绕价值效益展开，数字化转型在根本上要推动其价值体系优化、创新和重构，不断创造新价值，打造新动能，简言之，就是提高效率，更好节流，更快速赚钱的过程。

数字化转型的体系架构和方法机制应始终以创造价值为导向，通过周期性明确价值新主张，提升价值创造、价值传递的能力，转变价值获取方式，创新价值支持、价值保障支撑体系，稳定获取转型价值。

在企业数字化转型中，"怎么转"和"怎么创造价值"是关键所在，实施怎样的数字化转型模式，数字化转型如何影响价值创造，价值创造的形式是什么，是企业在数字化转型过程中急需考虑的问题。

第一节 数字化价值创造理论体系

一、价值链理论

价值链（Value Chain）是由哈佛大学商学院迈克尔·波特教授1985年在其所著的《竞争优势》一书中首次提出的。价值链是指在企业内部各种活动之间以及企业外部与供应商、客户等相关部门之间形成的一种价值增值链条关系，是一个包括组织内部运作流程、外围合作伙伴及相关信息系统在内的价值创造和转移过程。这种价值链管理模式把企业内外部各环节联系起来，以追求顾客价值的最大化，是现代企业提高管理水平的重要途径。价值链是通过对企业内部生产经营活动及各相关企业之间的相互关联所构成的业务活动网络，也就是将企业内部每一个管理、生产、营销等环节有机结合，以最小的管理成本达到最大的经营成果，同时使每一个环节都能产生出更高质量、更有附加价值的产品或服务，再把这些相同却有联系的生产经营活动联系起来，形成了动态的价值创造过程——价值链。如图3-1所示。

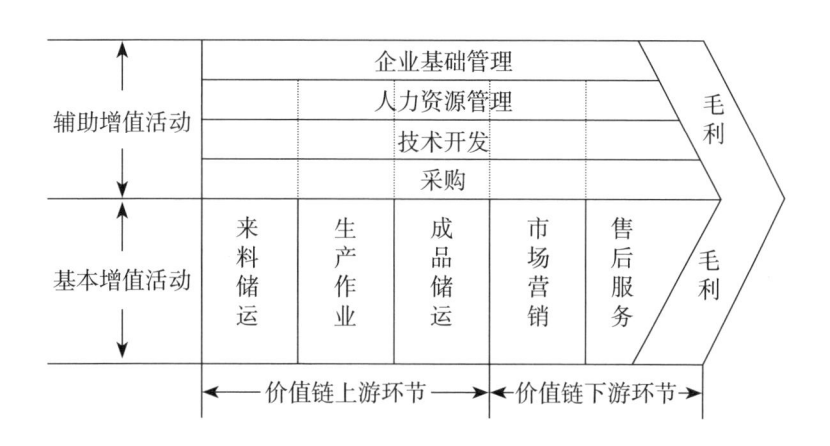

图3-1 波特价值链模型

数字经济时代中，数字技术与社会经济活动不断渗透和融合，对传统制造业中生产制造、采购供应、业务运营和市场销售等系列活动提出了更迫切的变革要求,企业的价值创造不再单纯依赖产品服务或者渠道、供应链,而是通过"价值链"创造的。而进入数字经济时代,企业更需要创造新的"数字化价值链",如图3-2所示。新的数字化价值链,体现在数字会作为新的生产要素,变成智能活动,进而影响企业价值创造。其中,"数"是指利用大数据、云计算,"智"是指利用智能化应用。在数字经济时代,数字智能活动将与营销、生产、人力资源等一样,成为企业价值链中必不可少的增值活动,成为企业价值链中的关键环节。

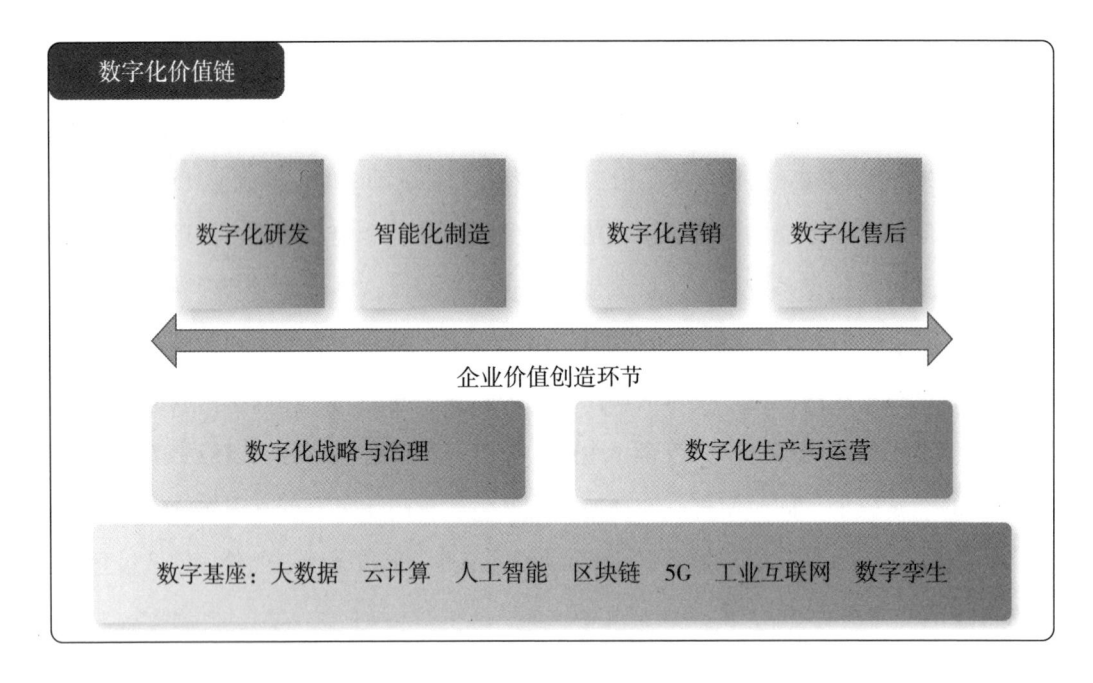

图 3-2 数字(数智)化价值链模型

二、价值创造理论

传统的价值创造理论聚焦于对企业自身价值以及其经营管理活动的关注。从自身价值方面来看,不同生产要素的运用和搭配能够创造不同的价值。由于价值创造是企业可持续发展的关键,因此企业应当以价值最大化作为发展目标。从经营管理活动来看,企业特定的经营管理活动能够被分解成一个个价值创造的环节,通过对关键的价值创造环节进行识别和改进,能够有效地帮助企业实现价值最大化。随着市场中消费需求的变化,以服务为主导的思维逐渐替代了以产品为主导的思维,顾客不再被动地接受既成商品,企业也不能再依赖生产同质化产品来获得竞争优势。此时企业将需要以服务作为商业活动的基础，通过创造与客户开展交流的机会了解客户的需求，进而改善自身服务，提升客户满意度的同时实现自身的价值。互联网、大数据、5G等新一代信息技术的快速发展，服务主导思维进一步拓展为商业生态系统思维。此时价值创造的主体不仅局限在企业和客户之间，而是涵盖了供应商、服务商以及其他可能存在的利益相关者。通过互动沟通、技术学习和资源互换形成紧密联系的生态关系网络，并完成资源的互补和整合，这也就是多主体生态系统中实现价值共创的主要过程。

价值创造的传统观点与现代观点的对比见表3-1。

表 3-1 价值创造的传统观点与现代观点对比

观点分类	传统观点	现代观点
价值创造方式	注重实物资产	数据被定义为虚拟资产，注重实物资产与虚拟资产结合
价值导向	以资源和能力为导向	以顾客为导向
价值链形态	单一、线性	复杂、网络化
价值创造主体	企业自身	企业自身、利益相关者
价值链可变性	固定、机械化	可变、可延展、可伸缩

对于价值的理解，需要明确主体现实需要、客体以及满足三个基本概念。因此，本书将传统和数字经济时代的价值创造理论相结合，认为企业的价值创造是降本增效、满足客户对产品使用价值的感知和企业可持续竞争优势的增强。

三、数字化转型价值创造作用机制理论

根据流程再造理论和微笑曲线理论，数字化转型能够通过提升内部管理效率和外部运营效率，提升企业整体运行效率；通过激发产品结构创新和商业模式创新，激发企业整体创新活力；通过保障产品生产可监控、可追溯、可召回，保障企业产品质量；通过促进企业社会责任履行及与媒体平台合作，注重企业声誉建设。根据动态能力理论和价值创造理论，企业数字化转型在提升效率与创新、保障质量与声誉过程中，动态协调内外部资源，实现企业降本增收和品牌价值的提升，最终对整体企业的价值创造产生正向推动力。如图3-3所示。

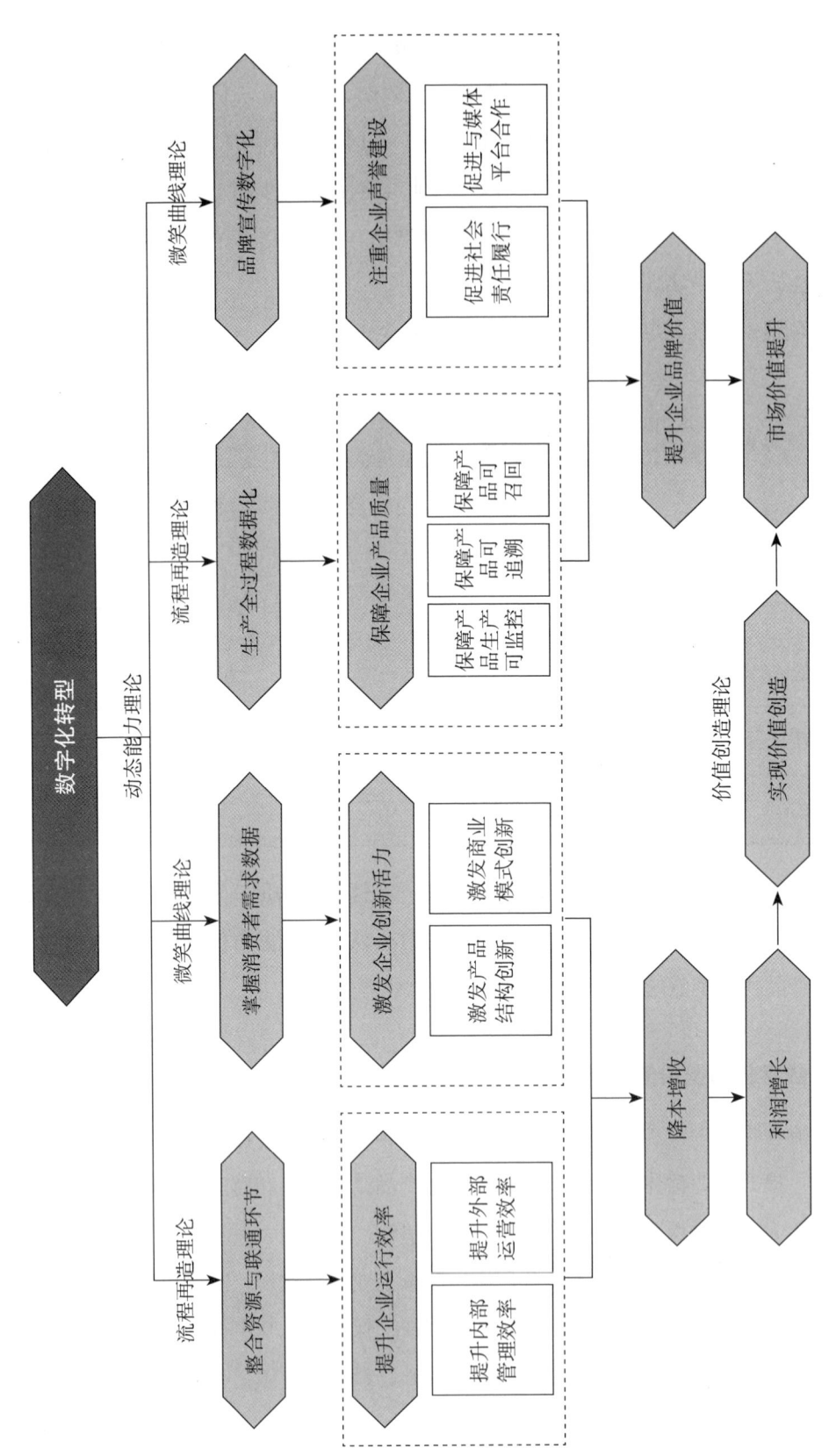

图 3-3 数字化转型对企业价值创造的作用机制理论

四、数字化转型"三阶段"价值创造路径机理理论

企业数字化转型"三段"价值创造路径机理如图 3-4 所示。

（一）企业数字化转型"三阶段"价值创造机理分析

从发展过程来看，企业数字化转型价值创造过程可以划分为单点突破、多业务整合打通和生态价值创造三个阶段。

1. 效率驱动下的单点突破与产品价值创造

企业在效率驱动下通过持续推进产品生产交易过程中的成本削减、提升效率、提高产品质量挖掘产品价值；企业生产的各环节都会产生数据，合理地利用这些数据可以为企业生产赋能，因此企业需要搜集整合数据以提升企业的流通、生产、管理效率，降低生产成本和交易成本，进而创造价值，于是产生业务数字化的需求；企业家在企业上下导入数字化理念，并抓紧完善数字化基础部署以利用数据，使数据价值沿生产方向正向流动，推动后续环节给予前向环节反馈，形成全流程数据闭环。

在前期阶段，企业致力于挖掘产品的内在价值，体现产品主导逻辑下的价值创造思想；企业的数字化行动主要起了数字整合的作用——搭建数字基础，整合生产交易数据，实现企业生产经营环节多流程的联通，驱动成本削减，质量、效率提升。

2. 用户需求驱动下的多业务整合与数字价值创造

经过前期的数字化基础部署与理念导入，数字技术带来了横向与纵向、内部与外部、线上与线下的广泛连接，这让企业的数字化建设由以产品为核心的设计、生产和销售环节，转向以客户为中心的运营、营销和客户服务体验的数字化建设，基于数据的技术沉淀研发并提供高质量的线上线下一体化营销与服务。在数字经济背景下，平台的发展改变了信息交互方式，催生了社群，企业与客户之间不再是单一的"生产消费"关系，消费者逐步向"产消者"延伸，与企业共同价值创造。企业通过平台能够实时收集用户意见与状态信息，及时提供贴心的反馈，提升用户体验和满意度；企业依托柔性制造系统，以用户需求为导向，实时响应，积极创新，收集的用户意见有机会直接影响企业产品和功能设计，达到产品和功能差异化、个性化效果，消费者提出的建议、反映的问题成为价值增值重要窗口。

由此，转型发展进入中期阶段。新技术、新产品和新服务的延伸带来价值的增值，提高了消费者的服务价值与体验价值；同时，随着业务的延伸，数据规模迅速膨胀，企业要想利用数据，必须提升数据加工、分析能力，才能实现"数据—信息—知识—决策"

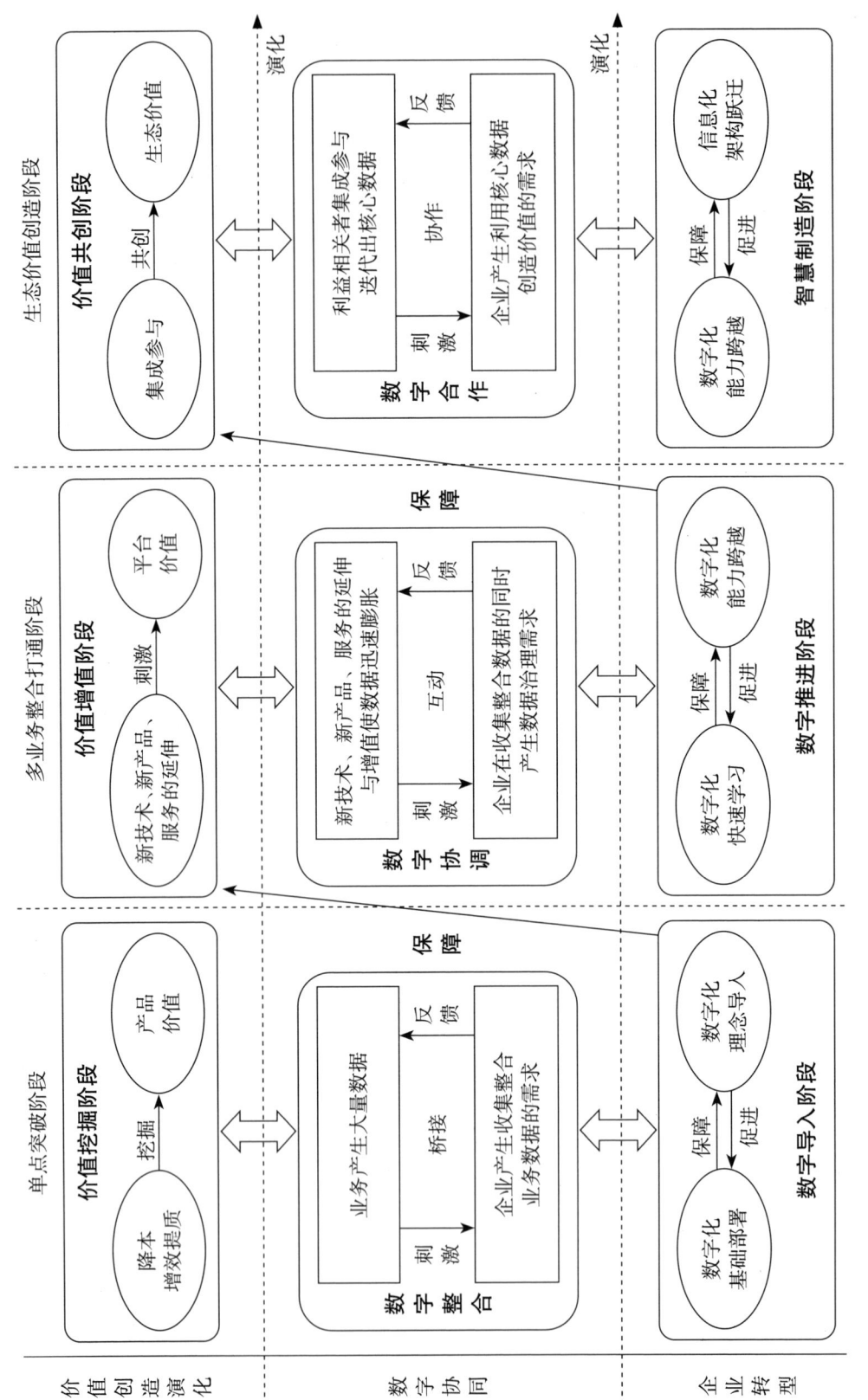

图 3-4 数字化转型"三阶段"价值创造演化模型

的转化，从而让数据价值成倍增长，完善的数据采集体系为企业进一步治理数据奠定了基础，企业对数据治理的需求也随之产生；为实现数字资产化、数字业务化，打破数据烟囱，更好地进行数据治理，企业需要统筹规划、全面拓展，继续推进数字化转型，加速数字化学习实现数字化能力跨越。

在中期阶段，消费者与企业两者间的互动与交流更为突出，价值本质由消费者创造，企业通过与消费者的互动参与到消费者的价值创造过程中，此时体现了服务主导逻辑下的价值创造思想；企业数字化行动主要起着数字协调的作用——依托数字技术与平台，与用户进行交互，逐步形成处理所生成的海量数据的能力。

如宝钢股份利用高速发展的数字技术实现高效精准的服务，建设以用户为中心，以"慧选材"——多样化选材推荐和智能个性化定制方案、"慧订货"——一键智能下单科学降低供应链库存智能保供并加快订单响应速度、"慧生产"——构建多基地全流程一贯的生产管控和智能质量管理系统实现全程可视并保障交付、"慧物流"——用户视角的物流全程可视化实现零距离智能配送和保障交付、"慧服务"——通过数字钢卷承载的海量信息帮助用户研判钢板状态并保障用户安全高效生产为内核的汽车板智慧营销模式，实现宝钢和用户的共赢。

3. 利益相关者需求驱动下的生态互联与价值共创

当企业的数字化转型程度趋于完善，组织结构变革与构建价值网络使得企业自身内部边界、外部渠道边界等被打破，在利益相关者驱动下，通过泛在互联的内外部网络与多方主体动态交互，从而达到数据传递、优化资源配置的目的。

由此，复杂网络系统下的多边主体逐步开展创新协作，转型发展进入生态价值创造阶段。数字环境下精准的价值匹配引导多边主体集成参与，生态体系中的企业具有开放的、可渗透的边界，依据生态环境和价值主张的动态变化，合理分配生产要素，创新生产技术，优化生产模式，构建众多产业相互交融、组织无边界的数字企业生态系统；数字化转型赋予企业强大感知力，能有效缩小网络内合作伙伴、互补者乃至竞争者与企业间的价值不对称，持续叠加新价值，同时借助集群竞争优势巩固自身在产业中的优势地位。当各利益相关者通过合作、交流等多种方式加入企业的价值共创中，所生成的数据资源循环流动，由企业收集整理和加工后，逐步迭代出核心数据；企业在构建生态圈和价值共创的过程中，会产生核心数据利用需求；于是企业开展数字化敏捷学习，重构智慧制造系统，向新一代信息化架构演变，利用核心数据实现智慧制造与价值创造。

在后期阶段，生态系统内消费者、供应商、主要生产者、竞争者及其他风险承担者通过组合各自的技能、资产共同创造价值，此时体现了服务生态系统主导逻辑下的价值创造思想；在此期间企业数字化行动主要起了数字合作的作用——先进的数字技术与数字基础，极大拓展了企业商业生态系统的发展空间、合作深度，利用迭代出的核心数据共创价值。

如宝钢所处的钢铁汽车生态圈，是以钢铁产业为中心，以新材料、产业金融业、服务业和现代贸易物流等产业为支柱，各行各业环环相扣、相辅相成，使整个产业共同繁荣、共同进步。为进一步提升钢铁汽车生态圈竞争力，引领汽车用钢的发展，宝钢引入第三方资源，为供应链设计更多增值产品，如充分运用欧冶云仓、欧冶运帮物流服务资源，强化供应链物流保障能力；运用"通宝""厂商银"等金融产品，帮助配套厂更好地服务整车生产；利用"循环宝"实现边角料、废旧设备的网上竞价处置，在确保绿色阳光采购的同时，帮助汽车厂额外增值。

（二）产品价值创造到数字价值创造演化机制分析

数字经济背景下企业数字化转型的价值创造呈现"产品价值创造→基于客户的服务价值创造→基于生态的数字价值共创"的演化轨迹，价值创造主体、关注焦点以及价值类型等随之演化，如表3-2所示。

表3-2 企业数字化转型中价值创造特征的动态演化

价值创造	产品价值创造	基于客户的数字价值创造	基于生态的数字价值创造
主要内涵	优化资源配置与生产模式，实现降本提效，获得产品竞争力	以需求为核心的敏捷价值创造，满足客户需求	推动生态系统泛在互联和以需求为中心的敏捷价值共创，实现生态协同共生服务生态系统思想
价值创造主导逻辑	产品主导逻辑	服务主导逻辑	服务生态系统思想
价值创造关注焦点	以企业为中心的价值创造体系	以客户为中心的价值创造体系	以利益相关者为中心的价值创造体系
关键资源	传统资源	用户数据资源	生态圈数据资源
价值创造的主体	企业	企业、客户、供应商、服务商	企业、客户、供应商及生态中的合作伙伴

续表

价值创造	产品价值创造	基于客户的数字价值创造	基于生态的数字价值创造
主体关系	交易关系	交互共创关系	交互共创关系
价值类型	交易价值	平台价值	生态价值
价值创造效果	生产运营方式更新，提质降本增效	客户数据资源挖掘	生态资源协同共享，共生共赢

企业在产品价值创造中扮演着价值创造的主导者和受益者。企业通过优化资源配置与生产模式实现降本提效，提升产品竞争力。以客户为核心的数字价值创造，强调在以客户需求为导向的价值链上，实现客户体验升级，增强生产运营柔性。而基于生态的数字价值创造则把价值创造的视野延伸到更广泛的生态层面，价值主张转变为满足生态中各利益相关者的整体需求。它强调推动生态系统的泛在互联和以需求为中心的敏捷价值共创，实现生态协同共生。从整体上看，以客户为中心的价值创造和以生态为导向的价值创造，都突出了数字技术和数据资源在其中扮演的核心角色。因此，本书将二者均称为数字价值创造。

产品价值创造到数字价值创造演化的实现，主要得益于转型过程中数字技术和数据资源的使用。一方面，数字技术拓宽了客户表达个性化需求、企业反馈针对性建议的渠道，通过标准化和数据化处理收集的客户数据，实现客户需求的精准识别和数据资源的有效整合，这是企业数字价值创造的基础；同时，数字技术的可编辑性和可扩展性使得个体或组织的经验和能力得以固化在相关的知识库和信息系统中，促进隐性知识显性化和知识的传递学习，并可将固化和留存的管理实践转化为新的业务增长点，从而赋能企业构建生态。另一方面，通过对海量数据深入分析和洞察，企业可以展开需求导向下数据驱动的产品创新研发；通过数据的连接性，能够迅速地分配资源，促进生态成员间协作。数据的开放性与去中心化促使企业跨越组织边界，在共同价值主张的基础上，形成动态的、松散结合的数字生态网络，并通过透明的方式降低信息不对称与市场摩擦，促进了多主体之间的协作与资源的优化配置，最终实现以需求为核心的系统的价值共创。

第二节 数字化转型价值体系

一、数字化转型价值内涵体系

数字化转型的价值内涵即体验提升、流程创新效率提升、模式创新，其体系如图 3-5 所示。

体验提升	效率提升	模式创新
理解客户，丰富客户接触点 ·基于分析的客户群细分 ·多渠道的一致客户体验 ·简化客户接触过程 **营收增长** ·通过数字化技术增强销售能力 ·可预测的市场营销 ·优化的客户处理流程	**运营效率提升** ·产品上市周期 TTM 缩短 ·在任何地点任何时间进行工作 ·更广泛、更快地进行沟通 **决策效率提升** ·运营透明性 ·数据驱动的决策制定 ·决策授权	**新的业务** ·产品与服务的增加 ·数字化产品 **开放、生态** ·企业级整合 ·组织边界重塑 ·共享的数字服务
关注客户满意度和营收增长	关注核心运营能力	开放、创新、生态

图 3-5 数字化转型价值内涵体系

数字化转型要为企业带来更大的价值，而不是盲目地跟风。在过去华为公司内部的数字化转型一直在介绍任总的指导支持和约束。任正非总裁讲道，我们不能简单追求新的概念，数字化变革要为业务带来价值，要"多打粮食"和"增加土地肥力"，"多打粮食"是指增加业绩，"增加土地肥力"是指增加能力，往往有些改变需要之后才能体现，增加能力就像土地增加肥力，未来的粮食也会增加，所以增加能力也会带来价值。通过华为业界的实践情况来看，数字化转型会在三个方面为我们企业带来价值。

首先，用户体验的提升。在过去，我们通过商用软件包和面向企业的适配设施生成各个领域的应用，也为企业带来很大的价值，但也面临许多问题，大部分企业重视功能而不重视体验，而软件包也会形成一系列阀入式的架构，制约了数据的流动。

其次，企业效率的提升。企业的生产、研发、供应、销售这些环节通过数字化技术手段帮助业务提高效率，原来表格化的管理通过数字化的应用可以提升管理层的效率。

最后，企业价值的提升。随着技术和业务深度的融合，商业模式正在发生悄悄的变革，新的商业模式也正在结合我们不同的业务特点，新的商业模式的竞争可能出现跨界，数字化转型为企业带来的价值无论是体验的提升，效率的提升还是商业模式的提升，都会为我们带来实实在在的价值。

二、数字化转型价值体系

企业是一个创造、传递、支持和获取价值的组织，每一项数字化转型活动都应围绕价值效益展开，数字化转型从根本上要推动其价值体系优化、创新和重构，不断创造新价值，打造新动能。简单来说，就是提高效率、更好地节流、更快速地赚钱的过程，如图3-6所示。

数字化转型的体系架构和方法机制应始终以价值为导向，通过周期性明确价值新主张，提升价值创造、价值传递的能力，转变价值获取方式，创新价值支持、价值保障支撑体系，稳定获取转型成效。

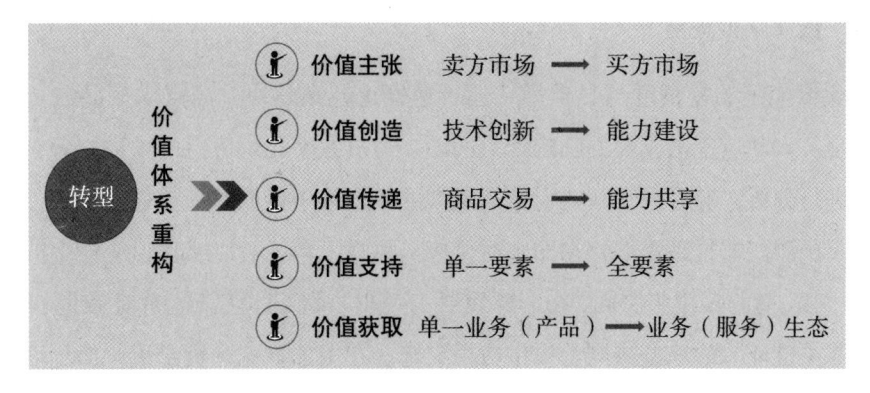

图3-6 数字化转型价值体系

三、数字化转型中的8个价值链环节

（一）数字化业绩增长

数字化时代为企业的营销模式带来变革，传统方式已无法支持快速的营销创新，需要结合新的技术和方法来推动业绩的不断增长。例如，企业可以通过物联网设备跟踪并衡量消费者的行为，从而预测客户可能倾向购买的产品和服务，了解最佳的营销时点和渠道，为新产品作出更精准的客户画像，有效提升销售线索。

（二）数字化产品设计

随着产品多样、频繁升级、降低价格等方面的竞争日益激烈，企业需要不断缩短研发周期，提高产品定制化程度，同时控制研发成本，这无疑为产品的研发设计带来了挑战。结合数字化的仿真和分析手段，产品的高效研发迭代已成为可能。比如数字孪生技术，把产品在虚拟空间建模分析优化，极大地降低了成本。

（三）数字化采购

企业内部往往存在支出数据分散且口径不一、订单量巨大、产品开发与供应链缺乏协同等采购难题，使得采购经理在关键决策上茫然无措。数字化采购可以借助智能化的数据整合和品类成本分析工具，对关键杠杆和业绩指标进行自动计算，从而提高采购环节的透明度。智能化的支出分析通过数据自动提取、品类分类、智能分析及效益跟踪，应用高阶分析对数据进行自动化整合及聚类分析，并以可视化报表呈现可辅助采购决策的数据分析结果，从而有效地提升数据的透明度，帮助企业采购人员识别效益潜力；还可以形成可执行可追踪的优化举措，解决支出分析的痛点。

（四）数字化供应链

制造业供应链的复杂度与日俱增，运行速度也越来越快，高需求产品缺货、低利润产品积压是各大制造业供应商面临的常见问题。通过数字化供应链的大数据分析，企业可以对数据进行分析，通过人工智能引擎从庞大的数据集中提取并形成核心决策，从而作出准确的需求预测。通过搭建端到端的实时供应链可视平台，可以实现供应链中的采购商及其供应商、物流商的多用户协同，在资源规划、采购决策、订单管理、库存查询、物流跟踪、统计分析等关键环节的业务协同上提供应用支撑。在保证物流、资金流、信息流畅通的前提下提高采购效率，降低采购成本，达到优化供应链资源配置、提高供应链效率的目的。

（五）数字化生产制造

当下的客户需要小批量、多样化的产品，因此企业须以高度敏捷的方式部署人力和生产设备等资源。在传统的制造成本高，设备利用率低，反应周期长。现在利用先进的数字化技术，可以实现对生产制造过程的改善。应用场景很多，例如，在车间设备上安装传感器，实时采集工作车间的业绩数据；再应用高级分析算法，从海量数据中识别出业绩不佳的区域及背后原因；然后，企业可以寻找相关性最高的成熟的数字化用例，在业务部门的支持下解决问题并降低制造业增加值成本。

（六）前中后台流程自动化

企业运营的前台（营销、销售、客户服务）、中台（审计、风险、采购、项目管理、供应链）和后台（财务、人力资源、法务、IT、税务）往往包含着许多无附加价值的工作。实现这些流程的自动化，可以将工作流程简化并标准化，有效释放额外生产效率，将人才部署到附加值更高的工作中去，改善总体的运营水平。以订单录入流程自动化为例，企业通过机器人流程自动化实现订单自动上传、订单确认及价格确认，绝大多数订单无须人工介入，极大缩短订单录入的时间，减少人力，降本增效的同时还可以带来一项额外效应，即帮助企业加强合规管理。

（七）工业互联网架构

工业物联网架构是企业数字化的核心支撑，使企业能够全面捕捉运营数据，连接资产和数据，促进数据流动，让数据及时到达具有对应决策权限的人员手中，同时助力数据模型，指导业务运筹帷幄。工业互联网架构包括多个层次。制造过程中所需要的所有数据，首先通过外缘层接入企业的数据平台，通过数据转换预处理产生决策所需的数据，将其送入平台层；平台层通过大数据处理和工业数据分析，构建可扩展的开放式云操作系统；应用层可以实现满足不同场景的工业 App，形成工业互联网平台的最终价值。

（八）跨职能部门协作

数字化转型不是一个部门的单打独斗，跨职能部门的高效协作至关重要。不同部门组织起来统一管理，明确转型目标和绩效评定。通过综合评估组织内部所有潜在的数字化改进机遇，梳理出几十个甚至几百个潜在的数字化用例，然后根据实施难度和经济回报，将用例分为短、中、长期机遇，明确各个阶段具体的经济价值，推动全面转型。

四、数字化转型价值创造能力

企业数字化转型过程中，从能力视角看，企业应加快从过去相对固化的传统能力体系。转向柔性调用的数字能力体系，按照价值体系创新和重构的要求，从价值创造的载体、过程、对象、合作伙伴、主体、驱动要素六大方面，系统推进产品创新、生产与运管控、用户服务、生态伙伴、员工赋能、数据开发等数字能力的建设与提升。

（一）与价值创造的载体有关的能力

产品是价值创造的载体，企业应注重加强产品创新能力的建设，推动数字技术与产品本身以及产品研发过程的融合，推动传统产品向智能化产品升级，产品设计由实验验证向模拟择优转变，以不断提高产品附加价值，提升产品研发效率，缩短价值变现周期。

（二）与价值创造的过程有关的能力

产品的价值主要通过生产、运营等活动产生，企业应该着重加强生产与运营管控能力，纵向贯通生产管理与现场作业活动，横向打通供应链、产业链各环节经营活动，不断提升信息安全管理水平，推动生产运营由流程驱动为主转向数据驱动为主，逐步实现全价值链，全要素资源的动态配置和全局优化，提高全要素生产率。

（三）与价值创造的对象有关的能力

企业所有经营活动归根到底是为了用户创造价值，也就是说，用户是价值创造的对象。企业应该注重用户服务能力的建设，加强售前需求定义、售中快速响应和售后增长服务全链条用户服务，推动用户服务由售后服务为主转向全过程个性化精准服务，最大化为用户创造价值，提高用户满意度和忠诚度。

（四）与价值创造的合作伙伴有关的能力

数字经济时代，企业还应该重视生态合作能力等建设，加快由过去竞争为主转向共创共享价值生态，加强与供应链上下游，用户、技术和服务商等合作伙伴之间的资源、能力和业务合作，构建优势互补，合作共赢的协作网络，形成良性迭代，可持续发展的市场生态。

（五）与价值创造的主体有关的能力

员工是开展价值创造活动的主体，企业应该注重员工赋能能力的建设，充分认识到员工已经从"经济人""社会人"向"知识人""合伙人"转变，推动员工关系由指挥管理转向赋能赋权，不断加强价值导向的人才培养与开发，赋予员工价值创造的技能和知识，最大程度激发员工价值创造的主动性和潜能。

（六）与价值创造的驱动要素有关的能力

数据是驱动价值创造活动的关键要素，企业应该打造数据开发能力，推动数字资源转向数据资产，并对其进行资产化运营和有效管理，深挖数据价值，充分发挥数据作为创新驱动和核心要素的潜能，以数据支撑决策、驱动运营、促进创新、开辟价值增量空间。

企业数字化转型能力体系六位一体，通过整合所有相关的资源和条件，将其转化为可响应不确定的新型能力，并以新型能力赋能商业模式创新，构建业务新体系，形成发展新生态。

第三节 企业数字化转型各环节价值创造路径

一、企业数字化转型各环节价值创造机理

数字化转型之所以可以实现价值创造，本质在于实现了业务的数据化，有效促进数据在价值链各个节点的沟通和传递。因此，本书从价值链理论出发，厘清企业价值链整体和各环节数字化转型的价值创造机理，在机理分析过程中引入流程再造理论和信息管理学理论，探讨数据在价值链中的利用如何为企业创造价值。

企业数字化转型各环节价值创造机理如图 3-7 所示。

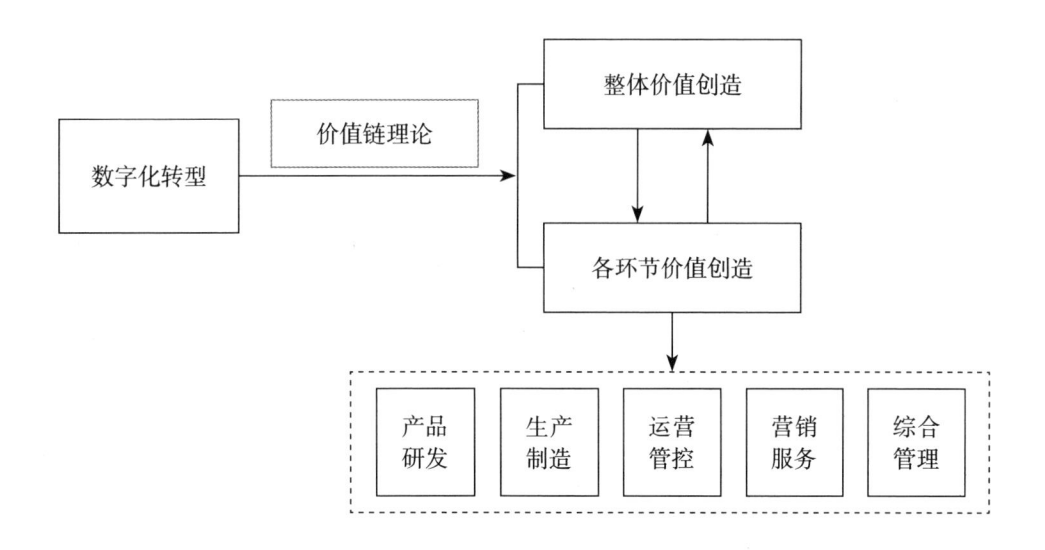

图 3-7 企业数字化转型各环节价值创造机理

二、企业数字化转型整体的价值创造机理

企业数字化转型整体的价值创造机理如图 3-8 所示。

```
数字化转型 ─┬─ 数据连接各价值链节点 ── 打破信息孤岛 ─┐
            ├─ 及时收集用户反馈的信息 ── 数据双向反馈 ─┤
            ├─ 打通各环节之间的沟通渠道 ── 环节及时响应 ─┼─ 价值创造
            └─ 将原始数据转化为信息 ──── 挖掘潜在价值 ─┘
```

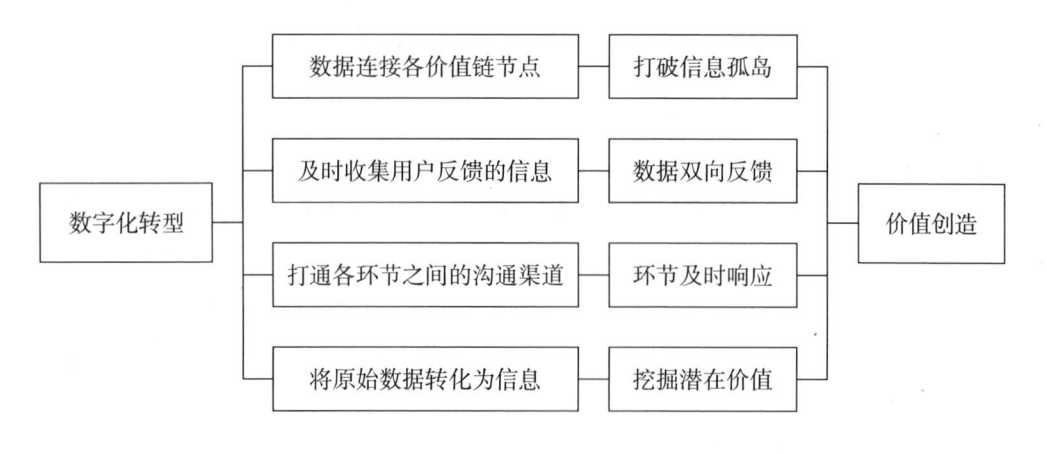

图 3-8 企业数字化转型整体价值创造机理

（一）打破信息孤岛

传统价值链中各个节点之间是相互孤立的，虽然节点之间可以传递信息，但无论是速度还是质量都较低，影响企业的工作效率。数字化转型对传统的价值链进行了创新和优化，各个节点之间可以通过数据连接在一起，节点之间连接得越紧密，越可以有效地缓解信息不对称的情况，企业的工作效率就会越高，从而降低成本。

企业的数字化转型实现了价值链各节点之间的无缝连接和互通互联，研发、制造、营销、服务、运营、管理等环节的数字化都是通过数据的有效连接实现的，各个环节不再是信息孤岛，每个节点都能反映其他节点反馈的信息，从而为企业创造更大的价值。许多企业都意识到了数据连接对于价值链的重要性，通过应用工业互联网、智能工厂等平台系统，将企业的研发部门、生产制造部门、运营部门、营销服务部门、管理部门都并联在数字系统中，实现各部门之间数据的连接。

（二）数据双向反馈

数据在价值链中的传递不再是"线性"而是转换为"环形"，价值链上的各个节点都可以实现两两之间的信息对接，价值链首尾两端的主体并不需要经过中间各环节信息的传递，有效加快了信息传递的速度。数据流动的方向也不再是单向的，而是双向流动，各环节之间沟通得越频繁，越容易发现价值增值的空间。企业价值的提高是通过销售产品实现的，数字化转型实现的数据双向反馈让客户的需求可以反映给价值链前端的各个环节，甚至可以让客户参与企业研发制造的过程中，实现个性化定制。来自客户的反馈让企业意识到价值增值的空间，也让企业设计出更多满足客户需求的方案，来自客户的销售收入可以用于企业服务质量的改善或研发投入等提高企业价值的方面，形成了价值增值的良性循环。企业将客户的反馈及时传递给研发环节，更加重视客户的使用体验和感受，数字化转型强调以人为中心，对于企业而言，通过多元化的营销渠道和各种信息门户获取客户的产品需求，再将这些信息整合、传递给研发部门，可以有效解决研发过程存在的投入高、效率低的问题。因此，双向反馈机制对于企业和客户而言是双赢，客户的使用体验和需求得到满足，重视客户价值的企业也可以实现价值增值。

（三）价值链各环节及时响应

数字化转型加快了数据在价值链各环节间的流动，这导致价值链中各环节之间相互影响，企业中各部门的分工协作让整个经济活动变化得更快。企业外部与内部的变化是会相互影响的，外部市场需求的变化会改变组织内部的工作职能。企业对市场需求变化的感知，可以促进企业更快地抢占市场。企业内部各部门之间指令的及时响应，对其他部门的变化及时作出改变，可以提高企业的沟通管理效率。内外部环境的变化都是通过数据传递到价值链的各个环节，因此数据的传输速度成为各环节及时响应的重要因素。数字化转型对于信息技术在价值链中的应用，提高了企业价值链上各个环节之间信息处理和分析的速度。由于价值主体之间存在空间距离，信息的传递需要时间。如果企业对于变化的反应速度较慢，无法在短时间内将数据传递给价值链上的各个环节，那么很可能在企业准备做出应对措施时，市场已经发生了新的变化。因此，在企业价值创造的过程中，当环境内外部发生变化时，各环节之间响应的速度越快，越能够为企业提供更多价值创造的机会。

（四）数据挖掘潜在价值

数字化转型使信息可以在价值链的各个环节之间传递，而利用数据时需要建立数据之间的联系，将数据之间的相关性转化为信息，作为企业作出决策的依据。企业在数字化转型后，数据量不断增加，但是这些数据并不都是能创造价值的，真正能为企业创造价值的是由数据转化的信息，企业需要运用信息技术筛选出有价值的数据，建立起数据之间的联系并整合信息。只有企业的数据挖掘程度越高，信息整合能力越强，才能为企业的决策提供更有力的信息支持。数字经济时代，只有完成从数据到决策的转变，才能挖掘潜在价值，实现价值创造倍增。

三、企业各环节数字化转型价值创造机理

数字化转型背景下,数据可以与其他生产要素相结合,产生新的价值。数据价值链认为,每个环节产生的数据既可以顺着生产的方向传递,也可以逆着生产的方向反馈给数据链前端的环节。因此,本节以制造业为例,从价值链上的产品研发、生产制造、运营管控、营销服务、综合管理五个环节分析企业数字化转型的价值创造机理。

(一)数字化产品研发价值创造机理

制造业企业数字化产品研发的价值创造机理如图3-9所示。

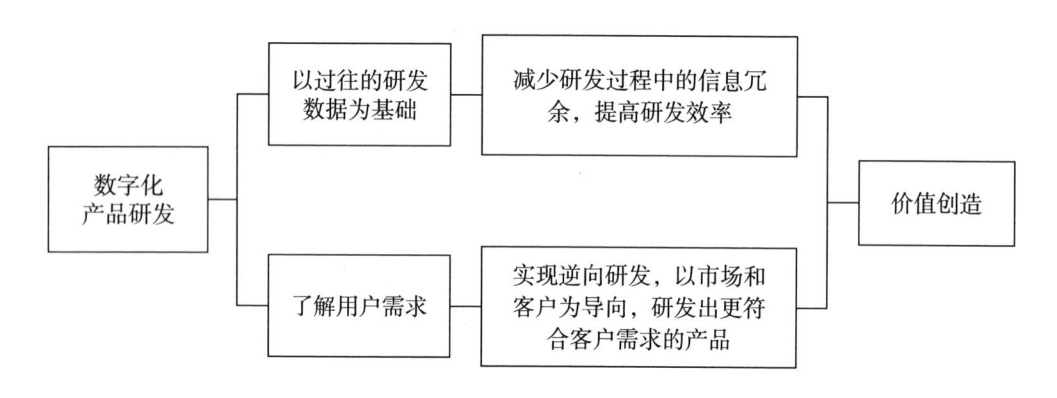

图3-9 数字化产品研发的价值创造机理(制造业)

通过研发可以让企业之间形成创新壁垒,而创新很难被其他企业复制,因此可以为企业带来巨额的利润。虽然无论是市场机制还是企业自身都想推动创新,但是企业在创新的过程中面临着投入大、风险高的问题。企业不断创新的目的是实现价值创造,因此企业的创新应当以利润为导向。数字化转型通过数据在价值链中的传递很好地解决了这个问题。数字化产品研发可以分析研发过程中产生的数据,优化产品研发环节。企业创新需要投入大量的研发资金、研发人员和研发材料,同时需要较长的研发周期,为了达到预期的效果需要不断尝试和试错。企业在原有的产品研发环节已经积累了大量研发数据,但是无法从研发数据中找到研发过程中存在的问题,更无法找到问题的解决方案。数字技术的应用通过对数据的整合、处理和分析可以有效减少企业试错和尝试的成本,从而缩短企业的研发周期,提高研发效率。此外,数字化产品研发本质上以客户为导向,从关注市场需求和客户特征出发,有效分析客户数据可以使研发出的产品更具有针对性。数字化转型的背景下,企业可以通过客户在平台的搜索记录、查找的产品数据作为基础,及时了解客户对产品的需求。对于市场需求的变化,通过数据传递给企业,及时应对市

场需求，改变研发策略。同时，企业还可以将研发出的产品交给用户测试，评价用户对产品的满意程度。数字化转型降低了企业与客户之间的信息不对称，使得企业研发出的产品更能满足客户的需求，研发针对性地提高可以有效降低研发的风险和研发的成本，提高企业的研发效率。

（二）数字化生产制造价值创造机理

制造业企业数字化生产制造的价值创造机理如图3-10所示。

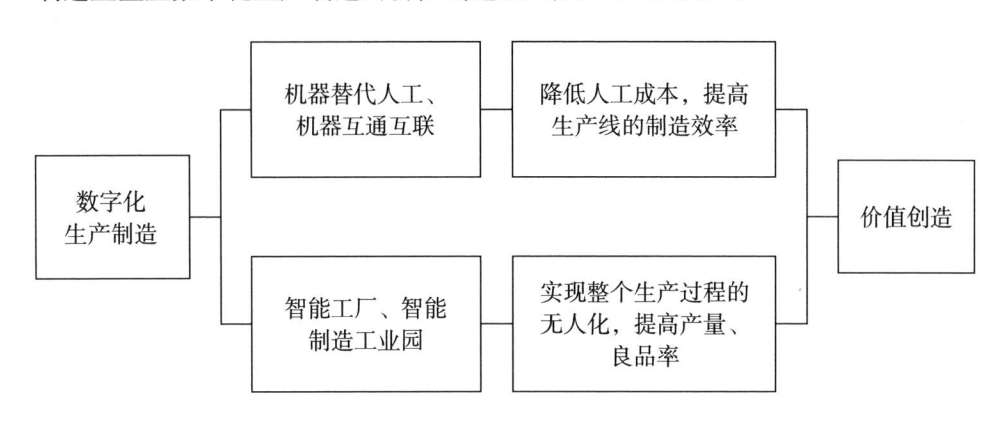

图 3-10 数字化生产制造的价值创造机理

生产制造的数字化转型涉及生产线工艺流程的转变、人与机器的协同制造等生产模式的改变，生产线的优化及生产流程中环节之间的衔接都可以实现生产制造效率的提高。数字化转型在生产制造过程中的价值增值主要体现在两个方面：首先，数字化生产制造可以有效降低人工成本。数字化生产制造通过机器学习掌握生产流程和工艺，生产线上原本大部分的工作都可以用机器替代。除此之外，数字化生产制造利用软件控制生产线流程，减少人工对生产线的实时监控，实现生产流程的可视化管理。数字化生产制造可以实现整个生产线的去人工化，不仅可以降低人工成本，通过机器和软件分析生产线数据，在尽可能降低生产线物料损耗的情况下，保证产品的质量。其次，数字化生产制造可以提高整个生产制造过程的生产效率，保证整个生产线物料供给的及时性。通过智能工厂、数字化车间实现生产线上机器的互通互联，提高数据传输的及时性。数字化生产制造将生产线上出现的问题及时传递给管理层，让管理层及时了解生产线上的情况并做好调度和决策，避免了由于沟通不及时导致的生产效率降低。此外，数字化生产制造可以实现各个工厂的协同生产，生产制造的数字化转型结合了先进的网络技术，通过网络连接各个工厂，使生产制造的管理工作更加快捷、高效。

（三）数字化运营管控价值创造机理

制造业企业数字化运营管控的价值创造机理如图 3-11 所示。

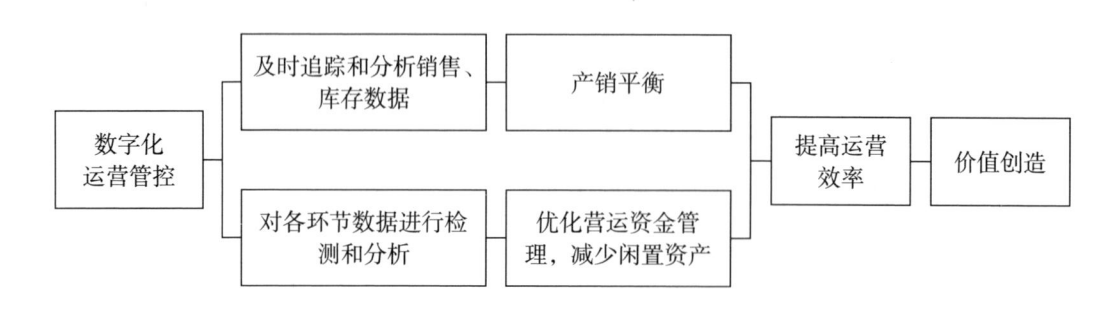

图 3-11 数字化运营管控的价值创造机理（制造业）

数字化转型可以为制造业企业更好地优化运营管控。首先，数字化运营管控可以通过对机器设备的远程监督，监测机器设备的实时运行状况，及时为设备提供维护检修，避免由于产品故障导致整个生产线出现问题。其次，通过对供应链上的销售、库存等数据的实时关注，企业能够及时安排产品的生产、库存的供给，保持产供销的平衡。产品库存数量不足以支持客户采购，或者产品库存过多导致的仓储成本过高等问题可以得到有效解决。例如，企业的采购部门可以按照生产部门报送的生产清单采购零部件和原材料，并通过数字化信息系统不断调整，避免采购过程中多余的采购成本和物流成本。同时，生产部门也可以根据销售部门提供的销售清单，计划生产环节需要生产的产品数量，从而有效降低库存，减少生产过程中的冗余开支，将多余的资金提供给企业需要的其他环节，从而加快资金的周转。再次，数字化转型可以收集和分析各环节的数据，比如产业链上下游的数据。通过对各环节数据的处理和分析，企业可以掌握更多的信息，提高管理层的决策效率，从而减少企业中的冗余资金，优化营运资金管理。同时，企业也可以及时了解内部资产的情况，选择将闲置资产出售或者出租，让闲置资产发挥更大的价值，从而提高企业的运营效率，为企业创造更大的价值。

（四）数字化营销服务价值创造机理

制造业企业数字化营销服务的价值创造机理如图 3-12 所示。

营销服务是将产品的内容、功能、效果、服务传递给产品的潜在客户，数字化转型拓宽了企业提供营销服务的渠道。在数字化转型之前，很难将产品精准对接给客户，因为企业对客户的了解只有家庭住址、年龄、学历、性别等基本信息，通过这些基本信息

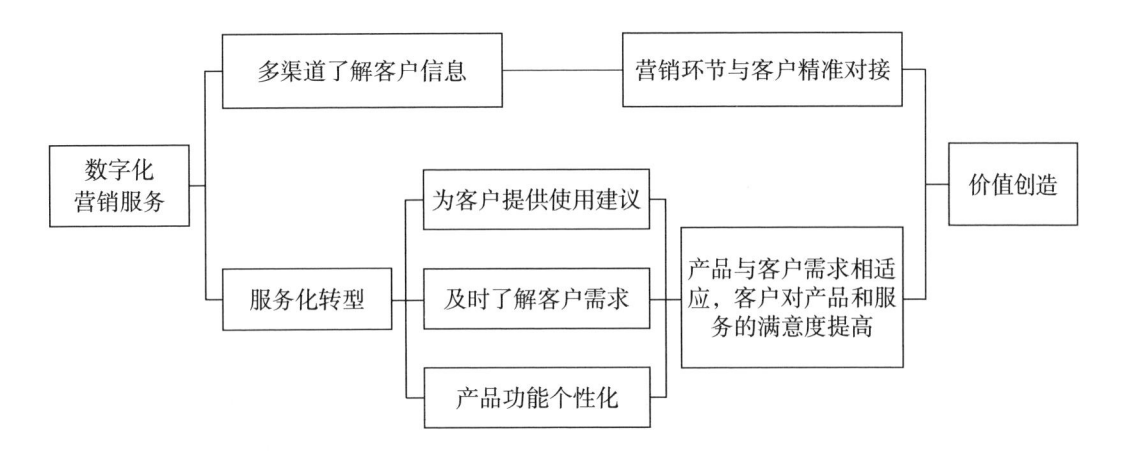

图 3-12 数字化营销服务的价值创造机理（制造业）

很难了解客户的潜在需求，无法将客户分为不同类别实现精准营销。互联网及信息技术可以记录客户在网上浏览、搜索的痕迹，通过挖掘、分析大数据，对客户进行多维度画像从而实现精准分类，甚至对单个客户的需求也能准确掌握。企业可以搜集电商平台中客户的搜索数据、浏览数据、购买数据等，对其进行处理和挖掘以达到了解客户需求的目的，从而为客户提供个性化的营销服务，优化客户的使用体验和购买体验。

客户向企业购买的不仅仅是产品本身，还有产品所附加的价值，以及购买产品后，企业为客户提供的服务。因此，数字化转型可以实现制造业的服务化，实现企业服务的流程化。企业的商业模式不仅局限于向客户销售产品，也可以从为客户提供服务或者维修中获利。产品的技术难度越高，客户使用或维修产品也就越需要企业的帮助。企业可以通过数字化信息技术对客户目前的使用情况进行实时监测，预防客户在使用产品时可能出现的问题并为客户提供实用的建议。企业既可以对客户的需求实时响应，面对如今客户需求的多元化，企业也可以让客户参与到研发、生产的过程中，实现柔性制造，为客户提供个性化的定制产品。因此制造业的服务化转型有利于改善客户的产品使用体验，也有利于改善企业原有的服务模式。

（五）数字化综合管理价值创造机理

制造业企业数字化综合管理的价值创造机理如图 3-13 所示。

企业综合管理的数字化转型主要通过数字化管理系统优化企业的管理活动，加快部门之间信息的传递，信息在部门间的高效传递提高企业的管理效率，优化组织的管理结构。数字化管理系统实现不同部门和机构之间的统一管理，减轻管理人员的工作负担，

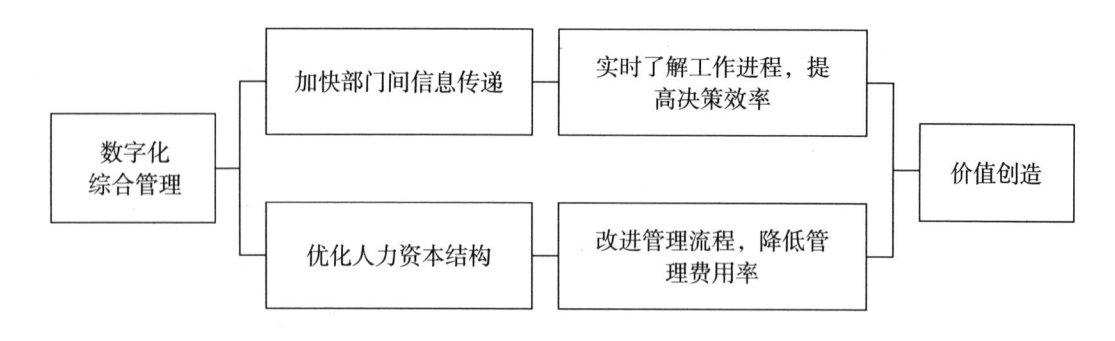

图 3-13 数字化综合管理的价值创造机理（制造业）

提高管理效率。管理活动的最终目标是为管理者提供决策信息，数字化综合管理提高了管理信息的利用效率，减少企业管理方面的人力、财力开支。通过数字化综合管理，员工可以了解工作的实时进展情况，管理者可以找出企业目前经营活动中存在的问题，并提出解决问题的对策。高学历人才是企业实现竞争优势的源泉，通过优化人力资本结构，企业可以实现改进管理流程，降低企业的管理费用率，从而实现价值创造。

第四节 标杆企业数字化转型价值创造案例解析

一、小米科技数字化转型价值创造路径解析

（一）小米科技数字化转型历程

总体来看，小米科技数字化升级可以分为两个阶段，第一阶段是2013—2016年，此阶段的数字化升级主要为构建生态圈以及初步布局智能设备互联互通，在此阶段其他手机厂商如VIVO、OPPO和华为起步都比小米科技晚，小米科技抢占了数字化升级的先机，积累了一定的忠实用户。第二阶段为2017年至今，2016年小米科技面临成立以来最大危机，手机销量大幅下滑（见图3-14），既定销售目标未能实现，而这与供应链出现的问题紧密相连，随后小米科技更换供应链负责人，加快采购数字化建设，扭转销售颓势，并且降低了产品生产成本；随后在销售端进行线上线下一体化建设，同时加大线下门店建设，增强用户黏性和体验感，取得智能手机销量的提高的成果，提高了企业竞争力。

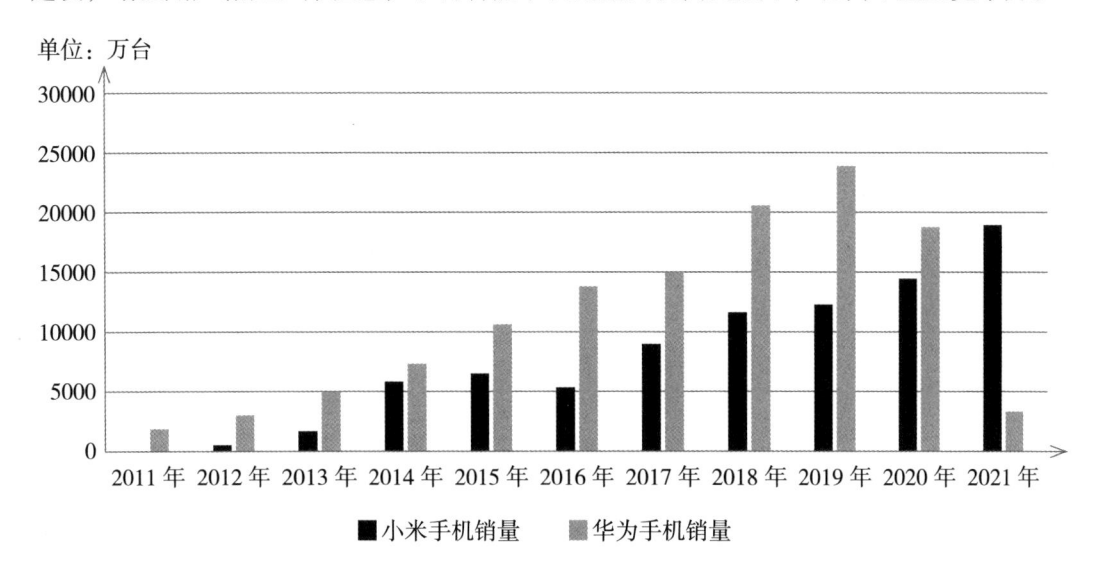

图3-14 2011—2021年小米手机与华为手机销量对比图

数据来源：根据小米年报、Choice东方财富数据库整理绘制。

1. 2010—2013 年：构建生态圈

成立初期，小米科技聚焦电子商务，主要搭建小米网电商系统和仓储、物流、售后、客服系统。小米科技一直以"和用户做朋友"的方式去做互联网手机等产品，一线产品经理和开发工程师通过论坛、米聊或微博等平台直接面对用户获取其需求数据。在 MIDI 发布四年的时间中，共有上亿个用户发布了产品体验反馈帖。同时，小米坚持自建运营客服团队，并让其与工程师团队在同一地点办公。每日有数十万客户向客服来电咨询，由此沉淀出海量数据信息。在新制造方面，小米科技筹建 SRM 系统，信息化供应链平台初步建成。从产品开发到售后服务，小米科技的数字化升级实践是以全链路为起点的。

2013 年，小米科技启动生态链计划，成立了生态链部，孵化专注于手机周边、智能硬件和生活耗材的创业公司。小米科技对其生态链企业提供品牌、渠道、供应链、产品开发、用户研究和工业设计等全方位的支持，当小米科技生态链企业的多元化产品凭借小米品牌的用户口碑进入并占据市场，便能吸引更多的用户关注小米品牌，从而为小米科技提供更多海量的用户数据，生态链企业对于小米科技而言便是价值的放大器。借助智能手机和中国互联网规模飞速发展的东风，雷军率先提出以互联网思维布局小米科技的发展战略，建立数字原生企业，这一战略布局从此奠定了小米科技"软件+硬件+互联网服务"的"铁人三项"模式。

2. 2014—2016 年：布局智能设备互联互通战略

2013 年，小米科技牢牢抓住布局智能硬件和 IoT 的时代脉搏，开启小米科技的复制之路，提前布局 IoT，也正式开启了小米科技的第一次数字化战略升级之路。小米科技本身就是数字化原生企业，拥有系统的数字文化、较强的数字化意识、先进的数字化技术、海量的数字化资源，因此小米科技的数字化升级不同于传统企业的数字化升级需要实现从 0 到 1 的突破，它具有先天优势，是由 1 到 N 再到 N+ 的飞跃。布局之初小米科技计划分两个步骤三个圈层实现 IoT 战略。就步骤而言：第一步，解决智能设备数量不足的问题；第二步，建立 IoT 平台以实现智能设备的互联互通，达成规模后，开放 IoT 平台，构筑 IoT 生态链。就圈层而言：第一圈层为手机周边产品，小米科技具有先天优势；第二圈层为智能硬件，是小米科技构建完整生态链体系的"必攻要塞"；第三圈层为生活耗材产品，是小米科技迎接消费升级的未雨绸缪。

智能设备互联互通的初级阶段必然需要发展时间，智能手机生产和销售需要时间，之后才能以智能手机为载体开拓市场、吸引用户并且留住用户；在此基础上，小米科技对既有用户进行智能设备的宣传和推广体验，达到一定数量的规模后，小米科技开展下一步的计划，即以现有设备规模和用户数据进行数据挖掘开发，优化智能设备功能并丰富使用场景，同时开放 IoT 平台，打造真正的、初级阶段的生态链，为以后的数字化升级战略打下基础。

3.2017—2018 年：构建一体化数字新生态体系

小米科技将此前定位为售后服务网点的门店基于云计算、大数据、人工智能、物联网等前端科技布局的零售业态构建进行战略升级，将其改造为线下零售门店——小米之家，其数量逐年增长（见图 3-15）。通过门店管理 App，实现线下渠道实时客流量、销售情况及库存等数据实时汇总、分析、决策，把数据转化为小米科技的线下模式核心竞争力，拉通线上、线下全渠道的数据，降低试错成本，可供快速创新通过数字化门店建设，实现门店人、货、场的数字化，以线上反哺线下、线下拉动线上，促进线上线下一体化。

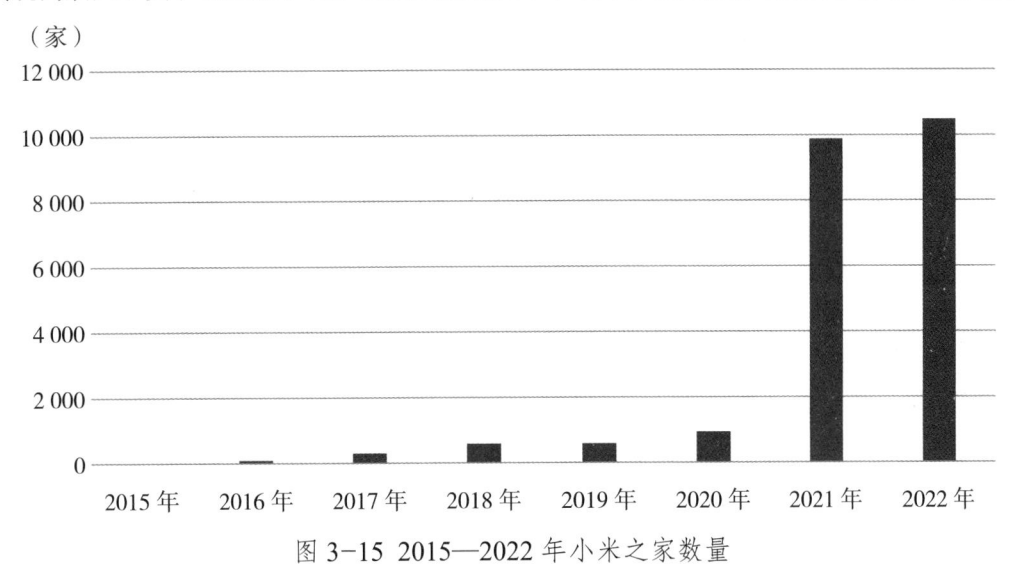

图 3-15 2015—2022 年小米之家数量

数据来源：根据小米年报整理绘制。

4.2019—2020 年：布局人工智能物联网战略

人工智能物联网（RIoT）得益于 AI 的狂飙突进，给这些原本以手机为中心的 IoT 设备，拥有了新核心——小爱同学。这个小米科技 2017 年才推出的 AI 语音助手，不到 2 年便已进驻 1 亿设备，月活超过 3 000 万人，是这几年全球增速最快的 AI 产品之一。且小爱同学推出虽然算不上早，但因为小米手机和 IoT 设备的用户基数大，小米 AI 比其他品牌更早推出的语音交互产品，得到更大规模的训练及迭代——应用场景还得天独厚。AIoT 融合 AI 技术和 IoT 技术，通过物联网产生、收集海量的数据存储于云端、边缘端，

企业数字化转型一本通

再通过大数据分析，以及更高形式的人工智能，实现万物数据化、万物智联化，物联网技术与人工智能追求的是一个智能化生态体系，AI、IoT"一体化"后，"人工智能"逐渐向"应用智能"发展。所以，AIoT战略的构建可以充分结合当代智能的 AI 技术和 IoT 物联网，为 RIoT 技术为企业的发展贡献智能力量。

小米科技以智能手机为核心，结合 IoT 消费产品和互联网服务为用户提供更丰富的体验，所以智能手机和 AI、IoT 有着天然的契合程度。小米 RIoT 表示 AI+IoT，就是人工智能＋物联网。2018 年 11 月，小米召开了 RIoT 大会，雷军表示 AI+IoT 是小米的核心战略。2019 年 3 月 7 日，小米科技宣布成立人工智能物联网战略委员会 AIoT（The Artificial Intelligence of Things），旨在促进小米"手机＋AIoT"双引擎战略加快落地。2020 年的首个工作日，小米 CEO 雷军在新年信中再次表示未来 5 年要投入 500 亿元，加码"5G+AIoT"战略，并将此战略确定为小米未来 10 年的发展战略。

5. 2021 年至今：3C 智能制造创新联合体

2021 年 1 月 1 日，小米科技成立 ToB 业务部，用集团现有 C 端优势来全面赋能 B 端用户，以单体用户数据为基础，利用个人数据为资源，为企业提供移动数字化解决方案。从上游供应链企业到外部生态链企业，小米科技在全链路范围内赋能其他企业，提升整体数字化水平。2022 年 7 月 30 日，小米集团牵头的"3C 智能制造创新联合体"启动会在北京小米科技园隆重举行，在科技部指导下，小米集团牵头成立了 3C 制造创新联合体。3C 智能制造创新联合体（以下简称创新联合体）由小米集团联合产业链上下游企业、高校院所等 20 家创新主体组建，集聚智能制造领域科研、产业、应用优势资源，基础研究环节参与成员包括清华大学、中国科学院软件所等高校院所，技术协同攻关环节参与成员包括路石、思灵等企业，应用场景验证等环节参与成员包括中国电信、朗电等企业。创新联合体设立理事会作为领导机构，并设行政、技术双总师，成立专家委员会，聘请多位中国工程院院士为名誉顾问，成立专职工作推进组负责日常组织协调，将围绕产业需求精心打造智能装备、智能机器人、智能工艺、智能制造系统、体系标准等 5 个研究中心和 1 个成果转化中心。小米集团创始人、董事长兼 CEO 雷军表示，一直以来，扎根制造业、发展制造业，是小米集团的初心使命，更为重要的是如何带动和帮助合作伙伴，实现智能转型升级，创新联合体将带头探索智能制造发展模式，助力提升"中国制造"的技术实力，助力中国品牌的崛起。因此，3C 智能制造联合体将逐步提升手机乃至整个小米科技生态链的效率，给行业赋能。为国家、区域、行业发展发挥好重要支撑作用。

（二）数字化锻造数智化"智造工厂"

小米智能工厂依托自主研发的智能设备和工业数智平台，将IoT、5G、云计算、大数据、人工智能等先进技术落地应用，具有生产高度自动化、业务数据全链接、运营决策智能化等特点，打造了"数据驱动、柔性敏捷、全局协同、绿色低碳"的先进数智化制造能力。

1. 高度自动化的手机智能生产线

小米智能工厂拥有包含贴片、板测、组装、整机测试、成品包装全工艺段的第二代手机高自动化率智能产线。自动化率的提升带来了生产效率大幅度提高。基于"平台+模块"理念研发的智能装备，可以快速地重构产线，增强了产线的整体柔性。

2. 高柔性、高敏捷性的智能物流

小米智能工厂拥有强柔性、强敏捷性的物流体系，提高了厂内物流的效率。如图3-16所示，小米智能工厂在硬件层面采用不同AGV的灵活组合以适应不同的生产物流需求；在软件层面，与自研工业数智平台打通，实现装备的自动交料、搬运任务自动分配、库存自动预警等功能，做到了从仓储到装备点对点的智能拉动式生产，达到少人化物流效果。

图 3-16 小米智能工厂物流装备

3. 全要素、全链接的 5G 工业大数据

小米智能工厂具有覆盖全厂的5G/F5G网络，支持物流AGV的5G调度和智能装备的F5G通信，实现更加实时稳定的调度。依托自主研发的工业数智平台，实现生产现场的智能装备和物流装备数据实时采集，借助数据挖掘相关技术对影响质量、成本、进度、交付的相关指标进行精准分析，提升工厂整体生产运营管理效率。小米智能工厂工业大数据平台如图3-17所示。

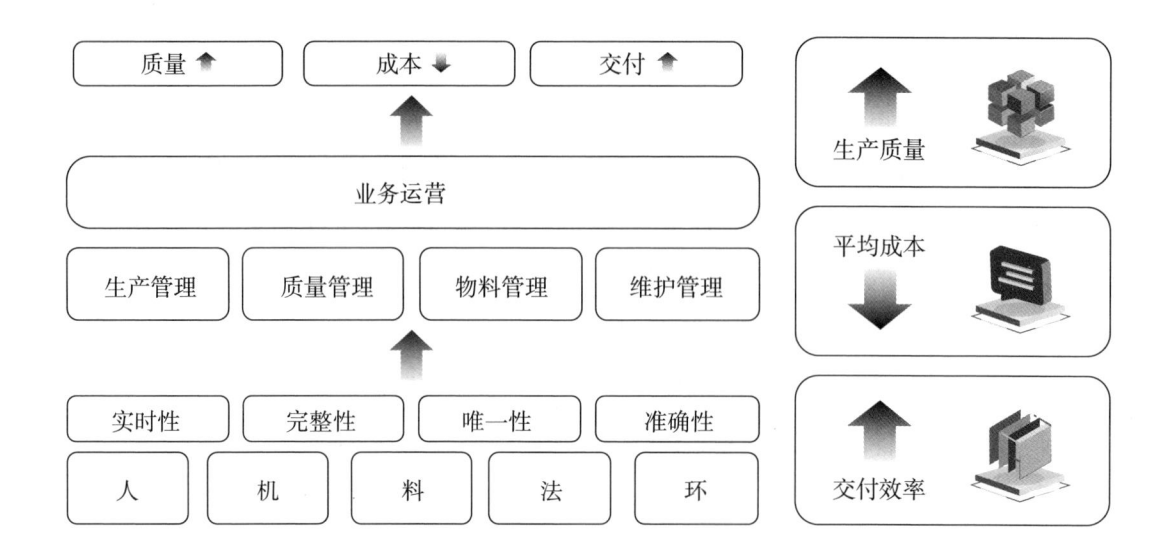

图 3-17 小米智能工厂工业大数据平台

4. 工艺数字化智能闭环调优技术

针对制造工艺精细且机理复杂、工艺参数调试依赖专家经验、人工调参时间长等难题，小米科技基于数字孪生技术实现工艺参数智能闭环调优，通过对前后工站工艺数据的大数据分析和挖掘，构建检测结果与工艺参数的模型，做到对工艺参数的智能调优。例如，在贴片工段，通过对 SPI 工站和印刷工站的数据进行联合挖掘和分析，利用算法实现了根据 SPI 检测结果动态调整印刷机工艺参数的效果，助力生产良率的进一步提升。

5. 设备预测性维护技术

针对高自动化率场景下设备维护工作量大、停线损失较大等问题，小米科技基于工业大数据研发智能装备的预测性维护算法，对设备中的核心贵重器件进行寿命预测以及维修方案推荐。例如，在手机主板测试工段，通过对射频探针使用寿命进行算法预测，可以提前 500 个测试循环识别探针的异常并动态预测探针剩余寿命，在寿命临界时自动提醒更换，节约该设备停机损失和设备维护成本。

6. 从订单到交付的全场景数智化管理系统

小米科技自主研发多个 SaaS 化智能应用成功落地智能工厂，打通从"订单下发"到"成品交付"的完整制造过程。通过高级智能排产排程 APS 系统，将上游订单与下游线体排产计划打通，实现生产计划的高效优化；借助工艺管理 PMS 应用，实现完整工艺的数字化管理，更好地衔接产品的研发到工艺的数字化实现；通过设备管理 TPM，根据工艺和计划信息完成生产线体的导入和验证；通过 MES 应用和 QMS 应用，实现生产全过程的信息追溯与防呆管理，确保每个生产环节的高质量；通过仓储物流管理 WMS 实现成品入库和出库管理，助力核心业务环节从"订单—计划—线体准备—生产执行—质量管控—仓库物流—成品交付"的链路打通，也通过统一的数据服务贯通所有的业务活动，实现小米智能工厂的运营管理透明化。

7. 构建小米工业数智化平台

为了实现基于全场景数字化的制造智能化，小米科技研发使用了数字化、智能化的平台级解决方案——小米工业数智平台。数智平台作为制造要素的放大器，目标是实现生产要素数据化、制造知识模型化、业务执行自动化，为工艺智能化、装备智能化和运营智能化提供了技术底座支撑。目前，工业数智平台已经基本成型，下一步会重点提升整个平台的智能化水平，通过不断地迭代，实现工艺、装备、运营环节的高度智能化，真正做到自感知、自决策、自执行。

8. 应用数字化智能运营管理技术

在智能运营管理方面，小米科技自主研发的 IAMS 智能运营管理系统，通过对工厂中人、机、料、法、环等全要素的深度互联与动态感知和分析，实现对工厂异常进行全面预警，实现关键制造要素的数字化管控及异常问题的高效处理。例如，当存在装备故障时，小米科技一线的工程师会第一时间收到系统下发的问题解决订单，实现业务问题解决的线上化管理，提升问题解决的效率。

小米科技通过建设智能工厂，依托先进的智能制造能力，提高产品的生产效率和产能利用率，实现产品生产过程的优化与升级，降低产品转换成本，减少停机时间，增强生产线的柔性、敏捷性和适应性。

二、小米科技数字化转型价值创造分析

（一）数字化生态体系节约资金

2017 年，小米科技着手构建线下、线上一体化的数字新生态体系，用互联网思维改造传统低效的零售行业，以点带面，遍布全国各地的小米之家，实现销售→服务→保障→再销售的良性循环和一体化营销。小米科技将此前定位为售后服务网点的门店基于云计算、大数据、人工智能、物联网等前端科技布局的零售业态构建进行战略升级，将其改造为线下零售门店——小米之家，为应对存在高度不确定性的业务变化，小米通过业务中台来减少系统的重复建设，节约投入资金，从而降低建设小米之家总成本。拉通

线上、线下全渠道的数据，降低试错成本，加快产品的流通速度，从而提高企业的存货周转率，防止产品积压。通过数字化门店建设，实现门店人、货、场的数字化，以线上反哺线下、线下拉动线上，促进线上线下一体化生态体系的建成。全新的生态体系可以以实体的线下门店加深顾客对产品的体验，更全面地了解和使用产品，而且销售和售后服务一体化建设加强了用户对小米产品的黏性，长久地提高MIUI用户活跃度，为IoT产品的销售打下了坚实的基础。

（二）数字挖掘带来价值增值

当前，数字化升级已经无处不在，人们的衣食住行无不以各种数据为基础。尤其在近三年，对数据的需求急剧增长导致数字化的进程加快。在2020年前，虽然数字化升级的趋势已经被众多企业所掌握，但是企业并没有进行前期的部署规划，仅仅认为数字化能够提高企业的行政交流效率，没有意识到数字化对企业生产经营的重要作用，数字化升级相关的竞争精神还没有深入企业负责人心中。近两年，工作、学习和企业经营转移到线上已经是一种社会共识。网络教学是一个很好的典例，从在学校的教室里老师面对面授课到现在的腾讯会议、智慧树平台等视频授课，大约经过了一年时间。在消费方面，线上购物已经成为现代人消费的最优选择。但在升级过程中，年轻人士作为参与的主力军，其主要购买产品为服装和电子设备类。在2020年后，有更多中老年人参与到线上买菜，有意识地利用网络的便利采购瓜果蔬菜等生活必需品。上述变化推动企业负责人深度思考和反思数字化到底对企业有什么作用。例如，线上买菜平台，平台收获了广大稳定的忠实用户，并且用户数据反向推动企业进行深层次数字化升级。

因此，小米科技抓住数字化升级的宝贵机会，深度挖掘用户的宝贵数据，及时对数据进行挖掘并对数据进行储存分析，同时构建企业全流程数字化平台，充分利用数字化数据指导企业的生产制造和销售，为数字化升级实现企业降本增效打下数据基础。

（三）数字化思维创新增强市场竞争力

纵观小米科技发展历程，它利用数字技术实现两类创新协同发展，拓展产品功能、丰富服务内容，从而实现相关产品技术跃迁。小米科技的发展历程具有显著升级特征，如以产品主导逻辑的"智能手机+信息服务"的生态圈模式（2010—2013年）；以服务主导逻辑的"智能产品布局+生态链孵化服务+互联网信息服务十新零售"（2013年至今）阶段。数字化思维创新后，小米科技市场竞争力变强，表现在市场占有率和发展趋势，同时财务绩效表现更加稳定，即使在近两年国际环境不景气和核心零部件受限制的情况下，财务绩效表现高于整体行业平均值。

产品主导阶段的市场竞争力方面。2010年，手机市场的主要生产制造厂商是三星、苹果和华为等，上述企业的产品市场认可度较高，产品技术成熟。小米科技起步较晚，面临核心技术不足、生产制造能力较差、销售模式单一和售后服务增值较低等问题，小米科技基于数字技术向市场提供性价比较高的新一代智能手机，具体表现如下：以体量庞大的中低端客户为市场目标，以MTUI系统研发为产品创新突破口，以众包方式整合研发设计资源，缓解国产智能手机Android系统操作不便和信息泄露等问题。典型事件如下：配置旗舰级硬件，搭载当时体验性较强的系统、软硬集成度较高的"小米1"，以市价1 999元在较短时间内完成年销售计划；对手机外观设计、外包装等细节进行改进，"小米2"创下3分钟销售50万部的纪录，为小米科技服务主导逻辑升级奠定了市场基础，丰富了产品创新资源库。

服务主导阶段的市场竞争力方面。在市场竞争日益激烈的背景下，小米科技以"低成本+互联网营销"为特征的获利优势减少。于是小米科技借助产品主导逻辑下积累的互联网经验、市场和品牌效应，将产品创新重心转变为基于产品创新能力的服务价值创造。一方面，通过加大研发设计投入，增强基于核心产品技术的服务承载力。例如，小米智能工厂采用"研发+量产"模式发挥协同效应，以强大的生产能力、全自动的生产线缓解供应链短板问题，同时全面进行智能制造布局，加快产品研发，从而实现智化升级。另一方面，通过丰富产品线驱动与智能手机相关的产品创新，即以搭载MIDI系统的智能手机为内核，逐渐向外拓展构建智能硬件产品生态圈，相关产品包括小米手机周边智能终端或互补性设备（如家电、手环、路由器）等。这一阶段，小米科技产品创新的典型特征如下：将人工智能、物联网等数字技术嵌入手机，促使外围产品与智能手机产生联动效应，借助数字技术构建产品控制的"虚拟之手"，为客户创造全新的产品服务体验。

转变思维后的小米手机市场占有率稳定在国内前五名，线下门店小米之家数量远超OPPO和VIVO，同时境外市场发展势头强劲，比如印度和西班牙市场智能手机占有率第一。过硬的产品质量和逐步获得市场信任的小米科技在财务绩效方面也得到了提升。在服务主导的阶段，小米科技的收入尤其是境外市场和 IoT 消费产品收入逐年上涨，使得在零部件短缺和国际宏观经济环境严峻等诸多不利因素影响下 2021 年收入仍然保持高速增长，同时受益于小米科技产品功能和服务种类的丰富，境外市场的应收账款周转速度提高。

（四）采购数字化降低生产运营成本

1. 采购数字化 1.0——小米中国区采购线上化

随着小米集团的业务规模不断扩大、供应商众多，在供应链采购业务上的重心由运营型过渡到战略型，亟待通过互联网＋技术手段完成采购供应链数字化管理转型。2020年，对小米集团来说，采购的数字化转型势在必行。于是，"采购数字化项目"开始立项，这既是小米集团自上而下的战略推动，也是业务部门自下而上的需求推动，是两个方向共同努力的结果。

自下而上是因为小米中国区最早有采购数字化的原生需求，集团 2020 年在中国重启线下变革。一是开始在中国区大面积开店，从 2020 年 10 月算起，一年之内小米之家从 2 000 家增长到超过 10 000 家；二是 2020 年启动品牌高端化，同年发布了第一款高端机小米 10；三是启动服务的体制变革，加强、提升服务质量。

过去集团的采购存在诸多痛点。例如，采购是线下操作，通过邮件、内部办公软件进行沟通和记录，导致从需求到付款的环节未打通；流程在不同的信息系统上呈现，所以数据也没有打通。此外，还有效率较低、信息丢失、存档不利、沟通不畅等情况时常发生。

2020 年 12 月，支付宝为小米科技打造一站式的非生产采购管理系统——"易购"。"易购"搭建路径是先解决具体问题，再完善系统。核心要解决的问题有两个：一是需求的管理确认，原来需求的管理确认、项目预算、审批都是线下，但是各部门之间有很多种规则，没有形成统一化；二是采购过程存在问题，包括供应商引入、招采、下单、管理、验收，这些过程没有在线上体现，存在信息不对称、不合规的风险等。支付宝·小米"易购"采购系统如图 3-18 所示。

支付宝数字化采购解决方案

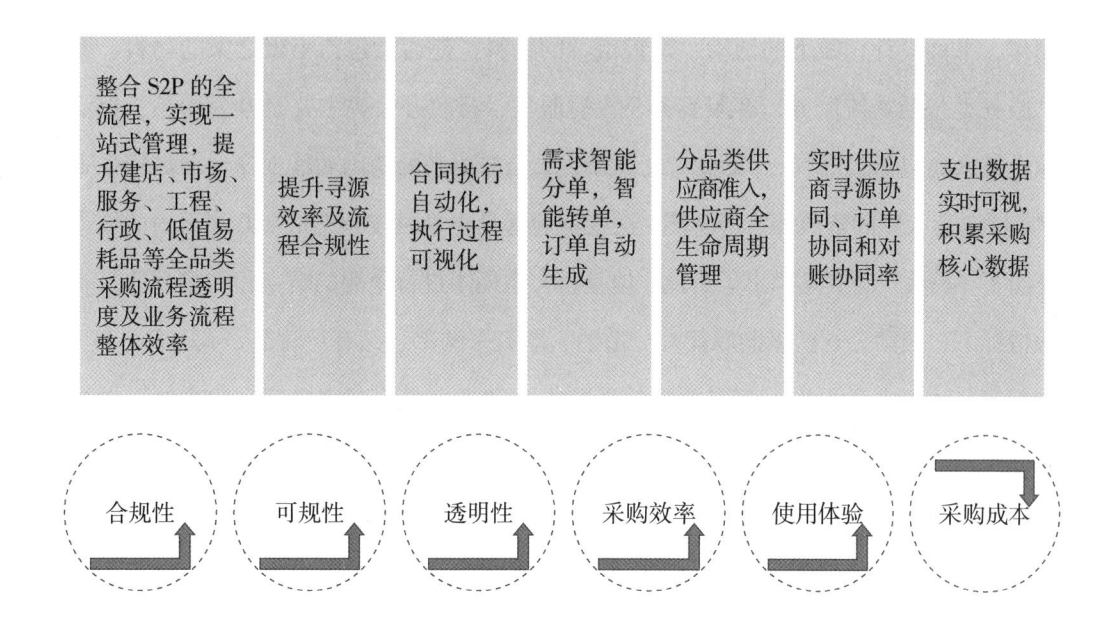

| 整合S2P的全流程，实现一站式管理，提升建店、市场、服务、工程、行政、低值易耗品等全品类采购流程透明度及业务流程整体效率 | 提升寻源效率及流程合规性 | 合同执行自动化，执行过程可视化 | 需求智能分单，智能转单，订单自动生成 | 分品类供应商准入，供应商全生命周期管理 | 实时供应商寻源协同、订单协同和对账协同率 | 支出数据实时可视，积累采购核心数据 |

合规性　可规性　透明性　采购效率　使用体验　采购成本

图3-18　支付宝·小米"易购"采购系统

2021年4月，"易购"一期上线，通过智能化的采购管理SaaS服务，实现了小米市场类采购从需求到寻源到订单到结算的全流程线上化管理，大幅提高了工作效率以及业务合规性，降低了运营和管理成本。

2. 采购数字化2.0：推行至整个集团

3个月之后，"易购"二期再次上线，并从中国区全面推广至小米集团。此外，"易购"二期完成了从需求到PO（Purchase Order，订单）到付款阶段的全面闭环自动化管理，即从需求的提起到采购策略审批，再到采购结果的审批，再到订单的验收及付款过程。因为打通了与财务共享中心的对接，实现了应付账款的自动化，显著降低了付款相关工作量。

在此之前，付款账户的对账环节未打通，发票、验收单以零散方式对公支出发起付款，没有统一的系统。同时，付款需要采购在下单前手工预提，付款时精确分摊、核对发票、上传订单、验收证明等相关采购单据一系列工作，工作烦琐，过程冗余，给采购人员带来了较多的工作量。

"易购"二期主要有以下两方面的升级：一是在采购品类上进行拓展，从小米中国区的市场品类拓展到整个小米集团的非生产性采购，主要是市场、建店、行政办公、技术等品类。小米集团的非生产性采购包括5大类，其中市场类包括媒介购买、广告、视频制作、平面设计、线下的活动、零售市场的物料；建店类包括小米之家的物料、家具等；服务类包括物流服务、客服服务、售后服务；行政办公类主要是办公用品、保洁、物业；技术类包括IT设备、实验室设备等。二是在原来的基础功能上迭代，如招采采购策略、供应商入库的资质评审等功能。这些背后都是小米科技和支付宝共同努力的结果，也证明了"易购"确实发挥出了价值。但是，大型集团进行采购的数字化转型并非易事。一般情况下，很多公司的采购职能是分散的，既有采购部，又有行政部、人事部、IT部、市场部等。由于各种原因，不同部门的采购需求和支出是很难完全统一起来的，强行统一也容易造成很多问题。这就涉及集中采购、授权采购、分散采购的问题。为此，支出宝为小米科技建立虚拟的"采购共享中心"，利用强大的需求分发引擎，对集中采购需求、分散采购需求进行智能的处理及分发，提高采购处理效率，实现集中采购、授权采购、分散采购的一站式管理。

此外，伴随着"易购"的实施，小米集团也对采购组织的架构进行了调整。小米集团此前是业务兼做采购，业态不分离，后来集团从管理的角度发现有风险，所以拓展了采购的职能，未来采购的工作逐渐由业务兼做变成采购和业务协同的状态。例如，需求、审批流程等是联合协同内控，还协同财务做了很多设置工作，包括需求审批的统一标准化、审批流的权限规定，以及与后端财务共享中心的打通等。

上线"易购"二期之后，通过对品类、功能的迭代，以及对组织职能的调整，小米集团采购过程中面临的很多问题均得到了解决。例如，供应商数量含糊不清，此前没有一个系统可以呈现出与小米集团合作的供应商到底有多少，每个品类合作的供应商共有多少家。合作的金额不能实时体现，例如，小米和某一类供应商合作的总体进度，此前是从付款系统抓取，但数据有延迟性。而"易购"以PO作为节点抓取，PO数据代表小米科技和供应商开始合作的状态，且时间和金额两个维度的准确性非常高。招采项目数量没有统计，一个月到底发生了是20笔还是30笔招采不清楚。此外，也无法快速统计到底有哪些部门在提出采购需求，这些需求都是哪一类，每一类各花了多少钱。"易购"目前能够体现出来。

3. 采购数字化 3.0：将与业务系统打通

支付宝通过对接小米科技内部 ERP、OA 等管理系统，实现业务流程的高效内部协同。通过供应商端，实现小米科技与供应商在询报价、订单确认发货结算等高效外部协同。另一方面是对项目合同后的管理，因为"易购"一期和二期解决的是合同前的采购管理，后续也实现了对合同后的履约管理、绩效管理、供应商的绩效管理等方面的数字化。

从公司集团化管控的角度来看，如何在确保业务灵活性的同时，增强成本管控集约效应，确保过程透明合规，是每个快速增长的高科技行业所面临的共同问题，而小米集团为国内企业采购数字化转型打造了标杆案例。

（五）数字化产品升级增强用户黏性

2021 年 6 月，市场调研机构 QuestMobile 发布的典型智能终端换机品牌去向中，列举了当前热门机型，包括华为、苹果、OPPO、VIVO 和小米。根据 Choice 东方财富数据库和小米年报，可得到以下数据：华为的用户忠诚率为 48.4%，苹果为 47.3%，OPPO 为 48.7%，VIVO 为 34.4%，而小米达到了 63.2%，即老用户在换手机时大概率还会选择小米，小米智能手机是榜单中用户忠诚度最高的智能手机品牌，体现了小米用户的强黏性。

小米智能手机位列榜单第一离不开小米 2010 年开始围绕智能手机搭建生态圈，2013 年初步形成小米智能设备生态圈；2016 年，小米科技布局物联网互联互通战略，增加用户的互联互动使用场景，丰富产品的种类和数量，用户依赖度不断提升，促进了 IoT 类生产消费产品的销售，为 AI 结合 IoT 类生活消费产品打下了用户基础，提供了改进数据和方向；2017 年，小米科技加快线上线下销售平台一体化建设，让老用户在小米之家里使用新产品，实地体验加快用户购买速度，增加了销售收入；2019 年，小米科技实现 IoT 类消费产品的互联互动，用户使用小米手机连接越多的智能设备，用户依赖度不断提升，智能大家电如空调、电视和冰箱走进小米互联互通生态圈，在逐渐增多的物联网设备为小米高用户忠诚度作出了重要贡献。

因此，小米科技通过不断地对现有智能数字化设备，包括智能手机、IoT 类生产消费产品等进行升级换代，增强了老用户的黏性；同时提高中低端产品的性价比，研发高端产品吸引新用户，并以增加的用户数据为升级提供数据支持，不断研发新产品，最终扩大市场占有率、促进销售收入增加，实现以用户黏性提升财务绩效。

三、美的集团数字化转型模式演化及其价值创造解析

数字化转型中,"怎么转"和"怎么创造价值"是转型的关键所在,实施怎样的数字化转型模式,如何影响价值创造,价值创造的形式是什么,都是企业在数字化转型过程中急需探讨的问题。而美的集团数字化转型是"由内到外"的渐进式转型,取得了良好的价值创造效果。

(一)美的集团数字化转型价值创造动力模型

在美的集团数字化转型中6个主范畴之间的联系如下:美的集团基于用户个性化需求和消费升级的背景,以用户为导向,通过大数据、人工智能、云计算等数字技术获取并分析用户的差异化需求。在数字化转型过程中,可以将美的集团的转型分为四个递进的模式——"现有业务优化""发展数字化产品""发展数字化业务"以及"最终成为数字化生态系统提供者"。第一,现有业务优化是指在不改变产品和服务的情况下,在产品研发、生产、管理、销售等总流程上运用数字技术,实现效率的提升和成本的节约,这一模式只是优化原有的价值创造过程,并没有创造新的价值;第二,发展数字化产品,美的集团通过对产品内容数字化,给产品植入数字属性,提高产品附加值,生产出智能产品,并凭借差异化产品占据更多的市场份额;第三,发展数字化业务,企业基于现有产品,改变价值创造和实现的核心逻辑,利用数字技术感知客户个性化需求,并通过商业模式创新,对新老客户差异化管理,获取并识别新的价值来源,在原有市场中进一步渗透,并在新的市场中获得价值;第四,成为数字化生态系统提供者,美的集团利用自身品牌优势创造数字化平台,与产业链上的各个企业建立联系,共建价值网,实现价值共创,最终建立数字化生态系统。无论是哪一种模式,最终都会落实到价值实现和分配上,美的集团在满足企业价值最大化的前提下,主动为社会公益作出贡献,产品研发方向之一为节能环保绿色,在消费者心中树立良好的品牌形象,同时为产业链上的合作伙伴创造转型环境和机遇,实现利益相关者价值最大化。综上所述,核心范畴可以表述为"美的集团数字化转型价值创造动力"模型,如图3-19所示。

(二)美的集团数字化转型价值创造影响机理

在美的集团数字化转型的价值创造动力模型的基础上,本书对6个主范畴以及44个副范畴的因果关系进行整理,形成了美的集团数字化转型的价值创造传导机理模型,如图3-20所示。

第三章 数字化转型价值创造及其路径

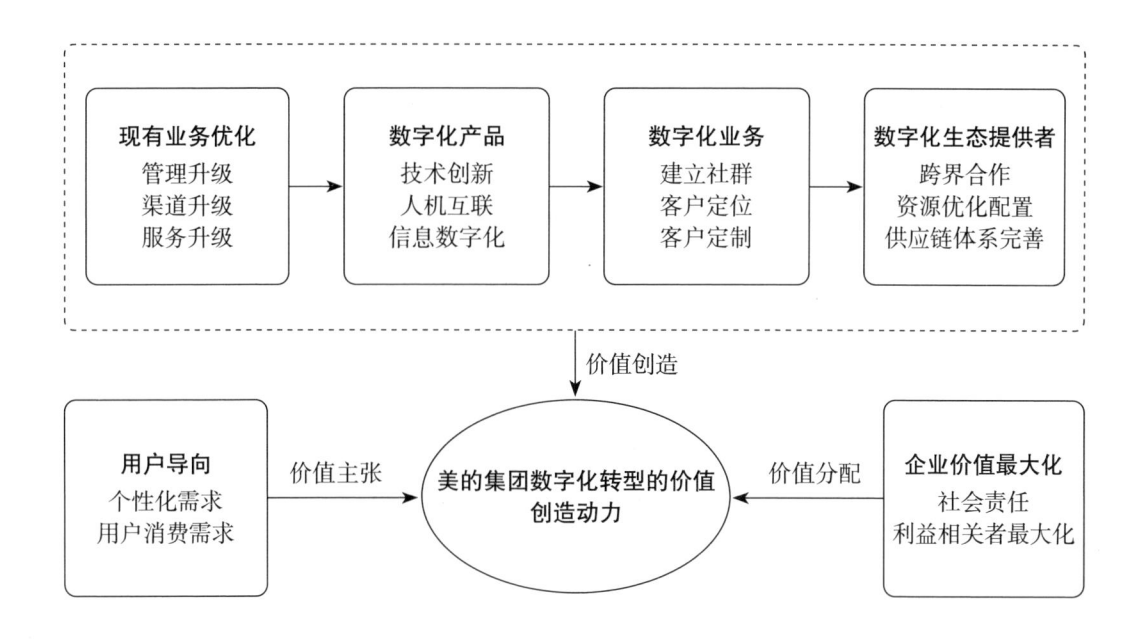

图 3-19 美的集团数字化转型价值创造动力模型

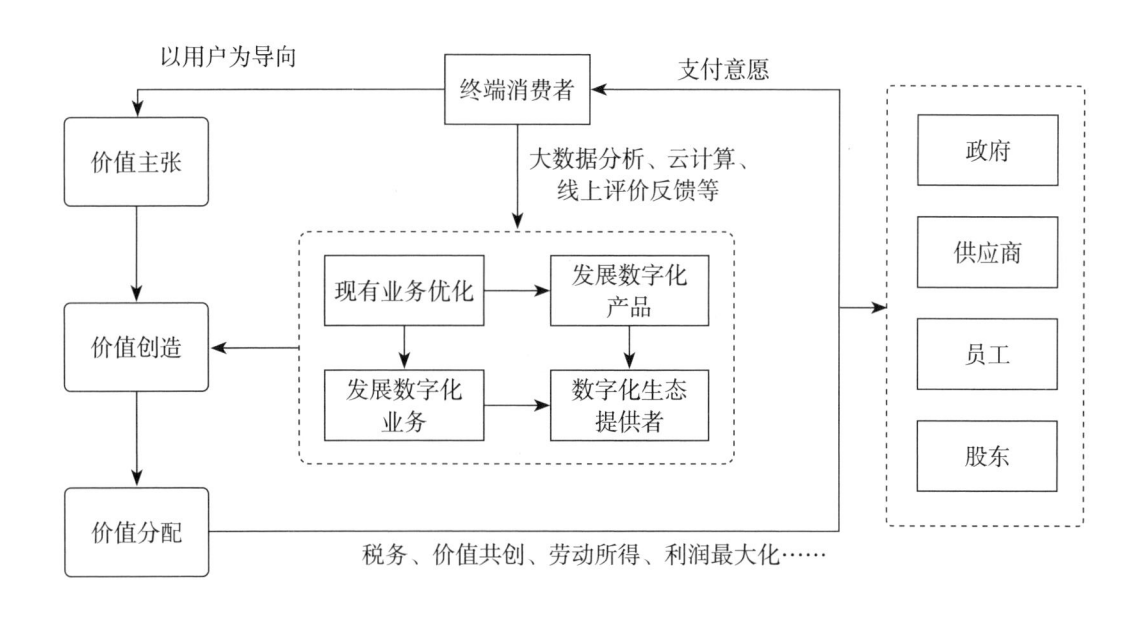

图 3-20 美的集团数字化转型的价值创造传导机理模型

美的集团的数字化转型在价值创造传导过程中可以分为价值主张、价值创造、价值分配三个部分。首先，通过大数据分析、云计算、线上评价反馈等路径得到用户智能化、个性化和服务化的价值主张；其次，在确定价值主张后，美的集团通过现有业务优化、发展数字化产品、数字化业务以及成为数字化生态提供者从而实现价值创造；最后，将价值以税务、共创价值、劳动所得、利润和服务体验等传递到政府、供应商、员工、股东以及消费者等利益相关者身上。

1. 价值主张

价值主张是确定企业未来的发展方向，根据主张明确企业的主要产品与服务。美的集团进行数字化转型目的是真正以用户为起点，引导产品的开发与生产，利用"互联网+"的思维和方式将企业的价值链整合起来，将所有资源配置到与用户有关联的环节上，不断提高公司的用户体验和服务能力。

在数字经济的发展背景下，市场消费升级，用户对智能化、个性化的需求越来越大，美的集团通过加大研发投入提升自主研发能力、提供柔性化生产、个性化定制，设计解决用户痛点的产品，为终端用户提供更高品质的产品。从美的集团数字化转型前后研发投入变化和研发人员数量变化（见图3-21），由于2014年之前企业尚未披露有关研发支出的具体数据信息，因此，本部分受数据可获得性的限制，应从2014年开始分析美的集团的研发投入强度。从图3-21中可以看出美的集团的研发投入逐年增加，尤其在2016年之后，增加幅度更大，而研发人员数量则在数字化1.0阶段是维持在8 000~9 000人，在数字化2.0阶段大幅增加。从中可以看得出美的集团对自主研发产品创新的重视程度。

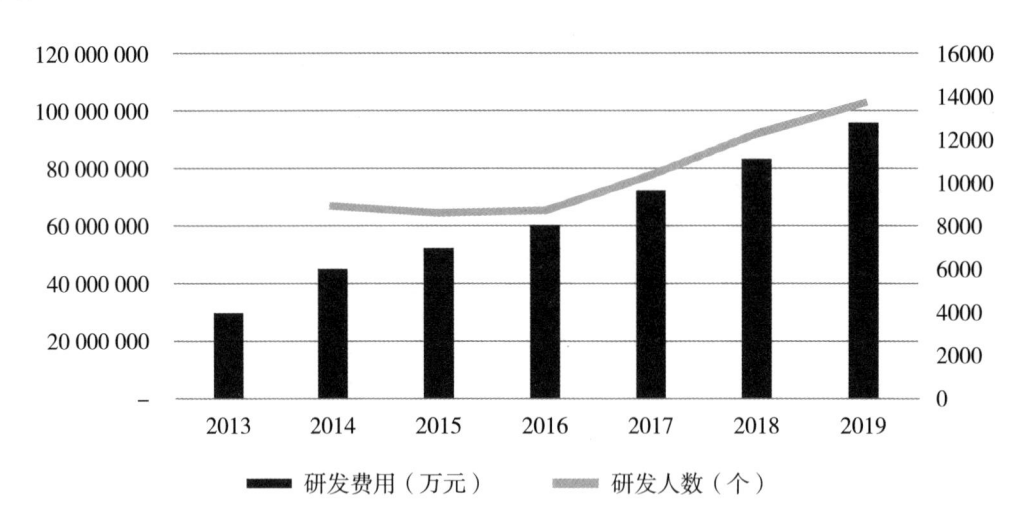

图3-21 美的集团数字化转型后研发费用及研发人数变动统计

数据来源：根据美的公司年报计算所得绘制。

2. 价值创造

企业转型的核心任务就是实现高效的价值创造，美的集团数字化转型的价值创造路径可分为四种模式："现有业务优化""发展数字化产品""发展数字化业务"以及最终成为"数字化生态系统提供者"。

（1）现有业务优化。"现有业务优化"是以实现企业内部"数字化管理"为目标，通过"管理升级""营销多样化""服务升级""渠道升级""销售体验化"等方法实现优化。具体而言，这一模式的核心是指在不改变产品和服务的情况下，在产品研发、生产、管理、销售等总流程上运用数字技术，实现效率的提升和成本的节约。美的集团在数字化1.0和数字化2.0阶段针对内部管理不断创新优化，最为典型和著名的措施，一是"T+3"生产模式的创新，二是组织结构变革，三是电商渠道拓展。

在生产管理的数字化转型方面，美的集团开创了著名的"T+3"生产模式，即以销定产。不同于传统模式的"工厂产什么，用户买什么"的产销模式，"T+3"模式是以用户为中心，基于订单进行补货生产，通过美的集团自身的全产业链优势，实现产、供、销联动，快速满足市场需求，同时对制造流程、工艺和设备进行优化升级，实现供货周期的压缩，使得产业链条上库存最小化、产能最大化和收入最大化。具体而言，"T+3"生产模式（如图3-22）就是将接单申报审批、备货、生产和发货四个周期调动起来的产销计划管理模式，其中"T"代表客户下单周期，"T+1"代表备料期，"T+2"代表工厂生产期，"T+3"代表物流配送期。从图中3-22可以看出，该模式通过全产业链的协同作用实现多批次、小批量的柔性生产：由代理商接单，交由销售公司评审，判断是否有库存，若有则由销售公司直接发货，若无则上报总部评审，确定仓库内是否有现货，有则由基础仓直接发货，若无现货则判定工厂是否产能在9天内供货，可以则导入APS智能排产系统进行排产，工厂生产入库后直接发货。

"T+3"生产模式首先实现了以用户为中心，倒逼企业价值链的内部改革；其次，实现以用户为主导的个性化定制，有效地增强了用户的满足感；再者，该模式推动了代理商向运营商的改变，实现去中介化，为企业带来精准营销；最后，最为直观的改变是去库存，降低存货积压滞销的风险，加快营运资金的流动。

在组织结构方面，从1997年开始，美的集团开始进行事业部制改造，构建了完全的事业部制。美的集团实施完全事业部制后，从电风扇业务转型，空调业务爆发，做到了900亿元的规模，随后在小家电、小机电领域大放光彩。发展至今，美的集团涉及业务有暖通空调、消费电器、机器人及自动化系统以及零部件等材料的销售，还有硬软件的开发、信息技术服务等，实现了全方面、多领域的发展。此时，完全事业部制的问题凸显出来了。尽管美的集团各个事业部内部是高度统一的，但相互之间缺少连接，各自为

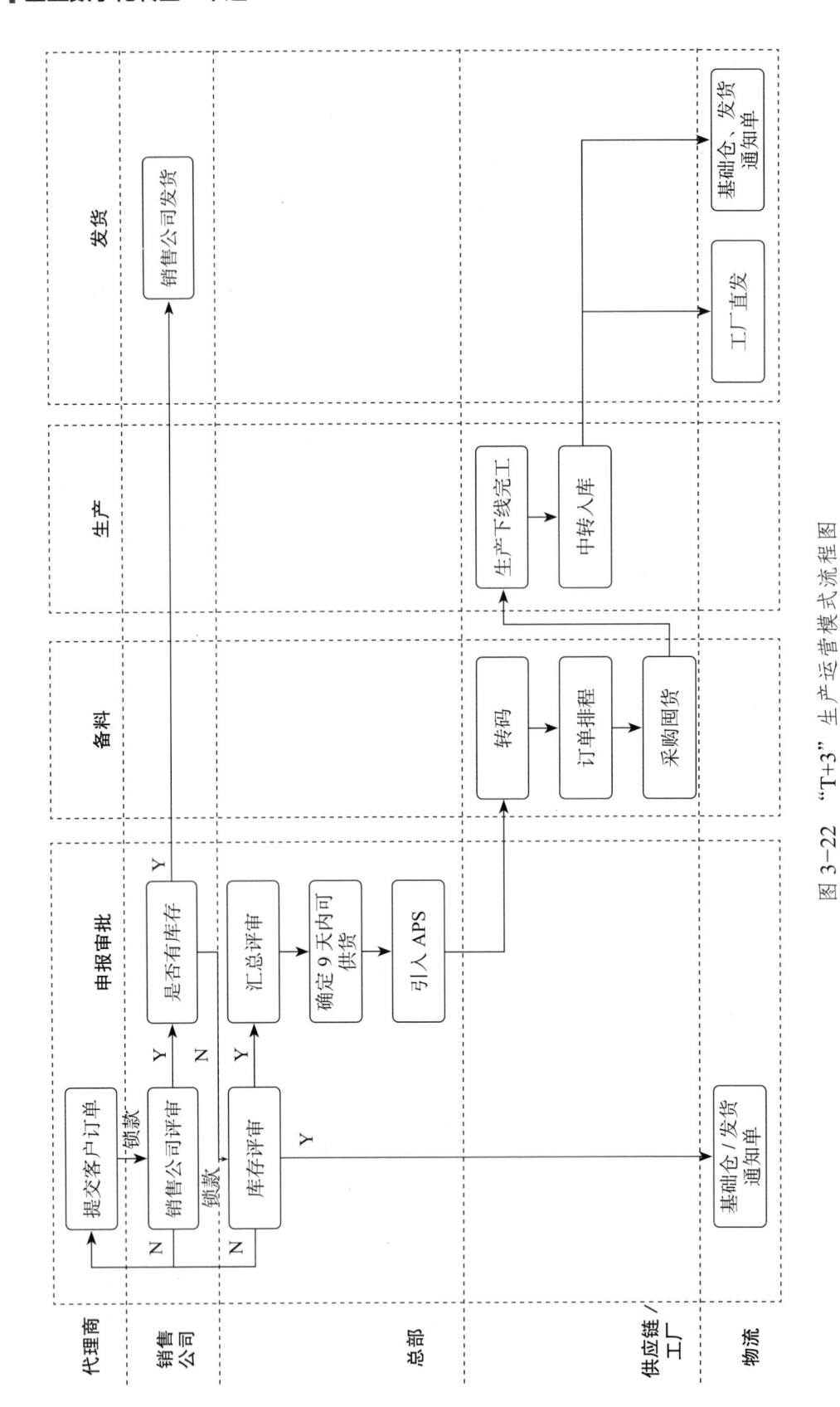

图 3-22 "T+3" 生产运营模式流程图

政，各有各的理念和方法。对于集团而言，各事业部难以整合，难以拧成一股绳，难以向一个方向使劲是一个严重的问题。在美的集团面向国际、实施国际化战略时，所有的资源都为各个事业部所有，集团没有平台，无法调动资源，更无法集中资源。如果一个企业自身连配置资源的平台都没有，那么仅仅授权给前线是毫无意义的。因此，新领导上台后，率先进行组织结构的变革，开启"三个去"和"789工程"。"三个去"就是去中心化、去权威化和去科层化；"789工程"就是新建一个以产品、用户、一线为中心的扁平化组织结构，其中包含7个平台、8个职能和9个事业部。这次变革收回了各个事业部的很多权力和利益，弱化了传统事业部制的行政科层关系。

组织结构平台化强化了美的集团各事业部之间的协同，实现仓库、制造、设备、人力等资源的流通与协作。美的集团利用数字技术将流程标准化，搭建物流平台、电商平台以及售后服务平台，实现内部产业链向外延伸。平台化协同的不仅仅是物质资源，更为重要的是数据资源的协同共享。美的集团的三大平台在物质资源协同的同时，将三个系统的后台数据搭建连接，构建物流、仓储、配送为一体的服务系统，实现全局库存可视化、物流成本精细化的管理变革。同时，线上、线下的连接提升了服务水平，提高用户体验，减少了中间代理商的中转环节，提高了配送效率。组织结构平台化不仅提高了内部效率，更帮助公司实现了由产品经营向用户经营的理念的转变。通过售后服务平台的搭建，美的集团对消费者需求与行为的捕捉更为精细化、规模化和及时化。通过数字技术，消费者的需求可以及时反馈给相关事业部，相关事业部可以及时作出反应，有针对性地改进并为用户提供增值服务。

在渠道方面，随着数字技术的发展，美的集团对营销渠道回归代理制，开启线上电商与线下旗舰店共同发展模式。2011年后，美的集团对家电营销体系进行瘦身，市场运作由合资销售分公司模式回归代理制，推动"研产销"一体化管理和渠道扁平化。事业部制下各事业部拥有一定的自主权，区域代理制则推动了公司对市场的全面覆盖。美的集团的市场覆盖在经过多年的发展与布局后已经卓有成效，形成了全方位、立体式的市场覆盖。在一、二线市场，美的集团与大型家电连锁卖场合作，在三、四线市场，公司以旗舰店、专卖店、传统渠道和新兴渠道作为有效补充。美的集团持续推动渠道变革转型，减少线下渠道层级，推进代理商优化整合和赋能建设，坚定持续降低库存、优化结构和精简SKU，提升渠道效率。而电商渠道的兴起带来根本性的渠道变革，与传统渠道实现互利互补。2014年，美的集团正式成立电子商务部，与天猫、苏宁易购等电商平台合作，开启美的官方商城运营模式，实现从网上销售模式到面向用户交互式的O2O模式的转变。

自 2014 年正式开启电商渠道后，美的集团线上销售额逐年增长，2017—2020 年蝉联全网排名第一。

无论是生产环节、管理方式还是渠道变革，美的集团都没有从本质上改变产品和服务内容，只是利用数字技术，降低生产、运营成本，提高管理效率，销售效率，从本质上这一模式为企业带来的只是优化原有的价值创造过程，并没有创造新的价值。

（2）发展数字化产品。美的集团数字化产品的开发主要体现在产品内容的数字化，通过技术革新为产品植入数字属性，提高产品附加值，生产出智能产品，实现人机互联。2016 年，美的 M-Smart 智慧家居正式对外开放，首批智能产品正式面世，包括智能冰箱、智能烤箱、智能空调、洗碗机等，围绕智慧、健康、节能三大属性展开。

美的集团推出的数字化产品是在原有功能的基础上，针对用户痛点利用数字技术开发出新的功能，智能电饭煲煮出的米饭更香更低糖了，空气净化器功能更全面了，冰箱、洗衣机、微波炉都实现了远程控制和智能提示，这些智能化功能增加了原有产品的附加值，在市场竞争中不仅仅是普通的家电，而是小"智"电，更高的附加值和差异化的属性为美的集团稳固市场，更打开了年轻消费群体市场。智能化、交互式的使用体验让消费者对美的品牌的好感度上升，基于用户视角的产品开发，让产品更加贴近用户生活，让消费者能从冰冷的家电里感受到"温暖"。

单论这一模式，企业并没有改变商业模式的价值创造过程，利用数字化的产品和服务，创造差异化市场，通过数字技术强化产品与人的联系，抓住用户情感诉求，从而增强用户黏性。

（3）发展数字化业务。数字化业务对于美的集团是一个数字化商业模式的转变，美的集团通过大数据、云计算等数字技术对客户进行"定位"，针对不同群体的需求，实现批量化的"客户定制"。这一模式下的美的集团，不仅仅依靠贩卖产品创造价值，还通过"设立社群"、用户定制以及构建"数字资产"为企业创造价值。

在全面重构集团的 IT 系统后，美的集团逐步建立起数字营销企划和柔性制造能力，对内提升了运行效率，然后开始对商业模式进行调整，发展数字化业务。2016 年，美的集团成立美云智数公司，对外输出数字化转型能力，并收购库卡，拓展机器人业务增加自身数字化业务能力，打造工业互联网平台，对外赋能。在用户管理方面，美的集团运用传统的线下社群运营与新兴的线上社群运营相结合等方式创新用户会员体系，实现以老带新的口碑推荐新模式，实现了用户裂变增长，实现用户数量的增加。

无论是数字化 1.0 内部管理的数字化还是外部社群建设、工业互联网平台的建设，其中流通的大量数据值、内容反馈形成了美的集团的数字资产；在进入数字化 2.0 阶段后，美的集团实现了利用生产数据驱动经营管理，利用用户反馈信息驱动产品开发，共同创造新的价值。

（4）成为数字化生态系统的服务商。数字化生态系统服务商是以"全面数字化"为目标，通过"跨界合作""完善供应链体系"，最终搭建"数字化生态平台"。这一模式下，企业需要开发数字化产品，并创新数字化商业模式。通过数字化平台与其他互补性服务的企业建立合作关系，进而实现价值共创，最终建立起数字化生态系统。

美的美居是美的集团打造的较为成功的数字化生态平台（见图 3-23），主要包含智能家电管理平台和智能家居生活服务平台，除了包含美的集团旗下的所有品牌，还包括加入美的美居生态链的所有智能产品的供应商伙伴，如公牛插座、创维电视等。美的美居提供的数字化产品和服务包括智能连接、大数据以及云平台。智能连接顾名思义就是"连接"，将各类家电与人、网、物连接起来，用户可以通过美的美居 App，设定不同场景下各类家电的运行模式，还可以远程接收设备状态、定期自检等。美的美居大数据平台为公司实现了智能场景落地，建设了高可用、强互动、标准化的 IoT 平台。利用美的美居 App，将用户与设备稳定链接，分析用户画像，获得群体用户需求，提升用户使用智能产品的体验，同时不断深度挖掘智能设备及用户数据价值，将分析得到的数据整合到平台中心，反馈给各个部门，对产品、服务定向升级，提升企业运营效能。

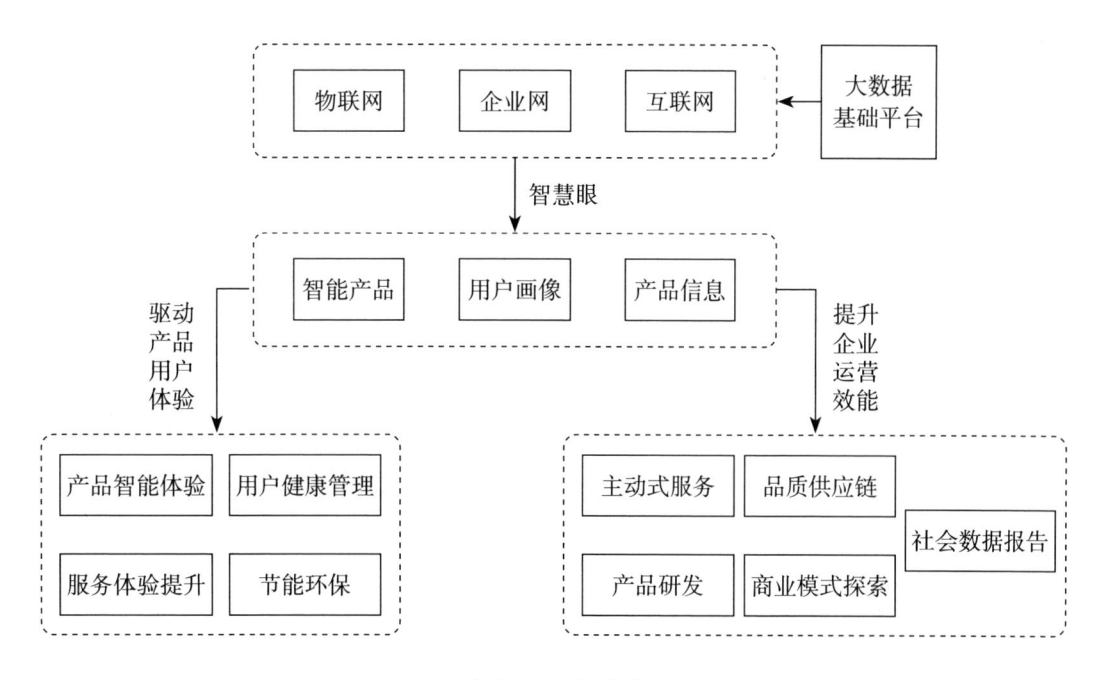

图 3-23 美的 IoT 大数据技术平台

美的美居云平台功能是美的集团最具代表性的数字化业务，包括智能生活场景解决方案和智慧生活社区解决方案。前者是为个体客户提供私人定制的全屋智能解决方案，将目前市场上主流的智能控制系统、智能照明系统、影音娱乐系统、智能安防系统四大智能系统互联，让用户体验充满科技的居家生活；后者针对的是房地产、物业等合作伙伴的服务，将智慧家居系统和云服务思想结合，成功打造出一套完整的智慧社区和智能家居系统解决方案，包括智能物业系统、智能安防系统、智能泊车系统、智能节能系统、智能照明系统、智能家居系统以及智能服务系统，同时服务所有社区业主，打造一个智慧社区。

通过分析，可以看出美的美居的成功起源于美的集团自身品牌影响力，用产品吸引用户，继而搭建用户平台，然后由个体向社区发展，构建一个智慧家居的数字化平台，同时将产业链上的各个企业容纳进来，共建价值网，实现价值共创。

综上所述，美的集团数字化转型过程四个递进式的模式实现价值创造，可以总结为四个方面：首先，通过数字技术对全价值链优化，实现成本的降低、效率的提升；其次，对产品内容进行数字化改造和创新提升产品附加值，通过数字技术满足用户情感类诉求，增强用户黏性；再次，对商业模式进行创新，建设美的美居平台对用户进行社群管理，提高用户数量，同时建设工业互联网平台，对外提供数字化服务；最后，在数字化产品与数字化商业模式的共同作用下成为数字化生态提供者，构建数字化平台，与用户、合作伙伴、供应商实现价值共创。

3. 价值实现

无论哪一种模式，最终都会落实到价值的实现和分配上。为维护数字化转型形成的价值网的稳固和持续发展，美的集团将其创造的价值分配给利益相关者，从而对价值创造的参与者实施激励。站在终端用户的角度，美的集团的个性化定制、场景化的营销模式，以及强大的售后服务，能够满足其使用价值，增强用户的购买意愿和对品牌的黏性。从企业角度，数字化转型为其节约成本、提高效率、创造数字资产。对于其他利益相关者，产业链上的中小企业在美的集团的生态圈内可以实现资源共享，降低交易成本和交流成本，同时协助公司进行数字化转型，实现价值创造，战略联盟合作伙伴可以借助美的集团家电巨头的优势，互惠互利，实现价值创造。

（三）美的集团数字化转型模式演化阶段的价值创造路径分析

表3-3为美的集团数字化转型模式演化对价值创造结果的影响。

表 3-3 美的集团数字化转型模式演化对价值创造结果的影响

阶段	转型过程	价值创造结果
第一阶段	运营系统升级	提升企业运营能力
	制造系统升级	提升生产效率
第二阶段	产研销流程智能	提升协同效率
	物流流程智能	提升物流管理能力
第三阶段	主体互联	集中产业供给侧资源
	系统互联	提升价值网运行效率

1. 第一阶段——系统升级助力效率提升

美的集团在这一阶段数字化转型措施的重心在企业内部的运营系统和制造系统转型中，体现在以下两个方面。

（1）运营系统升级，提升运营能力。运营系统的升级一方面能够帮助企业更好地推动内部资源规范化，处理大量非标准化的信息，改善企业内部的信息传递效率；另一方面能够优化与简化内部业务处理流程，减少不必要的业务流程，降低资源浪费，同时提升部门之间的业务处理效率。

美的集团在第一阶段构建了"632"系统，将集团内的 100 多套 IT 系统简化到 11 套，实现了企业内部系统的数字化与内部部门间初步互联化，让集团内的流程、数据与系统都趋于统一，提高信息配置能力，从而提升部门的沟通效率。除了在集团内部构建统一的"大系统"外，美的集团还完善了各个部门内部的系统，内部系统的升级使得部门的处理业务数据能力提升，同时又通过"大系统"将部门的信息传达到其他部门，即单个部门之间的运营系统升级提升部门内的业务处理效率，又通过"大系统"传达集团内部的信息，助力美的集团业务处理能力的提升。以财务部门为例，美的集团在第一阶段升级了财务系统并优化了法人与会计单元及核算的环境，构建以海外财务内控、外部审计等为核心的风险预警和纠正系统，提升财务数据透明度与财务运算效率，提升结转效率与账务处理自动化水平。财务部门的数据又与其他各部门之间的数据进行连接，能够快速响应与处理集团内发生的各项事务。同样，美的集团在物流管理库中也应用了新系统，运用 RFID 技术对中转库的产品按垛扫描，对产品与物料的管理更高效；运输过程中使用 GPS，帮助企业记录与监控运输过程；通过"大系统"又将运输部门的数据传递到采购部门与销售部门，保障各部门及时了解原材料与产品的运输信息。此外，员工学习平台的升级亦能保障企业运营能力的提升，企业员工的专业素养与能力决定了企业未来的发展方向，随时随地进行业务学习，帮助员工利用空余时间。在这一阶段，美的集团初步搭建了 E-learning 学习平台、开拓移动端美课 App 学习平台，这成为集团内日常培训的重要工具，覆盖全集团人员，帮助集团成员随时随地学习，提升业务水平，助力企业运营能力的提升。

（2）制造系统升级，提升生产效率。首先，制造系统的升级让美的集团的制造车间开始使用大量机器人设施，不仅节省了大量生产员工，降低了人力成本，而且机器人还可以 24 小时连续生产，延长生产时间，提升产品的产出。与此同时，机器人生产效率还远高于人类，提升了企业的制造效率。在第一阶段中期，美的集团的人均产出就从每人每月 75.66 套增长到每人每月 148.22 套，机器人设施的投入让美的集团极大地节省了人力资源并提升了制造效率与产出。

其次，制造系统的升级让生产信息数据化。在转型前，美的集团无论在生产设备的维修还是在生产方案的制定方面都依赖资历更深的生产员工的经验，存在大量的人工判断空间。制造系统升级后，自动化设备能将生产流程中的数据、制造设备中的信息等进行数据化处理，让生产要素等信息数据化，不仅便于合理安排生产，还便于集团及时了解机器的使用状况与生产数据等，让新员工快速地对设备操作进行熟悉，从而极大地提升了生产效率。

再次，制造系统的升级可以在美的集团内部直接获取供应商综合绩效，系统可以自动打分避免人为操作，管理供应商的品质，保障合理与公平，过程公开透明。并且从供应资源、整合管理供应商，保障关键零配件的质量，保障产品的品质。

最后，制造系统的升级使得美的集团内部的制造流程得以统一，降低资源浪费；同时，美的集团还对其研发、生产和销售等关键环节进行了重要的调整，缩减了产品的复杂程度与品类转换；建立的标准化的数据库与系统标准时间管理工作，能够对生产流程进行控制，根据数据分析结果，明晰标准线中需要员工与产品的数量，可以固化美的集团各流程生产所需要的材料与数量，降低资源浪费。并且实现不同类别物料与工艺通用，标准固化于流程中，完善生产流程标准、规范生产业务处理，提升生产效率。2012—2014 年，美的产品进行了调整，淘汰了一些利润空间小的产品，一共削减了 7 000 多种产品，30 多种产品的运行平台。这类产品及有关的业务不仅对整体的贡献很少，导致整体的净利润下降，还将耗费资金、人力等各种资源，增加了公司的机会成本。去掉这些业务的最大好处是对内部资源进行了优化，将资源分配到了核心领域，让自己的优势业务进一步得到完善，进而将重点放在主业的强化上，产品的削减为生产自动化、柔性化作铺垫。

如图3-24所示，在第一阶段，美的集团通过梳理内部资源与挖掘内部企业价值提升了企业的价值。美的集团通过数字化转型重构系统，将企业内部的资源进行整理，同时通过规范流程、升级制造设备等方式来改变企业内部的生产模式，企业内部数字技术的升级让多样化的数据得以统一处理，为集团运营、管理和生产带来便利，生成可用于分析和决策的数据资源，提升企业的运营能力和生产效率。但美的集团在这一阶段的转型举措集中在企业内部，对外的价值联系基本局限在与顾客、供应商的交流中，所以价值创造的形式仍为传统的价值链模式。也就是说，美的集团在这一阶段开启了以提升企业核心能力为主，以初步改善与顾客、供应商的关系为辅的价值创造模式。但这个阶段的价值创造形式仍为价值链方式，企业重点在梳理内部资源和生产方式，并着手加强与供应商端、消费者端的联系，此时价值网尚未形成。

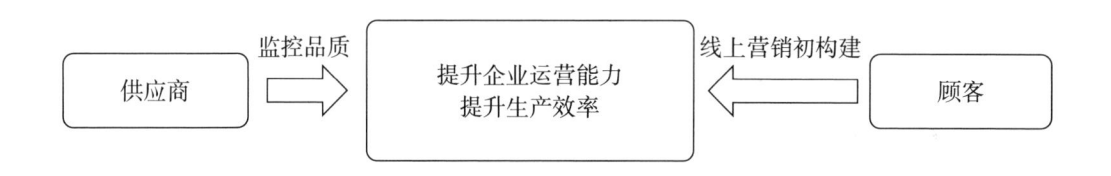

图3-24 第一阶段价值连接模式

2. 第二阶段——流程智能助力信息动态传递

美的集团在这一阶段的数字化转型举措集中在改善企业与外部流程连接与物流仓储的升级转型中，具体体现在以下两个方面。

（1）研产销流程智能提升协同效率。首先是美的集团改善了与客户之间的产销模式，让生产销售更迅速；其次是与客户、供应商形成"云"连接，帮助研发、进货、销售形成单向循环；最后是与战略合作伙伴收集客户信息，助力合作产品的研发与提供更好的服务。从价值网主体来看，这一阶段涉及了顾客、供应商与战略合作伙伴；从业务流程来看，这一阶段牵涉了"研发—进货—生产—销售—反馈—研发"的流程。

变革产销模式，提升产销渠道沟通效率。产销模式变革是指企业改变生产与销售的方式，美的集团传统的生产模式为以产定销，即从生产量出发决定销售计划，在不了解市场行情的情况下易使生产与实际脱钩，造成资源浪费。第二阶段中，美的集团采用了"T+3"战略，"T+3"模式对制造效率有极高要求，整个生产到交货共分为四个阶段，数字化转型后每个阶段的交货时间从7天压缩至3天，这样能够保证整体的交付周期在12天内。整体交付时间的缩短不仅考验了美的集团自身的生产效率，更需要与分销商、客户之间打通连接渠道。美的集团需要先通过自身合并零散订单数量，合理安排生产顺序后提升更换产品线速度，保障在生产过程中尽可能提速与倒逼企业提升产品生产的制造能力。同时需要联通与分销商的数据，由储备式生产模式转变成客户订单式生产方式，即以产定销转变为以销定产，缩减了线下的渠道层级，保障资源不浪费。最后，配合物流方面构建智能云仓，拉通了商品流、资金流、信息流、物流，帮助企业降低库存。以销定产可以加快产品的周转速度，提升产品的竞争力，从而降低中间环节的供货量。这种方式能够有效地降低库存，提高产品研发的效率，缩减生产周期，快速响应市场变化。

收集用户需求，深入联通供应商，提升柔性制造效率，增强销售、研发的精准性。图3-25所示为美的集团与供应商、客户联系图示。美的集团运用"云"系统连接了供应商与客户，形成了以顾客需求为核心、以企业为连接中心、调配"研发—进货—生产—销售—反馈"流程的价值网。

首先，收集用户使用数据助力精准研发。美的集团搭建了电商平台，建立与顾客的渠道连接，对多个平台收集到的用户信息进行全面的分析，构建以互联网为基础的观察消费者系统。收集的数据包括：顾客的基础信息、对产品的反馈、论坛发帖信息、网上购物记录等，通过对词语进行切分并分析，从而理解用户对于产品的真实感受，得到他们的核心需求，并对他们的需求进行动态分析，从而创造出更多适合于他们需要的产品。企业将用户的反馈信息与专业人员对产品的了解相结合，可以准确地找出产品的不足之处，并进行改进。以目标客户的购买、搜索、评价等各个方面的数据为基础，从而准确地了解客户的需求，并按照客户的需求来发展新的产品和服务，即通过收集用户数据与顾客交互形成的大量有关产品的信息反馈，帮助改良现有产品以及推出符合未来主流趋势的产品，帮助企业精准研发。

其次，传达发料信息至供应商，保障精准下料的同时及时发货。在找到企业一款生产的产品后，配合"T+3"产销模式，合理安排好生产流程后，价格透明公开，并且询问供应商资质，寻找到最合理的供应商后便与其确定采购的物料数量、采购时间、采购地点，精准采购使得美的集团能够24小时内备料，增强供应链柔性。

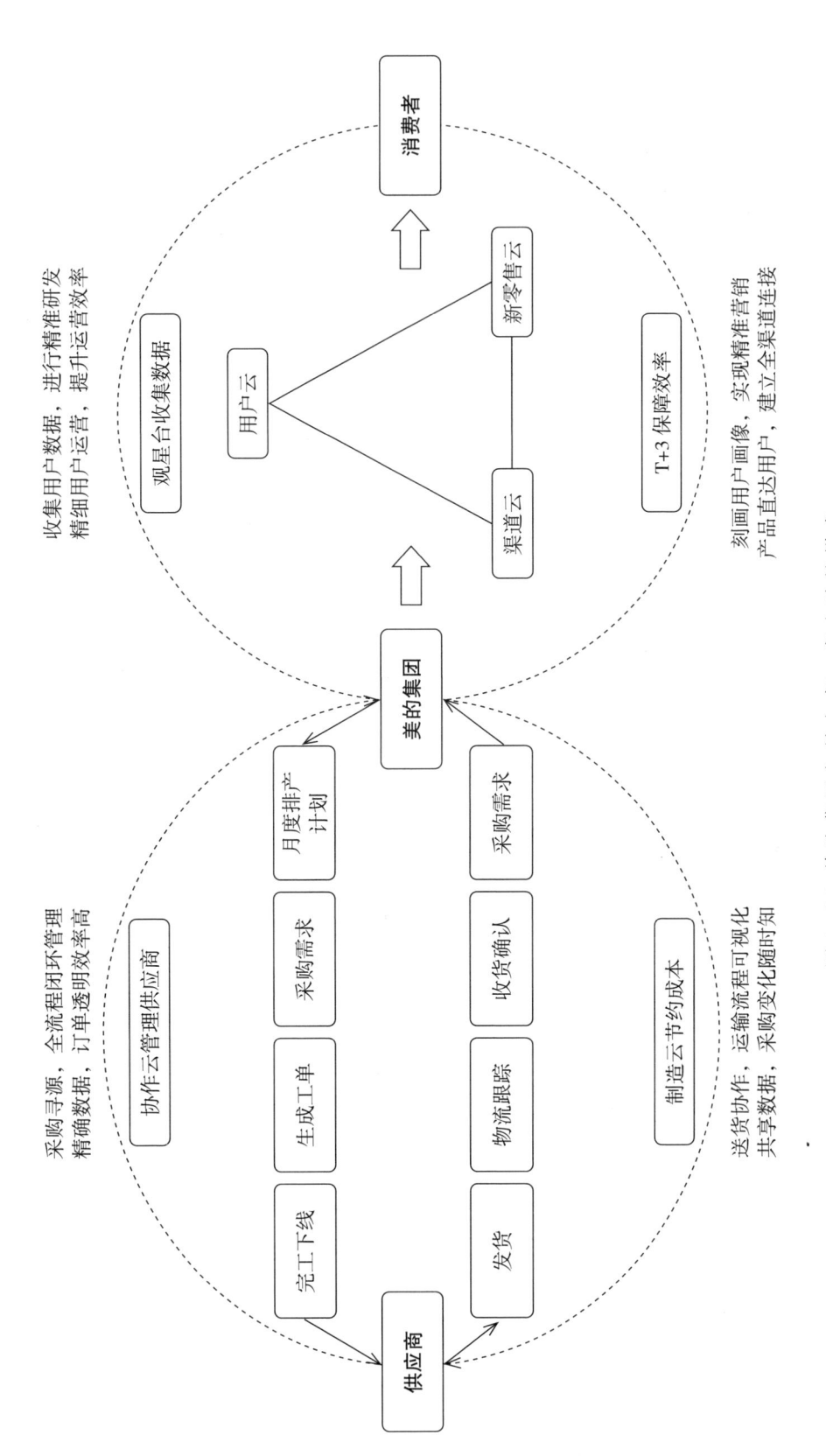

第三章 数字化转型价值创造及其路径

图 3-25 美的集团与供应商、客户连接模式

再次,通过收集到的用户信息助力精准营销。美的集团会运用零售管理系统和大数据收集用户收藏量、加入购物车量等数据,了解客户近期对产品的选购趋势,及时调整产品的促销政策,帮助业务端进行促销管理;搭建的电商平台也建立了渠道连接,美的集团在收集到消费者数据后,能够建立起用户画像,然后在此基础上对消费者进行细分,从而补充只属于客户的信息,最终得到每位顾客独有的画像,通过顾客画像能够为每一位顾客提供与其匹配程度更高的产品,实现精准营销。

最后,通过线上+线下进行产品销售。美的集团搭建了线上销售小程序,同时维系分销渠道,线上、线下同时进行产品销售,完成企业的价值获取。与此同时,美的集团所构建的美云销系统,能够帮助线上企业维护客户基础信息、监控每一笔订单的购销关系等,为消费者信息提供数据保障。在售后服务过程中,美的集团不仅在全流程推进客服系统入驻移动端,更引入了电子票据、电子签章业务,可以提升签订合同的时效性与准确性,帮助节省成本。最后,美的集团通过打造线下智慧家居,邀请顾客体验,客户可以在现场或者选配平台,直接进行产品定制。

与战略合作伙伴共研产品,提升产品使用度。美的集团的战略合作伙伴分为丰富产品购买平台伙伴、保障客户产品使用舒适度伙伴、深度研发多元内容伙伴三类。首先是丰富产品购买平台伙伴,美的集团不仅与线下家电平台深入合作,更加快了线上电商平台的战略部署,如与京东商城、苏宁易购等第三方平台合作,这样补充了销售渠道,丰富了顾客的购买方式。其次是保障客户产品使用舒适度伙伴,美的集团在这一阶段构建了M-Smart平台,并持续接入合作伙伴,不仅包含苹果系统、安卓系统等在内的系统运营商,更接入了房地产企业,协助建立一个智能家庭的解决方案。也就是从终端到开源SDK,美的集团在智慧家居中与合作伙伴建立起一种混合式的、嵌入式的合作关系,保障智慧家居平台在各大平台能够使用,增强客户的使用体验。最后是深度研发多元内容伙伴,主要体现在美的集团的产品研发中,美的集团与不同类型的企业合作研发不同的内容,不仅丰富了产品的种类(如与阿里巴巴合作研发小卖柜,精简购买流程,实现智能补货),更提升了产品的使用功能(如与腾讯QQ合作,让家电拥有了社交能力),帮助实现智慧家居的多"端"应用、研发其他类产品。

(2)物流流程智能提升物流管理能力。美的集团采用了多种策略来提高其物流管理效率。首先,通过收购物流公司安得智联,使其从物流服务商向集团物流业务管理者的角色转变,成为美的集团价值链的重要组成部分,是负责"一盘货"战略的物流管理主体。具体来说,安得智联可以通过全渠道整合供应链资源,实现全渠道一盘货,以及全面打通上游制造业物流和下游销售端物流,并参与了从供应商提供原材料、产品生产中的配送,到消费端产品配送的整个物流流程。此外，安得智联内部采用"鱼昆鹏"物流数据平台，实现了数据的实时采收，与客户和行业连接以便采集大数据，了解客户的仓储数据与库存预警，提供支持。最后，安得智联还投入了物流机器人，以提高运输效率。安得智联通过完善的仓库配送网络，实现了供应链的数字化管理，并为客户提供了快捷、稳定的发货保证等多项服务，如美的公司旗下的瑞仕格公司开发的 SynQ 仓库管理及控制系统，将其应用于企业的仓库，使企业的仓库管理水平得到了极大的提高，同时提高了企业的物流智能化水平。这些策略的实施，使得美的集团成功地对原材料、货物等运输进行了完整的重构，提高了整个供应链的管理水平，并为顾客提供更为优质的物流服务，从而提升了价值。

如图 3-26 所示，在这一阶段，美的集团通过建立以用户价值为中心的价值创造模式，以美的集团为核心单向连接外部资源，初步构建了一个整合资源、实现优化和提升效率的系统。这种系统通过将核心企业和各个主体之间的数据资源进行交流，将重要资源进行传递，并协助生产和扩大价值创造的主体。此外，该系统利用大数据技术来识别未被满足的需求和未被充分利用的资源，并充分发掘和利用资源。综上所述，美的集团在这一阶段是以顾客价值为中心，将数字化转型的力量应用于流程的联通，以联通企业各环节的数据，帮助企业实现及时接单、及时排产良性运营，并利用大数据技术对产品进行及时改良和调整，初步构建了以顾客价值为核心，以企业为沟通协作中心连接顾客、供应商、战略合作伙伴等的价值网，不仅有助于提升生产效率和资源利用效率，也有助于提升顾客体验和品牌价值，从而实现更加优质和全面的价值创造。

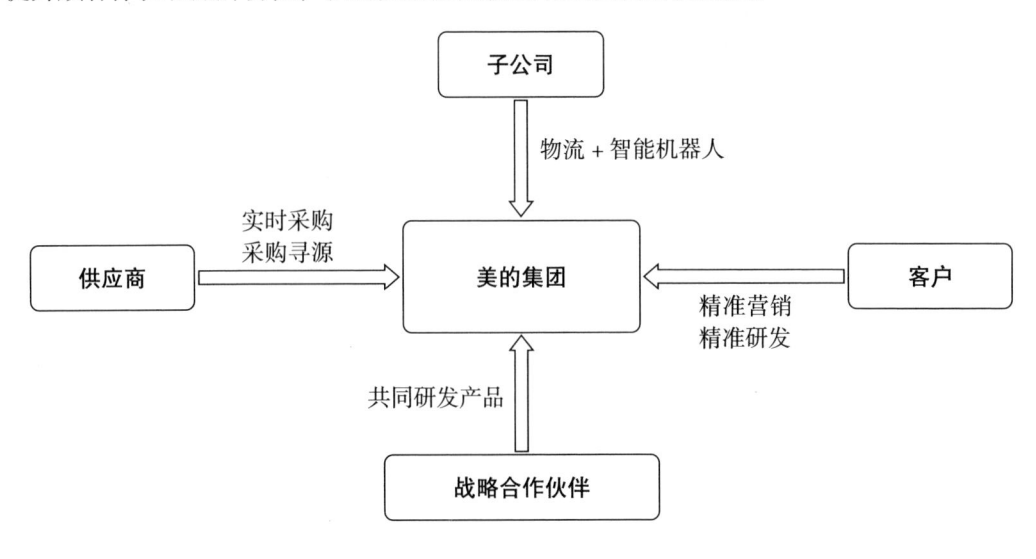

图 3-26 第二阶段价值连接模式

3. 第三阶段——资源互联助力价值共创

美的集团在这一阶段的数字化转型举措集中在构建平台以连接主体与系统中，价值创造的效率现在以下两个方面。

（1）立体互联集中产业供给侧资源。美的集团在这一阶段构建了工业互联网，多个主体之间能够互联，从而将产业资源集中到平台中进行分享。如图3-27所示，工业互联网的构建连接了前两个阶段的主体，与此同时，业务的扩展也接纳了更多国内外的用户、合作伙伴等，使美的集团数字化转型不仅仅拘泥于自身，还能推广到4 000多家核心的供应商、合作伙伴等，进行全价值链数字化变革。在工业互联网布局下，美的集团依靠强大的存储单元与全球联动的大数据平台，在收集数据的同时，对数据进行实时挖掘、整理、分析，以便更好更快地指导产品生产研发，深度挖掘用户价值。主体的互联也使得产品能够更加智能，通过美云智数向上下游、相关企业对外输出服务，丰富企业的产品种类，深化智能制造解决方案、融合IoT和工业生态。利用工业互联网推进双方的交互程度，推进各方利益相关者形成合作网络，拉通协调效率，降本增效。

（2）系统互联提升价值网运行效率。美的集团的工业互联网一方面连接了各个环节中的设备、传感器、生产线等，实施全流程监控。通过工业互联网平台共享数据，让各个环节的生产数据能够得到及时的传递和处理，实现对美的集团全价值链各个环节的覆盖，包括企划研发、订单预订、智能排程、柔性制造等在内，完整地连接了前期开发的大部分资源，实现了端到端的协同拉通。另一方面，美的集团在连接工厂与系统的线路方面进行了升级，从而提升了整体运行效率。例如在此阶段，美的集团加强了与中国移动公司的合作，升级将与设备连接的网络为5G形式，以满足工业机器人的灵活移动性和高度差异化的业务处理需求，并提供了覆盖供应链、生产车间和产品全生命周期制造服务的完整解决方案。同时，美的集团运用AI大数据学习方法使机器的运行参数始终保持在最优状态，从而维持最佳生产时间，推动每个工厂、车间和班组按照此时间和数据驱动运营，提高品质和单点效率。美的集团通过工业互联网技术，实现了整个制造业的关键环节以及整个生产规划系统的透明化、可视化和可控化，进而提升了能源效率管理水平。同时，通过数字化技术的应用，提升了企业内部各主体的管理水平，从而加速了企业生产和制造流程的提升。

如图3-28所示，在这一阶段，美的集团通过构建工业互联网平台，使其能够全面连接企业的系统资源、物料资源、机器资源、人力资源等各种资源，整合产业链和价值链，建立起一个全新的生产和服务系统。工业互联网平台通过连接营销、企划、研发、计划、制造、采购、品质、物流、客服等全价值链的各个环节，实现了端到端的全方位协同，从而为用

第三章 数字化转型价值创造及其路径

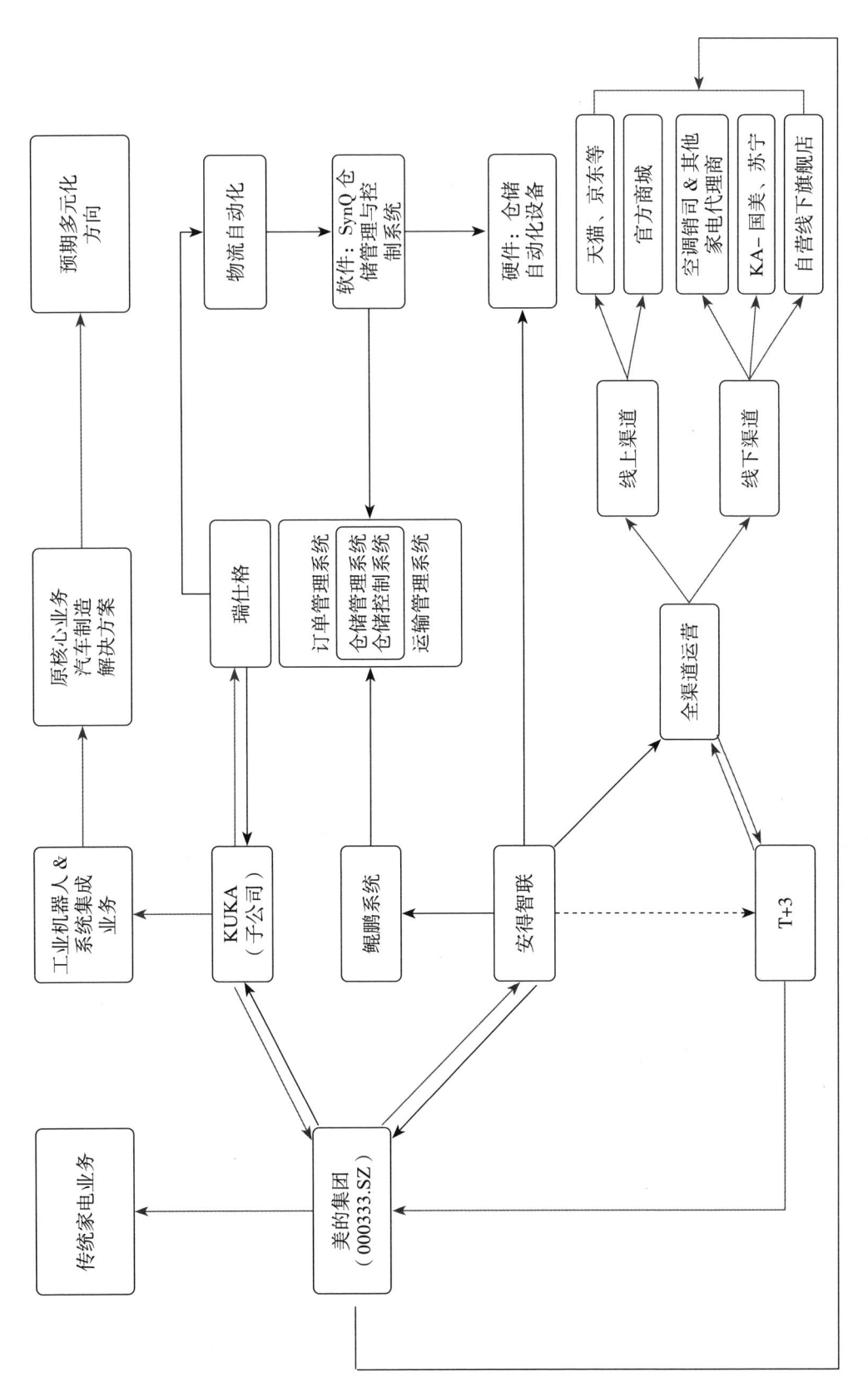

图 3-27 美的集团升级后的运行图

企业数字化转型一本通

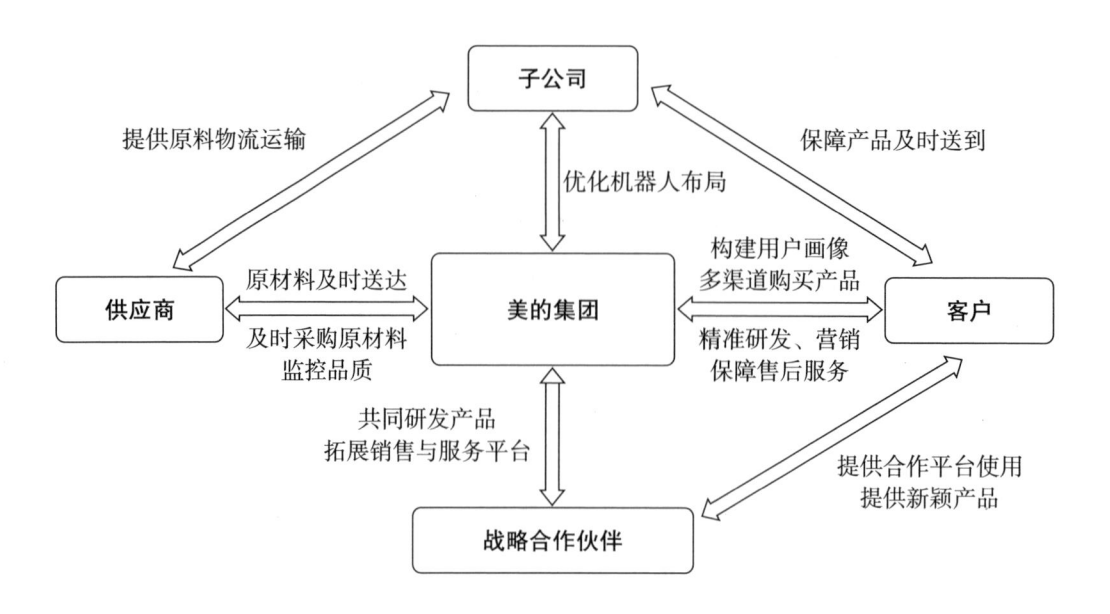

图 3-28 第三阶段价值连接模式

户提供更加智慧的服务。平台对企业的价值创造具有重要意义,提高了资源的使用效率,促进了企业与客户、供应商等利益相关者之间的沟通与协作。搭建平台的目的是促进企业与价值网成员之间的资源和需求匹配,实现资源的互联互通,以达到各方主体的共同最大化利益。平台的构建提高了网络成员之间的资源匹配度和交流效率,这是因为其打破了传统的以企业价值为中心的创造模式,以所有利益相关者之间的各方价值为核心,共同实现价值创造的最大化。所以,此时的价值创造形式为成熟的价值网,一方面连接的价值网主体更加多元,另一方面,区别于第二阶段的以企业为中心的信息传递,第三阶段各个主体之间通过系统进行双向信息传达,信息传递能够在整个系统同步,从而影响企业的价值创造。

表 3-4 所示为美的集团在数字化转型各个过程中价值创造的机理,从第一阶段到第三阶段,企业的价值创造形式由价值链转向主体较少且主体依靠企业为中心进行的简单价值网模式,最后转向通过网络连接,各个主体能够自主沟通并且信息能够及时传递与反馈至其他主体的复杂价值网模式。

表 3-4 美的集团数字化转型全过程价值创造机理

数字化转型模式	信息系统一体化模式	生产制造智能化模式	全价值链网络化模式
数字化转型特征	以内部转型为主	以生产模式变革为主	以连接资源为主

续表

数字化转型模式	信息系统一体化模式	生产制造智能化模式	全价值链网络化模式
价值创造	以企业为中心创造价值	以协作为中心创造价值	以平台为中心创造价值
价值类型	企业价值为主	企业价值、顾客价值、其他利益相关者价值	企业价值、顾客价值、其他利益相关者价值
价值创造形式	价值链形式	价值网形式	价值网形式
价值创造特点	企业内部管理、生产效率为主	利益相关者间协作效率、物流效率为主	连接资源；提升价值网效率为主
价值创造路径演化	●—▲—● ---基础→	●—▲—● 带分支 ---基础→	五角星网状结构

在第一阶段中，美的集团的价值创造来自企业内部。企业内部数字技术的升级让多样化的数据得以统一处理，为集团本身运营、管理和生产带来便利，生成可用于分析和决策的数据资源，但与顾客和供应商之间的联系方式未发生太大变动。美的集团在这一阶段开启了以提升企业核心能力为主，以初步改善与顾客、供应商的关系为辅的价值创造模式。但这个阶段价值网处于构建阶段，价值创造形式仍为价值链方式，企业重点在梳理内部资源和生产方式，并着手加强与供应商端、消费者端的联系，此时价值网还尚未形成。

在第二阶段中，美的集团的价值创造来自企业、顾客、合作伙伴等相互协作。通过合理化调配与各个主体之间的信息流动，改变研发、生产、物流、营销等价值环节来支撑排程计划、采购计划、生产排程计划、采购计划、仓储计划、物流计划等，让各主体之间的资源通过美的集团开始实现单向联通，产生协同效应，达到支撑和驱动前端业务的效果。例如，顾客生命周期分析、终端门店分析、导购分析等应用在节点间的共享，帮助企业与消费者触达相关的网络节点均能更清晰地收集用户数据后描绘其画像来支撑后续的其他业务流程。美的集团开启了提升全流程协作能力，深度构建子公司、供应商、合作伙伴等关系的数字化转型模式。此时初步构建了价值网，企业以顾客需求为中心出发，研发产品、精准营销、进行排程生产。通过几方的单向交流反馈，帮助提升生产效率，进一步降低仓储成本、盲目研发试错成本等，让客户能够更好使用产品，增强客户信赖与客户黏性，从而影响企业的价值创造。

在第三阶段中，美的集团的价值创造来自各网络节点的数据资源实现互联互通。美的集团基于数据资源评估业务数据从而搭建起业务中台和数据中台，提升不同网络节点间的关联密度,并且向其他节点提供数字化资源帮。其进行数字化转型实践以响应数字经济环境变化不再是以一方为中心进行价值创造的演变,而是各方主体的价值都被重视,即美的集团由简单价值网,到构建"交流—生产—协同"的复杂价值网模式,将各方主体聚集在一个低成本、高效率的系统中,以客户为中心,与各方合作交流打破各行业之间的壁垒,吸引更多合作伙伴为其提供营销渠道、知识技术等方面的资源。

(四)美的集团数字化转型模式演化的价值创造效果分析

表3-5所示为美的集团数字化转型模式演化对企业价值创造影响效果指标选取示意。在分析运营与管理水平效果时,本节选取了成本费用率;在分析生产效率时,选取了人均生产量;在分析协作效率时,选取了营业收入、市场份额、研发投入等指标;在分析物流管理能力时,选取了存货周转天数;在分析集成产业供给侧资源与价值网运行效率时,采用了综合指标,包括企业排名及品牌价值、企业EVA的分析,最后通过分析市场反应来分析数字化转型在短期内为企业带来的价值。

表3-5 美的集团数字化转型模式演化对企业价值创造影响效果指标选取

阶段划分	价值创造路径	效果分析
第一阶段	提升运营能力	基于成本费用层面的分析
第二阶段	提升生产效率	基于生产层面分析
	提升协同效率	基于销售层面分析
		基于研发创新层面分析
第三阶段	提升物流管理能力	基于物流仓储层面分析
	集成产业供给侧资源	基于企业排名及品牌价值分析
	提升价值网运行效率	基于EVA的分析

1. 第一阶段——效率提升实现降本增效

(1)基于成本费用层面分析。美的集团成本费用率如表3-6所示。

表3-6 美的集团成本费用率

单位:亿元

年份	营业收入	营业成本	销售费用	管理费用	财务费用	成本费用率
2012	680.71	525.41	67.36	36.19	3.23	92.87%
2013	1 209.75	928.18	124.32	67.33	5.64	93.03%
2014	1 416.68	1 056.7	147.34	74.98	2.51	90.46%

续表

年份	营业收入	营业成本	销售费用	管理费用	财务费用	成本费用率
2015	1 384.41	1 026.63	148	74.42	1.39	90.32%
2016	1 599.44	1 156.15	176.78	96.21	−10.06	89.23%
2017	2 407.12	1 804.61	267.39	147.8	8.16	92.56%
2018	2 596.65	1 881.65	310.86	95.72	−18.23	87.42%
2019	2 782.16	1 979.14	346.11	95.31	−22.32	86.20%
2020	2 842.21	2 128.4	275.22	92.64	−26.38	86.90%
2021	3 412.33	2 645.26	286.47	102.66	−43.86	87.64%

资料来源：根据美的集团各年度年报整理。

根据成本费用率=（营业成本+期间费用）/营业收入，可以计算出美的集团的成本费用率。根据表3-6的数据，在第一阶段中，美的集团的成本费用率下降了大约3%。在第二阶段，即2016年，成本费用率继续下降，但是2017年，为了扩大生产线并获得国外相关先进技术，美的集团进行了一系列的海外扩张，导致成本费用增加。在第三阶段收购完成后，美的集团的整体成本费用率稳定在了87%左右。从整体来看，成本费用率呈下降趋势，也就是说，美的集团在这一阶段的生产人员占比降低，人均产能提升，表明美的集团在数字化转型后提升了运营和管理水平。

（2）基于生产层面分析。美的集团在数字化转型第一阶段开始就在不断投入智能生产设备、构建智能工厂等，可以使用生产人员的人均产能来进行生产效率的衡量。如表3-7所示，在第一阶段中，自2014年引入机器人设备后，生产人员数量占比持续降低，而生产人员人均产能却在逐年提升。在第二阶段中，由于收购库卡，致生产人员数量波动上涨，一年后又降低，但人均产能依旧不断提升，2017年增量最多。在第三阶段中，在收购完成后，生产人员占比稳定下降，而人均产能出现一定下降后也开始上升。总体来看，美的集团员工主要由生产人员构成，但随着数字化转型的深入，其占比已经逐步下降；人均产能相比于未开始数字化转型前翻了一番，促进了美的集团生产制造效率的提升。

表3-7 美的集团生产人员及产能情况

时间	生产人员数量（人）	占比	家电产品产能（万台）	生产人员人均产能（台/人）
2013	95 506	87.5%	19 641.58	2 056.58
2014	94 779	87.7%	27 198.96	2 869.72
2015	78 731	84.4%	26 691.48	3 390.21
2016	82 240	85.3%	32 712.74	3 977.72

续表

时间	生产人员数量（人）	占比	家电产品产能（万台）	生产人员人均产能（台/人）
2017	84 889	83.4%	42 073.93	4 956.35
2018	96 149	83.8%	42 193.84	4 388.38
2019	110 568	81.2%	46 506.33	4 206.13
2020	121 579	81.5%	51 098.69	4 202.92
2021	134 274	81.0%	58 507.47	4 357.32

资料来源：根据美的集团各年度年报整理。

2. 第二阶段——信息动态传递达成创利增收

（1）基于销售层面分析

营业收入分析。如图 3-29 所示，在数字化转型伊始的 2012 年，美的集团的营业收入出现了大幅下降。但是随着数字化转型的开始，美的集团进入了第一阶段。在这个阶段，美的集团通过优化生产流程、提高效率，不断提升自身的核心竞争力，营业收入开始稳步上升。美的集团进入第二阶段后，通过并购库卡集团，加强了自身的技术实力和市场占有率，营业收入也出现了大幅上升，表明美的集团战略调整和市场开拓取得一定成果。进入第三阶段后，美的集团的数字化转型仍在持续，营业收入依旧稳步上升，这也说明了数字化转型对企业的长期影响。

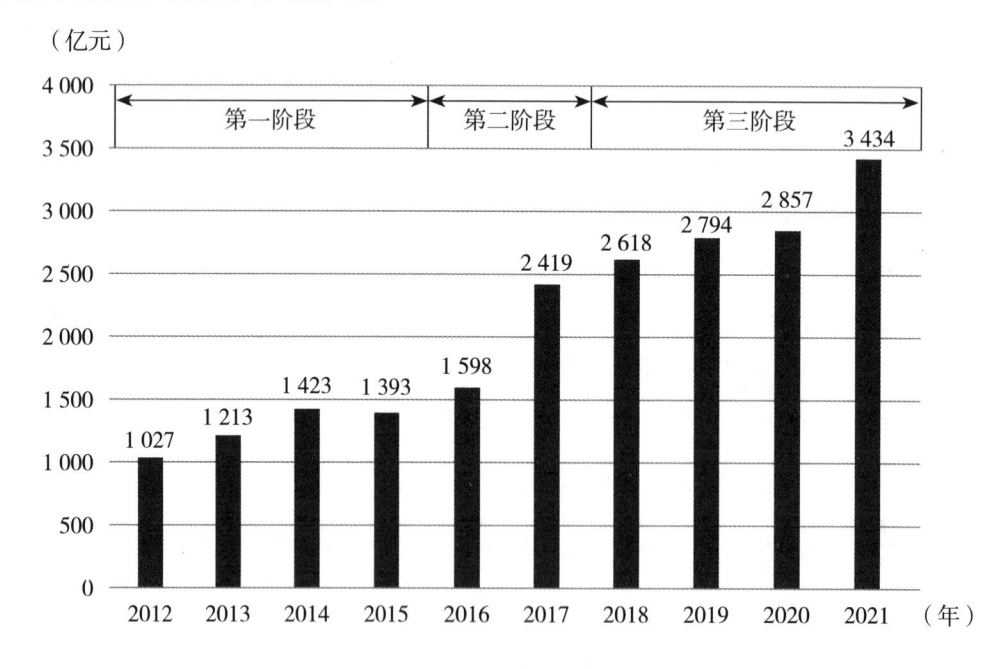

（亿元）

年份	营业收入（亿元）	阶段
2012	1 027	第一阶段
2013	1 213	第一阶段
2014	1 423	第一阶段
2015	1 393	第一阶段
2016	1 598	第二阶段
2017	2 419	第二阶段
2018	2 618	第三阶段
2019	2 794	第三阶段
2020	2 857	第三阶段
2021	3 434	第三阶段

图 3-29 美的集团营业收入

资料来源：根据美的集团各年度年报整理绘制。

市场份额分析。本案例选取美的集团数字化转型开始的 2012 年以及各阶段的最后一年作为采取指标的年份。从表 3-8 中得知，美的集团的主要家电产品在市场份额方面表现良好。除了电饭煲的市场份额略微下降外，其他产品的市场份额都比数字化转型之初有所上升，而洗衣机、微波炉和热水器的市场份额排名较为稳定。从分阶段来看，大部分产品在市场份额中呈现阶段性上升趋势，即每一阶段末期排名都有所提前，这一结果也反映了美的集团数字化转型所取得的成效，数字化转型带来的优势使得企业在市场上保持了竞争优势。特别是在白色家电领域，美的集团的市场份额均表现出提升的趋势，且在小家电领域取得了不错的成绩。

表 3-8 美的集团 2012—2021 年部分年度主要产品市场占有率及排名情况

类别	2012 年 市场份额占有率（%）	排名	2015 年 市场份额占有率（%）	排名	2017 年 市场份额占有率（%）	排名	2021 年 市场份额占有率（%）	排名
空调	19.70%	2	25.20%	2	24.60%	2	36.0%	1
洗衣机	16.50%	2	21.30%	2	24.60%	2	27.4%	2
冰箱	6.50%	4	9.6%	4	10.70%	3	14.5%	2
电饭煲	42.70%	1	42.30%	1	44.80%	1	42.1%	1
电压力锅	39.60%	1	42.70%	1	47.70%	1	43.8%	1
微波炉	39.00%	2	44.60%	2	45.30%	2	46.6%	2
热水器	7.60%	1	10.80%	3	31.00%	3	17.0%	3

资料来源：根据美的集团各年度年报整理绘制。

从表 3-9 可知，第一阶段的产品分类均为家电类产品的细化分类，并且在第一阶段前期空调与小家电占据了美的集团营业收入的 80% 左右，随后降低到了 70% 左右。

表 3-9 美的集团第一阶段产品分类情况及占营业收入比重

	2013 年	2015 年
空调及零部件	55.32%	46.58%
冰箱及零部件	7.23%	8.25%
洗衣机及零部件	7.16%	8.68%
小家电	24.77%	25.60%

	2013 年	2015 年
电机	6.13%	4.67%
物流	2.34%	2.90%

资料来源：同上。

但从第二阶段开始，美的集团收购了库卡集团后，开始在机器人领域持续深入发展，产品种类逐渐分为三大类。从表 3-10 可知，虽然暖通空调与消费电器仍是美的集团营业收入的主流，但机器人与自动化系统的发展，促进了美的集团从一个家用电器公司到一个以科技与创新为动力的科技集团的转型。

表 3-10 美的集团第二、三阶段产品分类情况及占营业收入比重

	2017 年	2021 年
暖通电器	39.61%	41.58%
消费电器	41.02%	38.64%
机器人及自动化系统	11.23%	7.99%

资料来源：同上。

综上所述，数字化转型并没有使美的集团改变以家电销售为主的企业主体地位，但在转型过程中还是优化了产品的结构，向科技驱动型企业转变。

（2）基于研发创新层面分析。自数字化转型以来，美的集团在技术创新方面的努力和成就得到了充分体现。美的集团不断地推进技术革新，建立了旨在改善家居生活质量的"双智战略"，并投资成立"全球技术创新中心"，旨在通过技术创新来实现重大突破和领先地位，从而提高公司在行业中的影响力，优化整个技术创新生态系统。图 3-30 所示为美的集团 2012—2021 年研发与创新情况。在第一阶段中，三个指标都是持续上涨的，尤其是研发人员数量在 2014 年宣布"双智战略"以后有了大幅度上涨。在第二阶段中，除研发投入占营业收入的占比略微下降外，其余两个指标仍在上升。在第三阶段中，虽然总员工数量持续上涨，但研发人员的占比已经稳定在 10%~11%，而研发投入占营业收入的比例稳定在 3.5%，投入资金额不断提升。总体来看，这三个指标在三个阶段中都呈现逐步上升的趋势，尤其是在推出工业互联网、完成收购库卡集团与东芝家电后，三项指标都达到了相对巅峰的时刻。而研发投入占营业收入的比例在完成第一阶段的数字化转型后突破了 3% 的水平，自第二阶段开始稳定在 3.5%。

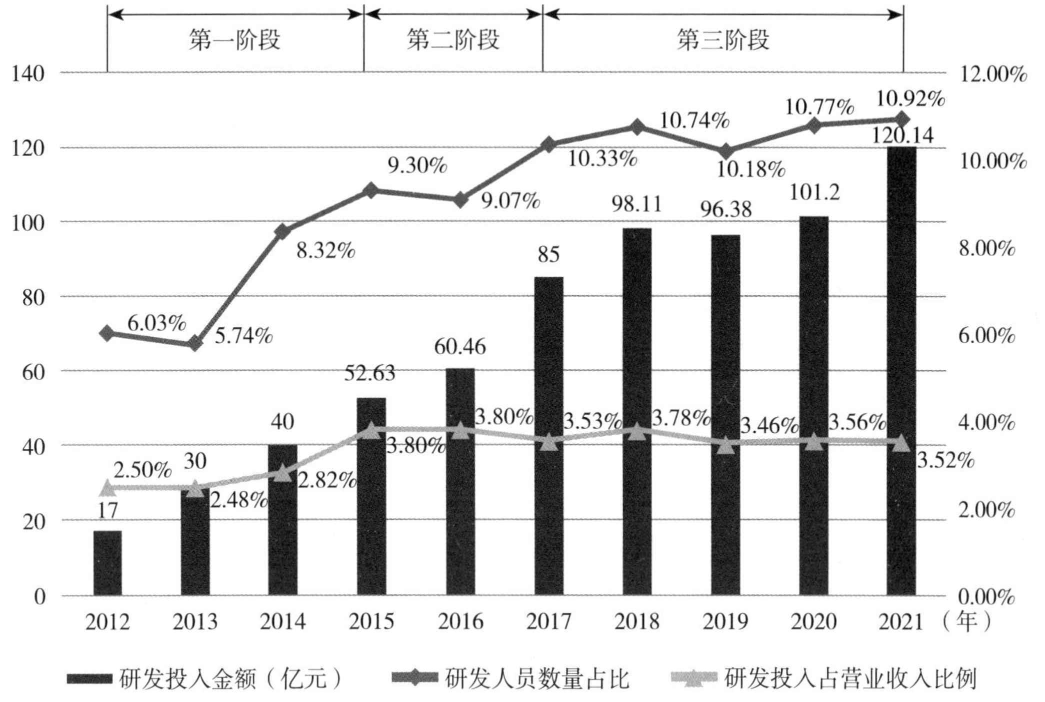

图 3-30 美的集团 2012—2021 年研发与创新情况

资料来源：同上。

研发资金的投入保障了企业产品成果的创新。如表 3-11 所示，在进入第三阶段以前，美的集团的总专利申请量在迅速增加，尤其是在开始数字化转型后的第二年，专利申请总数达到了数字化转型前的 20 多倍，但随着第三阶段拉开序幕，专利申请总数维持在了相对稳定的水平。

表 3-11 美的集团 2012—2021 年专利申请情况

	2012 年	2013 年	2014 年	2015 年	2016 年	2017 年	2018 年	2019 年	2020 年	2021 年
专利申请总量（件）	200	5 647	7 378	10 523	13 546	16 934	15 895	13 525	13 899	14 705

在研发模式改进上，如图 3-31 所示，在产品研发方面，美的集团在第一阶段以"用户驱动＋差异化技术驱动"的双重驱动理念为基础改善产品的研发模式，到第二阶段建立了"四级研发体系"和"CDOC"相结合的新型研发模式，再到第三阶段构建了"2+4+N"

的全球化开发网络，并在技术、用户、产品、全球等六大维度上建立了"技术引领"的数字化开发平台。

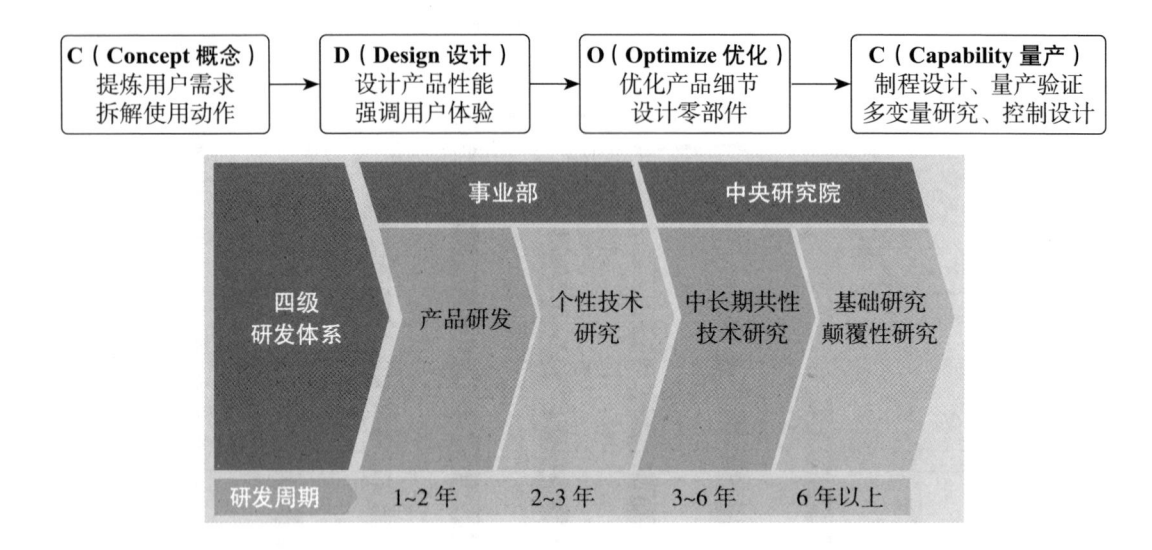

C（Concept 概念）	D（Design 设计）	O（Optimize 优化）	C（Capability 量产）
提炼用户需求 拆解使用动作	设计产品性能 强调用户体验	优化产品细节 设计零部件	制程设计、量产验证 多变量研究、控制设计

	事业部		中央研究院	
四级 研发体系	产品研发	个性技术 研究	中长期共性 技术研究	基础研究 颠覆性研究
研发周期	1~2年	2~3年	3~6年	6年以上

图 3-31 美的集团研发模式与研发体系

在产品种类创新中，美的集团通过与科研机构、战略合作伙伴、高校等合作，在第一阶段通过研发推出了"一晚一度电"空调、"制冷王"等差异化且具有智能功能的产品；第二阶段则推出了 M-smart 平台实现产品互联，通过平台记住用户习惯，使用产品更加舒心；第三阶段则研发了工业互联网，并且在智慧楼宇管理系统、先进材料、智能机器人等领域持续领航，并主动参与各类标准的制订与修订，积极为行业技术标准化作出贡献，努力为用户、合作伙伴和行业创造更高价值。

总体来说，美的集团对于研发创新都是持续投入的，第一阶段创新产品差异，第二阶段创新研发模式，利用用户数据创新，第三阶段深入形成多级网络研发体系，积极培育研发能力，为产品的独特性提供了保障。

（3）基于物流仓储层面分析。从图 3-32 可知，在横向比较中，从整体趋势来看，美的集团数字化转型开始后的存货周转天数是波动式下降的，2016 年达到近十年来的最低水平后又有所反弹。分阶段来看，在第一阶段数字化转型开始后，美的集团的存货周转天数开始逐年下降，在第二阶段开始时达到最低值。但由于收购库卡与东芝家电后，开拓了新业务板块，在第二阶段末期与第三阶段整体呈现缓慢上升后趋于平稳状态。

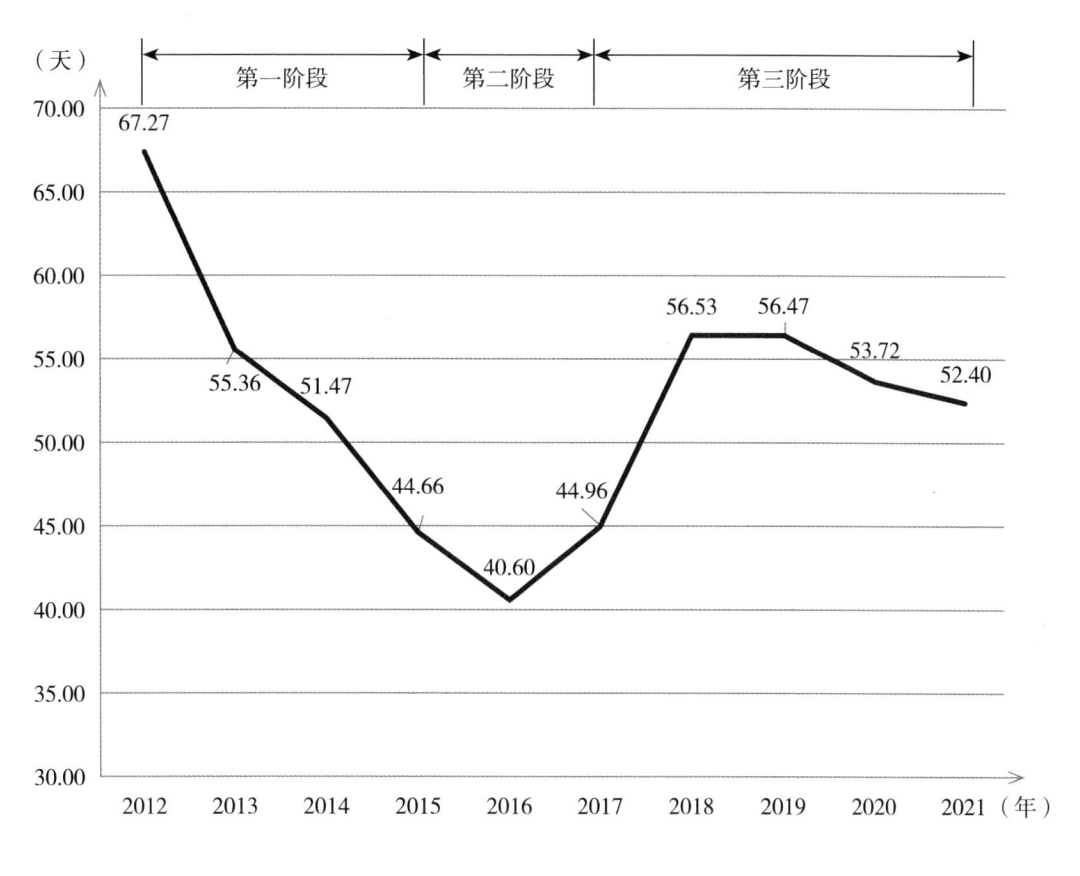

图 3-32 美的集团 2012—2021 年存货周转天数

资料来源：同上。

在物流领域中，美的集团自 2015 年开始布局"一盘货战略"，到 2021 年，构建了一体化送装及售后平台，整合了线上与线下业务，拉通销售、物流、售后等多个环节。美的集团在售后服务方面，采用全过程联通的战略，构建"直接收直接付"的"直接结算"模型，使整个送货过程规范化、可视化。在第三个阶段结束时，美的集团在全国范围内已建立了 3 000 多家快递公司，员工人数达到了 32 000 多人，服务范围达到了全国 2 700 多个地区，完成的订单数量达到了 1 300 万个，送装服务触达上千万用户，并在大件送装服务领域拥有一席之地。在仓储领域，美的集团实现了无人化的仓储管理，建立了大型的物流配送中心和 1 000 多个前置仓，覆盖全国 140 多个城市。仓储面积从 550 万平方米下降到了 170 万平方米，实现了仓储空间的有效利用。此外，美的集团还对仓储园区节能降耗改善项目进行了大量的投入，采用了加装定时器、光控开关和循环使用照明灯等措施，以达到节能降耗的目的。最后美的集团还通过 MBS 改善周的形式，在全国范围内开展节能降耗改善工作,已经取得了显著成效。目前,全国仓储中心推行率已经达到了96%,累计降低水电成本139万元。综上所述,美的集团通过数字化转型降低了存货的周转天数,加快了物流的配送效率,减少了仓储面积,不仅节省了成本,而且减少了电能浪费,保障了企业在存货销售方面的能力。

3. 第三阶段——价值共创提升企业价值

(1)企业公司排名及品牌价值。如表3-12所示,《财富》世界500强的排名是依据公司的综合实力进行排名的。在第一阶段中,美的公司未能跻身全球500强企业之列。随着内部改革的不断深入,美的公司在第二阶段进入了全球500强,排名为第481位。在此后的发展过程中,美的公司的排名不断攀升。

表3-12 美的集团在《财富》世界500强中的排名

年份	美的集团(位)
2016	481
2017	450
2018	323
2019	312
2020	307
2021	288
2022	245
2023	278
2024	277

如图3-33所示,在品牌价值中选取了英国品牌价值评估公司brandz发布的数据,从中可以看出美的集团从数字化转型伊始至2021年,品牌价值在逐年增加。虽然品牌价值的增速在三个阶段中出现了波动,但整体呈现出了上升的趋势,这表明每个阶段的数字化转型措施都对美的集团品牌在全球范围内的知名度和认可度提高作出了一定的贡献。

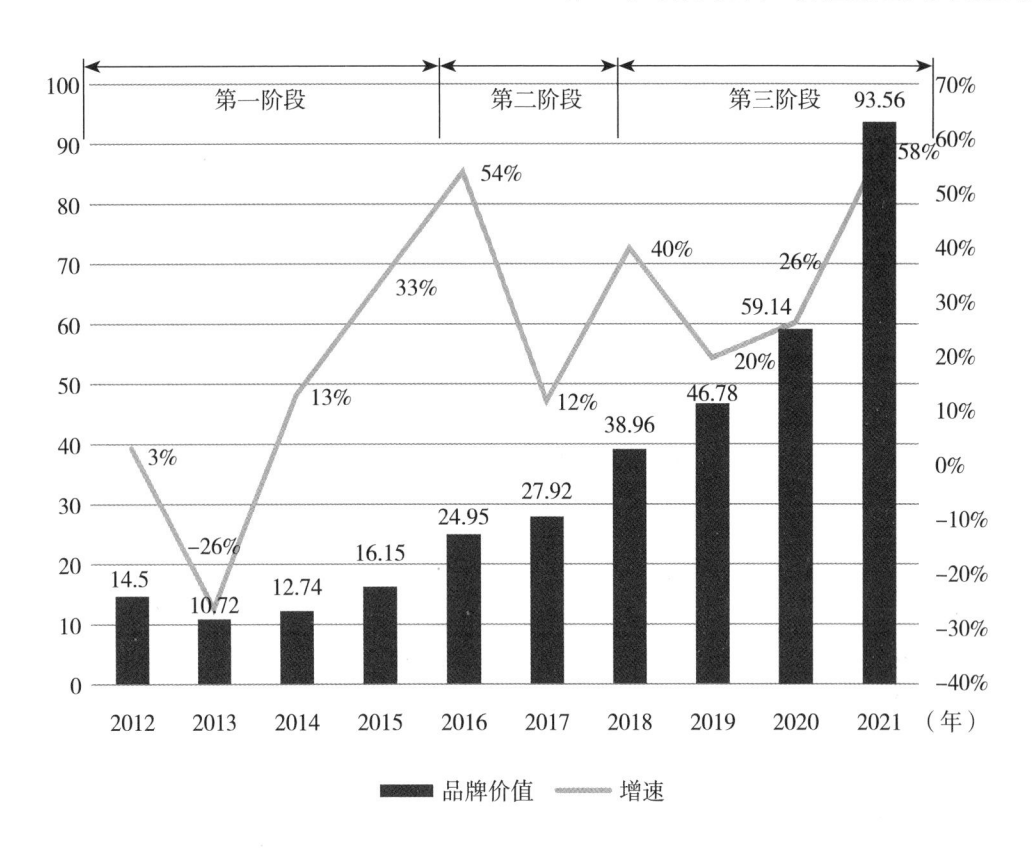

图 3-33 美的集团的品牌价值

（2）基于 EVA 的分析。本案例选择 EVA 即经济增加值来衡量美的集团价值创造的效果。选取 EVA 作为指标的原因如下：一方面，企业价值分析（EVA）通过对某些会计项目进行调整，避免了对利润产生较大的影响，从而更准确地反映出企业价值和股东财富的变化；另一方面，它对企业自身的价值与资金成本进行了考量，更能衡量出企业价值创造和资金的使用效率，更好地衡量了企业价值的创造过程，从而能够客观地评价美的集团在数字化转型过程中的价值创造成果。EVA 的正负表明了企业获得的收益与投入的资金成本之间的关系，反映了是否为企业股东创造了新的价值。EVA 的计算公式如下：

$$ETNA = NOPAT - WACC \times TC \qquad 3-1$$

其中：EVA 是指经济增加值，NOPAT 是指税后营业净利润，TC 是指总资本，WACC 是指加权平均资本成本。

①计算税后净经营性利润

税后净营业利润 =（净利润 + 财务费用 + 所得税费用）×（1 - 所得税税率）+ 当期资产减值准备 + 递延所得税负债增加额 + 研发费用调整 + 营业外支出 ×（1-T）- 营业外收入 ×（1-T）- 递延所得税资产增加额 $\qquad$ 3-2

在财务报告中，美的集团采用的所得税税率为25%，但是因为美的集团的子公司很多，这些子公司的税率又有12%、15%、16%、25%等，因此，在对其所得税率进行选择的时候，本案例采用了其合并报告中的16%作为企业所得税率。税后经营净利润的计算过程如表3-13所示。

②资本总额

资本总额（TC）=所有者权益合计+资产减值准备+短期借款+长期借款+一年内到期的非流动负债+应付债券+交易性金融负债+长期应付款+递延所得税负债–递延所得税资产–在建工程   3-3

美的集团在2012—2021年的资本总额如表3-14所示。

③加权平均资本成本

如表3-15所示，从RESSET数据库可得美的集团2012—2021年加权平均资本成本数据。

表3-15 美的集团2012—2021年加权平均资本成本（WACC）

年份	WACC
2012	0.043
2013	0.054
2014	0.0497
2015	0.0369
2016	0.0292
2017	0.0436
2018	0.0375
2019	0.0283
2020	0.024
2021	0.0252

数据来源：美的集团各年度年报、东方财富网。后同。

第三章 数字化转型价值创造及其路径

表3-13 美的集团2012—2021年的税后经营净利润计算过程

单位：亿元

	2012年	2013年	2014年	2015年	2016年	2017年	2018年	2019年	2020年	2021年
净利润	61.41	82.97	116.46	136.25	158.62	186.11	216.5	252.77	275.07	290.15
（+）所得税费用	15.69	17.14	23.44	24.27	30.53	32.44	41.23	46.52	41.56	47.02
（+）财务费用	8.07	5.642	2.513	1.389	-10.06	8.159	-18.23	-22.32	-26.38	-43.86
合计	85.17	105.75	142.413	161.909	179.09	226.70	239.5	276.97	290.25	293.31
×（1-所得税税率）	84%	84%	84%	84%	84%	84%	84%	84%	84%	84%
税后利润	71.54	88.83	119.63	136.00	150.44	190.44	201.18	232.65	243.81	246.38
（+）研发费用	17	30	40	52.63	60.46	85	98.11	96.38	101.19	120.15
（+）各项减值准备增加额	-1.23	-0.52	2.26	-1.47	3.05	2.08	2.61	6.52	3.27	1.61
（+）营业外支出×（1-T）	1.67	2.38	-3.88	-4.29	-1.26	-1.8	-1.69	-2.75	-1.81	-1.58
（+）递延所得税资产增加额	0.42	1.24	-0.98	0.15	17.92	21.41	3.49	1.34	6.68	-2.74
（-）递延所得税资产增加额	0.7	25.67	12.13	-15.56	8.06	9.93	3.98	13.48	14.4	9.83
（-）营业外收入×（1-T）	6.95	7.54	7.93	12.8	13.19	3.5	3.26	4.6	3.23	5.25
税后净营业利润	81.75	88.72	136.97	185.77	209.36	283.70	296.46	316.06	335.51	348.74

| 233

表 3-14 美的集团在 2012—2021 年的资本总额

单位：亿元

	2012 年	2013 年	2014 年	2015 年	2016 年	2017 年	2018 年	2019 年	2020 年	2021 年
（+）所有者权益合计	331.70	390.82	457.32	560.31	689.78	829.25	924.56	1 074.97	1 242.37	1 348.25
（+）资产减值准备	8.20	7.68	9.94	8.46	11.51	13.59	16.2	22.72	25.99	27.6
（+）短期借款	50.81	88.72	60.72	39.21	32.23	25.84	8.70	57.02	99.44	53.82
（+）长期借款	23.89	7.11	0.18	0.9	22.54	329.86	320.91	412.98	428.27	197.3
（+）一年内到期的非流动负债	39.46	16.18	6.13	0	1.58	1.37	71.24	14.60	63.1	289.5
（+）应付债券	11.49	1.53	1.53	0	48.19	45.53	0	0	0	0
（+）交易性金融负债	0.22	0.11	0	0	0	0	0	0	0	0
（+）长期应付款	0	0	0	0	3.67	2.48	0.89	0.34	0.13	0
（+）递延所得税负债	0.86	1.24	0.26	0.4	18.32	39.73	44.22	45.56	52.24	49.5
（-）递延所得税资产	7.92	25.67	37.8	22.24	30.3	40.23	44.21	57.69	72.10	81.92
（-）在建工程	16.01	6.13	6.62	9.55	5.81	8.8	20.78	11.95	14.77	26.91
资本总额（TC）	442.69	481.57	491.64	577.5	789.72	1 238.62	1 321.71	1 558.54	1 824.68	1 857.14

④ 经济附加值——EVA

如表 3-16 和图 3-34 所示，将前面计算所得的数据代入公式中可以计算出美的集团 2012—2021 年的经济附加值。

表 3-16 美的集团 2012—2021 年 EVA 值的计算

年份	NOPAT	资本总额（TC）	WACC	EVA（亿元）
2012	81.75	442.688	0.043	62.71
2013	88.72	481.57	0.054	62.72
2014	136.97	491.64	0.0497	112.54
2015	185.77	577.5	0.0369	164.46
2016	209.36	789.72	0.0292	186.3
2017	283.7	1 238.62	0.0436	229.7
2018	296.46	1 321.71	0.0375	246.9
2019	316.06	1 558.54	0.0283	271.95
2020	335.51	1 824.68	0.024	291.72
2021	348.74	1 857.14	0.0252	301.94

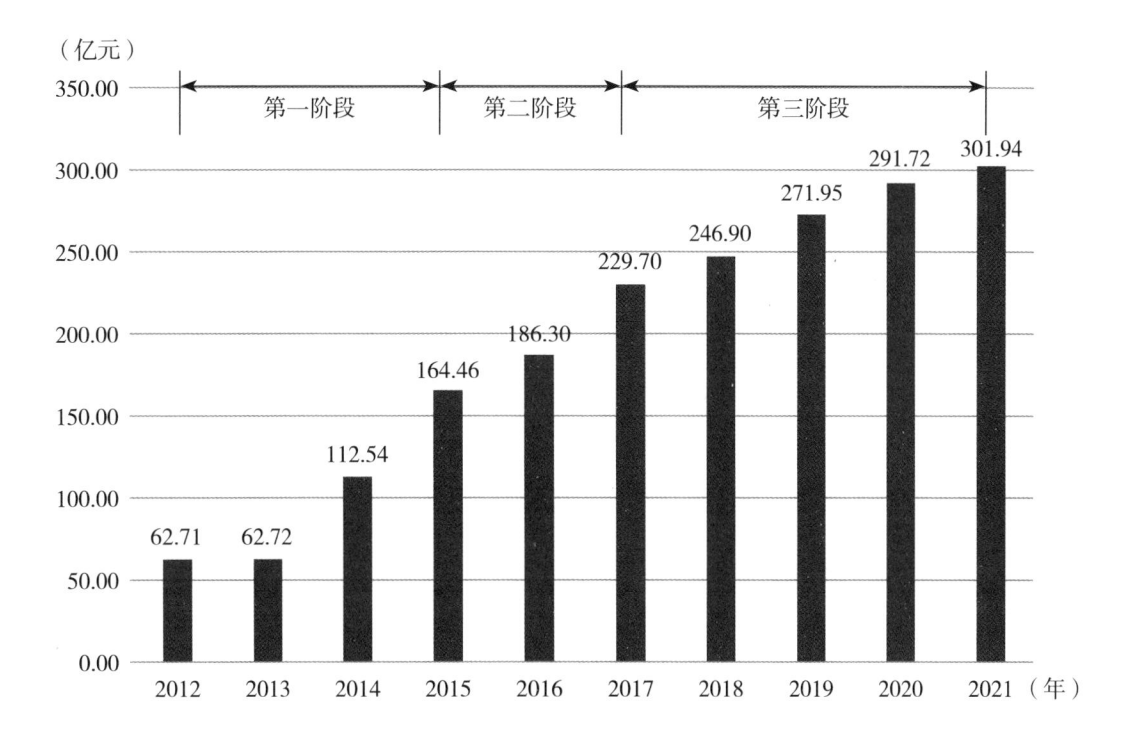

图 3-34 美的集团 2012—2021 年 EVA 图

分阶段来看，在第一阶段（2012—2015年）中，美的集团2014年的经济附加值增长势头最猛，这是由于2012年美的集团宣布开始进行数字化转型，2013年进行梳理内部系统后，在2014年经济增加值中得到了良好的体现。而在第二阶段（2016—2017年），美的集团在2017年的经济增加值达到了近期的小高峰，这是因为在2016年美的集团不论是在产销模式变革上，还是进行了数字化同类企业的并购业务，作用效果都体现在了2017年中，这说明美的集团在这一阶段的数字化转型为企业价值创造带来了不小的增长。在第三阶段（2018至今）中，美的集团的经济增加值还在持续上升，随着2018年美的集团开展工业互联网业务，实现端到端全面协同，为用户提供更智能的服务，让企业的经济附加值得以提升。综上所述，自美的集团数字化转型以来EVA呈现稳步增加的趋势，2021年EVA数值更是达到了2012年的近5倍，数字化转型有利于美的集团为利益相关者创造更多的价值。

四、海尔智家"生态链"数智化商业模式的价值创造

（一）"生态链"、数智化、商业模式价值创造概念的界定

1. 企业生态链的含义

企业生态链是指企业旗下的一系列合作伙伴和生态系统。它是企业通过投资、孵化、合作等方式与各个生态伙伴共同打造的一个包含多个品牌、涵盖多个领域的生态系统。企业生态链的目标是通过与合作伙伴共同发展，提供更多样化、高品质、智能化的产品，满足用户的需求，帮助企业扩大产品线，提升品牌影响力，推动整个行业的发展。

其中，生态链的构建在科技类企业中应用较为广泛。主要包括以下几个方面。

第一，多样化产品。生态链覆盖了众多产品领域，如智能家居、智能穿戴、智能健康、智能出行、智能家电、个人电子产品等。通过与合作伙伴共同研发和推出产品，生态链为用户提供了多样化、高品质的智能产品选择。

第二，合作伙伴关系。企业与各个合作伙伴建立了紧密的合作关系。企业为合作伙伴提供资金、技术、渠道等支持，帮助合作伙伴实现产品开发、生产和销售。同时，企业通过合作伙伴的产品扩大了自己的产品线和市场份额。

第三，生态系统平台。企业通过生态链建立了一体化的生态系统平台，如智能家居平台和物联网平台，用于连接和管理各个智能设备。这些平台提供了统一的用户界面和互联互通的功能，使用户可以方便地控制和管理多个智能设备。

第四，数据共享和协同创新。生态链强调数据共享和协同创新。各个参与者通过共享数据、信息和知识，进行合作创新，共同提高产品质量、服务水平和市场竞争力。

2. 数智化的含义

数智化是指利用数字技术和工具将传统的非数字化媒体、业务过程和信息资源转化为数字化形式，并利用各种软件、平台和技术手段进行管理、处理、分析和应用，从而实现数字化运营、管理和创新的过程。换句话说，数智化是通过数字化手段来提高业务过程的效率、准确性和智能化水平，以及挖掘和应用数字化资源的价值，从而实现企业和社会的发展和创新。

具体来说，数智化包括以下几个方面。

第一，数字化转型。将传统的纸质文件、图像、音频、视频等非数字化媒体转化为数字化形式，并建立数字化的管理和存储系统，使信息和数据可以方便地被访问和共享。

第二，数字化运营。利用数字化技术和工具对各类业务过程进行管理、处理、存储、共享和传输，从而实现业务的自动化和智能化，提高效率和准确性，降低成本和风险。

第三，数字化分析。利用大数据、人工智能等技术，对数字化的数据进行分析、挖掘和应用，从中发现有价值的信息和趋势，为业务决策提供支持。

第四，数字化创新。通过数字化技术和平台，实现业务模式的创新和发展，推动企业的创新和竞争力提升。

总的来说，数智化是一个综合性的概念，其涉及的范围很广，涉及数字化技术、业务过程和数据资源等多个方面。数智化是一个不断发展和演变的过程，需要不断适应新的技术和市场变化，从而实现企业和社会的数字化转型和发展。

3. 商业模式的概念与内容

商业模式指的是一个企业在创造、交付和捕获价值的过程中所采用的策略和方法。它描述企业如何通过开发和提供产品或服务来获得利润，并说明企业在市场中所扮演的角色，与客户、供应商和其他利益相关者之间的关系，所采用的营销和销售方法，盈利模式等方面的信息。商业模式通常涉及产品或服务的设计、制造、交付和销售等方面，也考虑企业的资源和能力、成本和收益以及风险和机会等因素。企业需要根据自身的战略和市场需求来选择适合自己的商业模式，以达到最大化价值的目标。

商业模式创新的本质要求是改变企业的发展思维，能够敏锐地抓住危机中的商机，洞察行业经营环境，充分利用技术革新，并全面考虑行业各个方面的发展。为成功进行商业模式创新，企业需要思考几个问题，包括其产品或服务能够解决哪些需求，目标用户是谁，需求是刚性需求还是改善性需求，需求的频率高低等方面。此外，技术创新也是商业模式创新的核心，需要引入新的技术来满足不同的需求。总之，商业模式创新需要考虑业务、流程和组织等多个方面，同时需要持续关注市场趋势和客户需求，以便及时调整和优化商业模式。除此之外，企业还需要与各种利益相关者建立紧密的合作关系，共同推动商业模式创新和企业转型升级。

4. 商业画布的含义

商业模式画布工具（如图3-35所示）是一种经典的商业分析工具，也被称为商业模式画布，由Alex Osterwalder等人在《商业模式生成》一书中提出，旨在帮助企业家或企业管理者更好地理解、设计和优化商业模式。商业画布通常是一个大型的纸质或电子图表，由9个核心元素或模块组成，涵盖一个企业的所有商业方面，包括客户细分、价值主张、渠道、客户关系、收入来源、关键资源、关键活动、合作伙伴和成本结构等。通过填写商业画布，企业可以直观地了解自己的商业模式，并发现其潜在的优势和缺陷，从而进行相应的调整和优化，提升企业的价值创造能力和市场竞争力。商业画布因其简洁明了、易于理解和应用的特点，在企业战略规划、市场营销、产品开发、商业模式创新等领域得到了广泛的应用。

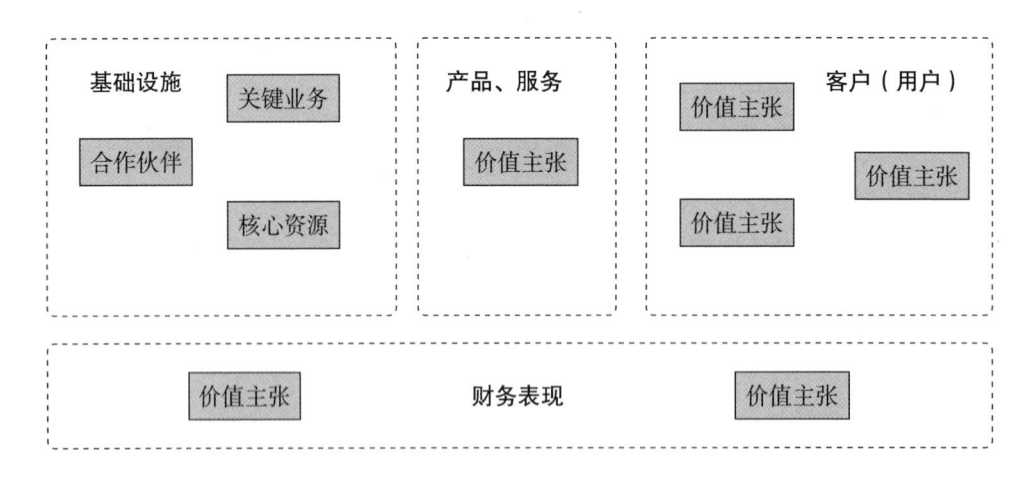

图 3-35 商业画布要素

（二）海尔智家"生态链"数智化商业模式创新分析

海尔智家商业模式发展可以分为6个阶段（如表3-17）。第一阶段是1984—1991年，采用名牌战略，在冰箱单元上注重质量管理。第二阶段是1991—1998年，制定多元化公司发展战略，实施 OEC 管理模式。第三阶段是 1998—2005 年，进入国际化战略阶段，推行"市场链"管理模式。第四阶段是 2005—2012 年，进入全球化战略阶段，探索出"人单合一"商业模式。第五阶段是 2012—2019 年，制定网络化战略，升级企业管理模式为"人单合一共创共赢"模式。第六阶段是 2019 年至今，走向生态品牌战略，构建无边界生态圈。

表 3-17 海尔智家商业模式演变过程

时间（年）	商业模式	发展战略
1984—1991	全面质量管理模式	名牌战略
1991—1998	OEC 管理模式	多元化战略
1998—2005	市场链管理模式	国际化战略
2005—2012	人单合一模式	全球化战略
2012—2019	人单合一共赢模式	网格化战略
2019 年至今	链群合约，增值分享	生态品牌战略

物联网时代，海尔的人单合一共赢模式和生态品牌的开创，在全球引领刮起了一阵势不可当共创共赢之风。未来，海尔智家将继续秉承以用户为核心的人单合一模式，持续与全球一流的生态合作方合作，构建涵盖衣、食、住、行、康、养、医、教等领域的物联网生态圈，为全球用户提供个性化的智慧生活服务。

（三）海尔智家生态链的商业模式创新——基于商业画布视角

1. 价值主张——产品被场景取代，产业被生态覆盖

互联网为人们的生产和生活都带来了很大的机遇，最重要的就是零距离。用户不仅仅满足于物质产品的升级换代，个性化产品定制思维也日渐成熟。企业要在物联网时代产生新的增长点：一是考虑为客户创造消费需求，最大化构造客户全方位体验的消费场景；二是在万物互联的平台上，使各资源方达到共赢增值、价值共享，共创生态品牌。因此，产品终将被场景替代，行业最终被生态覆盖。2006 年，当大部分家电企业仍然专注于硬件制造时，海尔已经开始探索物联网的领域，通过 U-home 开启了智能家居的新时代。随后，海尔又率先打造了 U+ 智慧生活平台、顺逛社群交互平台、COSMOPlat 大规模定制平台等三大物联网平台，为未来智能家居的布局奠定了坚实的基础，并提供了最佳的用户体验。如今，海尔智家将场景与生态作为自己的价值主张（如图 3-36 所示），持续创新、持续引领,帮助各行各业构建物联网生态圈,从而实现更加可持续的发展。

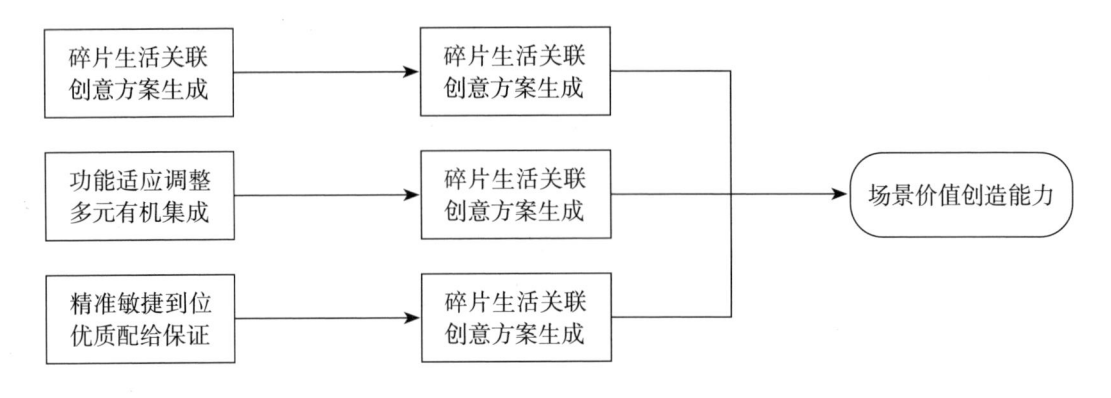

```
┌─────────────┐      ┌─────────────┐
│ 碎片生活关联 │─────→│ 碎片生活关联 │
│ 创意方案生成 │      │ 创意方案生成 │
└─────────────┘      └─────────────┘
                                    ╲
┌─────────────┐      ┌─────────────┐  ╲   ╭─────────────╮
│ 功能适应调整 │─────→│ 碎片生活关联 │───→│ 场景价值创造能力 │
│ 多元有机集成 │      │ 创意方案生成 │    ╰─────────────╯
└─────────────┘      └─────────────┘  ╱
                                    ╱
┌─────────────┐      ┌─────────────┐
│ 精准敏捷到位 │─────→│ 碎片生活关联 │
│ 优质配给保证 │      │ 创意方案生成 │
└─────────────┘      └─────────────┘
```

图 3-36 场景生态价值创造图

(1)产品被场景取代。海尔的场景品牌定义为"自涌现体验迭代的新组合",体现在两个方面:第一,场景的产生是自涌现的,没有谁来进行组合,而是由用户需求和卡奥斯平台的响应来实现的;第二,体验迭代,各资源方有能力根据用户的体验需求不断迭代,新场景的产生就是一个迭代的过程,更是资源方深入交互的过程。而场景中的配置不在海尔产品范围内的,交由其他相关品牌即各个资源方来实现。截至目前,海尔已经在全国推广了超过 3 万个场景,涵盖了各行各业。未来,海尔还将继续扩大场景的覆盖范围,为用户带来更多的智能化应用体验。企业发展已经不再只停留在产品本身的品质上,更加注重如何在不同场景下提供更优秀的产品体验。因此,海尔智家不仅致力于提供智能化的产品,也在探索如何更好地将产品与场景结合,提供全方位的智能化解决方案。在未来,海尔将继续努力,为用户创造更加优质的智能家居体验。

(2)行业被生态覆盖。场景品牌和生态品牌是基于不同的概念,但都是为了创造更好的用户体验和实现更加可持续的发展而发展起来的新型企业品牌。场景品牌强调在不同场景下为用户提供个性化的解决方案,实现体验的不断迭代和升级;而生态品牌则强调各个企业之间的合作与共同进化,通过协同创新实现更大的价值创造。

对于海尔生物医疗而言,它是海尔集团在物联网科技生态中的一个典型代表。作为海尔的子品牌,海尔生物医疗通过整合集团内部的资源,与外部的医疗机构和科技公司进行合作,推动医疗行业的数字化和智能化,实现从传统医疗向智能医疗的转型。海尔生物医疗在探索医疗物联网方面作出了巨大的贡献,它的成功经验也为其他企业在物联网生态建设方面提供了借鉴和参考。

物联生态转型的突破性成功让海尔生物医疗实现从高增长、高盈利、到生态圈、生态收入、生态品牌的模式转型。各领域生态模式解决方案也相继落地并复制应用，为全生命周期提供安全有效便捷的健康服务。海尔生物医疗自身也逐渐成长为全球生物科技物联网生态价值创领者。

海尔生物医疗的创客始终以用户体验为核心，不断自我驱动，自我颠覆。他们始终践行链群合约，通过智慧化的物联网生物样本网推动转化医学和精准医疗的发展，点亮生命科学新生态。在海尔的创业平台上，他们坚定爆款意识，将链群合约落地，在高增值、高分享的激励机制下，以用户最佳体验为场景迭代出行业引领的最智能、最可靠、最节能的物联网存储爆款网器"云芯"，在海外欧洲实现了快速复制引爆，实现用户科研价值最大化，并发展成为终身用户。

2. 客户细分——海尔智家"三生"体系促共赢

海尔物联网生态模式的核心是"人单合一共赢"，通过将企业转变为网络化组织，构建一个平台，物联网造就了社群经济、体验经济和共享经济的一次次迭代，海尔在实践中以"生态圈""生态收入""生态品牌"的"三生"体系推进物联网生态模式的转型。通过这个模式，海尔成功地实现了企业与用户之间的增值共赢，从而不断地创新和发展。

"三生"体系（如图3-37所示）是为了适应物联网时代的社群经济、体验经济和共享经济的特点而设计的，其核心在于加强人与人之间的联系。具体来说，生态圈对应社群经济，通过构建接触网络以创造用户体验和实现价值的创造与传递，围绕社群用户为主体。生态收入对应体验经济，通过共享增值用户体验，替代单一的产品价值。生态品牌则对应共享经济，旨在感知用户场景，实时创造用户体验升级，实现终身用户，并不断迭代。物联网在社群经济、体验经济和共享经济方面带来了一系列迭代。海尔智家通过"生态圈""生态收入"和"生态品牌"的"三生"体系，促进企业共赢增值。

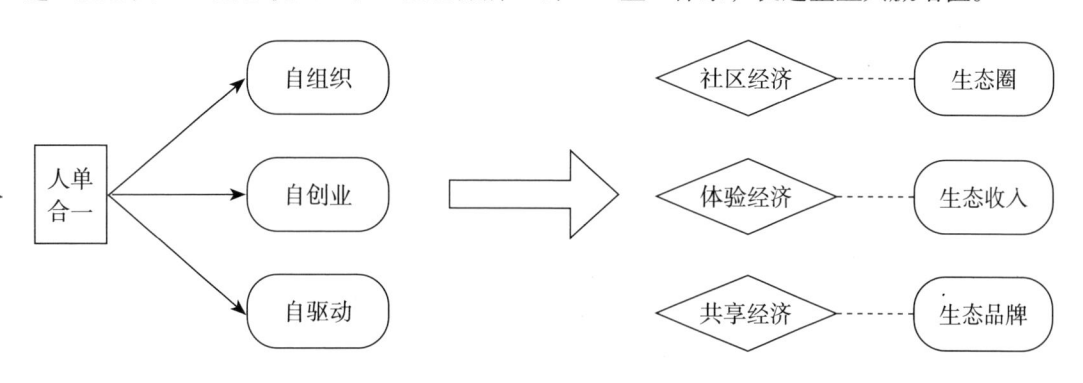

图 3-37 海尔的"三生"体系

3. 客户关系——客户思维转向用户思维

在数字化转型的浪潮中，海尔以互联网思维为指导，将智能化应用于客户关系的维护中，从而实现了由"销量经济"向"体验经济"的转变，将客户变成用户（如图3-38所示），并形成一个再创增值交互的用户圈，实现"共创共赢"。通过提供智能化服务，面向全价值链建立社群交互平台，以实现用户最佳体验为核心，打造并联生态圈，使企业与用户之间紧密连接，为客户提供了更优质的服务，提高了用户的满意度。

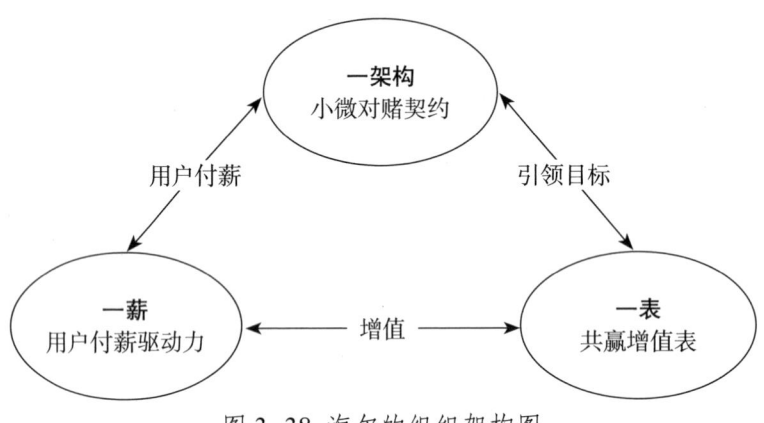

图 3-38 海尔的组织架构图

另一方面，海尔提出的动态合伙人制度是为了更好地实现用户最佳体验，鼓励员工积极参与用户交互、创造用户价值。该制度的实施不限制创业人员的来源，只要能够创造用户价值并在海尔平台上完成任务即可。海尔通过建设投资驱动平台和用户付薪平台来落实动态合伙人制，投资驱动平台提供资金支持，用户付薪平台则让用户根据创客表现支付工资，这两个平台能更好地促进创客与用户之间的交互，实现用户最佳体验。

4. 渠道通路——"三店合一"打通全渠道零售

海尔以往的营销主要通过直营门店和加盟门店等来实现，从以往仅有的专卖店等线下门店销售拓宽到线下体验店、线上电商和顺逛微店的"三店合一"营销渠道（如图3-39所示）。顺逛微店是海尔创新的移动端社交电商平台，通过社交化营销和用户分享来提高营销效果，让用户在社交和购物中获得更好的体验。通过这些线上和线下的渠道，海尔能够更好地与用户进行交互，实现共创共赢的目标。

另外，随着直播带货的爆火，海尔智家也开启了直播销售模式。例如，海尔智家在抖音平台开启直播频道，由主播进行产品讲解，视频的形式可以让客户更直观、更便捷地感受到商品的特点。海尔官方旗舰店目前已在抖音收获252.8万粉丝，销售额接近10亿元。

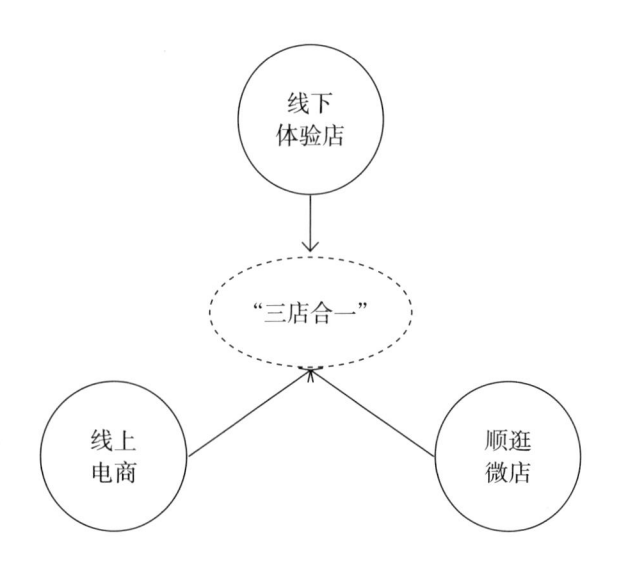

图 3-39 海尔智家"三店合一"商业模式

5. 关键业务——智能家庭解决方案

随着人们对美好生活的需求不断提升，家电家居行业呈现出智能化、套系化、场景化、高端化以及一体化的发展趋势。公司通过领先的用户调研、覆盖广泛的产品线，以及在智能 AI 算法、家庭大数据、设备物联技术等方面的积累，为客户提供包括客厅、厨房、浴室、卧室、阳台等场景方案，包括食品保鲜烹饪管理、衣物洗护穿搭管理、全屋空气舒适净化管理、饮用水健康管理等。

海尔智家大脑平台提供了一个便捷的方式，让消费者通过海尔智家 App、小优音箱等入口，升级智慧家电功能，享受诸如专业健身、食谱推荐、购买食材、洗护程序推送、个性化定制场景等服务。未来，公司将继续关注用户体验需求，进一步提升和丰富智慧家庭解决方案，通过场景方案和生态服务，为消费者提供终身服务，进一步增强用户黏性。五大空间（客厅、厨房、浴室、卧室、阳台）是公司提供场景方案的关键，涵盖食品保鲜烹饪管理、衣物洗护穿搭管理、全屋空气舒适净化管理、饮用水健康管理等，为消费者提供"设计一个家、建设一个家、服务一个家"的全面解决方案。

6. 合作伙伴——业务流程数字化

与传统媒体、通信和零售企业不同，海尔智家采取了全面的数字化变革。海尔智家公司的智家体验云平台和卡奥斯平台是海尔在智能家居领域的两个重要平台，能够实现与用户在多个环节进行实时交互，从而增强用户体验。智家体验云平台主要是海尔智家公司为智能家居产品提供的智能化服务平台，能够实现对智能家居设备进行联网管理，为用户提供智能化的控制和管理功能。卡奥斯平台则是海尔智家公司为智能家居企业提供的一种基于物联网的开放式智能化服务平台,可以将智能家居设备与各种应用程序进行互联互通,为用户提供更加便捷的智能家居服务。通过客户需求驱动产品研发和生产,更好地满足用户需求。这一改变体现了海尔智家公司在智能家居领域注重用户体验和需求的理念,能够更好地满足用户的需求,提高用户的满意度和忠诚度。

未来,海尔智家将继续推进数字化变革,加强与用户的互动,为消费者提供更加智能化、定制化的家居解决方案(如图3-40所示)。海尔智家的生态模式从串联的直线走向并联的环形,这种新模式以顾客需求为中心,用户能及时获得企业供需信息。海尔智家依靠数字信息技术,加快了公司数字化平台的建设、推动了公司互联网工厂的发展,实现了企业的全面数字化管理。

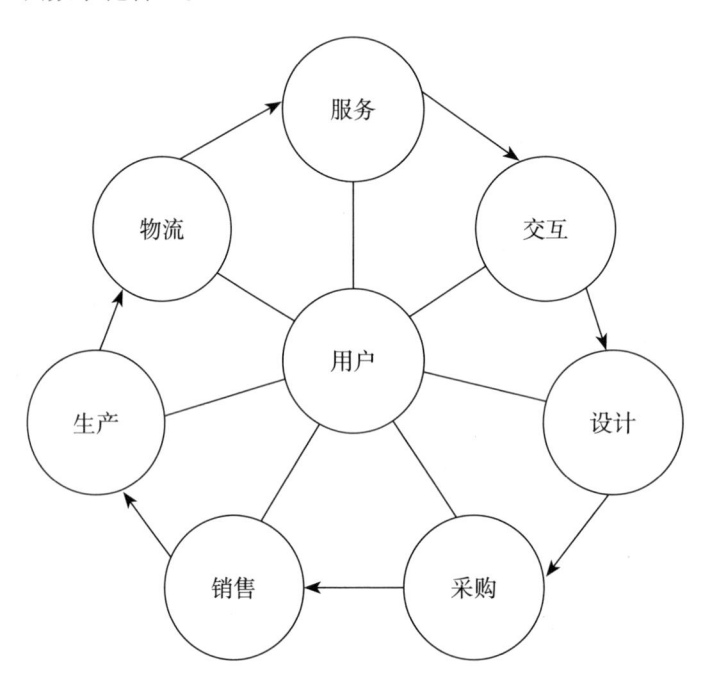

图3-40 海尔智家数字化业务流程

7. 核心业务——推进智能制造持续升级

凭借原创科技,海尔智家的高端品牌、场景品牌和生态品牌在市场上领跑。海尔智家在原创技术的基础上不断进行研发和创新,以满足用户对美好生活的不断追求。同时,海尔智家也积极与国内外的科研机构、高校等合作,共同探索前沿科技,助力智能家居产业的发展。HOPE平台是海尔公司的对外科技合作平台,其通过跟踪、分析和研究与产业发展密切相关的技术,超前3~5年并推进相关技术的产业化。例如,通过与专家合作,海尔开发了空调"可变分流技术"，并已申请了36项专利，其中包括4项国际专利（PCT）。当用户使用HOPE平台时，他们可以访问由海尔与供应商、客户和其他技术公司合作开发的创新技术。HOPE平台通过汇集各种资源，如技术、知识和创意，将技术供应方与需求方联系在一起，以促进新产品和场景的创新和发展。此外，HOPE平台还开发了一些工具和场景，如用户需求洞察、技术解析和资源评估等核心方法论，以便更好地应对用户需求，并推进技术的产业化。例如，海尔的空调"可变分流技术"是一项创新技术，能够根据房间的大小和形状来自动调整空气流向，提高空调的能效。海尔利用HOPE平台汇聚了来自专家、供应商和客户的资源和技术，通过合作开发了这项技术，并已申请了36项专利，其中4项为国际专利。

8. 成本结构——增加平台化成本

为了实现商业模式的创新，海尔采取了企业平台化战略，通过搭建多种平台来支持其业务的发展。尽管平台的建设增加了海尔的成本，但财务报表表明平台的搭建也为海尔带来了许多好处。此外，海尔通过平台化建设，也有助于实现其轻资产模式的转变，减少了海尔在资产方面的投入。综合来看，海尔的商业模式创新和平台化建设为其带来了许多优势和机会，也带来了一些成本和挑战，海尔需要不断优化其商业模式和平台化建设，以保持其竞争力和持续发展。

具体来说，传统制造企业的成本结构主要包括原材料、人工和间接费用等。然而，随着商业模式的创新，海尔不仅需要承担传统成本，还需要投入更多的资金用于平台建设。海尔致力于平台化战略，通过搭建智能互联网平台和用户共享平台等多种平台，实现商业模式的创新和转型升级。平台的建设和维护不仅需要投入大量的资金和人力，还需要不断进行技术创新和更新，以保持平台的竞争力和用户体验。但是，通过平台化建设，海尔可以更好地实现用户需求的个性化定制，提高产品的附加值和用户满意度，从而带来更高的销售额和利润。此外，平台化建设有助于海尔实现轻资产模式的转变，从传统制造业的重资产向轻资产方向发展，降低资本占用率和负债风险，提高企业的灵活性和适应能力。

总体来说，尽管平台化建设增加了海尔的成本，但通过提升产品的附加值和用户体验，以及实现轻资产模式的转变，海尔能够获得更多的商业机会和发展潜力。

9. 收入来源——共赢增值表提升生态收入

海尔采取的生态模式（如表3-18所示），是以提供优质的用户体验和创造场景价值为主要目标的。这种模式下，海尔通过增加生态链的群组和触点来吸引更多的用户，尤其是通过乘数效应让互动用户和终身用户数量倍增，进而达到边际效用递增的效果。同时，随着用户数量的增加，开发和维护用户和资源的成本增加速度并不会跟着快速增加，这意味着海尔可以以更低的成本提供更好的服务，从而进一步增加用户的数量和忠诚度，形成良性的循环。随着用户数量的增加，海尔可以更加精准地了解用户需求，并且可以通过大数据和人工智能等技术手段不断提升产品和服务的质量和效率，进一步提高用户满意度和忠诚度。同时，由于用户数量的增加和生态系统的扩大，海尔可以更好地利用资源和成本，实现规模效应和边际效益递增，从而提高企业的营利水平。

表 3-18 共赢增值表（部分）

链群分享	链群共创获得的价值分享，含创客及生态平台等
生态攸关方分享	各利益攸关方在平台上获得的价值分享
用户分享	参与平台、产品、服务共创、设计的用户，取得的价值分享
资本分享	[可分享利润 +（期末估值 – 期初估值）]× 股权比例

（四）海尔智能"生态链"的数智化价值创造机理分析

1. 创造价值——智能工厂提升企业整体效率

海尔智家的智能工厂是一种基于智能制造理念的数字化工厂，它通过数字化、网络化、智能化的方式实现生产过程全流程的可视化、可控制、可优化，从而提高生产效率、降低生产成本、提升产品质量和灵活度。最新入选"灯塔工厂"的青岛海尔冰箱互联工厂，是行业首家智能 +5G 互联工厂应用标杆，2019 年获评全国首批智能制造标杆企业。为了满足消费者日益增长的个性化、高品质和快速交付的需求，海尔冰箱工厂采用先进的技术，如大数据和先进视觉检测技术，加速产品的研发、升级制造流程和物流调度模式。通过这些创新，订单响应周期减少了 35%，生产效率提高了 35%，产品质量和性能也得到了 36% 的提升，这些成果为海尔冰箱工厂赢得了广泛的赞誉。

海尔智家的智能工厂是一种高度数字化、网络化、自适应、智能化、个性化的生产模式，它可以提高生产效率、降低生产成本、提升产品质量和灵活度，为客户提供更加优质的产品和服务，同时为海尔智家实现了企业价值创造。

2. 传递价值——u+ 开放平台提升新零售效率

（1）u+"食联网"。2022 年上半年，冰箱冷柜业务实现收入 217.44 亿元，同比增长 13.3%。市场份额持续提升，高端优势进一步扩大。根据中怡康数据，公司的冰箱线下份额增长 2.7%，达到 43.3%；线上份额提升 0.4%，达到 39.2%。

海尔品牌不断升级精确制冷、图像识别、智慧语音等技术带动博观等高端系列快速增长，根据中怡康数据，海尔品牌 10 000 元以上零售额份额达到 9.5%。报告期内，海尔品牌率先推出冷冻容积达到 265 升的大冰箱，满足增加的食品保鲜需求。公司牵头制定《IEC 国际电冰箱保鲜标准》，主导《一级健康保鲜》标准 2.0，引领保鲜技术发展趋势。公司发明的"底置制冷系统"以"温度零波动、零风感、零延迟"的原创科技实现制冷系统的颠覆性突破。该技术先后取得 236 项发明专利，并通过欧洲 VDE 认证和美国 UL 认证。

海尔智家坚持细胞级冷冻保鲜科技引领，有效抓住冷柜需求爆发的市场机会，国内市场冷柜收入增长 15%。针对用户对多台制冷设备增加的需求，公司及时推出以冰箱+冷柜（冰吧）、冰箱+酒柜的产品组合持续升级用户体验。公司抓住出口市场对大容积冰箱增加的需求，优化产品结构，T 门冰箱、法式对开门冰箱等高端产品占比超过 70%，出口表现好于行业。

（2）u+"衣联网"。针对洗衣机领域，海尔智家一直在不断探索智能化、高效化的方案。其中，海尔智家的智能洗衣机采用了人工智能技术，能够自动识别衣物的种类和数量，并根据衣物的材质和清洗需求进行洗涤。此外，海尔智家的洗衣机还配备了智能投放洗涤剂的功能，用户只需要将洗涤剂放入机器中，洗衣机就能自动计算出需要的用量，实现精准投放，提高清洗效果和使用便利度。

在干衣机领域，海尔智家采用了双擎热泵技术，该技术可以让衣物自由舒展，充分受热，从而增强烘干效果。此外，该技术还能有效解决干衣机烘干过程中的缠绕问题。

除了在产品技术方面进行创新，海尔智家还注重为用户提供增值服务。例如，在智能洗衣机方面，海尔智家推出了洗衣液自动投放、衣物分类存储等智能方案，为用户提供更加便捷、高效、智能化的洗涤体验。同时，在售后服务方面，海尔智家也致力于提供更优质的服务，如免费上门维修、人性化的远程维修服务等。

（3）u+"空气网"。海尔智家的空调产品可以实现多屋联动，即通过智慧系统控制多个空调设备，使室内温度达到用户要求。同时，这些空调产品还具有适配送风功能，可以根据用户所处的环境自动调节送风角度，提高送风效果。此外，海尔智家的空气净化器和新风系统可以实现空净联动，提供全空间、全场景的智慧空气解决方案。

海尔智家的智能产品还可以智慧感知环境，即通过传感器感知环境的温度、湿度、空气质量等信息自动调节室内空气。这些智能产品还具有智慧杀菌除菌功能，可对空气中的病毒、细菌等有害物质进行有效清除。总之，海尔智家提供的全周期解决方案可以满足用户对于空气温度、湿度、洁净度、清新度等健康、舒适体验的需求，为用户提供更加智能、便捷、舒适的生活体验。

（4）u+"水联网"。海尔智家的热水器产品中，具有互联功能的产品可以形成包括热净联动、热暖联动等家庭用水解决方案。这些解决方案可以全面满足用户对于净水、软水及热水等用水需求。例如，通过智慧系统可以实现热净联动，将净水设备与热水器相连，保证用户用到的热水都是经过净化的，从而提高用水的健康水平。另外，热暖联动则是将热水器与暖气系统相连，使热水器的余热可以被暖气系统利用，从而提高能源利用效率。此外，海尔智家的POE净水器、POU净水器和软水处理设备可以满足用户对于水质的需求，这些产品都具有互联功能，可以实现远程控制和智能化管理，增强用户使用的便捷性和效率性。

海尔智家为用户提供了多种不同类型的热水器、净水器和软水处理设备等产品，并且都具有互联功能，可以形成全面的家庭用水解决方案，满足用户对于净水、软水及热水等用水需求，为用户提供更加智能、便捷、舒适的生活体验。

3. 实现价值——三翼鸟品牌布局前端用户入口

三翼鸟门店提供一站式的智能家居解决方案，将智能家电与智能家装相融合，通过一个专业的服务管家为消费者全程服务。服务管家将统筹安排内部专属团队，提供从设计施工、建材配套、安装调试的全流程服务，为消费者打造符合其需求和习惯的智能家居场景。这种全流程服务的提供可以使得消费者在购买智能家电时更加便捷和满意。不仅仅是提供硬件设备，更是提供智能家居解决方案和全流程服务，从而使得消费者能够轻松地实现智能家居的全面升级，享受更加智能化的生活方式。同时，通过提供定制化的服务，三翼鸟门店也可以获得更高的客户满意度和忠诚度，进一步提升自身品牌价值和市场竞争力。

一方面，三翼鸟采用的是个性化定制的服务模式，不再让用户自己来挑选，而是主动为用户进行定制。相较于其他平台或软件提供的"我提供，用户选"的模式，用户需要自己规划、选购、安装并全程协调，难免会出现问题。而三翼鸟通过上门量房、沟通设计图、建材推荐和采购、家居家电一站式配套等专业服务，全程为用户提供一站式服务，不仅省心省力，还能保证整个家的风格统一、规划合理、空间融合。

另一方面，三翼鸟门店不同于其他流量平台，它提供可持续、可迭代的家庭体验平台。

对于三翼鸟来说，家庭装修只是开始。入住之后，三翼鸟仍然提供全面的家庭一体化服务，包括家装、家电、家居以及后续的生活服务，持续为用户全程服务。甚至包括衣食住娱、日常用品，如洗衣液不够时，三翼鸟会自动下单；如果想吃北京烤鸭，冰箱可以随时买到食材并且可直接制作。

这种场景化的解决方案不仅可以提高用户的使用便捷性和舒适度，还可以增强用户的黏性和忠诚度。海尔智家的物联网战略需要不断更新和迭代，以适应市场的变化和用户的需求。

（五）海尔智家"生态链"数智化价值创造系统分析

1. 基于财务层面分析

（1）营利能力分析

①销售毛利率分析。本书选取了家电行业国产前四位的企业进行对比，由表3-19可知，海尔2015—2021年的营利能力总体是呈稳定上升态势的，并且相比其他三家，海尔智家更具有一定优势。

表 3-19 销售毛利率分析

单位：%

年份	海尔智家	海信家电	美的集团	格力电器
2015	27.96	21.43	25.84	32.46
2016	31.02	23.36	27.31	32.70
2017	31.00	19.46	25.03	32.86
2018	29.00	19.01	27.54	30.23
2019	32.19	21.44	28.86	27.58
2020	29.68	24.05	23.72	26.14
2021	33.95	19.70	22.48	24.28

数据来源：Wind 数据库。

海尔通过商业模式的转型，以用户为驱动，推出"人单合一，共创共赢模式"，并调整升级了研发、制造和营销方面的策略，成功地保持了稳定增长。在整个行业零售额下降的情况下，海尔以用户需求为导向，实行个性化定制，并发展智能家电，智能空调市场份额达到了70.31%，在行业中具有较高的市场占有率。

海尔的成功主要归因于其具有创新性和用户导向的商业模式，以及对技术的不断追求和应用。海尔在数字化转型方面一直保持着领先地位，通过大数据和数字孪生等技术的应用，加快了产品研发和制造流程，同时实现了物流调度的精细化管理，提高了生产效率和产品质量。此外，海尔还积极发展智能家电产品，实现了从传统家电向智能家电的转型，进一步满足了用户的个性化需求，从而在市场中占据了领先地位。

可以看出，海尔在转型过程中不断探索和创新，将用户需求作为企业发展的核心，不断提升产品品质和服务水平，以此赢得用户的信赖和支持。海尔的成功经验启示我们，企业应该根据市场需求和用户需求，不断创新和升级产品，发展数字化、智能化的技术，以提高生产效率和产品品质，进一步拓展市场份额，实现可持续发展。

海尔智家在2019年进行了品牌升纵，将原有的"海尔之家"更名为"海尔智家"，并提出了"智慧生活"的品牌主张，旨在以智能化、互联网化的方式实现家庭生活的智慧化。这一战略取得了一定的成功，为海尔智家带来了更多的用户和投资者，也进一步提升了该公司的毛利率。2020年，海尔智家发布了"智慧家庭5.0"战略，进一步深耕智能家居领域，提出了"五个生活场景""四个关键应用"和"三个技术平台"的发展路线图，旨在通过创新技术和服务模式，提供更加智能化、便捷化、舒适化的生活方式。2021年，海尔智家发布了智慧家庭生态系统，将传统家电和智能家居设备进行深度融合，实现了从家庭安全、舒适、健康到生态的全方位智能覆盖。同时，海尔智家还积极探索智能家居在新零售、智慧社区、智慧酒店等领域的应用，为用户提供更多元化的智能服务。海尔智家自2019年以后持续推动智能家居领域的创新和发展，不断提升自身的竞争力和品牌价值，同时为用户提供更加智能化、便捷化、舒适化的生活体验，推动了智能家居行业的快速发展。

②销售净利率分析和净资产收益率（ROE）分析。如表3-20所示，2015—2021年海尔智家的销售净利率整体高于海信家电，低于美的集团和格力电器，但整体净利率保持稳定。

表3-20 销售净利率

单位：%

年份	海尔智家	海信家电	美的集团	格力电器
2015	6.60	2.32	9.84	12.91
2016	5.62	4.27	9.97	14.33
2017	5.52	6.19	7.73	15.18
2018	5.38	3.95	8.34	13.31

续表

年份	海尔智家	海信家电	美的集团	格力电器
2019	6.14	5.12	9.09	12.53
2020	6.40	5.88	9.68	13.25
2021	5.81	3.74	8.50	12.15

数据来源：Wind 数据库。

如表 3-21 所示，2015—2021 年海尔智家的净资产收益率呈现波动下降的趋势，但总体仍保持在相对稳定的水平。与同行业的格力电器和美的集团相比，海尔智家的净资产收益率在大部分年份都处于相对较低的水平，而与海信家电相比则处于相对较高的水平。可以看出，海尔智家销售净利率和净资产收益率（ROE）呈现相似趋势，而高于海尔智家盈利水平的美的集团和格力电器，在"生态链"构建与智慧家庭方面的投入较少，而"生态链"构建在家电领域属于起步阶段，短期内对营利水平可能产生负面影响。这一趋势也反映出海尔智家在商业模式转型和增加研发投入等方面面临着一定的挑战和成本压力，但相对来说仍然保持较高的营利能力。值得注意的是，海尔智家在 2017 年净资产收益率达到了近 23%，是近年来的高点，这可能与其在智能家电领域持续的创新和投入有关。

表 3-21 净资产收益率

单位：%

年份	海尔智家	海信家电	美的集团	格力电器
2015	16.22	15.49	29.06	27.31
2016	20.38	24.23	26.88	30.44
2017	22.89	34.71	25.88	37.44
2018	20.88	19.79	25.66	33.36
2019	19.12	22.21	26.43	25.72
2020	17.68	16.99	24.95	18.88
2021	17.29	9.64	24.09	21.34

数据来源：Wind 数据库。

（2）营运能力分析

如表 3-22 所示，海尔智家企业的营业周期上涨，存货周转率、应收账款周转率和总资产周转率在下降，这些指标的变化说明企业各资产的营运能力有所减弱，与海尔智家企业现阶段的商业模式有关。

表 3-22 海尔智家的营运能力指标

年份	营业周期（天）	存货周转率（%）	应收账款周转率（%）	总资产周转率（%）
2015	67.81	8.02	15.69	1.18
2016	79.96	6.90	12.95	1.14
2017	88.09	5.50	12.90	1.07
2018	83.15	5.58	16.02	1.09
2019	83.89	5.51	18.72	1.11
2020	93.52	5.16	15.57	1.07
2021	103.90	4.52	14.89	1.08

数据来源：Wind 数据库。

海尔智家在家电产品相关领域的市场份额一直遥遥领先，凭借较好的商业口碑，在物联网生态领域占据一定市场份额。凭借企业在前期的战略布局和引领行业的技术水平，海尔智家在相关领域得到良好反馈，这一点由营业收入数据的表现可以看出。海尔智家在巨大的市场需求下不得不扩大销量和规模，加大品牌营销，增加企业成本，这就导致海尔智家的相关运营能力指标下降。海尔智家现阶段的营利模式促使企业优先考虑相关业务市场份额和家电产品的出货量，为构建海尔智家生态平台打好基础。

（3）偿债能力分析

基于营运能力的情况，海尔智家的负债情况和偿债能力会受到一定影响。如表 3-23 所示，海尔智家的资产负债率整体有一定的上升趋势。由于企业在扩大规模和市场份额时增加了流动负债，尽管资产负债率整体有一定的上升趋势，但近年来出现略微下降趋势，表明企业在不断提升长期偿债能力，提高营利能力，稳定自身经营状况。对于流动负债中的应付账款和应付票据，这部分主要关系企业的日常经营活动。

表 3-23 海尔智家的偿债能力指标

年份	资产负债率（%）	流动比率（%）	流动负债（亿元）
2015	57.34	1.38	397.83
2016	71.37	0.95	734.53
2017	69.42	1.10	768.94
2018	66.80	1.16	800.80

续表

年份	资产负债率（%）	流动比率（%）	流动负债（亿元）
2019	65.33	1.05	956.10
2020	66.52	1.04	1 093.93
2021	62.71	0.99	1 247.97

数据来源：Wind 数据库。

海尔智家的流动负债中，增长幅度最明显的就是应付账款和应付票据，从2015年的115.97亿元增长到2021年的673.68亿元。与此同时，流动比率出现下降趋势，从1.38%降到0.99%。流动负债的应付账款和应付票据部分关系企业的日常经营活动。在现阶段的营利模式下，海尔智家找到新的利润增长点，扩大了业务规模，需要企业增加与供应商的交易量，以此提高了企业的流动负债。虽然流动比率出现下降趋势，但仍处于较为合理的水平，海尔智家需要继续提升偿债能力，合理控制流动负债规模。

（4）发展能力分析

从表3-24可以看出海尔的总资产增长率除了在2016年实现高速增长外，其他年份都呈下降趋势。这主要是因为当时海尔全球品牌的发展战略，海尔收购GEA后，其总资产得到迅速扩张，总资产增长率远远超过同行业其他企业。

表3-24 海尔智家的偿债能力指标发展能力指标

年份	总资产增长率（%）	净利润增长（%）	归母净利润（亿元）
2015	1.27	−19.42	43.01
2016	72.79	17.03	50.37
2017	15.21	37.37	69.26
2018	6.07	7.71	74.40
2019	1.73	9.66	82.06
2020	1.62	8.17	88.77
2021	2.16	47.10	130.67

数据来源：Wind 数据库。

海尔智家的总资产增长率和归母净利润增长情况的确表明了企业营利能力的提升，尤其是在营利模式转型后的增长速度更加明显。这反映了海尔智家在商业模式转型后，不断优化业务结构，提高管理效率，加强市场营销等方面的努力取得了良好的成果。此外，海尔智家不断推动创新，在产品研发、技术创新等方面也不断取得进展，进一步巩固了企业在市场上的地位和竞争优势。这些因素都为企业未来的发展提供了有力支撑。

海尔智家公司的业务范围随着时间的推移不断扩大和丰富，从单一电冰箱业务发展到多元化业务，包括家电业务和增值业务，以及智慧家居业务和生态业务等。这种多元化的发展路径，让海尔智家在不断扩大自身规模的同时，也增强了企业的市场竞争力，提高了营利能力和抗风险能力。

从历史发展来看（如表3-25所示），海尔智家公司在1993年仅销售冰箱一种产品，经过多年的积累和经验沉淀，逐渐开发出了其他家电产品，如空调、洗衣机、热水器、厨电和小家电等。这样，公司的基础业务得到了全面拓展和完善。从2015年开始，海尔智家公司开发U-home智慧家居业务，这使得海尔智家进一步提高了服务品质，增强了客户黏性。随着物联网技术的发展，2018年海尔智家公司开创了行业首个物联网生态业务，这标志着公司进入了一个全新的发展阶段。

表3-25 海尔智家业务变化表

年份	产品线	业务
1984—1993	冰箱	单一业务
1994—2003	冰箱+空调	双线业务
2004—2014	常规家电	全面拓展基础业务
2015—2016	智慧家居业务	数字化业务
2016—2017	卡奥斯平台	工业平台业务链
2017—2018	物联网生态	生态业务模式
2019—2021	场景品牌	场景取代产品

除了家电业务外，海尔智家公司还不断开发增值业务，如卡奥斯（COSMOPlat）平台和生态业务等。通过这些业务的拓展和发展，海尔智家拓宽了公司的营利空间。值得一提的是，海尔智家公司一直坚持"自主创牌"和"三位一体"战略，让公司的全球化品牌得到了有效引领，海外销售占比高达50%，这让公司具备了较强的国际竞争力。

2021年，自主研发智慧楼宇大脑，同时海尔提出了四类创新引领的楼宇解决方案——楼宇智控、楼宇能源、楼宇环境、楼宇集成。以智慧大脑为核心，海尔智慧楼宇涵盖四大解决方案，实现九大场景应用落地，为用户提供设计、建设、运用一体的全流程一站式智慧楼宇解决方案。

综上所述，海尔公司的总体经营状况呈现出持续稳健发展的态势，这得益于其商业模式的创新。海尔的"生态链"数智化商业模式创新对其营利能力、发展能力和偿债能力都产生了显著的影响。在营利能力方面,海尔的商业模式创新主要通过对产品研发、制造、销售和服务等方面的改造提升了其营利能力。

首先,海尔公司通过创新的核心资源平台实现个性化定制,扩大销量以提升企业业绩。其次,通过互联网平台拓宽营销渠道,提高企业的市场占有率。最后,提升售后服务质量和产品质量管理,提升口碑竞争力,推动业绩提升。在发展能力方面,海尔主要通过稳健扩张的发展战略、创新的业务模式和持续的技术创新能力来提升。稳健扩张的发展策略扩大了企业资产规模,推动企业总体发展;创新的"网器+应用+服务+平台"业务模式拓宽了收入来源,为企业提供了动力。

在偿债能力的分析中,尽管在搭建互联网平台的过程中,海尔筹集和花费了大量资金,导致其资产负债率呈上升趋势并持续高于行业平均水平,但海尔资产负债率呈下降趋势,这说明通过借贷扩大经营规模的经营手段在为海尔带来较好的营利水平的同时也会影响企业的偿债能力。

经过对海尔公司的营运能力进行分析,我们发现其商业模式创新并未对其营运能力产生显著的影响。具体来说,海尔的应收账款周转率和存货周转率呈下降趋势,这表明"生态链"数智化商业模式并未显著提高海尔的资金利用率和存货管理能力。因此,海尔需要加强对应收账款和存货的管理,以提高营运能力。对于应收账款管理方面,可以加强对客户信用评估和订单管理,优化账期和催收流程,缩短应收账款回收周期。在存货管理方面,可以加强库存管理,优化采购计划和库存周转,控制库存成本和降低滞销库存。这些措施将有助于提高海尔的营运能力,进一步提升公司的价值创造和营利能力。

2. 基于客户层面分析

(1) U+开放平台重构用户价值

海尔的U+开放平台可以被看作其生态链系统的一个重要组成部分。海尔的U+开放平台是一个开放的智能家居生态平台,通过开放API、SDK、硬件接口等技术,为企业、开发者、合作伙伴等提供智能家居产品和服务的开发、集成和交互接口。在海尔的U+开放平台上,用户可以选择适合自己的智能家居设备,以及对应的智能家居应用程序,实现智能家居设备的控制和管理。此外,U+开放平台还提供了智能家居数据分析、推荐、安全等服务,为用户提供全方位的智能家居生态服务。

海尔的U+开放平台是其生态链系统中的一个重要节点,为用户提供智能家居产品和服务的全面支持和服务,帮助构建海尔智家生态链的数字化和智能化生态系统。

海尔智慧家庭针对市场中的问题，推出了"一站式、全场景、定制化"智慧家庭解决方案，以解决"单品不成套、伪智能不互通、体验差不主动"的行业痛点。海尔智慧家庭以"主动、定制"为产品核心的家庭全场景智慧解决方案，包含智慧客厅解决方案、智慧厨房解决方案、智慧浴室解决方案、智慧卧室解决方案、智慧阳台解决方案、全屋空气智慧解决方案、全屋用水智慧解决方案、全屋洗护智慧解决方案、全屋智能智慧解决方案、全屋娱乐智慧解决方案、全屋健康智慧解决方案、全屋信息智慧解决方案，也可根据客户的个性化需求进行专项定制。

（2）发挥卡萨帝高端品牌优势提升单用户价值

卡萨帝是一家全球性品牌，其意大利品牌名为Casarte，意为"家的艺术"。卡萨帝不仅仅是产品创新者，更是新品类的创造者，其创造了多个新品类，引领整个行业的模仿，并成为市场上主推的品牌。在14年的发展历程中，卡萨帝始终坚持从0到1的创新思路，开创了许多新领域。卡萨帝的双子云裳洗衣机采用上下两个滚筒的设计，实现了不同衣物分区洗涤，开创了洗衣机行业的经典品类，引领行业从混洗时代进入分区洗时代。至今，分区洗仍然是行业盛行理念。2017年，卡萨帝推出了"空气洗"，成为第三种洗涤方式，继水洗和干洗之后的又一创新。海尔智家想要打破低附加值的发展阶段，可以借助微笑曲线理论进行解读。通常情况下，微笑曲线呈现抛物线形状，最低点代表利润最低的环节，往往是制造环节。因此，家电制造企业长期以来一直处于微笑曲线底端，附加值相对较低。为了提高产品的营利水平，家电制造企业必须在现有商业模式下进行改变，从而向微笑曲线两端不断发展。海尔智家通过研发自主品牌，不断提高附加值，正在努力向微笑曲线两端推进。

（3）"三店合一"实现"货"找"人"新零售模式

2012年起，海尔集团开始实施网络化战略转型，从传统的实体店和电商各自为战的模式升级为并联的线上线下O2O模式。海尔旗下的社交电商平台顺逛，通过创新的"三店合一"OSO模式，进一步整合了线上的海尔商城、线下的1.3万个海尔专卖店以及50多万个微店主的资源，不仅实现了人与企业之间的互动，还初步具备了用户需求驱动下的物物互联的特征。随着电商的发展，海尔完成了线上的布局，有了自己的官方商城海尔商城，并在天猫、京东做了一些布局。2012年日日顺的提升，帮助大件物流得到了实现，海尔在2015年实现了微店的布局。在2016年底，海尔完成了三店合一的布局。之前线上、线下店是相对独立的，而且容易产生价格战，三店合一的完成，首先变成了一个打通的大共享平台，三店之间变成了资源共享。海尔把三店合一完成之后，用户以后不管从哪一个入口进入，感受到的都是海尔最全的产品和最好的体验。

3. 基于企业经营层面分析

（1）内部流程智能化提升运营效率

海尔智家的数字化转型还带来了一系列的效益。首先，在采购和销售方面，数字化技术的应用提升了效率，降低了成本，从而提高了海尔智家的竞争力。其次，在生产方面，定制化产品的生产降低了库存压力，避免了过剩和缺货的情况。此外，在内部管理方面，数字化转型也使得海尔智家能够降低存货闲置成本和冗余人力成本，进一步提高了效率和营利能力。

根据现有的研究数据显示，供应链数字化的提高有望带来 15%~30% 的设计和工程成本降低、20%~50% 的产品交货期缩短、60% 的供应链管理开支减少以及 20%~50% 的存货持有成本降低等效益。这些数据显示，数字化转型不仅能够提高企业的营利能力，也能够改善整个供应链的效率和质量。

（2）智能化财务系统降低企业成本

海尔集团的信息化系统是基于数字化技术和数据驱动的管理理念，主要包括财务共享服务中心和管理会计信息系统。管理会计信息系统通过建立一套科学的管理会计体系，将财务数据与经营数据相结合，实现对企业各项活动的全面监控和分析，为企业决策提供准确的数据支持。财务共享服务中心是海尔集团信息化建设的标志性项目，其建立标志着企业财务管理进入了数字化时代，通过数字化技术实现了财务管理的智能化、自动化和可视化。该中心将企业各个子公司的财务管理集中起来，建立了标准化的财务管理流程，实现了数据共享和信息互通，相比于传统的财务管理模式，财务共享服务中心具有更高的效率、更低的成本和更高的质量，能够更好地支持企业的发展战略和决策。

管理会计信息系统则是海尔集团数字化转型的重要组成部分，该系统通过建立一套科学的管理会计体系，实现了对企业各项活动的全面监控和分析。该系统不仅可以对企业的财务数据进行分析，还可以将财务数据与经营数据相结合，进行综合分析和评估，为企业提供准确的数据支持。同时，该系统还可以对企业的各个环节进行数据采集和处理，实现数据共享和信息互通，从而为企业的决策提供科学的数据支持。相比于传统的管理会计模式，管理会计信息系统具有更强的准确性、更高的效率和更强的可靠性，能够更好地支持企业的决策和管理。

（3）海尔创新平台实现资源共享

海尔智家的全球化战略不仅仅是进军海外市场，而是通过全球化布局、全球创新和全球资源整合的方式，实现全球资源和市场的优化配置，全面提升企业的国际竞争力。在全球布局方面，海尔建立了12个研发中心、20个产业基地、30多个制造工厂、50多个分销中心，遍布全球100多个国家和地区；在全球创新方面，海尔将"用户驱动、平台驱动、生态驱动"作为创新发展的三个驱动力，实现了产品、技术和服务的全球创新，加速了企业的数字化转型；在全球资源整合方面，海尔集团实现了全球资源的互联互通，将全球供应链资源和客户需求进行有效整合，实现了供需的高效匹配，从而提高了企业的资源利用效率和市场响应能力。

海尔集团一直致力于创新和变革，特别是在面对新市场和新挑战时。对于互联网冲击所带来的机遇和挑战，海尔正在积极调整战略，探索制造业互联网定制的转型之路。他们推出了用户交互定制平台和模块商资源平台，以提高生产效率和客户满意度，同时实现生产与客户之间的直接联系。除此之外，海尔还通过全球并购强势技术品牌，以"联合品牌"的方式在市场中突围。在并购过程中，海尔始终坚持"本土化"策略，以研发、制造和营销"三位一体本土化"的方式充分调动当地资源优势，盘活全球化布局。这种战略使海尔能够更好地利用全球化布局的优势，打造全球化的产品和品牌。海尔还在生产制造上进行全球资源整合，研发资源也是通过平台和模块化完成整合。这种模式使得所有参与者都能够在同一个平台上发布成果并竞标，提高了效率和质量，同时避免了单一资源所带来的限制。

卡奥斯平台业务被推广实现价值创造。海尔智家的卡奥斯（COSMOPlat）平台是基于智能制造和数字化技术的产业互联网平台，致力于推动制造业转型升级。该平台以用户为中心，通过智能化、个性化、场景化的生产方式，实现从大规模制造向大规模定制的转变。卡奥斯采用全要素、全价值链、全产业链的场景化应用，以高效率、高质量、高灵活性的生产模式，提升了生产效率和产业附加值。该平台已经孕育出15个行业生态。此外，卡奥斯还通过深耕垂直行业、做强特定领域、拓宽全球化复制等措施，不断扩大平台的生态覆盖面和品牌价值，使其品牌价值已经突破了760.29亿元。海尔卡奥斯相关负责人表示，卡奥斯平台的生态赋能模式，实现了与大企业共建、与小企业共享的目标，推进数字产业化和产业数字化的发展。

"三翼鸟"场景构建实现价值创造。海尔智家持续探索新零售商业模式的场景化适配，不断适应时代发展。其中，网络直播带货成为其新零售商业模式适配性重构的一个重要进展。在这种商业模式中，"人"成为流量入口，即通过明星、网红等代言人和直播平台达到目标客户，提高品牌知名度和产品关注度；"货"为海尔智家的细分产品，即通过直播平台展示和销售各类产品，包括家电、厨电、卫浴、智能家居等；"场"实现了实时、体验、互动，即通过直播平台的实时互动功能，提供用户与主播、产品的互动体验，增强用户购买的信心和决策。通过这种模式，海尔智家不仅可以扩大品牌影响力，提高产品销售量，还可以提供更好的购买体验，提升用户满意度。

新零售商业模式的重构是为了更好地满足消费者的需求和期望，打造特定的购物场景并提供个性化的解决方案。这种商业模式注重与用户建立更深层次的连接，通过共同创造和分享价值来推动企业的可持续发展。新零售商业模式的实现离不开协同互动的商业生态系统，这种生态系统由不同领域的合作伙伴和消费者构成，共同创造价值和实现互惠互利的关系。通过新零售商业模式的创新实践，企业可以更好地适应市场变化和消费者需求的变化，提高品牌的竞争力和市场份额，实现可持续的商业发展。

2023年2月16日，海尔召开智慧楼宇成果暨新品发布会。大会上介绍了公司自主研发的智慧楼宇大脑，同时海尔提出了四类创新引领的楼宇解决方案——楼宇智控、楼宇能源、楼宇环境、楼宇集成。以智慧大脑为核心，海尔智慧楼宇涵盖四大解决方案，实现九大场景应用落地，为用户提供设计、建设、运用一体的全流程一站式智慧楼宇解决方案。

五、徐工机械数字化转型价值创造路径分析

徐工机械实施的数字化转型本质上是回归全价值链价值创造，在公司提出的数字化转型战略中，以产品研发的数字化、生产制造的精益化、营销服务的智能化和运营管控的智慧化4个方面为核心，实现研发、制造、营销、服务、管理全价值链的数字化转型。本案例解析徐工机械在产品研发、生产制造、运营管控、营销服务以及综合管理5个方面的数字化转型是如何实现价值创造的。

（一）数字化产品研发的价值创造路径分析

徐工机械数字化产品研发的价值创造路径如图3-41所示。

1. 全球协同研发，实现技术领先

徐工机械在数字化产品研发过程中应用了数字化设计和研发工具，让产品研发的过程、工艺实现数字化，仅仅依靠模型和工具即可达到研发过程的仿真模拟，提高研发质量的同时缩短研发周期。与此同时，徐工机械本身产品的数量和种类众多，3家龙头企业徐工机械、三一重工和中联重科的产品数量分别是16种、10种和6种[①]，产品研发环

---

① 数据来源：徐工机械集团年报。

节在技术的驱动下为徐工机械的产品提供了全套的解决方案,从而提高公司的创新效率。

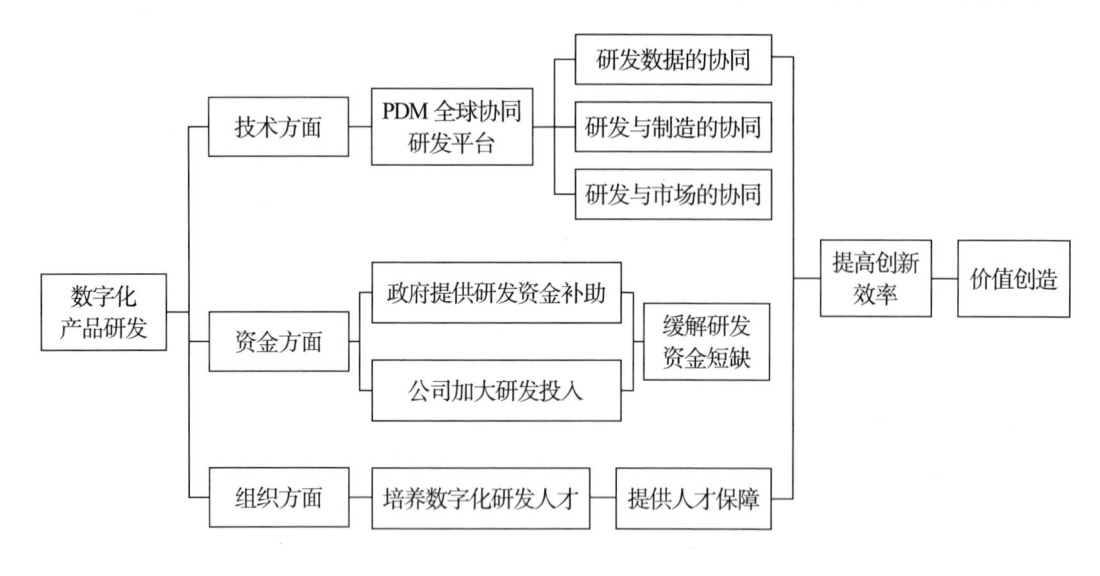

图 3-41 基于数字化产品研发的价值创造路径

数字化转型除了体现在产品研发工具上,徐工机械还建立了数字化研发平台,公司借助 PDM 全球协同研发平台实现研发数据的协同、研发与市场的协同和研发与制造的协同。PDM 全球协同研发平台促进了价值链上各环节之间信息的流动,原本被忽略的研发数据也在数字化平台的支持下得到了整合和应用,从而解决了研发投入高的问题。首先,徐工机械通过模型数据共享、智能设备的互联互通和信息技术的应用,同时设置了欧研、美研、巴西、印度和中国的全球五大研发中心,通过数字化研发平台整合与应用所有研发中心的研发数据,实现研发数据的协同。其次,徐工机械建立的逆向研发管理体系将市场数据直接反映给企业的研发部门,积极获取客户反馈的数据,推动公司研发环节产品和技术的更新换代,改进研发过程中的无效成本,实现产品研发环节以市场为导向,降低了研发过程中的风险,实现了市场与研发的协同。最后,通过数字化工艺设计将生产环节和研发环节密切联系在一起,将生产制造环节的需求传递给产品研发环节,数据的传递可以保障研发与设计过程中零部件的一致性,既可以减少制造环节试错的成本,又可以提高研发环节的研发效率。因此,通过 PDM 协同研发系统实现协同研发可以有效提高创新效率。

徐工机械关注产品研发环节的数字化转型,很大原因在于创新的复制成本很高,创新效率的提升实现了公司间的竞争壁垒,从而实现价值创造。申请专利的数量可以被用来衡量公司的创新效率,专利数量越多说明公司的技术水平越高,越容易与行业中的其他公司在技术方面拉开差距,巩固自己的市场地位,从而实现价值创造。徐工机械的产品研发不断取得新成果与数字化转型密切相关,公司的专利水平越来越高,尤其是研发的协同能力变强之后，专利数量的增长速度也在不断加快。表 3-26 对徐工机械 2017—2020 年的专利获得情况进行了统计，从中可以看出专利总量是在不断上升的，由 2017 年的 5 499 件增加到 2020 年的 7 579 件。截至 2020 年，徐工机械申请的专利中 20% 以上都是发明专利，发明专利在三项专利中技术含量最高，说明公司的创新水平在行业中处于领先地位。

表 3-26 徐工机械 2017—2020 年专利获得情况

单位：件

专利情况	2017 年	2018 年	2019 年	2020 年
授权专利	4 439	5 111	5 159	5 944
发明专利	1 041	1 282	1 372	1 545
国际专利	19	38	6 579	7 579
专利总量	5 499	6 431	2 019	2 020
发明专利申请率	18.93%	19.93%	20.85%	20.39%

公司通过研发取得了一项创新技术后，可以通过申请专利的方式先取得这项技术的所有权，公司可以通过获得专利技术从两个方面创造价值。一方面，公司可以通过这项专利技术生产出更多符合市场需求的产品，与竞争公司生产出的产品形成差异性，从而获得销售收入，为公司创造价值。另一方面，公司也可以将这项专利技术转让或者租赁给其他公司或个人，取得无形资产使用费。

2. 研发补助支持，缓解资金短缺

产品研发环节本身就存在研发周期长、研发风险高的问题，徐工机械在推进数字化产品研发之后，研发效率大幅提高了，要想巩固研发效率提升带来的技术领先，就必须加大研发投入。在 2014 年迈入数字化提升阶段以后，徐工机械不断加大研发投入，随着公司营业规模的逐渐扩大，研发投入也在逐年增加，特别是行业低迷期后为了抢占市场份额加大研发投入，体现出徐工机械对研发的重视程度，研发投入最终会促进公司市场份额的提高，从而实现价值创造。从图 3-42 中可以看出，2013—2020 年徐工机械和行业的研发强度对比，2013 年工程机械行业的研发强度数值缺失，其中，数字化研发强度＝研发投入/营业收入。徐工机械的研发强度在 2015 年以后远高于行业平均值，特别是行业低迷期后的 2016 年，在市场恢复后徐工机械抓住了机遇加大研发强度，抢占了市场份额。公司的研发强度呈上升趋势，从 2013 年的 3.74% 上升至 2020 年的 5.07%，最高时为 2016 年的 6.15%，其中大部分研发投入都被公司用来研发核心技术和提高产品质量等方面，这也说明了公司研发资金的投入是可以提高创新效率的。

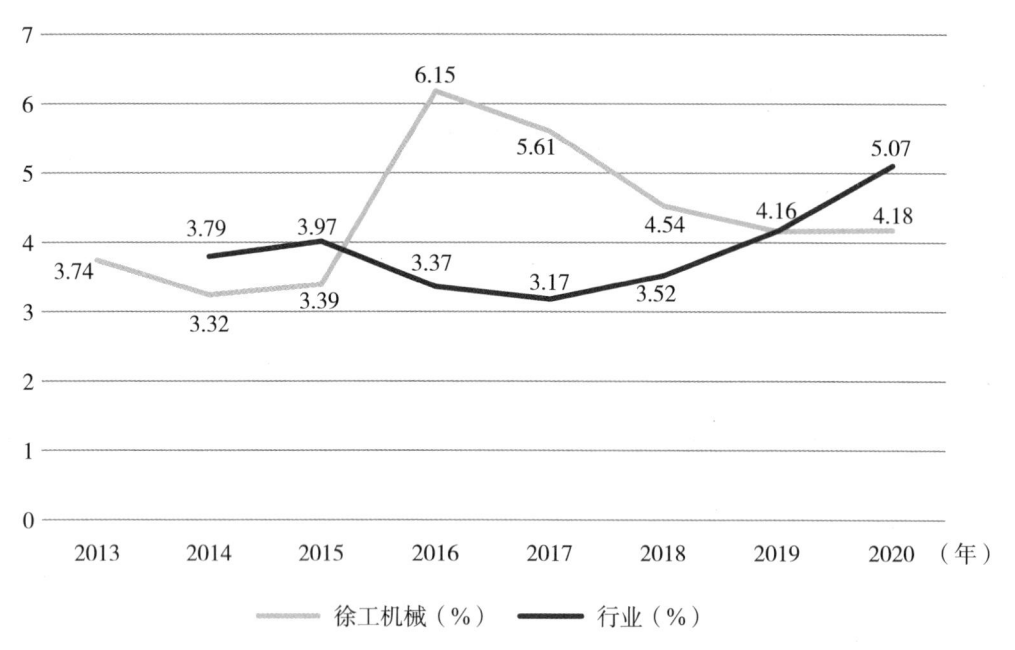

图 3-42 徐工机械、行业均值 2013—2020 年研发强度变化

数据来源：徐工机械集团年报，Wind 数据库整理绘制。

为了推动数字化转型在公司的发展，政府为公司提供了许多研发补助，而公司和政府对研发资金的支持可以有效缓解公司产品研发环节的资金短缺压力，从而提高研发效率。表 3-27 列出了徐工机械 2020 年获得的政府补助情况，从表中可以看出公司获得的相关政府补助大部分都是公司推进数字化转型的奖励资金。根据公司年报披露，这些政府补助主要用于公司核心技术的研发、工业互联网的建设以及推动数字化转型的相关项目，形成资金的良性循环。

表 3-27 徐工机械 2020 年政府补助情况

项目	金额（万元）
省级工业和信息产业转型升级专项资金	2 737
智能制造产业化基地项目奖励资金	776
工业互联网创新发展工程专项资金	2 118
智能车间奖励	150
省市级知识产权项目奖励	137
省市级专利项目奖励	102

数据来源：徐工机械集团年报，Wind 数据库整理绘制。

第三章 数字化转型价值创造及其路径

3. 引进研发人员，提供人才保障

徐工机械的数字化产品研发需要有人才支撑才能保持可持续性，获得长远发展，研发人员的注入为公司的技术创新活动带来生机和活力。研发人员是数字化转型过程中企业技术创新不可或缺的因素，研发人员的投入可以帮助公司牢牢把握创新的自主权，营造创新氛围。每一个研发人员都可以发挥自身优势，为公司的产品研发活动提供研发知识支撑和保障。

徐工机械重视对研发人员的培养，图 3-43 显示了徐工机械 2015—2020 年研发人员的数量及占比，由于公司从 2015 年才开始披露研发人员数量，因此只能观察数字化转型后公司的研发人员占比变化趋势。从图 3-43 中可以看出，虽然员工总数在不断上涨，但是研发人员的占比上涨速度更快，从 2015 年的 14.97% 上涨至 2020 年的 18.55%。由于数字化转型后公司的研发规模逐渐扩大，目前全球有 5 个研发中心，所以公司对研发人员的需求也更多，而研发人员的引入会促进公司的产品研发活动，有助于提高公司的创新水平与效率，从而提高公司的价值。

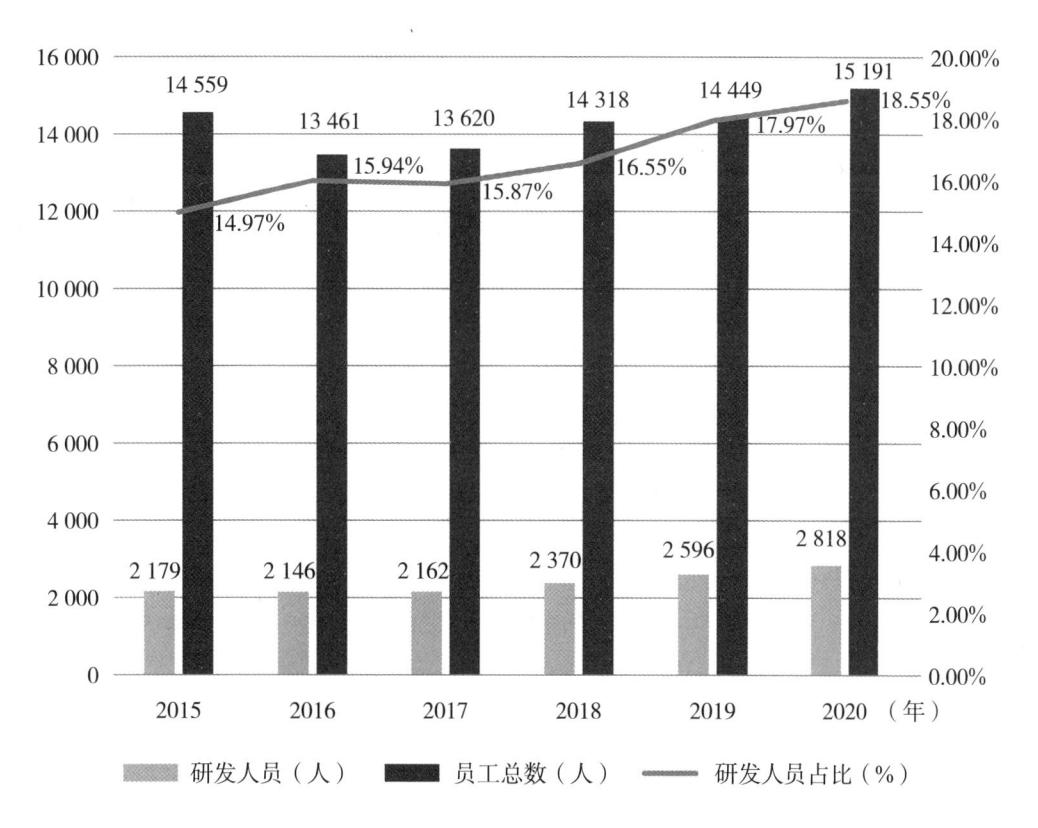

图 3-43 徐工机械 2015—2020 年研发人员数量及占比

数据来源：徐工机械集团年报绘制。

(二)数字化生产制造的价值创造路径分析

徐工机械数字化生产制造的价值创造路径如图 3-44 所示。

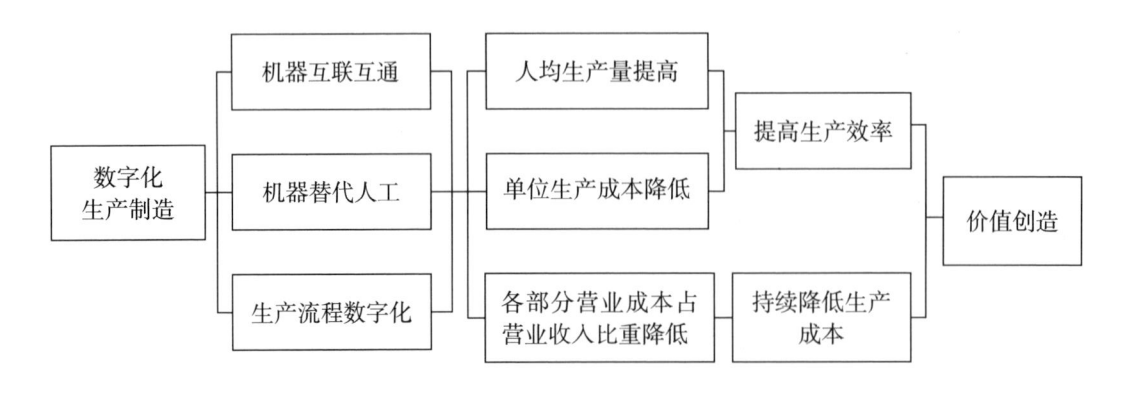

图 3-44 基于数字化生产制造的价值创造路径

1. 机器替代人工,提高生产效率

徐工机械的数字化生产制造处于行业领先水平,生产车间、智能工厂的建设情况是整个行业的标杆企业,具有示范效应。智能工厂实现了机器之间的互联互通、机器代替人工,在生产人员不断减少的情况下,生产效率不断提高。2012 年徐工机械就开始试点智能工厂,致力于生产工作的降本增效,通过 IoT(物联网)和 MES(制造执行系统)之间的结合,工厂内数控化率达到了 90% 以上,85% 的机器联网。设备之间的互联互通减少了生产人员实时监控的需要,通过机器就可以对生产制造的现场实时监控,既可以保证生产制造过程的有效性,又可以提高生产效率。另外,集成 MES 系统和 ERP 系统更加强了生产制造过程中的管理,需要通过人工方式来监督的环节都可以被取代,在减少人工成本的同时,也提高了公司的柔性制造能力。因此,数字化生产制造减少了对生产人员的需求。图 3-45 显示了徐工机械 2012—2020 年生产人员的数量及占比趋势,明显可以看出从 2012 年开始徐工机械生产人员数量大幅减少,从最高时的 9 478 人减少至 2020 年的 7 222 人,生产人员占比从 2012 年的 57.7% 降低至 2020 年的 47.54%,降低了 10%。

表 3-28 对比了徐工机械与三一重工两家公司的生产人员占比以及人工成本占营业收入的比重。两家公司自 2013 年开始生产人员占比都在不断下降,徐工机械的生产人员占比略低于三一重工,说明数字化生产制造对两家公司而言都降低了对生产人员的需求,而且在这一方面,徐工机械的实施效果优于三一重工。由于积极推进公司的数字化转型,

第三章 数字化转型价值创造及其路径

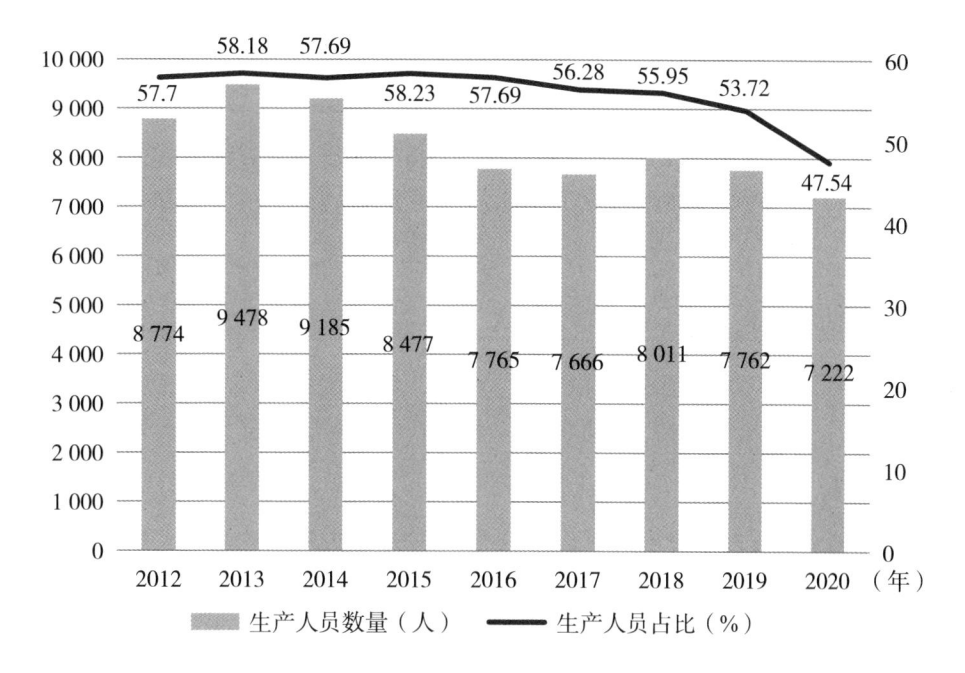

图 3-45 徐工机械 2012—2020 年生产人员数量及占比情况

数据来源：徐工机械集团年报，Wind 数据库整理绘制。

数字化生产制造减少生产人员的重复劳动，生产制造的大部分工作已经被机器所取代，实现无人化、智能化生产，因此公司对人工成本的控制明显优于三一重工，2017 年两家公司的人工成本占比都有大幅度地下降，说明数字化生产制造降低了人工成本。

表 3-28 徐工机械与三一重工生产人员及人工成本占比情况

年份	生产人员占比（%）徐工机械	生产人员占比（%）三一重工	人工成本占营收的比重（%）徐工机械	人工成本占营收的比重（%）三一重工
2013	58.18	60.07	3.23	6.22
2014	57.69	59.88	3.67	6.57
2015	58.23	58.37	4.05	6.30
2016	57.69	63.58	3.3	5.71
2017	56.28	61.92	3.36	5.29
2018	55.95	59.48	2.86	4.45
2019	53.72	50.08	2.83	3.33
2020	47.54	48.88	2.59	3.22

数据来源：徐工机械集团、三一重工企业年报。

与此同时，虽然生产规模不断扩大，但是单位生产成本在不断降低。图 3-46 显示了单位产品生产成本（生产成本/生产量）的变化趋势，特别是2019年和2020年徐工机械的单位产品生产成本大幅度降低，每件产品的生产成本只有1.93万元，是2015年的一半。虽然生产人员的比重在逐年下降，但是自2015年行业低迷期以后，徐工机械的生产量每年都在增长，人均生产量也在大幅度提高，从2015年每人2.85件上升至2020年每人13.09件，是2015年的4.59倍。技术和机器的应用可以减少人工烦琐的工作，生产线和生产工厂的智能化、数字化减少了对人工的依赖，徐工机械才能在生产人员数量不断下滑的同时，保持不断增长的生产量。

综上所述，徐工机械的数字化生产制造从排产、生产、物流、质检等多个方面都应用了数字化信息系统，减少了生产流程中对生产人员的需求，生产人员所占比重大幅度降低。与此同时，公司的生产规模却是在不断扩大的，这意味着人均生产量在不断上升，而每件产品的生产成本在不断降低。这也正说明了数字化转型有效提升了生产效率。

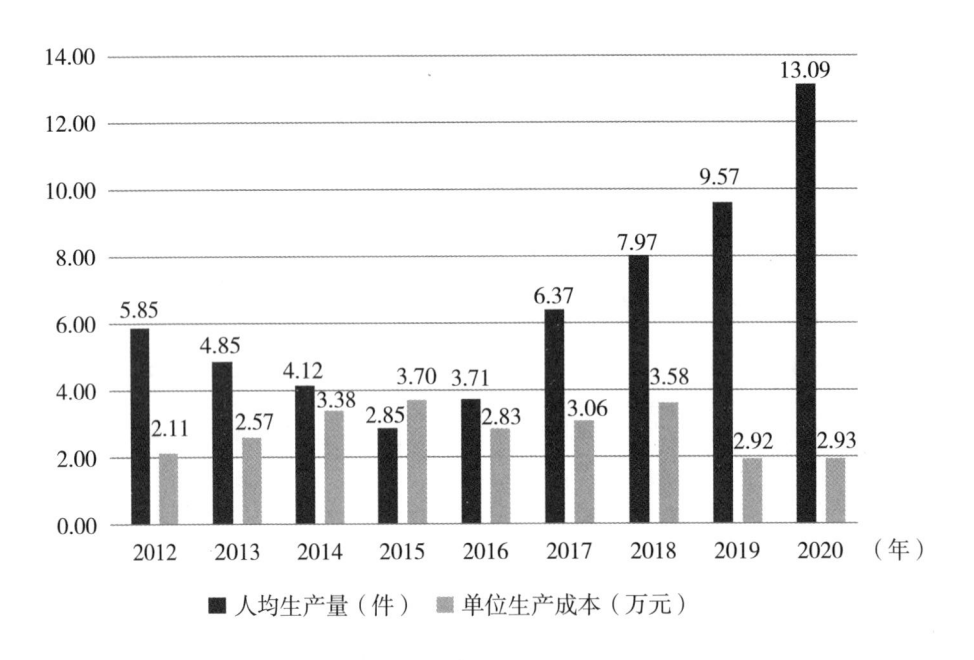

图 3-46 徐工机械 2012—2020 年人均生产量及单位产品生产成本

2. 流程数字化，降低生产成本

数字化转型使生产制造流程日趋智能化并依赖数据分析，彻底改变了徐工机械的生产模式和设备维护模式。数字化转型之后，徐工机械的生产制造利用智能技术和传感器设备获取生产线上的生产数据，从原先对所有生产线集中控制，转变为将控制权分散给各个生产线。公司的生产方式离散化，由于产品批量较小，每批次产品的生产制造效率比较低，通过分散式的智能网络可以有效解决徐工机械在原先生产制造过程中存在的问题。徐工机械设备维护模式在降低成本的同时有效增强了设备的可靠性，例如，在起重机产品生产制造的过程中，可以通过5G专网调取数据采集和调试过程中的画面，并对调试过程中的数据进行分析，改善产品的故障率，减少人工调试或者查找故障原因的成本，提高产品的质量。

数字化生产制造将生产制造过程的料、工、费精准地反映出来，同时由于生产人员数量的减少，加上数字化的生产流程可以优化生产环节的各项数据，显著降低生产设备的折旧和老化，同时减少生产过程中的燃料及动力。自2015年起，多家智能工厂和智能生产线上线后，公司的各项成本逐年递减。如图3-47所示，人工成本、折旧及摊销都在逐年下降，人工成本占营业收入比重从2015年的4.05%下降至2020年的2.59%。折旧及摊销所占比重从最高时的2.7%下降至2020年的0.73%。燃料及动力所占比重从2013年的0.56%下降至2020年的0.31%，下降速度比较缓慢。人工成本和折旧及摊销所占比重从2015年才开始下降，而燃料及动力从2013年徐工机械刚刚开始试点智能工厂时就开始下降，说明燃料及动力是最先被数字化生产制造影响的，而人工成本和折旧及摊销都是在智能工厂上线后，数字化生产制造达到了一定规模才初显成效。人工成本和折旧及摊销所占比重下降的幅度较大，自2015年起分别下降了1.46%和1.97%，说明所耗费的人工成本和设备损耗比例明显降低，数字化生产制造的实力再一次得到印证。生产成本的持续减少意味着公司可以将更多的资金投放到研发、运营、营销、管理环节，提高公司的收益能力，从而实现价值创造。

（三）数字化运营管控价值创造路径分析

徐工机械数字化运营管控的价值创造路径如图3-48所示。

1. 智能供应仓储，稳定产销关系

数字化运营管控通过WMS仓储管理系统以及数字化供应链，从有效管理库存、规避断供风险两个方面实现运营效率的提高。徐工机械对于不同规模的产品制订不同的产销计划，常规产品根据公司的生产计划制订，每个月再按照市场的需求进行调整，这就需要公司对市场需求的精准把控。对于部分大吨位产品，按照销售订单的数量安排采购和生产，如果时间不充裕，采购时间过长，很可能导致公司在约定时间内无法将产品提供给客户。传统供应链向数字化供应链的变革是由"线状"向"网状"的转型，传统的供应链模式中的参与者只能获取相邻成员的信息，仅能关注较大规模的需求信息，

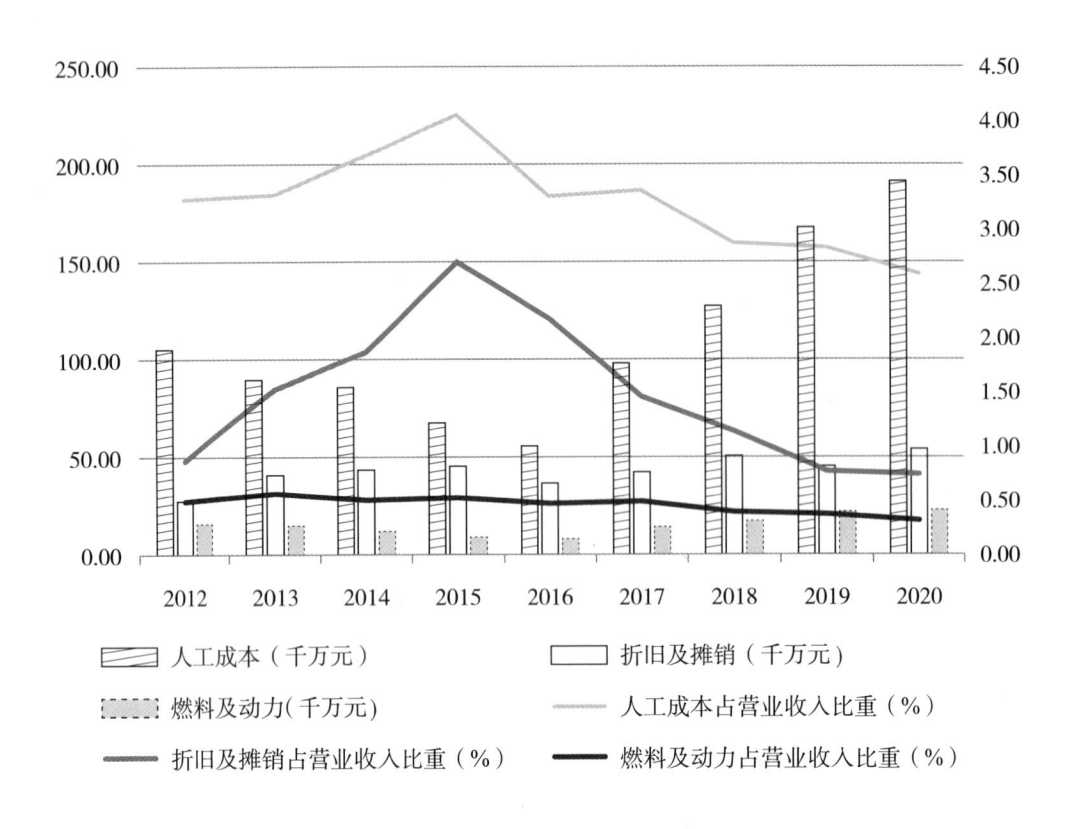

图 3-47 徐工机械 2012—2020 年各部分营业成本占营业收入比重

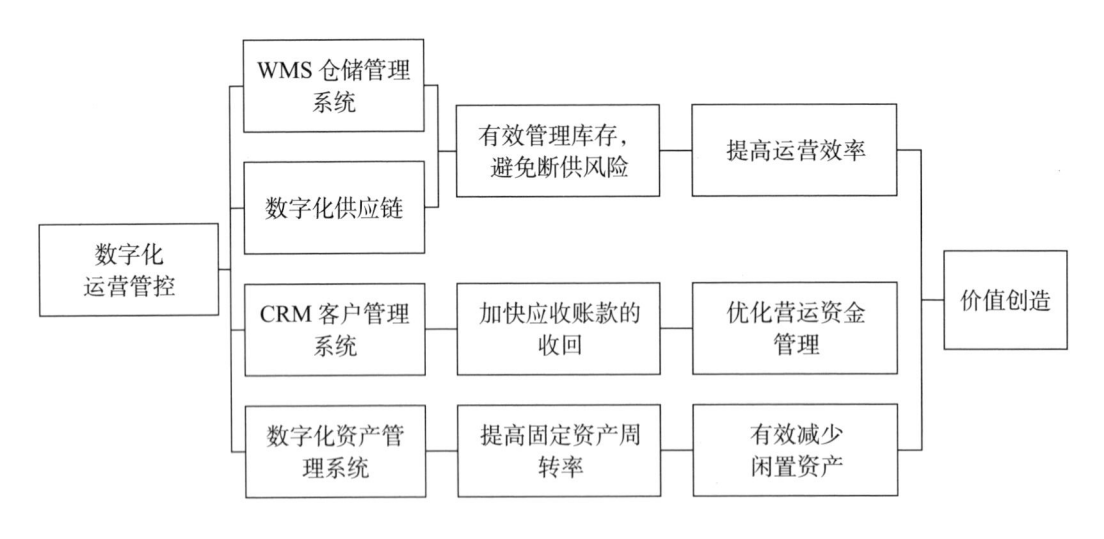

图 3-48 基于数字化运营管控的价值创造路径

而数字化供应链能够实现所有参与者之间信息的互联互通，所有参与者都能实时、全面地获取供应链的相关信息，提高供应链参与者之间的响应能力、透明度和风险感知能力。

徐工机械采用零库存模式来提高企业的生产效率，JIT 模式的核心是追求零库存或者最小库存的生产系统，下一阶段的需要量正好与上一阶段的提供量相同。在 JIT 模式下，公司采用 WMS 仓储管理系统有效管理库存。此外，徐工机械的数字化供应链建设能够更精准地预测下一阶段的市场需求变化，公司可以提前制定应对措施，通过快速的响应能力，将信息及时反馈给每个参与者。由图 3-49 可见徐工机械在经历行业低迷期后生产量和销售量不断回升并高速增长，2020 年徐工机械的销售量和生产量达到了 92 240 台和 94 506 台，数量是行业低迷时期 2015 年的 3 倍多。从图 3-49 中可以看出，徐工机械每年的生产量和销售量基本持平，说明大数据的需求预测已经相当准确，即使是 2020 年，依然可以将生产量和销售量的差距保持在 2 000 台左右。徐工机械在 2020—2022 年部分关键重点零部件和材料供应不上，严重影响公司的生产进度，采购周期不断延长的同时还面临着供应商随时停止供货的风险，在公司产品销售量大幅增长的情况下，面临一定程度的断供风险。但是，徐工机械通过积极推进供应仓储的数字化，保证供应链安全，避免突发情况下的断供风险，及时保证产品的供应和生产。

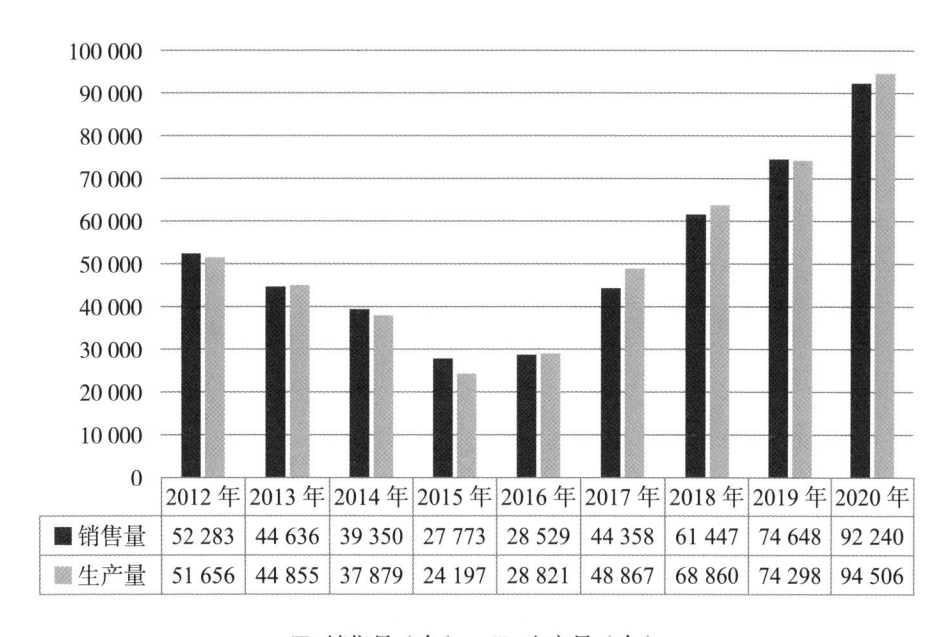

	2012 年	2013 年	2014 年	2015 年	2016 年	2017 年	2018 年	2019 年	2020 年
销售量	52 283	44 636	39 350	27 773	28 529	44 358	61 447	74 648	92 240
生产量	51 656	44 855	37 879	24 197	28 821	48 867	68 860	74 298	94 506

■ 销售量（台）　■ 生产量（台）

图 3-49　2012—2020 年徐工机械销售及生产情况

表 3-29 对比了徐工机械、三一重工和中联重科三家公司的库存量占比情况。2013—2019 年徐工机械库存量占生产量的比重始终高于三一重工，2020 年徐工机械库存量占比为 13.42%，首次低于三一重工。三一重工对库存的控制保持在 10%~15%，徐工机械近

年来库存量的占比也在不断下降,说明产品全生命周期管理提高了运营各环节的检测率和分析的准确度,从而提高了运营效率。徐工机械的库存量占比是三家公司中最低的,徐工机械实现了产销平衡,快速响应市场需求,这归功于数字化供应链和 WMS 仓储管理系统,对市场的快速反应能力使徐工机械在销售量和生产量不断上升的情况下,库存量占比水平还能不断降低。

表3-29 2015—2020年徐工机械、三一重工和中联重科的库存量占比

年份	徐工机械	三一重工	中联重科
2015	—	15.55%	24.98%
2016	13.33%	11.5%	24.93%
2017	17.09%	10.31%	31.93%
2018	16.86%	11.68%	26.92%
2019	14.02%	13.01%	25.19%
2020	13.42%	14.35%	22.55%

数据来源:徐工机械集团、三一重工企业年报。

2. 客户管理系统,优化营运资金

从表3-30中可以看出,徐工机械2020年主要客户的销售额占比为27.44%,其中绝大部分是徐工机械的关联方,收入大多数为应收票据、应收账款,占用了公司的现金流,同时公司的销售方式主要为赊销,这两方面是导致徐工机械应收账款占比高的主要原因。应收账款占比高会降低公司的资金周转效率、减少资金的流动,从而让公司错失许多投资机会,不利于公司的可持续发展。

表3-30 徐工机械2020年主要客户、供应商情况

前五名客户合计销售金额(万元)	2 028 632	前五名供应商合计采购金额(万元)	996 994
前五名客户合计销售金额占年度销售总额比例(%)	27.44	前五名供应商合计采购金额占年度采购总额比例(%)	16.76
前五名客户销售额中关联方销售额占年度销售总额比例(%)	23.93	前五名供应商采购额中关联方采购额占年度采购总额比例(%)	9.31

数据来源:徐工机械集团年报。

加强应收账款管理也是徐工机械实施数字化运营管控的重要目标,公司采用客户管理

系统对公司的应收账款进行催收，降低了应收账款占营业收入的比重。2010—2015 年，徐工机械应收账款不断增加，主要是因为在行业低迷时期，徐工机械采用分期付款的方式缓解自己的销售压力，但加大了未来收款的难度。表 3-31 显示了徐工机械 2010—2020 年的应收账款情况，2016 年后应收账款占营业收入的比重大幅度下降，从 2015 年的 108.23%下降至 2020 年的 34.85%，说明客户管理系统对于应收账款的收回效果显著。

表 3-31 徐工机械 2010—2020 年应收账款情况

数字化阶段	年份	应收账款（亿元）	应收账款占营业收入比重（%）
两化融合期	2010	18.28	23.49
	2011	38.97	35.33
	2012	177.4	55.21
	2013	207.92	77.02
转型提升期	2014	200.35	85.96
	2015	180.29	108.23
	2016	154.14	91.26
	2017	144.86	49.73
全面转型期	2018	180.55	40.66
	2019	260.87	44.08
	2020	257.80	34.85

（四）数字化营销服务价值创造路径分析

徐工机械数字化营销服务的价值创造路径如图 3-50 所示。

1. 建立电商平台，提升营销服务效率

2018 年，徐工机械推出智慧服务平台"徐工 e 修"，该平台可以让客户通过 App 远程监控产品的运行状况、油耗情况。当客户在使用产品的过程中突发故障，公司也可以通过该平台远程为客户提供维修、咨询服务，让问题产品及时得到修理。智慧服务平台提高了公司的服务效率，公司连续多年获得全国客户满意产品。

除了智慧服务平台，徐工机械还建立了跨境电商平台 Machmall 和电商服务平台螳螂网，为了拓展线上营销渠道。目前平台交易规模为近 200 亿元，服务 17 个一级行业、1 400 家机电产品制造商。通过电子商务平台的赋能，使其转换为一种可交付的营销服务能力。2020 年，徐工机械跨境电商平台收入同比增长 90.8%，在销售规模不断扩大的同

企业数字化转型一本通

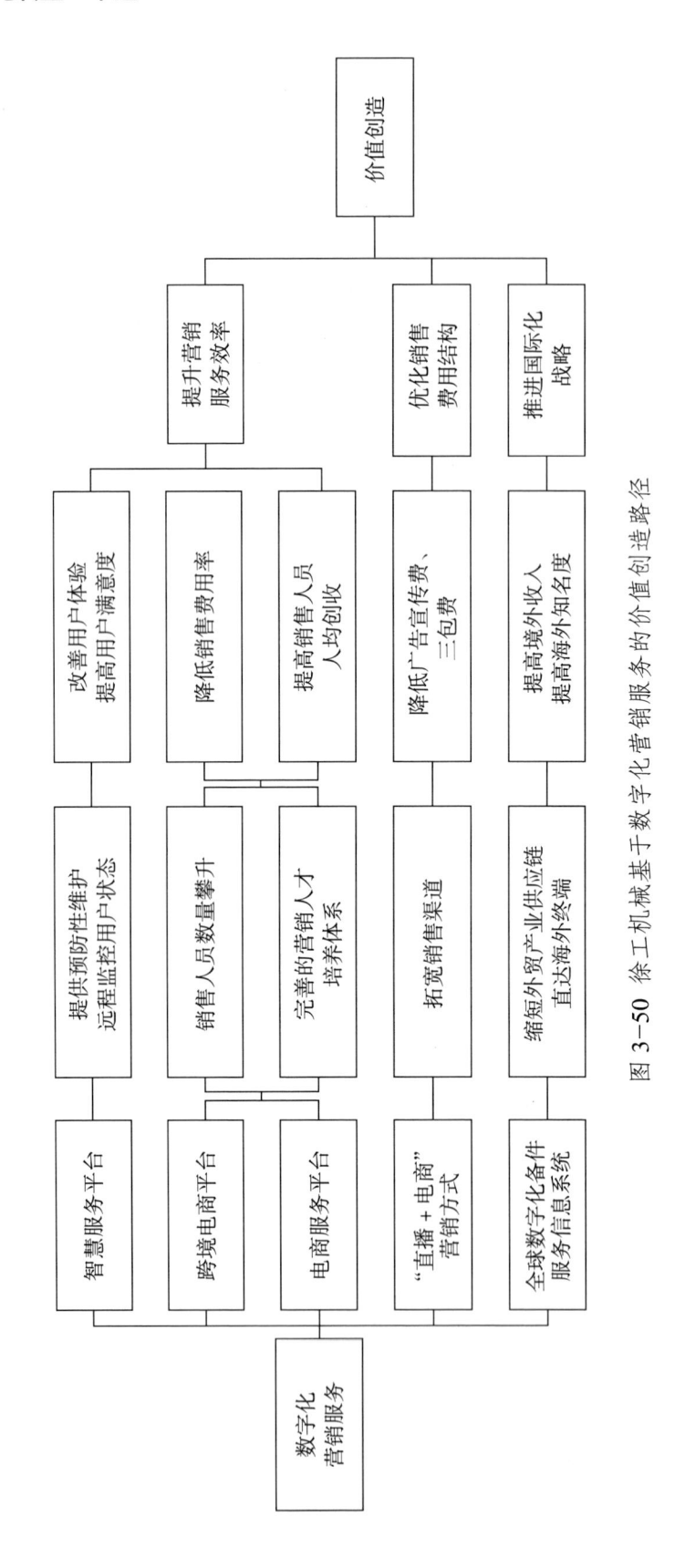

图 3-50 徐工机械基于数字化营销服务的价值创造路径

时，销售费用不断下降。如表 3-32 所示，销售费用率自公司进入数字化转型提升期之后逐年下降，从 2016 年的 7.57% 下降至 2020 年的 4.18%。同时销售人员的数量与占比也从 2016 年起不断上升，2020 年销售人员数量为 2 901 人，占员工总数的 19.1%。销售人员数量的攀升和完善的营销服务人才培养体系，提高了徐工机械的营销服务效率。因此，销售人员的人均创收不断提高，自从公司进入数字化转型提升期，从 2014 年的每人 0.08 亿元上升至 2020 年的每人 0.25 亿元，提升了 212.5%

表 3-32 徐工机械 2010—2020 年销售费用及销售人员人均创收情况

数字化阶段	年份	销售费用占营业收入比重（%）	销售人员占比（%）	销售人员数量（人）	销售人员人均创收（亿元）
两化融合期	2010	11.15	10.18	1 330	0.06
	2011	11.52	12.21	2 028	0.05
	2012	5.42	17.67	2 687	0.12
	2013	6.19	17.99	2 931	0.09
转型提升期	2014	7.04	18.40	2 930	0.08
	2015	7.32	17.92	2 609	0.06
	2016	7.57	17.67	2 379	0.07
	2017	5.67	18.73	2 551	0.11
全面转型期	2018	5.12	17.14	2 740	0.16
	2019	4.83	20.35	2 941	0.20
	2020	4.18	19.1	2 901	0.25

2. 多渠道营销模式，优化销售费用结构

徐工机械数字化转型前的商业模式为公司生产产品，通过经销商销售产品，公司通过赚取差价的方式获取利润,这样的销售方式将公司的营利收入与经销商的能力相挂钩，公司缺少销售自主权。目前，徐工机械的主要销售方式还是经销，但是公司也在通过各种线上方式拓展销售渠道，降低公司的中间商费用。徐工机械的线上营销模式主要为"线上电商+直播带货"，通过线上的营销方式可以为客户带来许多额外服务，公司可以实时与客户互动，不仅为客户提供整台机器，还可以提供备件、属具等机器的零配件。通过直播为客户提供讲解服务,客户再通过线上电商下单,这样的营销方式既越过了经销商,又可以适应目前特殊的环境，与传统的营销模式互补。与此同时，通过线上平台的直播，也减少了产品的广告宣传费用。

表 3-33 显示徐工机械 2010—2020 年各项销售费用占营业收入的比重，广告宣传费占营业收入的比重从 2010 年 1.27% 下降至 2020 年的 0.17%。在数字化转型提升期，2017 年徐工机械的中间商费用占比下降至 0.26%，但是 2018 年开始又重新升高，主要原因是 2018 年开始在中间商费用中加入了市场建设费，无法反映公司实际的中间商费用。2020—2022 年，公司通过抖音直播的方式引入了 2 万多名粉丝，他们也将成为公司的潜在客户。工程机械类的产品本身价值就比较高、规模比较大，但是通过徐工机械的实践，"线上电商 + 直播带货"的营销方式同样可以适用于工程机械类产品。

表 3-33 徐工机械 2010—2020 年各项销售费用占营业收入比重

数字化阶段	年份	中间商费用（%）	三包费用（%）	广告宣传费（%）
两化融合期	2010	—	3.51	1.27
	2011	—	2.27	0.93
	2012	0.70	0.89	1.02
	2013	0.49	1.29	0.84
转型提升期	2014	0.54	1.06	1.38
	2015	0.65	1.36	0.69
	2016	0.65	1.99	1.02
	2017	0.26	1.72	0.68
全面转型期	2018	1.18	0.68	0.15
	2019	1.06	0.77	0.15
	2020	1.34	0.99	0.17

3. 提供全球备件服务，推进国际化战略

目前，国内工程机械类产品市场已经相对饱和，徐工机械在不断通过海外布局的方式增加营收。但是公司产品种类较多，海外公司在全球分布，无法有效管理各地区的业务。因此，徐工机械应用了大数据管理中心，可以随时监控各地区业务的情况，在有效保证海外市场规模扩大的同时提高管理效率。同时建立全球备件服务中心 X-GSS，缩短优化外贸产业供应链，达到拓展海外市场，直达海外终端的目的，为海外客户提供更优质的服务，从而提高海外市场份额比重，推进公司的国际化战略。从图 3-51 中可以看出，海外收入是徐工机械的主要利润来源,国外毛利率也远高于国内。2020 年,公司实现国际销售收入 61.09 亿元,相比 2019 年降低了 17.94%,但仍高于大部分年份。徐工机械已经实现了完善的国际化发展模式,以实现国际化收入占比 50% 为战略目标,聚焦海外重点区域市场。在徐工机械不断推进国际化战略的过程中,全球服务备件中心的建设尤为重要。

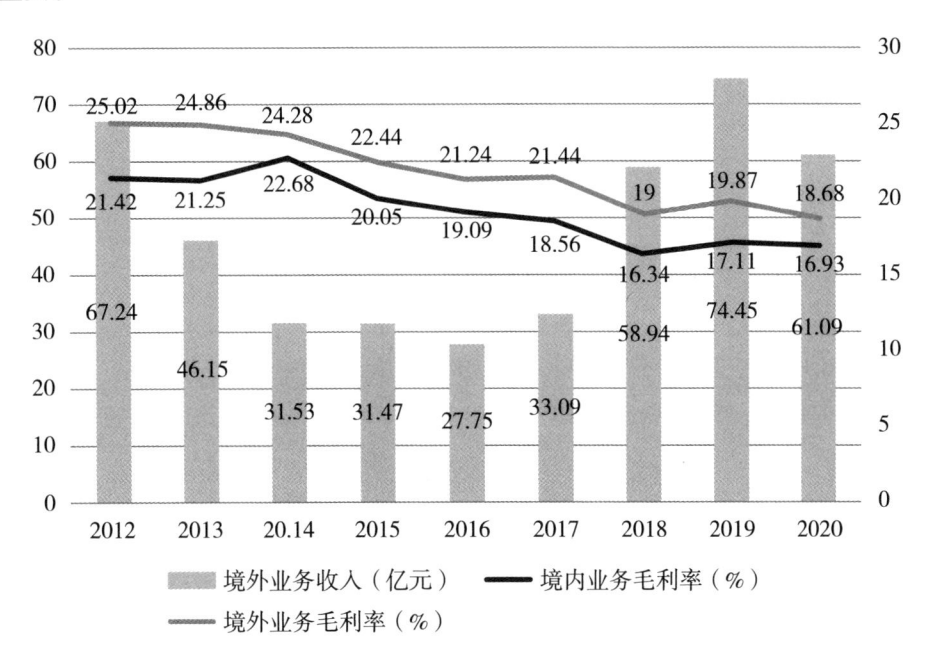

图 3-51 徐工机械境外收入情况

(五)数字化综合管理价值创造路径分析

徐工机械数字化综合管理的价值创造路径如图 3-52 所示。

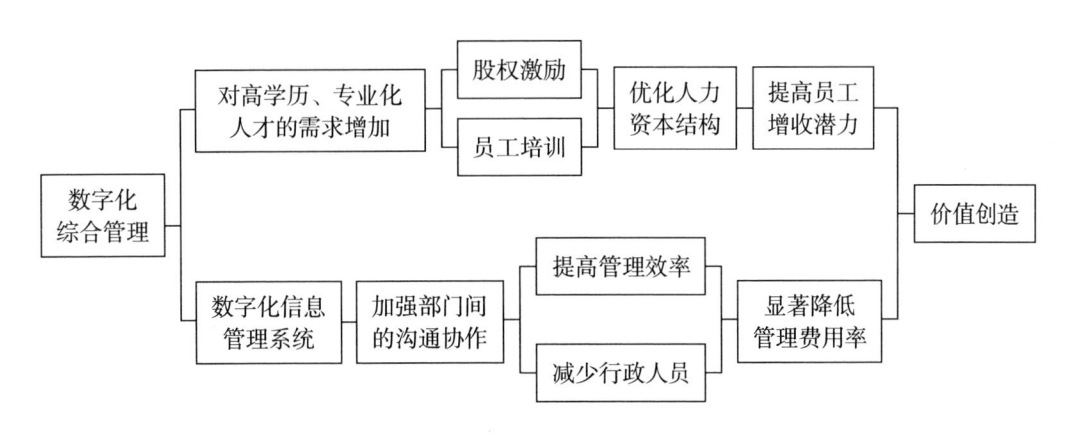

图 3-52 徐工机械基于数字化综合管理的价值创造路径

1. 优化人力资本，提高员工增收潜力

在徐工机械数字化转型发展的过程中，公司会不断优化自身的人力资本结构，加大对高学历人才的需求。2015—2020 年，徐工机械的员工中本科学历以上的占比在不断增加，尤其是本科和硕士研究生学历的员工，本科学历的员工由 2015 年的 23.5% 上升至 2020 年的 32.75%，上升了近 10%；硕士研究生学历的员工从 2015 年的 7.9% 上升至 2020 年的 10.95%。2020 年，近 50% 的员工教育程度在本科及以上，这也证实了数字化转型会加大企业对高教育程度员工的需求度（见表 3-34）。

表 3-34 2015—2020 年徐工机械员工各教育程度占比

年份	本科以下（%）	本科（%）	硕士研究生（%）	博士研究生及以上（%）
2015	64.31	23.50	7.90	0.13
2016	57.94	22.99	7.58	0.11
2017	58.05	23.78	7.72	0.11
2018	59.43	26.21	8.54	0.08
2019	56.82	28.33	7.87	0.09
2020	56.18	32.75	10.95	0.11

数据来源：徐工机械集团年报。

为了稳固人力资本对企业价值的提升作用，徐工机械引入了员工持股平台、建立了完善的员工培训体系，成为企业价值创造的内生动力。

数字化人才是企业数字化转型的主要驱动力，随着数字化转型的不断推进，徐工机械也在不断完善人才培养体系。首先，线下培训的方式已经无法满足徐工机械人才培养的需求，公司采用线上与线下相结合的方式开展员工培训，以国际化和技术创新为培训目标，提升员工专业素养的同时推进公司的国际化战略。2020 年公司尚未披露有关培训的数据，2019 年公司全年累计培训职工 34.5 万人次，多渠道的培养模式提供给员工更多的培训机会。公司同时建立了分层分类的人才培养体系，更有利于员工提高专业水平，公司成为省内高技能人才专项公共培训基地。其次，公司在员工培训的过程中通过评奖评优的方式，增强员工对公司的归属感，2017 年至 2019 年，公司共颁发了 11 952 枚纪念章。公司通过员工培训提高员工的专业素养以及员工对公司的归属感，优化公司的人力资本结构，驱动员工为公司带来更大的价值。

随着人力资本结构的优化，人均创收实现巨幅增长。表 3-35 显示 2015—2020 年徐工机械人均创收情况，从 2015 年的人均 114.42 万元上升至 2020 年的人均 508.06 万元，说明数字化转型提高了员工的工作效率，每位员工能为公司创造更多的价值。与三一重工和行业平均值对比来看，徐工机械在 2018 年超过了三一重工，并且在 2020 年人均创收领先三一重工近 100 万元。徐工机械始终高于行业平均值，并且这种优势在不断拉大，2020 年徐工机械人均创收是行业均值的近 2 倍。员工的人均创收额可以作为公司评价增收潜力的重要指标，增收潜力系数为员工人均创收额的增长速度，2017 年开始徐工机械的增收潜力系数远高于三一重工和行业平均水平，说明徐工机械对人力资本的重视，提高了员工创收的能力，而员工人均创收还处于不断上升的状态，员工可以为公司带来更大的价值。

表 3-35 2015—2020 年徐工机械、三一重工和行业人均创收情况

年份	员工人均创收（万元）			增收潜力系数		
	徐工	三一	行业	徐工	三一	行业
2015	114.42	144.96	98.52	—	—	—
2016	116.9	169.19	117.43	0.02	0.17	0.19
2017	203.46	270.94	168.02	0.74	0.60	0.43
2018	326.06	321.13	208.04	0.60	0.19	0.24
2019	439.61	410.11	245.16	0.35	0.28	0.18
2020	508.06	406.96	274.19	0.16	−0.01	0.12

数据来源：徐工机械集团、三一重工企业年报。

2. 加强部门沟通，降低管理费用率

徐工机械通过构建工业互联网和数字化管理系统，加快部门之间的沟通效率，管理数据也可以实现实时共享，避免部门之间由于沟通不畅导致管理决策出现问题，从而降低公司的管理费用率。图 3-53 对比了徐工机械、三一重工、中联重科和行业均值的管理费用率，徐工机械的管理费用率呈下降趋势，从最高时的 5.54% 下降至 2020 年的 1.38%，下降了 4.16%。徐工机械的管理费用率远低于三一重工、中联重科和行业均值。目前，工程机械内大部分公司数字化程度比较低，从行业均值中可以看出数字化综合管理可以显著降低管理费用率。2020 年行业的平均管理费用仅为 4.74 亿元，而徐工机械的管理费用为 10.25 亿元，行业均值远低于徐工机械，说明数字化综合管理并不仅是降低管理费用，而且提高了管理费用转化为营业收入的效率，每一单位营业收入的增加所带来的管理费用更低。

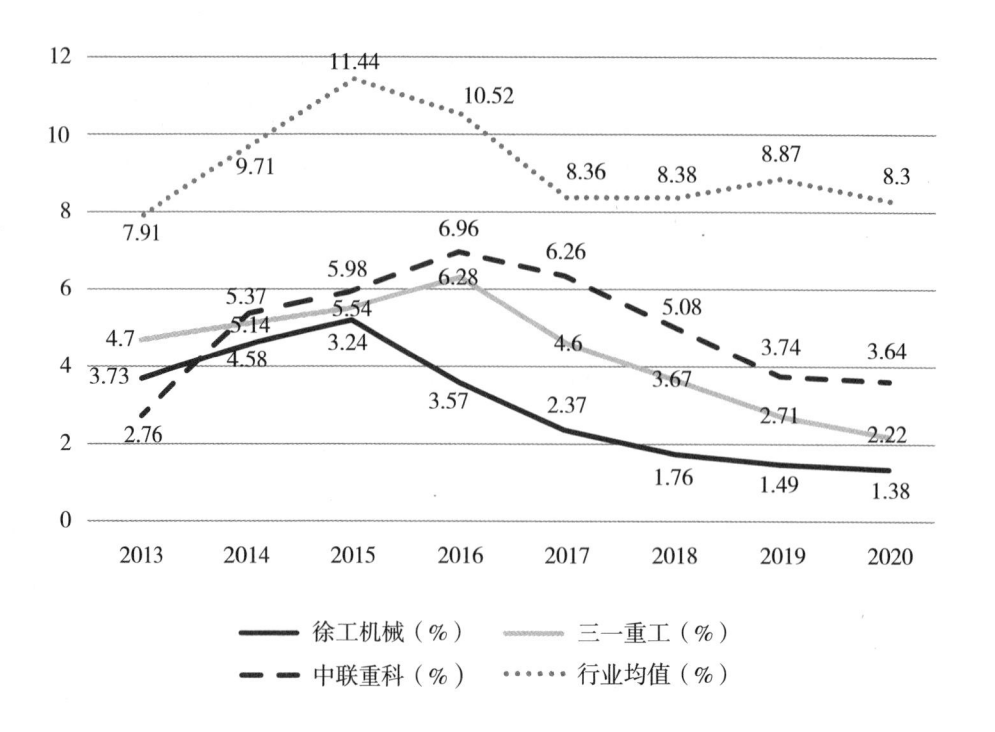

图 3-53 徐工机械、三一重工、中联重科和行业管理费用率对比

数据来源：徐工机械集团、三一重工企业年报整理绘制。

数字化综合管理通过应用全球人力资源管理、智能合约、办公云（OA）等数字化管理系统减少了行政人员的工作量，提高了公司的管理效率。在数字化管理系统中规划了每一个部分所要执行的内容，比如全球人力资源管理系统，涵盖了从录入到分析最后到决策的整个管理流程，公司在各个地区的人力资源变动都可以通过系统进行录入、查看和修改。对于行政人员来说，他们的职责也在发生改变，重复性的工作完全可以通过系统完成，让人力资源管理不再依赖人工，而只需要对信息系统进行维护。同时，徐工机械数字化管理系统中的经营管理决策分析和经营风险预警与防控降低了管理人员决策的不确定性，管理人员通过数字化管理系统快速识别企业生产经营过程中各环节的风险并作出决策，可以有效减少资金活动的迟滞带来的企业价值的减少。图 3-54 显示了徐工机械行政人员的数量及占比变动情况，行政人员占比逐年下降，从 2015 年的 1 088 人下降至 2020 年的 266 人，2020 年行政人员人数仅为 2015 年的四分之一，行政人员的占比也从 2015 年的 7.47% 下降至 1.75%。通过数字化综合管理既降低了决策风险，同时缩减了公司对行政岗位的需求，提高了办公效率，极大减轻了行政人员的负担。

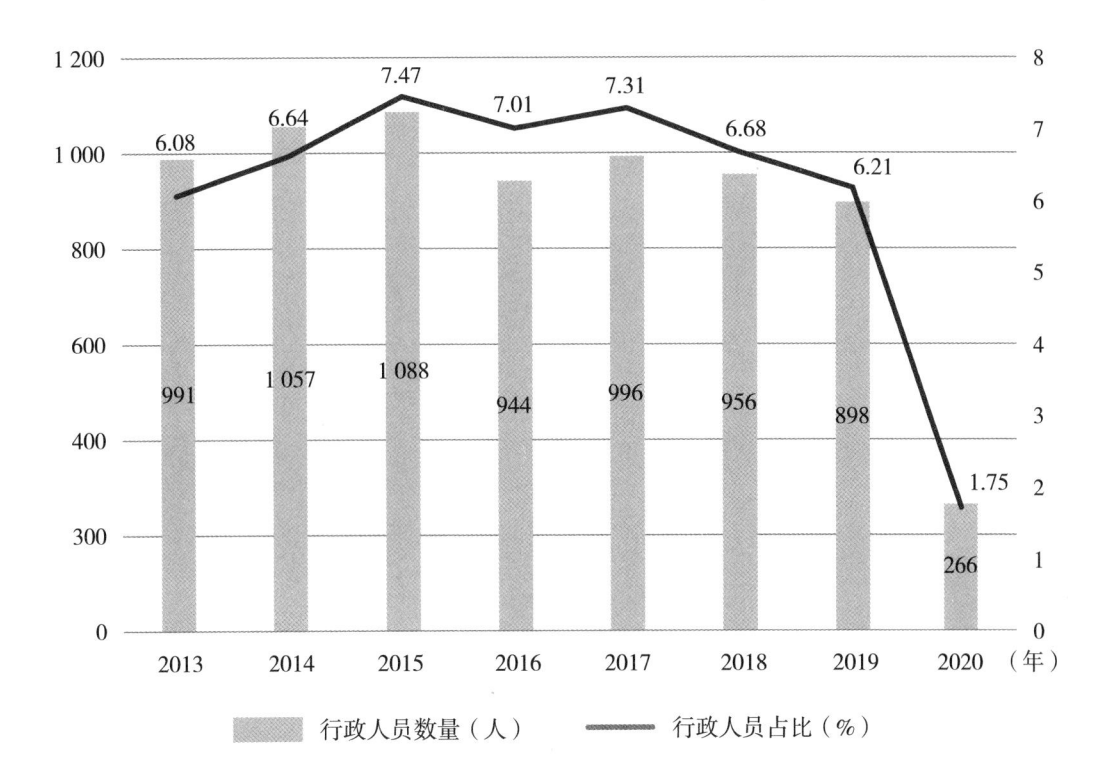

图 3-54 徐工机械 2013—2020 年行政人员数量及比重

数据来源：徐工机械集团年报整理绘制。

第四章
数字化转型人才与培养

  截至目前,大多数企业都还在数字化转型的路上,真正意义上的成功案例并不多。是什么在妨碍数字化转型的成功实践?除了领导者的认知之外,目前最大的瓶颈就是数字化人才的缺乏。人,是数字化转型的最大变量,也是决定转型成败的关键因素。

  要解决数字化转型人才缺乏的问题,首先要定义什么是数字化人才,然后找到并培养数字化人才,形成一个数字化人才的梯队,并打造一个数字化的组织。在这个过程中,企业需要在组织发展和人才发展上多花心思,这是数字化转型过程中的基本功。

第一节 数字化人才的定义、类型与能力要求

一、数字化人才的定义

深入理解数字化人才内涵,才能为其培养工作奠定坚实的基础。

数字化人才,指的是那些能够巧妙地将信息技术与业务相结合,实现高效运作的专业人士。他们不仅掌握数字化技能,还需具备四个核心能力,才能真正称得上是数字化人才。

数字化人才应具备战略性的思维,仅仅拥有技术并不足以支撑事业的腾飞,真正的数字化人才应拥有宽广的视野和高瞻远瞩的洞察力,能够通过深入调查与分析,从宏观战略角度提出独到的见解和策略。其次,数字化人才需拥有前瞻性的数字化思维。他们的思维方式将决定企业在数字化时代的走向。具备这种思维的人才不仅能够为企业日常问题提供解决方案,洞察背后的规律,为企业的决策过程贡献独特的智慧,推动数字化转型的深入。再次,数字化人才需要强大的数字化执行力。他们不仅要能够构想出解决问题的方案,更要通过高效执行将方案转化为实际成果,确保方案的有效实施,为企业带来实质性的改善。最后,数字化人才还应具备创新精神。在快速变化的时代背景下,创新能力已成为员工不可或缺的核心素质。数字化人才不仅要保持终身学习的热情,还需将所学知识转化为创新的工作方法和手段,不断提升工作效率,为企业创造更多的竞争优势。

综上所述,数字化人才是集数字化战略、数字化思维、数字化执行和数字化创新于一体的复合型人才。如果企业能够高效、高质量地培养出数字化人才,那么他们将会大幅加快该企业数字化转型的速度,提高数字化转型质量,从而使得该企业在激烈的市场竞争中占据先发优势。

二、数字化人才的职能分类

从产品与服务价值链供应端的数字化转型角度出发,数字化人才分为六大类:数字化战略管理、深度分析、产品研发、先进制造、数字化运营和数字化营销等,如图4-1所示。

企业数字化转型一本通

数字战略管理	深度分析	产品研发	先进制造	数字化运营	数字营销
数字化转型领导者	商业智能专家	产品经理	工业4.0实践专家	数字产品运营人员	营销自动化专家
数字化商业模型战略引导者	数据科学家	软件开发中心	先进制造工程师	质量检测、保证专员	社交媒体营销专员
数字化解决方案规划师	大数据分析师	视觉设计师	机器人与自动化工程师	数字技术支持	电子商务营销人员
数字战略顾问		算法工程师	硬件工程师		
		系统工程师			

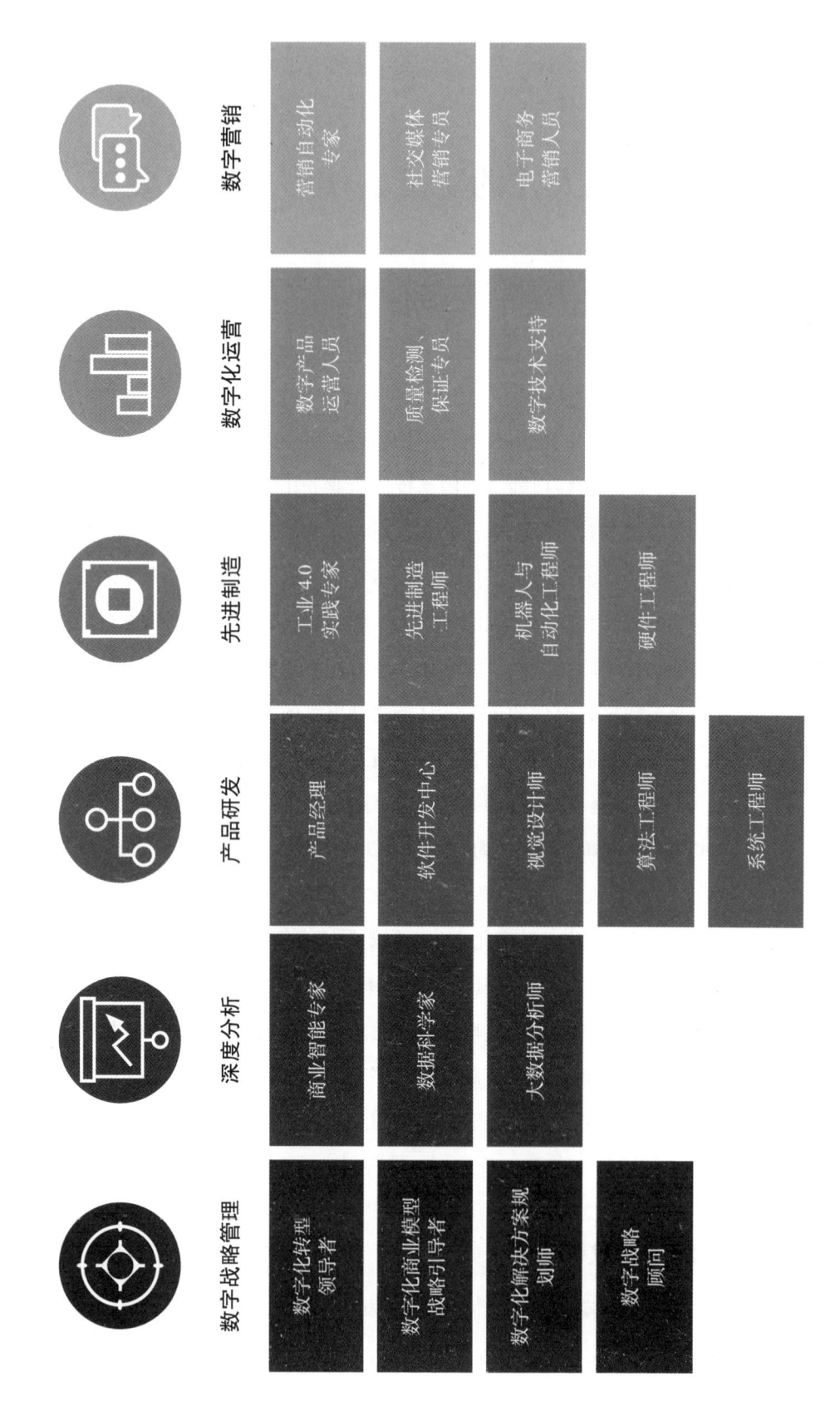

图 4-1 数字化职能人才分类

职能分类对应于数字产品与服务价值链供应端的各个环节,通常包含战略制定、研发、制造、运营和营销 5 个基本环节。

战略制定环节主要涉及数字化转型的顶层设计,核心职能人员包括数字化转型领导者、数字化商业模型战略引导者、数字化解决方案规划师、数字战略顾问等具有丰富经验的顶尖数字人才。

研发环节主要涉及数据的深度分析和数字产品研发两大部分内容,核心职能人员包括商业智能专家、数据科学家、大数据分析师等具有深度分析能力的数字人才和产品经理、软件开发人员、算法工程师等传统产品研发类技术人才。

先进制造环节主要涉及数字产品和服务的制造以及硬件设施保障,核心职能人员包括工业 4.0 实践专家、先进制造工程师、机器人与自动化工程师以及硬件工程师。

数字化运营环节主要涉及数字产品与服务的运营、测试质量保证和技术支持,核心职能人员包括运营人员、质量测试或保证专员(QAT)、技术支持人员等。

数字营销、电子商务环节主要涉及数字产品与服务的营销、商务服务等内容,特别借助互联网和社交媒体等新型渠道进行营销和商务推广,核心职能人员包括营销自动化专家、社交媒体营销专员、电子商务营销人员等。

三、基于岗位层级的数字化人才分类

根据企业的自身实践,我们将人才分类总结为 4 个一级分类,包括数字化领军人才、数字化管理人才、数字化专业人才、数字化基础人才。数字化管理人才是数字化转型的直接负责人或者组织关键节点的中高级管理者。数字化领军人才、数字化管理人才、数字化专业人才是企业数字化转型的基座,是企业聚焦技术专业能力助力企业建立领先的数字化平台,支撑企业数字化转型的实现,包含战略人才、核心人才。数字化基础人才是指在组织中需要在指导下完成工作或者仍处于承担基础性工作、执行类工作的人才,包括基础人才、储备人才。

四、不同岗位层级数字化人才的能力要求

数字化人才按岗位层级和职能可以划分为数字化领军人才、数字化管理人才、数字化应用人才和数字化专业人才,如图 4-2 所示,不同层级的数字化人才有不同的能力要求。

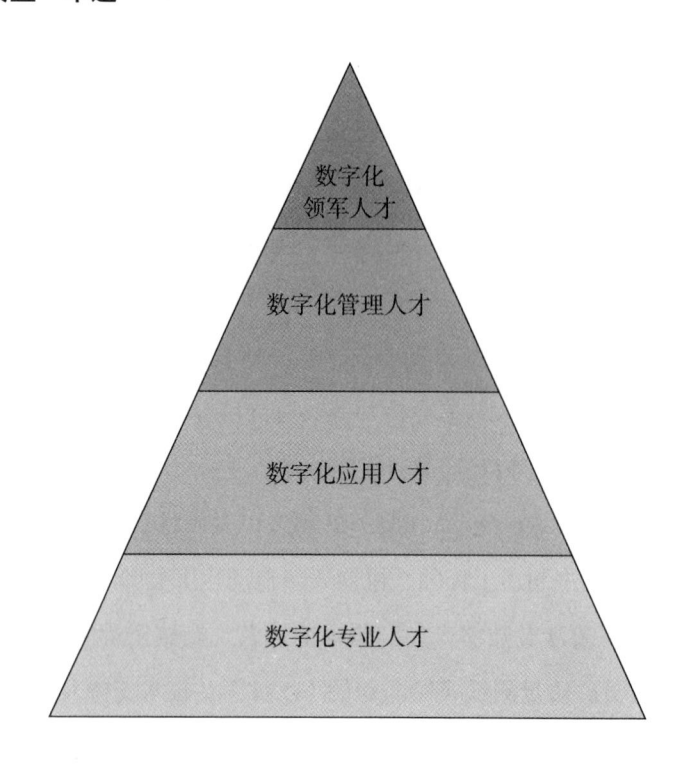

图 4-2 数字化人才分类金字塔

一是数字化领军人才，主要包括公司的董事长、CEO、总裁、总经理、各事业部或各部门总经理等，尤其是公司的董事长和牵头设立的数字化转型小组。他们是企业数字化转型中的直接负责人和关键决策者。他们不需要成为数字化技术的专家，但一定要对数字化的发展趋势有系统思考和整体认知，需要具备数字化的战略思维和顶层规划能力，决定组织数字化转型战略的方向和路径选择。

二是数字化管理人才，主要是指根据业务场景应用新技术助力数字化转型的中层管理者、核心骨干和项目管理者，如战略、运营、产品、营销、技术、生产、供应链、财务、人力资源业务负责人。他们也不用是数字化技术专家，但需要对所在领域如何使用数字化技术有完整的了解，而且学会用数字化技术为负责的职能部门进行赋能，让数字技术助力业务发展，创造新的价值。

三是数字化应用人才，主要是那些在企业各岗位中应用数据技术来支持自身工作或业务提升的基层管理者和员工，他们是在企业数字化转型中负责具体工具和方法落地执行的人才。他们是一线员工，在岗位上将数字技术和数字产品应用于工作中，促进业务提升，驱动业务变革。他们是数字化产品和技术的交付人员，也是数字化产品和技术的内部用户。典型岗位包括客户经理、产品经理、客服经理、商业分析师、增长负责人、生产经理、供应链主管、财务、人力资源管理等人员。

四是数字化专业人才，他们聚焦于技术专业能力的打造，助力企业建立领先的数字化平台，并为业务部门提供技术支持，支撑企业数字化转型的人才。他们是技术骨干，也是数字化转型的质量保证。典型岗位既包括业务架构师、软硬件工程师等通信、IT、软件等专业人才，也包括用户体验设计、大数据开发等技术人员，他们是企业数字化转型中的技术支撑人才。

各类人才应具备的数字化能力见表4-1。

表4-1 各类人才应具备的数字化能力

人才类型	数字化能力要求		
	认知	工具	场景
数字化领军人才	数字化战略 数字化商业模式 数字化人才与组织 数字化领导能力 数字化营销 信息技术	决策工具	"业务+数据"的业务创新 运营重构 业务决策
数字化管理人才	数据形态 数据产生 数据价值	数据指标体系 数据决策 数据可视化 数据看板	市场渠道类：商品最佳销售地分析、选型分析、市场投资分析 经营类：业务与经营分析、风险预测分析、绩效分析 生产运营类：设备特性分析、生产动态分析、运行优化分析 客户服务类：用户地图和行为分析、营销活动客户来源和细分
数字化应用人才	数据形态 数据产生 数据价值 数字化转型认知 数据运营 业务流程数字化 收集分析历史数据	办公自动化 数据处理 数据获取 数据应用 数据可视化 数据指标	按照模板自动生成报表 海量数据的自动化拆分 增值税错账排查 权益积分数据分析与决策 私域获客客户分析 各类业务经营情况分析 还款资金来源分析报告 信用卡反欺诈风控模型 客户投诉预警分析

续表

人才类型	数字化能力要求		
	认知	工具	场景
数字化专业人才	数据形态 数据产生 数据价值 收集分析历史数据 业务链条数据化细分 交叉、对比指标 系统性、结构、逻辑目标思维	数据获取 数据处理 数据分析 数据可视化 数据挖掘 数据仓库 数据解读 数据建模 数据指标	App 开发 小程序开发 数据看板预测 智能运营 智能营销 智能生产

五、三类五层数字化人才粮仓模型

一个企业的数字化转型，大体的路径一定是由战略转型、架构转型、技术转型业务转型四大部分构成。这体现为数字人才粮仓模型当中的四种创新（如图 4-3 所示），即战略创新、业务创新、架构创新和技术创新。

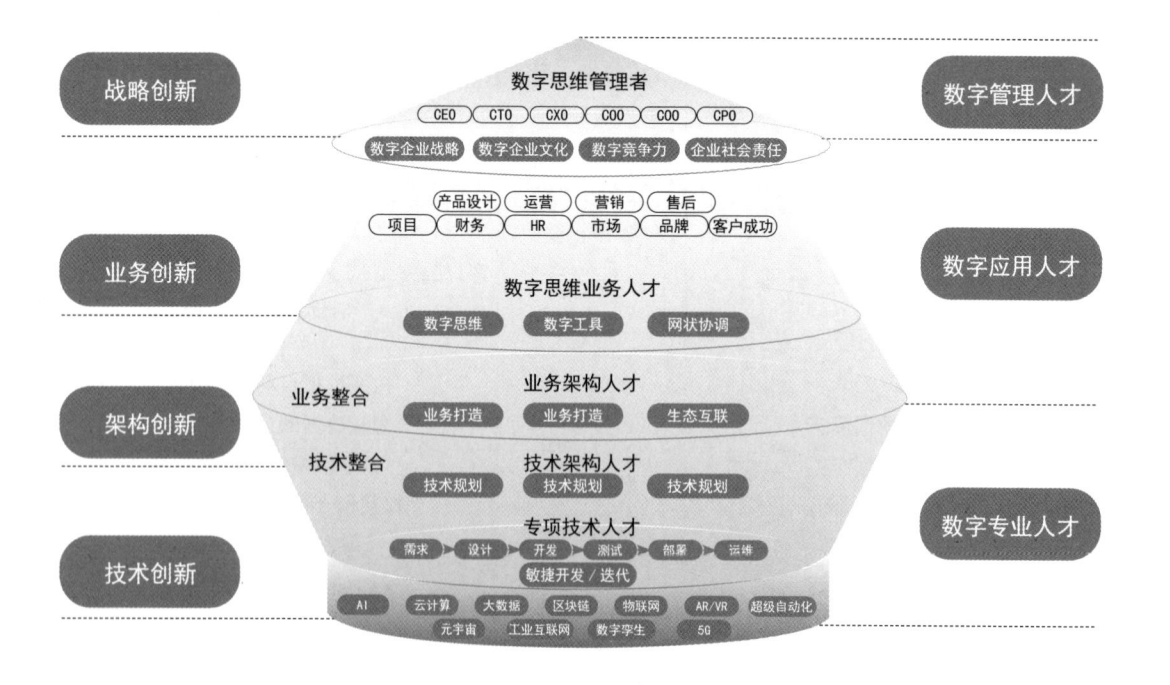

图 4-3 三类五层数字化人才粮仓模型

第一层粮仓的顶端企业战略转型需要有数字思维管理者，面向 C-level，既要有数字企业战略、数字企业文化、数字竞争力，还要有企业的社会责任。这部分人是数字管理人才，主要负责战略创新。

第二层和第三层架构转型主要分以下两大部分：其一是数字思维业务人才，也是企业投入精力最大的部分。这些人做的还是原来的专业，营销还是营销，HR 还是 HR，但是他们需要提升数字化的思维，就是我们常说的数据思维。

此外，他们要能掌握数字工具使用技能，要有生态协同的意识，即从思想上和工具能力上都要进行培养。在他们原有的业务技能知识的基础上，需要再提升粮仓模型中对应的三个能力，来支撑业务的创新。其二是业务架构，强调的是设计业务的结构。把业务战略解码之后，再把企业内部业务横向打通。横向的业务打通，加上外部的生态互联，这就是业务架构的设计目标。传统企业常常把业务架构团队列为技术角色。实际上，这个角色的人员即便是技术出身，但只要做的事情是业务架构，那么定位就应该在业务侧，而且是业务侧最难找的复合型人才。这部分人在企业里需要花很长时间进行培养，属于少而精的生产解决方案的人才。

业务人才具备了数字思维，就会带来一些新的业务想法，那么如何变成一个可实现的解决方案？这就需要业务架构人才去实现。有的企业很幸运，通过长时间的架构实践培养出来好的业务架构人才，而有的企业则缺乏这样的人才，尽管学习是必需的，但在短时间内无法完全通过培训达到好的成效，最终要通过项目实践，乃至引入通过咨询顾问的方式来完成。

第四层是技术架构人才，我们一般说技术架构，包括应用架构、数据架构和技术架构，这几方面合起来，统称可以叫 IT 架构。他们是技术里顶尖的横向复合型人才，横跨多个技术领域，具有全局思维。这部分人也比较稀缺，具备的能力是靠培训加实干，以及大量项目经验的堆积才能形成的技术能力。

第五层是各种专项技术人才，这部分人才需要具备两类能力：一种是软件工程能力，知道开发体系怎么运转。在企业里都是团队作战，通常说的软件工程，要么是包含需求、设计、开发、测试、部署、运维的传统瀑布式开发，要么是敏捷开发迭代的模式，不过很多企业在引入敏捷后，逐步发展成混合模式了。另一种是专项技术能力，包括人工智能、区块链、大数据等。这两部分叠加起来是专项技术人才需要持续学习提升的部分。

粮仓模型将数字人才做了大三层、细五层的分类。这是基于业务和企业发展过程中的人才结构进行的分类。数字管理人才是具有数据思维的管理者，对应CXO层级，主要负责战略创新。数字应用人才我们把它理解成具备数字化应用技能的业务人员。数字专业人才为企业构建数据平台、信息化平台、数据中台等各种底层应用，部署企业的数字化的工具。这五层构想把企业数字化转型要做的事融合其中，从而高效率、高质量地支撑企业数字化转型战略的落地。

六、如何将传统人才培养成为数字化人才

基于传统人才和数字化人才在思维认知、技能储备、业务协作等方面的不同，以及数字化人才缺口的进一步扩大，企业急需将传统人才培养成为数字化人才，以支撑企业数字化转型。具体来说，企业首先改变传统人才的固有认知，融入数字化思维；企业数字化人才培养要以实践为导向，借助数字化项目等实际操作培养数字化人才的能力，让企业数字化转型真正用于数字化人才的培养。

1. 思维认知——打破固有思维，融入数字化思维

数字时代到来之前，经验管理被反复验证，这种思维方式已经成为"传统"人才的惯性思维。而数字化转型是将数据视为生产要素，通过数据价值的释放实现从经验管理到数据驱动管理的颠覆。由此，企业需要培养传统人才的数字化思维，让其能够适应数字时代下管理方式的变化，打破其思维惯性。

三一重工创始人梁稳根认为，企业数字化转型首先要从思维认知上进行破局。一方面，梁稳根以身作则，带头学习数字化相关书籍，并在员工层面推广数字化相关书籍，打造集体学习的氛围。另一方面，三一重工将数字化相关标语、知识带入日常工作环境中，通过耳濡目染的方式提升员工的数字化认知。

类似地，贝壳（前身为链家）在数字化转型中一直注重培养人才的数字化思维，通过文化渲染带动员工认知的改变。一方面，贝壳以类似互联网企业的方式进行经营管理，让数字化文化与传统的房地产文化相融合，潜移默化地转变员工的思维认知。另一方面，贝壳还会让员工尽可能地参与到数字化转型中，让员工深入学习和思考数字化转型背后的逻辑，逐步成长为具有数字化思维和逻辑的人才。

2. 技能提升——循序渐进培养数字化能力

数字化人才需要利用数字技术赋能业务，而在业务复杂多元、技术快速迭代的背

景下，技术赋能业务的方式不断变化和延伸，企业很难一步到位地培养传统人才的数字化能力，更多的是通过循序渐进的方式帮助其成长为数字化人才。

贝壳通过划分数字化技能层级，推动数字化人才技能的逐步培养，实现数字化人才在技能方面的层层升级。贝壳秉持数字化人才稳步培养的原则，将各业务领域数字化人才需要掌握的技能进行分级，不急于求成，而是逐步培养其数字化能力。以经纪人为例，贝壳将经纪服务职业技能分为初、中、高三个等级。对于初级数字化经纪服务人才，贝壳旨在培养其在房地产经纪相关领域开展社区调研和分析、数字化房客源管理、线上约看及讲房、服务品质管理、社区服务运营、智能设备和技术应用等能力；对于中级数字化经纪服务人才，贝壳在初级能力的基础上，培养其在线需求匹配、房屋价值评估、在线评估测算、交易管理、服务品质管理、智能设备和技术应用与创新等能力；对于高级数字化经纪服务人才，贝壳在中级技能的基础上，培养其数字化门店规划、交易管理、数字化应用、团队建设、风险管理、置业分析等能力。

美的集团实行数字化人才认证制度，将数字化人才分为"会看""会用""解决重大业务问题"三类，逐步培养其数字化能力，持续推动数字化人才的成长。对于"会看"数据的数字化人才，美的集团旨在提高其数字化素养，帮助其提高理解业务数据的能力；对于"会做"数据的数字化人才，美的集团旨在培养其数据分析以及数字化工具的应用能力，帮助其利用数据解决日常的业务问题；而对于能够"解决重大业务问题"的数字化人才，美的集团旨在深度培养其技术赋能业务的综合能力，以借助技术实现业务创新。

3. 培养模式——以实践为导向培养数字化人才

在传统人才培养的过程中，企业往往通过单一的知识性培训或课程，提升传统人才的技能。相比之下，企业数字化转型经验难以照搬复制，需要企业结合自身业务特质不断探索，不断找寻技术和业务结合的最佳方法。因此，除了为数字化人才提供相关的技能课程，企业还需要为其创造更多的实践机会，让其在项目中探索、在项目中学习成长。

为培养数字化人才，美的集团提供丰富的实践机会，让员工在项目中学习，不断提升自身的数字业务能力和协作能力。美的集团认为培养复合型数字化人才最好的方式是以项目为载体，让业务专家和技术专家共同工作、相互学习。在项目实践中，技术人员可以接触到业务工作的实际操作，不断用技术赋能业务，成为更懂业务的复合型数字化人才；而业务人才可以更了解技术的应用，将培训课程融于业务操作，成为真正在业务中应用数字技术的复合型数字化人才。同时，美的还借助项目制度不断将业务人才和技术人才打乱重组，不断与不同的人才团队合作，在实践中不断提升数字化协作能力，使其加速成为更全面的数字化人才。

除了提供完整的知识赋能教育平台及全周期的数字化培训体系，贝壳也强调在实践中培养数字化人才的复合能力。一方面，贝壳为业务人员提供数字化工具，使其可以在业务场景下，不断提升技术与业务融合的综合能力。以经纪人为例，贝壳为经纪人提供包含其全作业流程的数字系统，实现作业数据的沉淀，并为其提供分析工具，培养其业务分析能力。同时，贝壳还借助人工智能技术，为经纪人创造仿真的作业场景，让其可以在模拟业务中进一步提升自身业务数字化的能力。另一方面，贝壳也借助数字化项目将业务人才与技术人才组合成团队，以项目为载体，加速培养数字化人才的协作能力和业技融合的复合能力。具体来说，贝壳将产研团队与业务团队、运营团队绑定，以团队目标驱使各职能角色深度融合，帮助产研团队深入学习业务和运营的同时，实现业务人才和运营人才数字化技能的提升，加速传统人才向数字化人才转型。

第二节 数字化转型人才培养

数字化人才成为企业提升竞争力的关键所在，从现有人才资源情况来看，仅仅依靠数量增长来扩大员工队伍已经不再可行。因此，企业必须从战略高度出发制订计划，建立健全的数字化人才培养体系，对行内员工进行"加减乘除"，使企业不但能改善人力资源结构，增强总体竞争力，而且更易于达成其战略目标。为高效地创建数字化人才培养体系，企业需要明确数字化人才培养体系构成、制定数字化人才培养目标、规范数字化人才培养体系运作流程、建立师资体系、构建"三融合"的课程体系等助力数字化人才成长，通过重视数字化人才培养对企业的贡献，最终实现战略价值和超额回报。

一、数字化专业人才培养体系

数字化专业人才如何培养？对此，51CTO提炼出"五维数字化能力模型"，如图4-4所示。"五维数字化能力模型"打破了原有的能力模型再进行重构，从领导与管理、专业能力、思维、态度与品质、个人特质等维度出发，将能力项目细分为各种等级，并对不同的等级进行清晰的定义，来给员工做能力删减和新的数字化能力补充。通过个性化、精准化的培养方案，为企业的数字化专业人才和数字化应用人才制定长远的发展规划，提高成长空间，帮助企业解决职能单一、一岗多责和职责混淆等问题。

1.数字化管理人才培养体系

在对数字化管理人才进行培养时，主要培养的是其数字化领导力，并进行相应的组织体系建设。如图4-5所示，数字化领导力培养的内容包括数字化战略意识与行业洞察、数字化领导力方法论、前沿数字科技趋势感知和数字化战略布局与商业模式，培养方式包括高级研修班、科技大讲堂、数字化领导力培养体系、CXO创新公开课、领导岗位能力认证和数字化战略工作坊等。

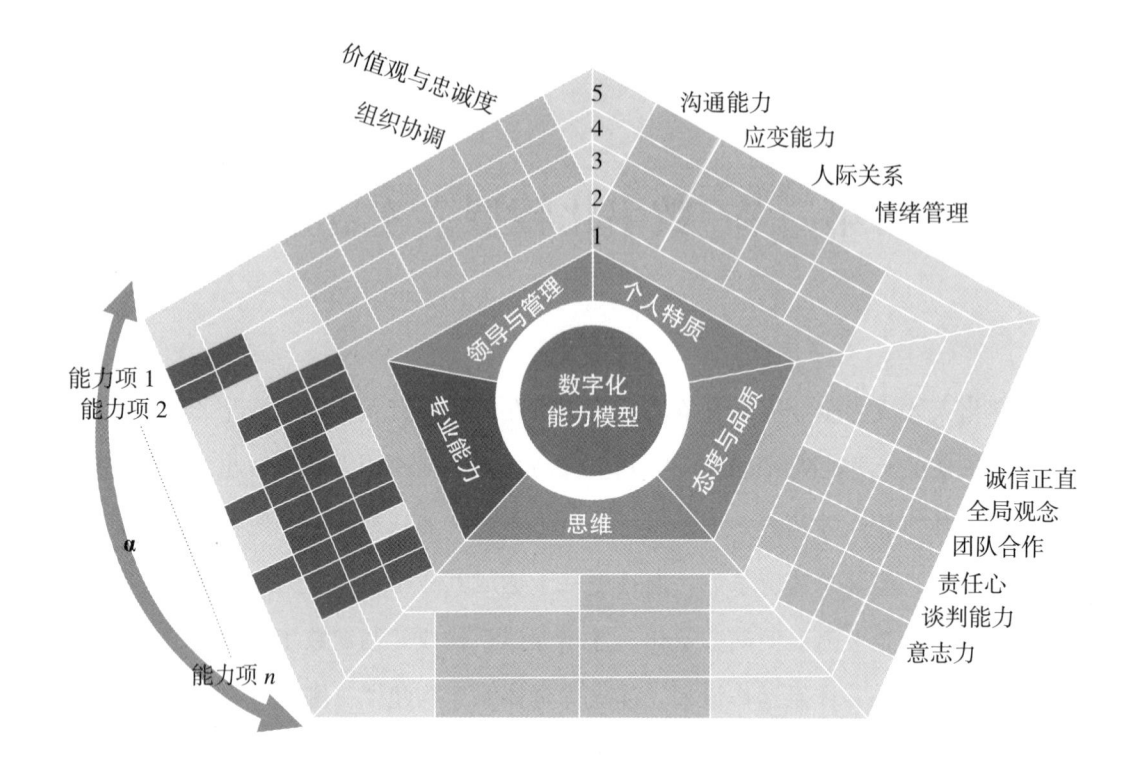

图 4-4 五维数字化能力模型

2. 数字化技术与应用人才培养体系

如图 4-6 所示，数字化技术人才的培养内容包括云计算、大数据、物联网、人工智能、敏捷开发、智能运维和研发团队建设，培养方式包括人才生态体系、专业技能比武竞赛、技能人才能力认证、定制化技术培训、技能实操训练、研发效能提升培训和线上学习平台。

数字化应用人才的培养内容包括数字技术和工具赋能各业务环节，如产品研发经营管理、品牌营销、供应链管理等，业务数字化转型意识理念和创新解决问题的能力；方式包括企业内部轮岗、数字共创工作坊、领域专题训练营、业务转型研修班、定制化咨询服务、岗位能力认证和线上学习平台。

3. 数字化转型复合型人才培养体系

企业数字化转型复合型人才要具有应用数字技术技能、业务融合数字技能和技术业务复合型数字技能。数字化转型复合型人才要对人工智能、大数据、区块链、物联网和移动互联网等新一代数字技术有一定的了解应用；要以数据为核心资源要素，把数字技术融合到企业业务流程中，提高企业整体运营效率；还要具备利用数字技

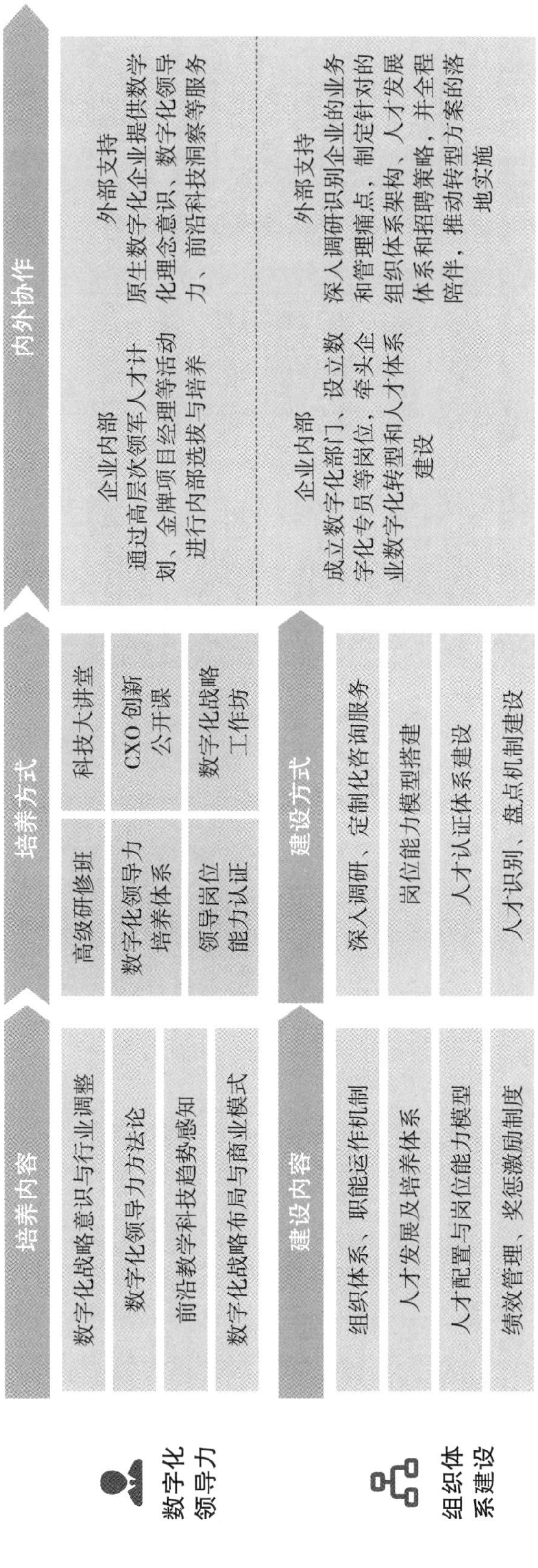

第四章 数字化转型人才与培养

数字化领导力

培养内容：
- 数字化战略意识与行业调整
- 数字化领导力方法论
- 前沿教学科技趋势感知
- 数字化战略布局与商业模式

培养方式：
- 高级研修班
- 数字化领导力培养体系
- 领导岗位能力认证
- 科技大讲堂
- CXO创新公开课
- 数字化战略工作坊

内外协作：
- 企业内部：通过高层次领军人才计划、金牌项目经理等活动进行内部选拔与培养
- 外部支持：原生数字化企业提供数字化理念意识、数字化领导力、前沿科技洞察等服务

组织体系建设

建设内容：
- 组织体系、职能运作机制
- 人才发展及培养体系
- 人才配置与岗位能力模型
- 绩效管理、奖惩激励制度

建设方式：
- 深入调研、定制化咨询服务
- 岗位能力模型搭建
- 人才认证体系建设
- 人才识别、盘点机制建设

内外协作：
- 企业内部：成立数字化部门，设立数字化专员岗位，牵头企业数字化转型和人才体系建设
- 外部支持：深入调研识别企业的业务和管理痛点，制定针对的组织体系架构、人才发展体系和招聘策略，推动转型方案能全程陪伴、落地实施

图4-5 数字化管理人才培养体系

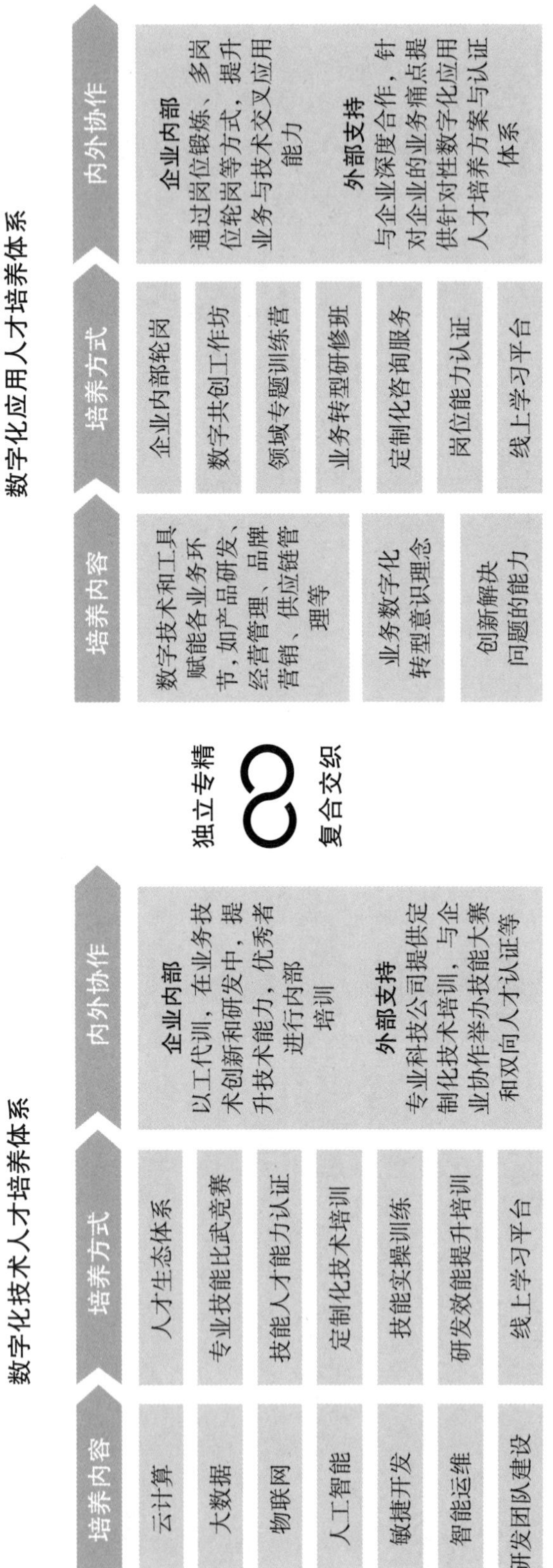

企业数字化转型一本通

数字化应用人才培养体系

培养内容
- 数字技术和工具赋能各业务环节，如产品研发、经营管理、品牌营销、供应链管理等
- 业务数字化转型意识理念
- 创新解决问题的能力

培养方式
- 企业内部轮岗
- 数字共创工作坊
- 领域专题训练营
- 业务转型研修班
- 定制化咨询服务
- 岗位能力认证
- 线上学习平台

内外协作
- 企业内部：通过岗位锻炼、多岗位轮岗等方式，提升业务与技术交叉应用能力
- 外部支持：与企业深度合作，针对企业的业务痛点提供针对性数字化方案与认证体系、人才培养方案与认证体系

独立专精 ∞ 复合交织

数字化技术人才培养体系

培养内容
- 云计算
- 大数据
- 物联网
- 人工智能
- 敏捷开发
- 智能运维
- 研发团队建设

培养方式
- 人才生态体系
- 专业技能比武竞赛
- 技能人才能力认证
- 定制化技术培训
- 技能实操训练
- 研发效能提升培训
- 线上学习平台

内外协作
- 企业内部：以工代训，在业务技术创新和研发中，提升技术能力，优秀者进行内部培训
- 外部支持：专业科技公司提供定制化技术培训，与企业协作举办技能大赛和双向人才认证等

图 4-6 数字化技术和应用人才培养体系

第四章 数字化转型人才与培养

图 4-7 企业数字化转型复合型人才三层架构

术对企业资源要素统筹和整合，实现企业数字化重组能力、数字化协同能力、数字化系统分析能力和数字化战略管理能力等。企业数字化转型复合型人才三层架构如图 4-7 所示。

企业培养数字化转型复合型人才要对员工进行多元复合数字技能培养，提供如数字技术、数据分析、企业战略、项目管理、沟通和创新等多元化技能培训，让员工拥有多个技能领域的技术知识和能力。要建立内部数字化转型培训计划，针对不同岗位和层级员工数字化技能培训，让员工可以获取所需的数字化技能和知识。要培养员工数字化团队合作能力、数字化项目管理能力和多部门业务协同能力，让员工参与数字化转型相关项目，在数字化转型项目中学习相关数字化转型实践能力。要建立数字化激励奖励机制，表扬数字化能力表现卓越和成绩突出的员工，激发员工对数字化转型知识学习的动力和积极性。还可以通过外部招聘引进数字化复合型人才，引进这些本身具备数字化转型复合型人才，加快组织数字化转型的进程。

总的来说，企业要确保实施企业数字化转型管理组织层面聚焦战略成功，要培养数字化转型复合型人才，要投入资金资源进行员工数字化转型技能培训，建立对数字化转型激励奖励机制和引进具备数字化转型复合型人才等，进而提升全体员工数字化转型综合素质技能，让员工能力符合企业数字化转型的能力需求。

二、企业数字化人才培养路径

不同企业在数字化转型时，对数字化人才的需求不尽相同。在数字化人才培养时，首先应该明确需要什么样的数字化人才，数字化人才应该达到什么样的标准，然后对自身数字化人才现状进行盘点，明确数字化人才培养的内容，最后对数字化人才进行分层、分类、分阶段培养，确保数字化转型有效落地。

1. 结合企业发展方向和战略意图，定义契合自身业务发展需要的数字化人才梯队

为了实现分类、分层次、分阶段、长期培养的目标，企业需要结合自身发展方向和战略意图，定义契合自身业务发展需要的数字化人才梯队。

在数字化人才分类方面，可以借鉴目前比较流行的华为《中国数字化转型人才培养顶层设计》分类方法，将数字人才粗略分为数字化领导者、数字化应用人才和数字化专业人才三大类，每个大类再根据企业自身业务场景和所需要的数字化技术细分为若干小类，如图4-8所示。企业可根据自身业务发展需求进行增删。

在企业数字化转型的进程中，各个岗位的数字化人才所需要的能力素质不同，所以应该将数字化应用人才和数字化专业人才划分为几个层次，一般可分为基层、核心骨干层和专家层，也可以根据需要进一步细分。

2. 结合企业业务发展需要、文化和价值观，制定数字化人才标准

数字化人才标准是对数字化人才的一系列基本要求、关键能力和行为要求的总和。总体来说，数字化人才应该具备企业数字化管理和数字化运营的新思维、新理念、新视野，应该了解数字化管理和数字化运营的新场景、新模式、新流程、新要求、新价值，应该能够参与企业数字化价值理念的传播、各项业务的数字化改造和优化的进程之中，能够推动企业理念变革、模式变革和流程重构。

第四章 数字化转型人才与培养

数字化领导者	数字化投资者	数字化开拓者	数字化变革者
数字化应用人才	公司业务场景1	公司业务场景2 ……	公司业务场景N

数字化专业人才：

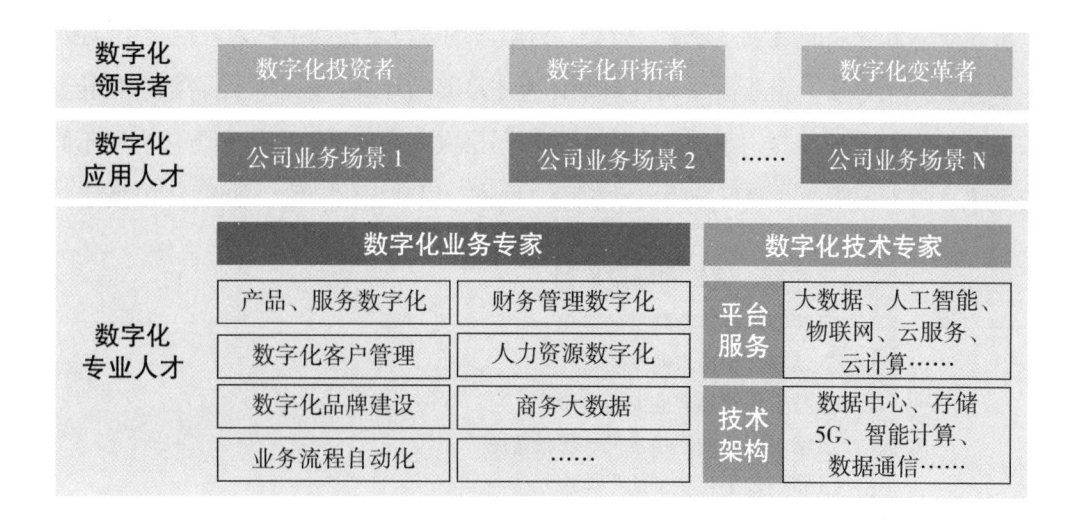

数字化业务专家		数字化技术专家	
产品、服务数字化	财务管理数字化	平台服务	大数据、人工智能、物联网、云服务、云计算……
数字化客户管理	人力资源数字化		
数字化品牌建设	商务大数据	技术架构	数据中心、存储5G、智能计算、数据通信……
业务流程自动化	……		

图 4-8 数字化人才的分类

具体来说，企业应该根据自身业务内容，通过对工作任务的分析和数字化人才的定位，从"核心价值观、必备知识、通用数字化素养与专业技能、数字化工作绩效"等维度，进行能力模型设计与构建。

3. 对企业现有人才进行测评盘点，分析企业整体人才能力素质水平与人才标准之间的差距

为了提高数字化人才培养的精准度和效率，企业应该结合数字化人才标准对自身现有人才队伍进行测评盘点（如图 4-9 所示），确认企业各部门现有的数字化人才分布、现有数字化人才的类型、质量、成熟度和潜力，洞察企业人才现状、缺口和人才发展目标，明确人才培养的具体内容，并根据分析结果设计面向集团全体员工的数字化人才课程体系，实现全员数字化。

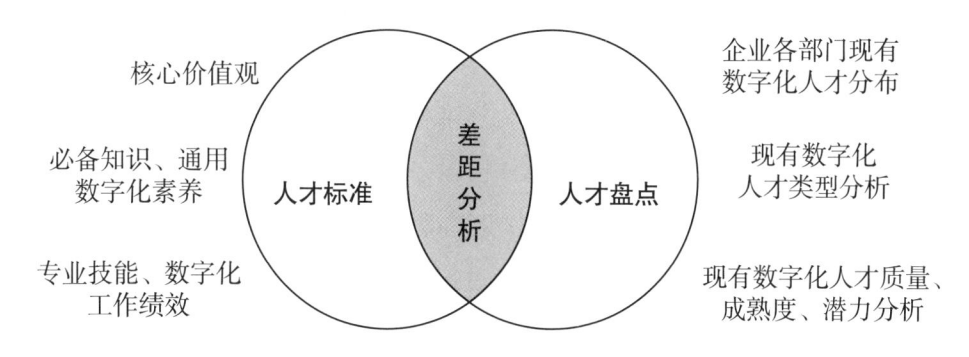

图 4-9 数字化人才盘点

4. 基于人才盘点的结果，分层、分类、分阶段地进行全员数字化人才培养和选拔

人才盘点结束后，企业需要制订数字化人才培养的计划。通常应结合数字化转型的节奏进行阶段性人才培养，不同业务类别和不同层次人才的培养内容和方法有所不同。数字化人才培养的阶段一般可分为启动阶段、推进阶段和深化阶段，如图4-10所示。

启动阶段

扫盲、通识和场景规划
- 清晰化数字化转型的概念
- 认知数字技术的本质
- 数字化领导者的能力进阶
- 清晰企业的战略意义、愿景蓝图
- 明确数字化转型的具体规划
- 达成团队共识

推进阶段

提效、场景落地和方法赋能
- 清晰战略的落地方案、设计业务场景
- 进行知识技能培养、使数字化人才具备推进数字化转型的能力
- 设计数字文化理念并进行宣贯，使数字化成为全员的基本思维方式与工作技能
- 使全员能够自发地投身到数字场景的创新之中

深化阶段

创新和深度应用
- 洞察和掌握数字驱动的组织和管理模式、业务创新的方式和方法
- 平台治理、数据和算法治理
- 升级组织文化和价值理念
- 重新定义员工的思维模式、工作方式和文化理念

图 4-10 数字化人才的培养阶段

在启动阶段，应该以扫盲、通识教育和场景规划为重点。这个阶段需要着重提升数字化领导者的能力，使其具备足够的数字化思维和数字化敏感度，使其能够结合企业战略制定企业数字化转型的具体规划。在这一阶段，还应该对全体员工进行数字化战略宣贯和数字化科普教育，使全体员工达成数字化转型的共识，做好数字化转型的准备。

在推进阶段，应该继续对数字化领导者进行深层次的培养，使其能够结合企业战略制定战略落地方案，设计业务场景，同时应该根据战略落地方案和业务场景，对数字化应用人才和数字化专业人才进行培养和选拔，使其能够推进数字化转型落地，并随着数字化转型的深化不断补充数字化知识和技能。在企业文化层面，设计数字化文化理念，

使全员投身到数字化转型之中，为企业全面数字化转型保驾护航。

在深化阶段，企业数字化转型初步完成，但还需要进一步完善和改进。在这一阶段，应该将重点放到数字化业务上面，制定数字化管理模式，简化流程、提高效率和客户体验，同时进行平台、数据和算法治理，保证数字化系统平稳运行，并通过升级企业文化改变员工的思维模式、工作方式和文化理念，巩固和深化数字化转型成果。

相对于传统的人才培养方式而言，数字化人才的培养需要更多的实战演练。根据人才培养的"721"法则，成年人的学习有70%来自经验与问题解决，有20%来自他人的学习，只有10%来自培训和课堂学习。所以，数字化人才培养应该以"用什么学什么、缺什么补什么"为原则，紧密贴合业务场景，在实战项目中学习，通过实战项目萃取有价值的经验、挖掘业务痛点、梳理工作流程。为企业降本提效找到有力支撑，同时找到团队赋能的关键点，契合企业数字化转型的节奏。

三、企业数字化人才培养策略

在企业数字化转型背景下，为了增强数字化人才培养的有效性与可行性，提高人才培养效能，应当根据企业经营及人才实际情况，针对性采取切实可行的措施。企业数字化转型，首先需要定位自身价值链，然后借助数字技术高端转型。数字化人才培养也需要围绕这一思想，有序开展培养体系的建设。

1. 推动人力资源管理数字化转型

人才培养数字化是企业数字化转型的重要组成部分之一，也是企业数字化转型的动力源泉和人力基础。企业进行数字化人才培养，体系是根本。应该重视数字化人才培养体系的建立，在大数据的时代背景下，绘制企业数字化人才培养的蓝图，并将其细化为每一小阶段，通过不断实现小阶段目标，成功搭建独具特色的数字化人才培养体系，从而促进企业的数字化转型。从宏观角度来看，企业要培养战略型数字化领导人才，领导人才再从每个层级入手，深化数字化观念，提高员工的数字化能力；从微观角度看，企业要让数字化手段代替传统办公手段，尤其是人事管理方面，从而搭建科学系统的数字化人才培养体系。

2. 人才培养要与企业数字化战略经营结合

无论是人力资源数字化转型，还是构建数字化人才培养模式，最终的目的都是让企业成功实现数字化转型。这就要求企业数字化人才培养必须与企业自身数字化转型方案高度契合，这也是确保数字化人才培养能够为企业提供满足企业自身发展需要的专业型人才的前提和基础。如果两者存在偏差，必将降低企业数字化人才培养效能，同时造成人力资源浪费。企业数字化转型是信息技术与企业生产经营技术的融合，这会给企业带来全方位的变革，数字化人才培养一定要紧紧抓住企业数字化转型的方向和目标，据此制定和实施人才发展规划，持续推进人才发展体制改革。

3. 构建数字化人才培养基地

建立数字化人才培养基地是经实践证实的提高人才数字化能力的可行办法。根据调查研究，搭建数字化人才培养的企业基地能够有效地提高人才的数字化相关能力和意识。企业应该清晰认识到所需数字化人才的定位，然后评估企业的相关成员，找到他们欠缺的部分和已经具备的能力，从中挑选先锋数字化人才，将先锋数字化人才和其他成员按照比例分配，再一起进入基地共同接受数字化培养，通过先锋模范作用带动其他成员向数字化人才转型，进而培养出一批批优秀的企业人才，为建设企业贡献他们的一份力。此法可以利用规模效益优化资源配置，从而提高培训效率，在保证培训效果的同时，缩短培训周期。在这一过程中，不仅要培养员工的数字化技能，更要注重输出数字文化理念，增强他们对于企业数字化转型的认同感。在基地的人才培养过程中，企业不仅要向员工输出数字文化和数字技术，还要注重培养员工对企业数字化变革的认同感，这样员工能够自发而积极地支持和配合企业的数字化人才培养计划。

4. 构建数字化人才培养管理机制

企业构建数字化人才培养模式也是一个不断尝试和探索的过程，过程中可以参考以往先进经验，但必须立足企业自身实际，会不可避免地存在问题与不足。对此，可以将质量优化经典模型——PDCA循环引入数字化人才培养管理中，可以及时发现问题、针对性解决问题，促进人才培训工作质量的持续改进。企业可以支持员工参与到数字化人才培养体系中。在相互信任和尊重的前提下，鼓励他们用双眼发现人才培养中存在的问题并提出解决对策，以实现员工价值增值。在此基础上，将考评与激励机制引入数字化人才培养中，将员工数字化能力作为主要评价指标，同时参考员工发现和解决问题的能力，以此调整数字化人才培养策略，激励他们不断探索创新。

5. 构建数字化人才培养保障体系

构建了数字化人才培养机制，还要建立相应的保障机制，使企业数字化人才培养的效果达到更佳。

首先，遵循数字化知识管理原则，从业务数字化和数字业务化两个维度出发，从数字化素养、数字化技能、数字化业务等层面，构建数字化培训课程体系。

其次，企业应建立数字化人才培养的原则并号召员工一起遵守，员工的数字化素质培养和数字化能力培养双管齐下，推动企业业务向数字化发展。

再次，企业应该建立数字化课程体系，通过讲座的方式与员工进行知识和技能交流，系统科学地提高员工的数字化内涵。企业还可以通过过程考核和结果考核检验员工的学习成果，帮助员工建立数字化知识和技能体系。

最后，企业要加强与数字化科研团队和相关服务机构的联系，在企业内部成立互联网小组，加强互联网小组与企业各部门的联系，尽可能为员工提供前往数字化标杆企业参摩学习的机会，争取为员工引入更多数字化资源，开放数字化办公平台，并为员工开展数字化模拟工作的活动，让员工在实践中提升数字化技能，掌握数字化知识。

此外，在条件允许的情况下，依托数字化企业平台，开展场景化模式培训。通过模拟真实的数字商业环境，对员工进行数字化场景模拟训练，切实提升员工数字化理论知识与实践技能，强化员工的数字化素养和职业能力。

6. 布局数字化学科体系

企业进行数字化人才培养，首先要制订规划精细的人才培养转型计划，而数字化学科体系是转型计划的重要硬件条件，企业需要在数字化学科体系的引导下实施数字化人才培养计划。布局数字化学科体系不仅要考虑企业员工的层级问题，还要考虑企业自身的经营战略和未来发展规划。该数字化学科体系应该兼具信息化、数字化和智能化的特点，多方面、全方位地涉及企业各个层级、各个部门和各个环节，既包括产品的生产、加工、销售及售后等过程，也包括企业的人力管理、物流管理、商品及库存管理、财务管理等管理。总之，要涵盖企业的每个细节，让员工对企业数字化变革有彻底全面的认识和理解。此外，企业建立数字化学科体系的同时，还应该结合发展规划建立人才培养计划和评价考核机制，选取考核元素，绘制企业的整个人才培养蓝图，从而不断实现企业的阶段目标。

7. 加强企业数字化项目建设

数字化培养人才，不仅要建立科学系统的数字化学科体系，还应该加强数字化项目的建设。原有的项目建设方式已不能满足时代的要求，终将被时代淘汰。数字化项目的建设有利于员工在建设过程中逐渐提升自身的数字化能力，增强自身的数字化意识，对数字化人才培养有着积极的实践意义，还有利于增强各部门之间的交流和联系，提高企业的团结度。对于新型数字化项目建设，企业需要从外界引入技术人才，成立互联网小组，建立适合企业运营的线上平台，平台的组织架构要明确，各个板块要具有实用性和灵活性，各个部门可以通过平台传递数据和信息，不再依赖于传统的电话交流和邮件交流。线上平台的应用可以有效弱化员工之间的层级局限，增强员工的内部凝聚力，提高员工相互之间的信任度，这对于企业的数字化发展有着重要的意义，有利于员工之间合作共赢，互相帮助共同提高整个团队的综合实力和数字化水平。

第三节 标杆企业数字化人才培养实践案例解析

一、上海大众数字化人才培养

（一）基于公司数字化战略，成立数字化学苑

围绕公司 2025 战略，通过成立数字化学苑（如图 4-11 所示），构建数字化学习生态，助力公司全流程的数字化转型。

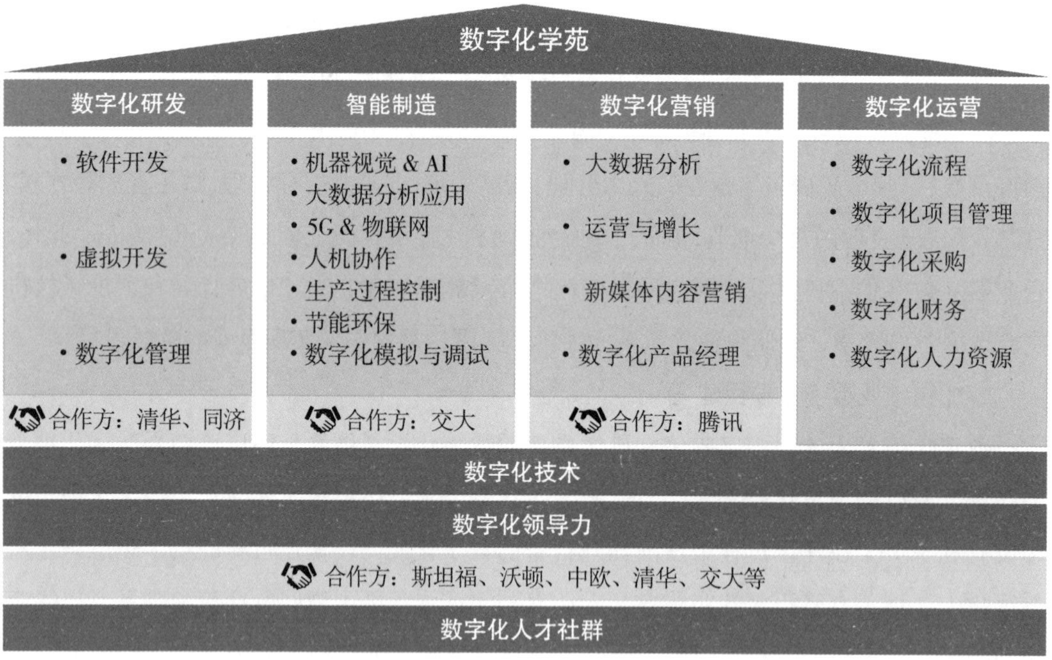

数字化学苑			
数字化研发	智能制造	数字化营销	数字化运营
• 软件开发 • 虚拟开发 • 数字化管理	• 机器视觉 & AI • 大数据分析应用 • 5G & 物联网 • 人机协作 • 生产过程控制 • 节能环保 • 数字化模拟与调试	• 大数据分析 • 运营与增长 • 新媒体内容营销 • 数字化产品经理	• 数字化流程 • 数字化项目管理 • 数字化采购 • 数字化财务 • 数字化人力资源
🤝 合作方：清华、同济	🤝 合作方：交大	🤝 合作方：腾讯	
数字化技术			
数字化领导力			
🤝 合作方：斯坦福、沃顿、中欧、清华、交大等			
数字化人才社群			

图 4-11 上海大众数字化学苑

（二）培养业务数据分析师人才，创新解决业务问题

公司数据的业务应用分为以下两个阶段：

第一阶段。从 2018 年开始，通过 Power BI 数据分析软件的应用，实现业务数据的可视化、自主业务仪表板及数据的基础分析和共享，目前公司已培养 BI 数据分析师超过 5 000 人，已完全实现业务报表的自主开发，通过数据交互、钻取等透视方式，发现数据规律，发掘业务价值。

第二阶段。从 2020 年开始，以"721"为赋能方式的"数据黑马训练营"，通过推广 Python 的应用，使用大数据算法的方式解决业务问题。在问题解决的过程中，不断培养人才，提升组织能力。以解决业务痛点为导向的数据分析黑马大赛培养了能结合实际工作场景的数据分析人才（如图 4-11 所示）。

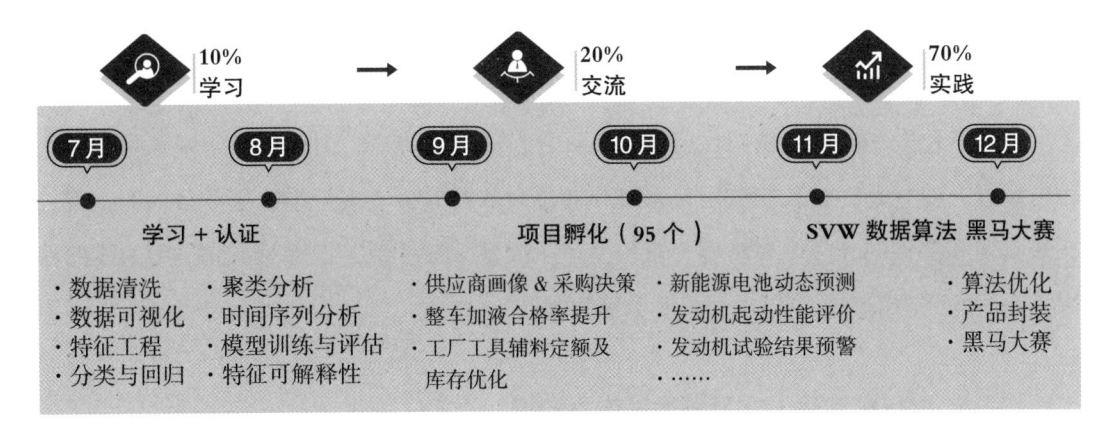

图 4-12 数字化人才培养体系

上汽大众通过 3 年的积累，总结出了一套有效的人才培养机制和数据项目孵化机制，在内部孵化多个数据分析应用场景项目，做到了人才技能培养与业务问题解决相结合的特点。

1. 研发数字化人才培养

在数字化研发人才培养方面，制定软件开发工程师学习路径图，设计并开发了数字化研发人才培养专项学习。围绕 10 个数字化实践项目开展线上、线下相结合的集训营，通过为期近一年的孵化，研发工程师们基于实际业务场景，提升了软件开发能力，培养出一批数字化研发人才，并逐渐形成阶梯式软件人才梯队。

2. 智能制造数字化人才培养

汽车行业已经从制造迈向"智造"，在汽车制造过程中，数字化和智能化已经成为汽车"智造"的关键词。例如，在螺栓扭矩拧紧的过程中，通过完整的拧紧曲线进行缺陷分析，识别潜在风险，及时进行修正。机器人故障预警、生产车间碳排放预测以及在生产过程中的设备状态管理等"智造"的实现，都是通过上汽大众的创新人才培养机制来完成的。

3. 营销数字化人才培养

在数字化营销人才培养方面，聚焦大数据分析、运营与增长、新媒体内容营销以及数字化产品经理四大模块，通过牵手一批数字化领域头部公司来布局营销数字化能力的提升，面向营销数字化部门的领导及业务骨干，持续输入紧贴业务痛点的主题分享。其中，网红主播实战赋能营及红人馆主播大赛在为公司新媒体品牌传播培养种子选手的同时，也助力公司在线上活动中收获了品牌声量和订单，荣登各大榜单榜首。

4. 管理运营类数字化人才培养

以数字化采购为例，采用供应商与员工合作开发的方式，对当前及未来采购数字化中的场景，建立起一套采购数字化系统；通过大数据分析，支持采购业务目标的实现。系统实现零部件的分类（战略型、瓶颈型、一般型、杠杆型），针对不同类型的零部件采用不同的采购策略等，以项目培养数字化采购人才。

二、M 银行数字化人才及其培养体系构建

（一）M 银行人才培养体系和数字化人才培养现状

M 银行的人才培养工作实行"集中管理、分级负责"，由总行人力资源部统筹管理全行的人才培养工作，按照"分层、分类"的要求开展各类培养项目。建立"总行、分行、支行（部门）"三级人才培养体系。

1. M 银行人才培养体系

M 银行人才培养工作的主旨是秉承以能为本的理念，围绕行内发展战略，分层次、分类别、多渠道、多形式持续进行人才培养，不断提升员工的综合素质、专业能力和管理水平，培养一支精通业务、善于管理的职业化人才队伍，推动行内业务快速优质发展。M 银行培养体系如图 4-13 所示。

2. M 银行数字化人才培养现状

大数据时代的快速发展直接导致数字化人才需求旺盛，受制于数字化人才短缺，多数企业的数字化转型仍然举步维艰。针对数字化人才的需求，M 银行已明确认识到仅依赖招募和引入新的人才无法完全满足现阶段人才需求，重视内部人员的培养才是应对这一问题的关键手段。

第四章 数字化转型人才与培养

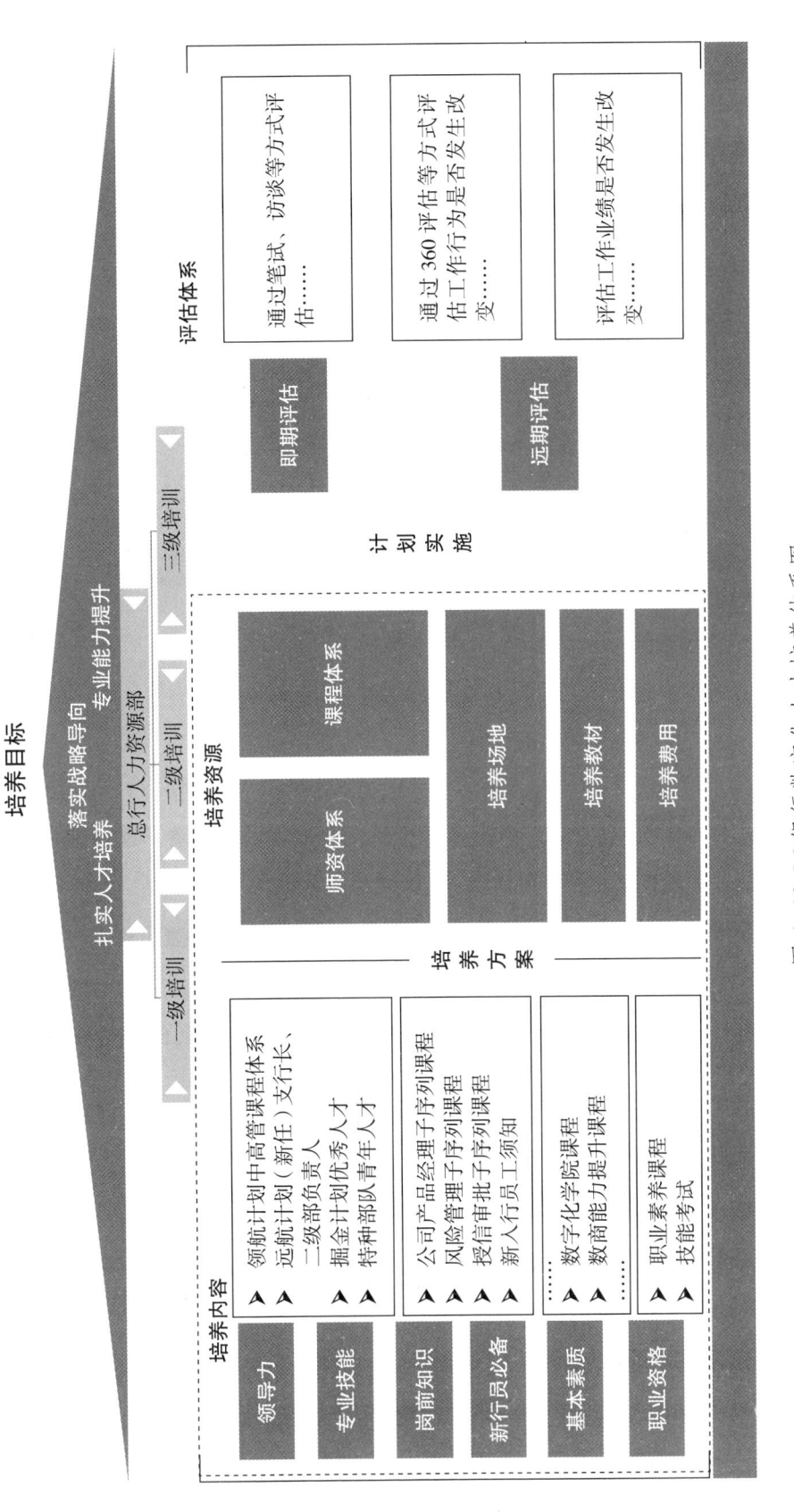

培养目标：扎实人才培养 / 落实战略导向 / 专业能力提升

一级培训：总行人力资源部
二级培训：专业能力提升

培养资源
- 师资体系
- 课程体系
- 培训场地
- 培训教材
- 培训费用

培养方案——培养内容

- 领导力
  - 领航计划中高管课程体系
  - 远航计划（新任）支行长、二级部负责人
  - 掘金计划优秀人才
  - 特种部队青年人才
- 专业技能
  - 公司产品经理子序列课程
  - 风险管理子序列课程
  - 授信审批子序列课程
- 岗前知识
  - 新人行员工须知
- 新行员必备
  - ……
- 基本素质
  - 数字化学院课程
  - 数商能力提升课程
- 职业资格
  - 职业素养课程
  - 技能考试

计划实施

评估体系
- 即期评估
  - 通过笔试、访谈等方式评估
  - 通过360评估等方式评估工作行为是否发生改变……
- 远期评估
  - 评估工作业绩是否发生改变……

图4-13 M银行数字化人才培养体系图

企业数字化转型一本通

M银行依托在线学习平台创建了"数字化学院",开发了建模技术、算法理论、数据分析、数字化管理、数据运营、领导力及金融科技等内容,定义五大关键岗位(PO、BA、数据分析岗、数据建模师、数据工程师)的能力模型,并且依据初始化能力水平设定相应的进阶路径,设定了150余门课程供员工进行自主学习,如图4-14所示。

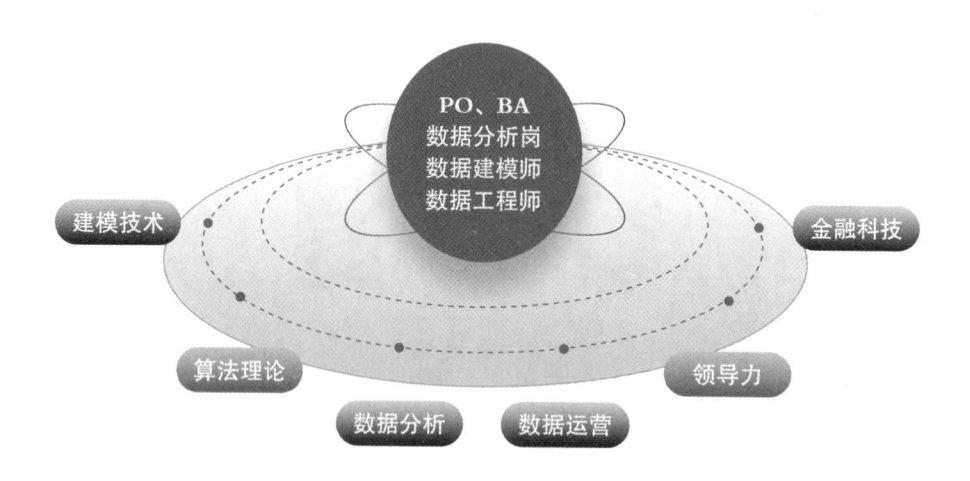

图4-14 M银行数字化人才培养现状

然而,当前M银行对数字化人才的培养仅局限于平面式的教学内容,尚未形成完整且标准的培养体系。所以,现阶段对于数字化人才的培养还面临着一系列挑战,培养目标不清晰,缺少系统的、全面的培养方式,且数字化人才参与的主要培训活动都与其原本的工作职责和职位等级相关,如为科技工作者提供的"数据挖掘平台培训""大数据应用实例""数据管理准则""以数据驱动的业务增益"等,并未形成完整的数字化思维模式和实际操作能力的系统人才培养体系,因此M银行应考虑如何搭建完善的数字化人才培养体系。

(二)M银行构建数字化人才培养体系思路

M银行结合人才培养体系构成、人才培养循环模型、人才培养需求分析理论、人才胜任力"冰山模型"与成人学习理论,从实践角度形成了数字化人才培养体系构建目标和思路、构建原则和构建的内容方案。

M银行的数字化人才培养体系应围绕着人才培养体系构成、明确数字化人才培养目标、实施完善的数字化人才培养运作流程、打造专业化师资队伍、构建"三融合"课程体系,对数字化领军人才、数字化专业人才及数字化初级人才设计培养思路,如图4-15所示。

第四章 数字化转型人才与培养

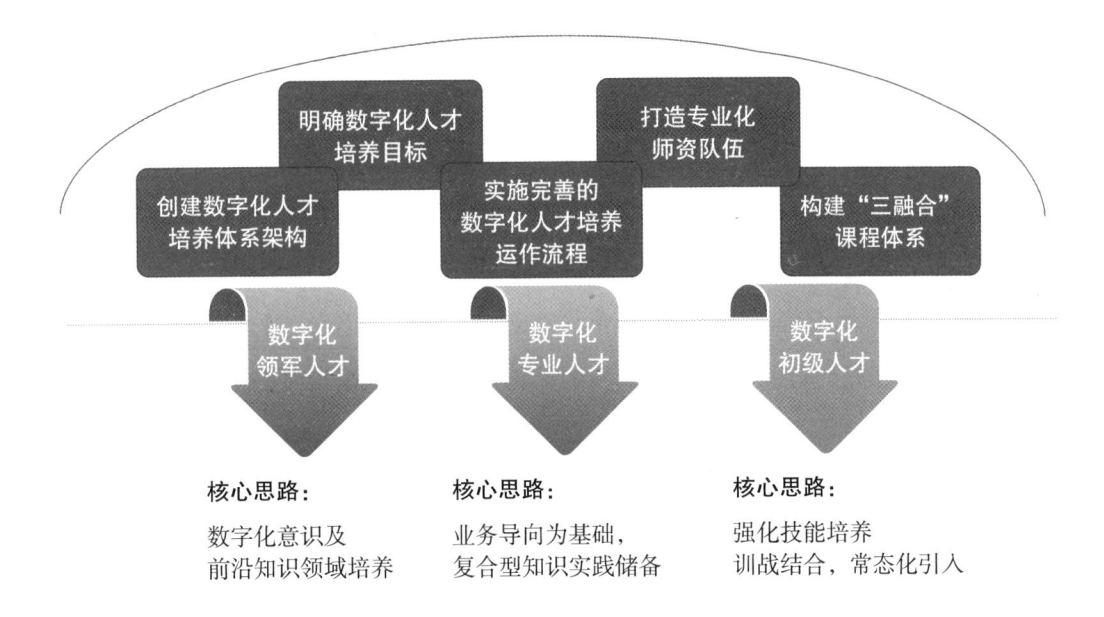

```
明确数字化人才          打造专业化
  培养目标             师资队伍

创建数字化人才    实施完善的       构建"三融合"
 培养体系架构   数字化人才培养      课程体系
              运作流程

   数字化          数字化          数字化
  领军人才        专业人才        初级人才

核心思路：       核心思路：       核心思路：
数字化意识及     业务导向为基础，  强化技能培养
前沿知识领域培养  复合型知识实践储备 训战结合，常态化引入
```

图 4-15 数字化人才培养体系构建思路

1. 明确培养体系构成要素

一是创建数字化人才培养体系架构，为后续流程提供指导与方向，明确培养体系各环节之间的联系，如何完善相关内容来支持数字化人才培养。

二是明确数字化人才培养目标，核心在于了解数字化行业趋势及如何使用数字化进行业务开展，从组织、工作、员工以及数据支持四个方面，明确数字化人才培养的目标，同时提高平台建设和管理，将数字化手段同样运用到人才培养的工作中，为人才培养助力。

三是建立完善的人才培养运作流程，制订科学有效的数字化人才培养方案，以企业需求为主导，岗位标准为指导，工作流程为基础，理论实践相结合，制订人才培养方案；培养计划如何切实高效执行，需要什么样的运营手段和管理方式，确保培养计划切实达到效果；建立完善数字化人才评价机制，利用柯氏四级评估模型，关注培养过程中学员的整体感受、满意度、内容掌握情况、态度和行为改变，是否能够影响数字化人才在实际工作中的行为，对个人和企业绩效提升有正向积极作用，进行全方位、系统性的评估。

四是打造专业化的师资队伍，通过培养内训师，实现为数字化人才成长提供理论支持，同时辅以"导师制"，为数字化人才成长提供实践指导，理论与实践相结合，实现数字化人才的综合能力提升。

五是构建"三融合"的课程体系，人才培养课程体系融入思政教育、融入专业知识、融入实际需求，使得数字化人才实现思想上、专业上的同步提升，同时与实际需求紧密

结合，满足企业发展的人才需要。由 5 个部分统一构成全流程的人才培养闭环，实现数字化人才快速成长。

2. 明确各层次人员培养核心思路

数字化人才的三类人群侧重点应各有不同，在整体人才培养体系中均应重视理论与实践相结合，同时注重效果检验和制度保障，具体来看应从以下三方面入手。

一是数字化领军人才，应组织数字化领军人才参与前沿论坛、企业实地交流学习，重点培养数字化战略与行业洞察、数字化领导力方法论、前沿数字科技趋势感知。同时，可加强数字化领军人才与行业、异业优秀企业的交流参访，拓宽视野，提升数字化领军人才的综合能力。

二是数字化专业人才，通过定制化的技术培训，开展管理能力提升、专业能力提升等内容以促进人才队伍建设，同时围绕知识先导、定制课题、专业辅导、强化落地等板块的人才培养路径，输出定制化培养方案。数字化专业人才可采用挂职锻炼、轮岗实践和项目实践等形式提升其实战能力。

三是数字化初级人才，此类人员应主要注重数字化专业能力的培养，综合运用线上课程学习、线下集中培养，融入行动学习，通过"导师制"和内训师的手段进行专业能力的提高，提倡初级人才进行项目跟岗学习，提升学习转化率。

（三）M 银行数字化人才培养体系构建的内容

1. 创建数字化人才培养体系架构

借助前文人才培养体系的理论研究，结合 M 银行人才培养的问卷调研结果和问题分析，从人才培养体系构成要素出发，打造数字化人才培养体系框架，通过明确培养目标、规范数字化人才运作流程、完善师资队伍建设、建设"三融合"课程体系统一构成数字化人才培养架构，如图 4-16 所示。

2. 明确数字化人才培养目标

明确、科学的培养目标为人才培养指明方向，而目标的制定建立在深入、系统的需求分析的基础上。因此人才培养工作中应明确人员需求，M 银行数字化人才经过招聘筛选，以及入行后的基础岗位知识培训，基本具备岗位所需的知识和技能。结合戈德斯坦三层次模型（如图 4-17 所示），在明确培养目标、确定人员需求分析上可分为组织、工作和人员三个层次，并在各个层次中结合岗位胜任力，融入员工的个人需求后，统一制定出数字化人才的培养目标和能力素养。

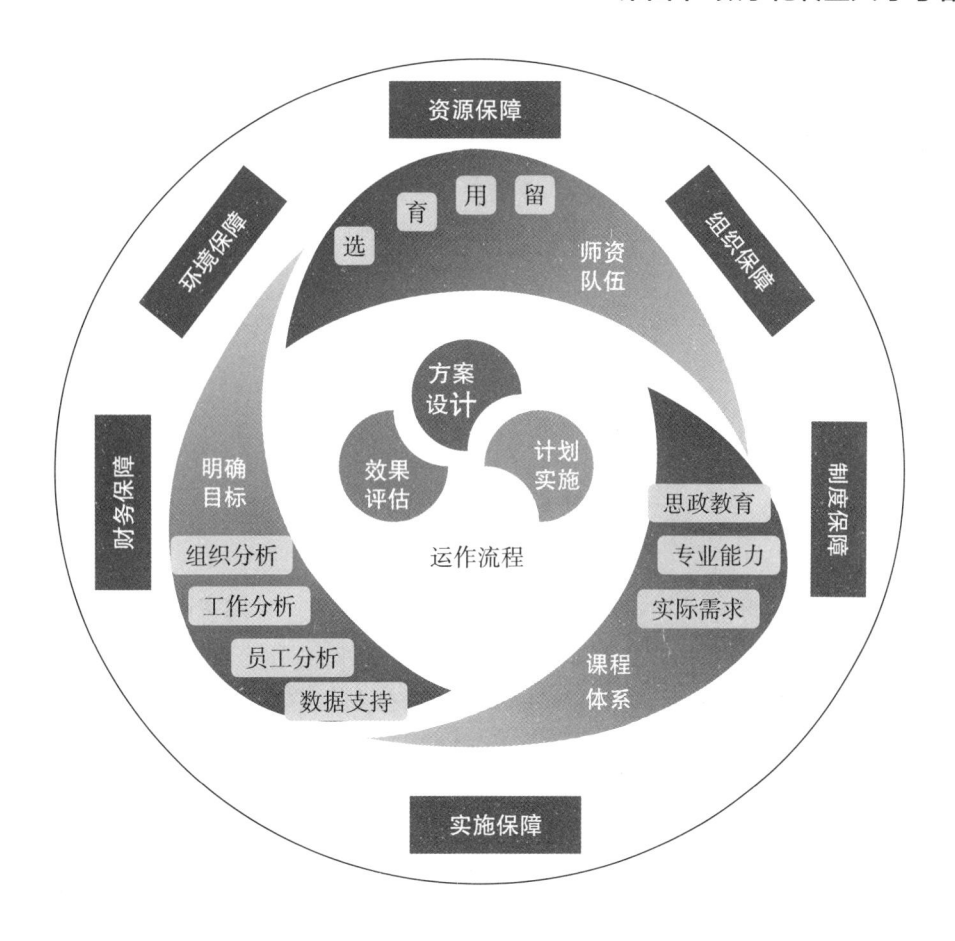

图 4-16 数字化人才培养体系架构图

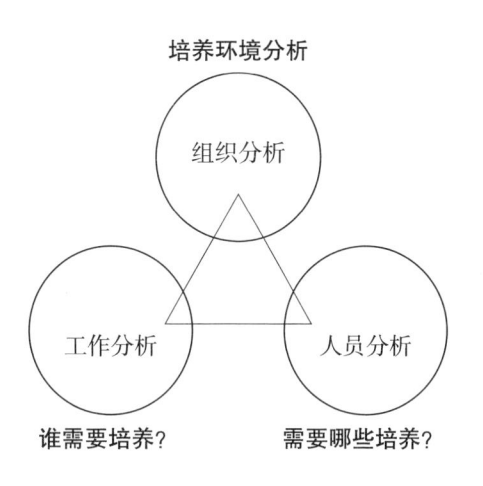

图 4-17 培养需求分析模型

（1）组织分析

①构建 M 银行数字化人才"金字塔"架构。从组织层面上看，在数字化浪潮席卷全

球的今天，科技和业务的关系将由"被动承接，跟随业务"向"双向奔赴，协同共创"，最终向"引领创新，驱动变革"转变，M银行为培养行内发展所需的人才，实现数字化人才梯队的建设。M银行构建数字化人才培养的"金字塔"人才架构（如图4-18所示），从基层技术人员到高级领军人才，逐层递进，全面覆盖，旨在培养出适应数字化时代需求的多层次、复合型人才。

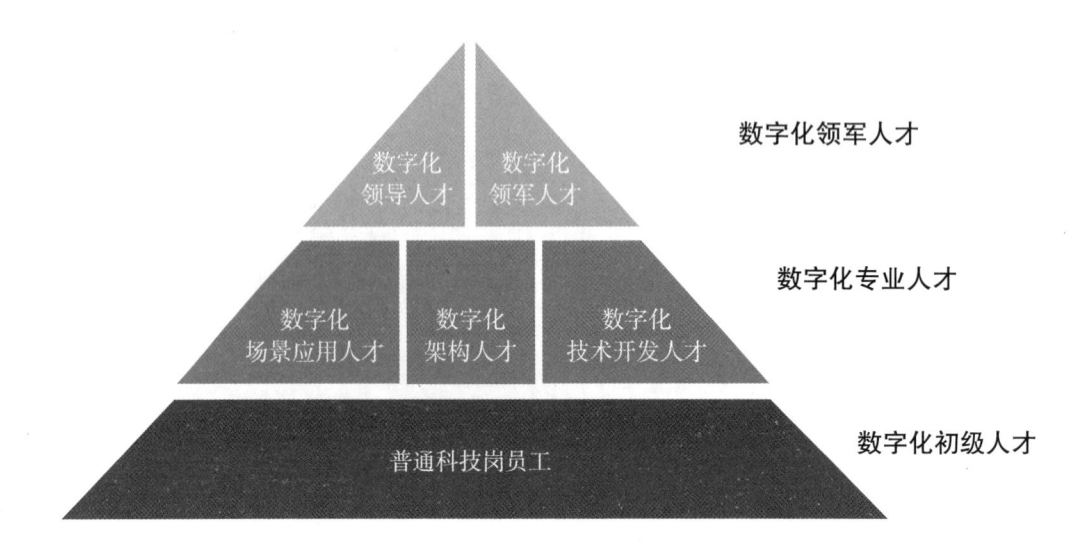

图4-18 数字化人才"金字塔"架构

金字塔的底座是具备基础数字化技能的普通员工，是数字化发展的基石，通过掌握基本的数字化工具和平台操作，为企业的数字化转型提供有力支撑。随着技能的提升和经验的积累，这些基层人才专业序列逐渐提升或步入管理序列，成为数字化专业人才。他们在各自的领域内具备深厚的数字化专业知识和实践经验，能够独当一面，推动数字化项目的实施和创新。金字塔的顶端为数字化领军人才，具备前瞻性的战略眼光和卓越的创新能力。他们能够洞察数字化技术的最新发展趋势，为企业制定长远的数字化战略规划，引领企业发展。

②分析M银行数字化人才能力素养。M银行在进行数字化人才培养的过程中，实现业务人员与技术人员统一语言、深度沟通，实现协作、共创。结合M银行岗位胜任能力要求，数字化人才具有金融与科技综合型专业知识，了解金融产品与科技发展趋势，深入理解金融机构业务运营，并能将数字化思维应用到具体业务场景的复合型人才。组织层面数字化人才应具备的职业素养如表4-2所示。

第四章 数字化转型人才与培养

表 4-2 数字化人才能力素养（组织层面）

能力素养	内容描述
金融专业素养	具备扎实的金融专业知识、风险管理能力和法律合规意识
科技应用素养	拥有金融科技专业知识，具有数据分析和治理能力，熟悉相关技术（如数据安全、人机协同、隐私保护等）在金融场景中的应用
整合创新素养	深入研究和参与各类产业发展，精准改善金融资源配置、提高风险预见预判能力，促使更多的金融资源流向以技术、数据等要素为核心的新经济产业推动实体经济高质量发展
数字化商业素养	具备对数字经济时代的商业洞察力，以客户为中心，数据驱动，设计数字化生态产品和服务，改善客户体验的同时提升内部经营效率
国际化能力素养	具备一定的国际化研究能力，能够熟知金融市场操作流程，关注国际金融市场趋势，将其先进经验运用到行内产品提高产品竞争力
数字化管理素养	具备数字化转型领导力落地与实施组织数字化战略的能力

（2）工作分析

M银行数字化人才分布架构图如图 4-19 所示。

数字化人才分布结构

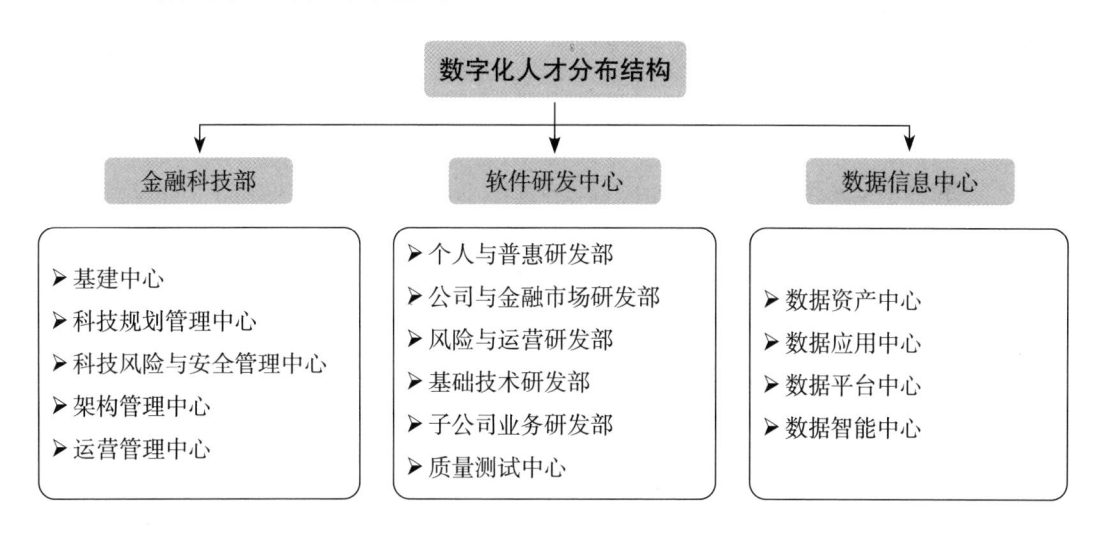

金融科技部
- 基建中心
- 科技规划管理中心
- 科技风险与安全管理中心
- 架构管理中心
- 运营管理中心

软件研发中心
- 个人与普惠研发部
- 公司与金融市场研发部
- 风险与运营研发部
- 基础技术研发部
- 子公司业务研发部
- 质量测试中心

数据信息中心
- 数据资产中心
- 数据应用中心
- 数据平台中心
- 数据智能中心

图 4-19 数字化人才分布架构

M银行数字化人才主要分布在金融科技部、软件研发中心、数据信息中心三个部门，这些部门又包括下设的二级部门。根据M银行管理人员、专业人员的任职资格要求，从M银行数字化人才未来工作所需的知识、技能、特征等方面进行分析，从工作分析出发，设计出数字化人才工作职责及岗位设置表，具体内容见表 4-3。

表4-3 数字化人才岗位职责与能力素养（工作层面）

架构	工作职责	岗位设置	能力素养
金融科技部	1. 负责设计信息金融科技发展规划与组织实施； 2. 负责企业级IT架构规划与治理，统筹信息科技项目需求分析与总体架构设计工作，为数字化发展奠定技术基础； 3. 负责科技基础设施建设与生产运行维护、金融科技风险管理工作； 4. 做好金融科技项目统筹管理，组织管理软件研发中心、数据信息中心做好执行落实	科技基建管理岗 项目管理岗 信息安全管理岗 架构管理岗 需求管理岗 运行维护岗	压力管理 创新思维 项目管理 沟通管理 架构设计 需求设计 运行维护
软件研发中心	1. 负责行内业务系统、技术平台研发与测试，以及子公司信息系统研发与测试工作； 2. 负责推动系统建设实施，执行信息科技风险管理制度要求； 3. 负责全行测试管理体系建设，全行信息系统功能测试、非功能测试的组织管理与实施； 4. 负责对接各业务条线，帮助其进行系统设计与建设，实现科学技术相连接，助力业务发展	系统开发岗 项目管理岗 测试岗	沟通管理 项目决策 代码编写 架构设计 生产验证 运行维护 硬件管理 软件管理
数据信息中心	1. 关注大数据行业及金融科技新发展动向，及时吸纳新技术、新方案，持续完善数据中台服务体系； 2. 负责数据整合平台、各类数据应用系统的总体数据分级、分层、分类方案设计； 3. 主要负责研究数据智能相关新算法，按需开展评估论证及应用推广； 4. 利用数据思维进行企业经营分析，为业务经营和产品创新提供决策依据； 5. 与外部机构开展大数据联合建模，创新算法应用与产品研发，推动数据智能生态建设	数据治理岗 数据工程岗 数据建模岗 系统开发岗 数据工程岗 测试岗 架构管理岗 项目管理岗	沟通管理 项目决策 科技引领 科技创新 资源协调 数据治理 数据整合 基础数据开发 数据平台研发 数据文化思维 数据应用研发

根据企业内部规定，M银行如要晋升中高层管理人员，需有分行领导班子的业务管理经验；如要晋升中层管理人员，需有支行领导班子的业务管理经验。因此，针对数字化领军人才、数字化专业人才的培养，还需考虑员工的基层经验；在专业序晋升上，中级、高级经理需具备参与总行一级项目的实践要求。针对中级经理和高级经理需补充进行项目培养。

第四章 数字化转型人才与培养

（3）员工分析

从员工层次来说，根据"找差距、看短板、缺什么、补什么"的原则，针对不同层级和人员设计培养内容。对调研问卷进行分析可知，受调查者更倾向于组织能够设计体系化的培养方案，在为人才培养匹配资源方面，他们更关注师资质量、课程质量，且认为对于目前的效果评估方式仍有改进空间；在培养时间方面，受调查者更倾向于在工作日参加培养项目；在培养方式上，受调查者更倾向于在日常培养过程中能够做到将理论和实践相结合，在线上学习、线下学习方式的基础上，增加案例教学、实践教学的方式。综合来看，受调查者对于人才培养工作提出了很多建设性意见，因此在方案设计上，人才培养组织部门需要充分考虑数字化人才需求，结合岗位能力需要设计出合理、科学的人才培养体系。

综上所述，根据培养需求分析模型，结合人才胜任力冰山模型，依次从组织分析、工作分析和员工分析三个角度初步得出数字化人才能力画像，数字化人才能力画像如表4-4所示。

表4-4 数字化人才能力画像

人才类型	工作难点	能力要求	能力画像
数字化领军人才	**战略选择：** 战略选择与未来发展趋势的适配性 **业务增长：** 引领业务的持续增长，发掘新的业务机会 **运营效能：** 驱动更高效的企业管理运营	**思想：** ✓ 主动捕捉和开放对待发展变化趋势，对新的商业模式和商业机会敏感 ✓ 数据驱动思维和数字化经营导向，倡导数据治理和基于数据的判断	**数字和创新思维：** 数字思维、营造创新文化 **洞察和决策：** 商业洞察 战略决策
数字化领军人才	**机制：** 数字化与组织文化的适配性 **变革：** 数字化转型变革面临的内外部阻力，有效推动形成共识	**专业认知：** ✓ 借助数字化分析，对商业环境和业务变化有更敏锐、深刻的洞察力 **行动需求：** ✓ 构建适宜的组织文化和机构，引领团队适应新的数字化工作方式 ✓ 主动推动变革，推动数字化转型的共同愿景	**变革和愿景：** 引领变革 共启愿景

续表

人才类型	工作难点	能力要求	能力画像
数字化专业人才	**数字化应用落地：** 数字化技术与原工作模式的冲击，转变思维模式和工作方法带来的挑战 **数字化应用完善：** 迅速调整数字化应用以满足业务需求，确保数字化应用与市场和客户需求保持一致 **数字化应用协同推广：** 数字化应用范围的扩大和效果的验证，需要不断积累和沉淀	**思想：** √ 主动学习和开放对待发展变化趋势，尝试新的数字化工具 √ 数据驱动思维，支持数据治理和基于数据的判断 **专业认知：** √ 借助数字化分析，对业务和客户有更敏锐、深刻的洞察力 **行动需求：** √ 不断学习和运用数字化的新工具和分析方法，并且将其应用到解决业务问题和流程中，在应用中探索和总结效率和效果提升的方法 √ 在协同范围内推广数字化工具的使用，提升协作方提供的信息质量	**数字和创新思维：** 数字思维 创新思维 **洞察和执行：** 客户洞察 持续改善 岗位能力 **协同：** 协同增效 方法沉淀
数字化初级人才	**数字化技术革新：** 数字化领域新技术的快速变化和工具的不断推陈出新 **从理论到应用：** 数字化相关技术理论到可执行应用的跨越和技术难点突破 **从技术到业务：** 业务需求与技术之间适配性 **从单点到平台：** 单点的数字化技术应用于平台的融合 **技术应用保障：** 及时排除数字化技术应用中的故障	**思想：** √ 主动学习和开放对待发展变化趋势，对新的技术方案敏感 √ 数据驱动思维，支持数据治理和基于数据的判断 **专业认知：** √ 借助数字化分析，对业务和客户有更敏锐、深刻的洞察力 **行动需求：** √ 不断学习和提升在数字化领域中的技术技能，将技术应用于解决业务领域问题中 √ 专业上精益求精，制订出供更广泛、持续应用的技术架构和解决方案	**数字和创新思维：** 数字思维、创新思维 **洞察和执行：** 客户洞察、精益求精 岗位能力 **协同：** 沟通协作

3. 完善数据支持

完善数字化人才培养的数据支持，为制定明确清晰的培养目标及定期跟踪提供数据及平台工具支撑，主要包括人员培养档案管理、在线学习平台搭建以及资源整合三个方面。

一是建立数字化人员培养档案，建立人员的数字化管理，能够为目标制定提供数据支持。通过采用专业的管理系统，可以将人员的能力现状、能力目标及培养记录和学习资料等进行数字化存储和分类管理。对于个人来说，便于员工进行查漏补缺、自主学习；对于组织来说，方便掌握员工成长记录与能力目标达成情况，作为人员选拔的依据。

二是搭建在线学习平台，线上学习平台是实现远程培训和自主学习的重要载体。企业可以开发或选用现有的在线学习平台，提供丰富多样的培训课程和学习资源，支持员工选择学习内容、制订学习计划，实现个性化学习。目前，M银行自行开发了"智汇中原"线上学习平台，用于员工内部学习、考试、直播等学习活动，但个性化功能尚不完善，仍需进行持续的优化改进。

三是进行资源整合，通过整合内外部的培训资源，企业可以构建一个完善的数据资源库，如课程资源、讲师资源等，还可以为员工提供丰富的经验分享和实践案例集，提升学习内容的宽度和广度，同时丰富的案例集能够增强实用性，为员工日常工作开展提供指导和帮助。

（四）构建完善的数字化人才培养运作流程

1. 设计培养方案

数字化人才培养方案设计对人才培养体系有重要作用，有助于实现培养目标。人才培养方案主要包括资源匹配（课程资源、师资资源）、培养形式、评估机制等要素。结合问卷调查结果，针对数字化领军人才、数字化专业人才和数字化初级人才，按照实用性、系统性原则，制订人才培养方案，设计不同的培养方式和内容。

成人学习理论强调学习者的自我控制和自我管理，以既往经验为基础，更关注如何解决实际问题，采用独立学习的形式来获取新知识。因此，在培养方式上，可以运用"721"学习法则，制订人才培养方案。由该法则可知，70%的学习来源于实践，从实际工作中习得；20%的学习来自向他人学习，应树立学习标杆和榜样，完成自身的转化；10%的学习则来自课堂，通过课程学习进行个人理论知识的补充。鉴于此，M银行在

企业数字化转型一本通

数字化人才培养方案的设计中,应在理论学习的基础上,融入实践培养,通过挂职锻炼、轮岗培养和项目实践等形式实现。通过"721"学习法则在数字化人才培养方案中的应用,帮助数字化人才实现"知—行—用"的转化,如图4-20所示。

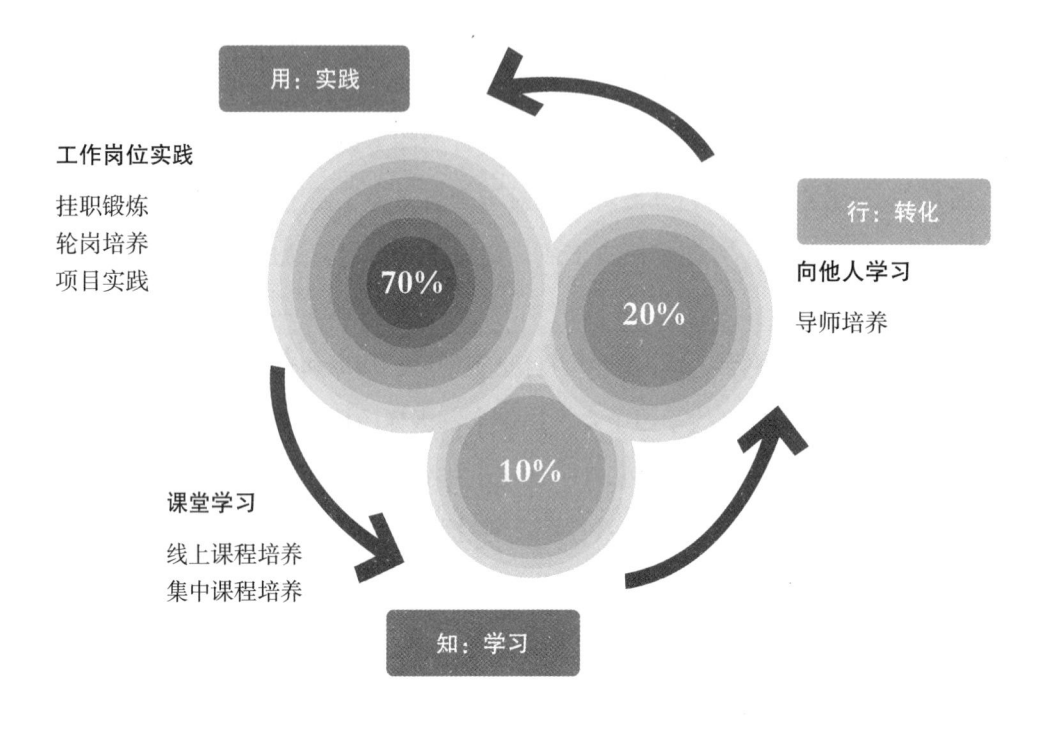

图 4-20 "知—行—用"三位一体培养方案设计

（1）知——理论学习

理论学习是知识获取的基础,占据了学习过程的绝大部分。这部分学习主要通过阅读书籍、参加课程、观看教学视频等方式进行。理论学习使学习者能够系统地掌握基本概念、原理和理论知识,为后续的实践应用奠定坚实的基础。

在理论学习的过程中,注重知识的理解和内化。通过阅读、思考、讨论等方式,将理论知识与个人认知结构相结合,形成自己的知识体系和思考方式。此外,还应关注知识的更新和发展,及时跟进学科前沿动态,保持学习的连续性和前瞻性。

M银行可为员工提供线上学习平台和线下的集中学习,线上学习借助E-learning平台实现,员工可根据自身工作安排进行碎片化学习,学习方式较灵活。线下集中学习则为企业内部统一组织,参训对象根据制定的培养方案集中学习。

（2）行——向他人学习

向他人学习是学习过程中不可或缺的一部分。通过与他人交流、分享经验、观察他人的行为和思考方式，个人可以获取更多的实践经验和智慧，使自身更加全面地了解知识在实际应用中的情况。在向他人学习的过程中，需要保持开放和谦逊的态度，尊重他人的观点和经验，虚心请教和倾听他人的意见和建议。同时关注他人的优点和长处，学习他们的思维方式和解决问题的方法，不断提升自己的能力和素质。

M银行对于关键人群的培养匹配相应导师，在整个培养过程中进行答疑解惑，定期组织座谈会，剖析当前阶段面临的问题，调整下一阶段培养方式，做到为员工成长提供辅助支持。

（3）用——岗位实践

理论与实践相结合能够有效提升人才的实战能力，为最大限度地发挥人才培养作用，一是为数字化领军人才安排挂职锻炼，数字化专业人才安排轮岗培养的环节，了解基层需求，积累工作经验；二是针对数字化初级人才设置项目培养环节，安排初级人才参加能力提升工作坊，共分为两部分，一部分学习理论知识，另外一部分是参加项目实践，通过此种方式丰富数字化初级人才业务知识和项目管理经验。

①挂职锻炼。为切实了解基层业务开展情况，便于后续在技术领域中改善流程设计和应用，对于缺乏基层岗位经验的数字化领军人才，可参与挂职锻炼。挂职锻炼地点可以选择地市分行或支行，挂职锻炼时间不得少于1年。

②轮岗培养。为使数字化人才熟悉各条线具体内容，培养出"比业务更懂业务的技术"，对于在某一专业序列从事工作时间较长的数字化专业人才可参与轮岗培养，轮岗岗位为与科技项目密切相关的总行业务部门或分行业务部门，轮岗培养时间不得少于1年。

③项目实践。对于新入行大学生或项目经验不足的数字化初级人才，会安排其参加实践工作坊，分为两个阶段，一是进行理论学习，二是进行岗位实践，在业务条线中选择整体性、代表性强，涉及业务部门多的优质项目历练，学习项目管理的具体流程和步骤、实践时间根据项目的周期来确定。

2. 制订全流程培养计划并实施

（1）制订计划

培养计划的制订与实施是人才培养工作的核心环节，直接关系人才发展的质量和效果。国内数字化人才培养框架较少，缺乏有效的数据支撑，可采用头脑风暴和共创的方式讨论培养计划。目前，M银行缺乏数字化人才培养体系，且运作流程不规范，一定程度上影响了培养计划的开展,通过制订培养计划表促进人才的个人成长和职业发展,见表 4-5。

表 4-5 数字化人才培养计划表

参与者	关键目标	关键任务	考核方式	关键结果输出
行领导 人力部 第三方机构	选拔数字化人才	线上自学	考核评估	计入人才池, 选择管理路径、 专业路径
		集中培养	考核评估 现场汇报	
		实践培养	述职考核	
		导师培养	导师评价	
课程体系建设、师资体系建设、支持体系建设				

为增强数字化人才培养工作的系统性和连续性,确保培养计划顺利实行,在培养计划实施流程图的基础上,规定内容要求和时长,明确培养重点,制定 M 银行数字化人才培养实施流程,如表 4-6 所示。

表 4-6 数字化人才培养实施流程

阶段	培养方式	培养时长	内容要求	培养重点
第一部分	线上课程自学	四周	通过在线学习平台推送课程包的学习,并通过课后考试与综合评估	基础理论知识的学习和掌握
第二部分	线下集中培养	一周	学员按照批次分布,集中外出培养,并通过集中培养的考核评估	多场景案例处理知识的学习和掌握
第三部分	挂职锻炼、轮岗培养、项目实践	至少 1 年	根据数字化人才专业经历和管理经历中所欠缺的内容,选择相匹配的形式开展,培养结束后须进行述职答辩,并通过评审团审议	岗位的实践与项目历练
全阶段	导师培养	1 年	至少每月 1 次的深度访谈,最终出具对培养人的培养意见	与工作相关的实战经验培养

（2）计划实施

人才培养的实施与开展是基于人才培养方案而来，M银行采用"PDCA原则"确保计划的顺利实施并取得显著成效。从项目开始前期的筹备（Plan）到项目过程中现场管理（Do）再到项目结束后追踪管理（Check），最后到项目复盘（Action）全过程，设计出符合M银行特色的数字化人才培养实施路线图，如图4-21所示。通过循环往复的过程不断优化数字化人才培养计划，提高培养质量。

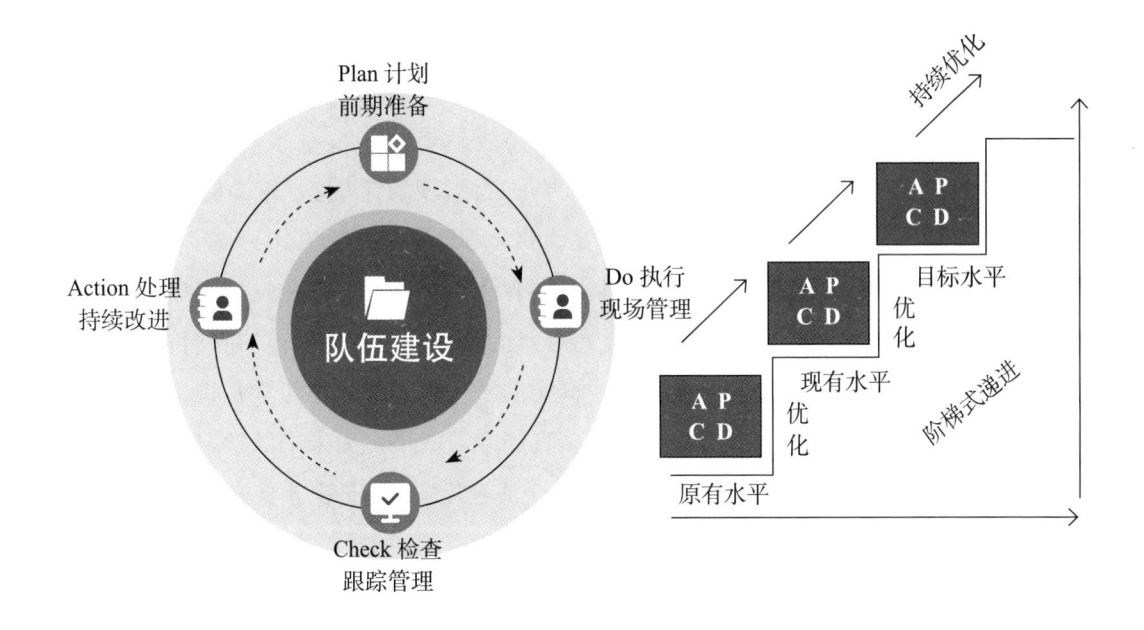

图4-21 数字化人才培养实施流程

①项目实施前期准备。为了响应M银行构建学习型组织的宏大愿景，数字化人才培养项目的启动旨在激发全行员工的学习热情，在项目伊始便致力于营造浓厚的学习氛围。为了更有效地推广这一培养项目，M银行可以借助以下手段进行宣传造势：一是利用办公内网下发人才培养通知，确保每一位参与数字化人才培养项目的员工都能准确知晓项目开展的具体计划；二是邀请总行领导参与录制宣传视频，并通过内部交流群和公众号进行发布，这种方式能充分体现总行领导对于该项目的支持与重视，进一步扩大宣传效果；三是通过内部公众号、微信交流群等渠道实时更新项目的进展情况，确保所有员工都能及时了解项目的最新动态。通过上述多维度的宣传策略，M银行将能够更有效地推广数字化人才培养项目，进而在全行范围内形成浓厚的学习氛围，为学习型组织的构建奠定坚实基础。

优秀的培训师在人才培养任务中发挥着关键性的作用。因此，在人才培养项目正式启动之前，筛选一批既具备指导能力又擅长授课的导师。采用学生和导师双边选择的方法确定他们是否合适，这样可以保证两者之间能形成有效的协作模式。我们会依据课堂需求选择内训师与外部讲师相结合的方式，企业内训师熟悉具体业务情况和运营流程，在宣讲产品知识和内部政策时更有专业度和说服力；外部讲师更精通于金融科技创新趋势及整个行业的状况，可以就通用知识进行讲授。通过这样的师资配置，确保人才培养项目的高质量实施，为企业培养出更多优秀的人才。

对于线上培养，M 银行利用线上学习平台开展，提前 3 天与科技部门确认参训时间与人数，使其保证网络运行情况良好。对于线下培养，应由具体实施部门应提前 5 天确认培养场地与工具，提前调试现场设备，确保培养项目顺利开展。

②数字化人才培养的现场管理。结合成人学习理论，现场管理应注重学员的自主学习、实践应用和反思总结。应创造一个积极、互动的学习环境，鼓励学员主动参与讨论、分享经验，并引导他们将所学知识与实际工作相结合。同时，组织者应关注学员的个体差异，尊重他们的学习风格和需求，提供多样化的学习资源和支持。在项目执行过程中注重实践环节的设计，让学员在模拟或真实的工作场景中运用所学知识，提升实际操作能力，并在结束后组织学员进行回顾，巩固学习成果，为未来的学习和发展提供指导。M 银行数字化人才培养过程，采用积分全流程管理，满足积分要求才可顺利结业。M 银行数字化人才培养积分考核表如表 4-7 所示。

表 4-7 数字化人才培养积分考核表

人才培养阶段	积分项目	分值
线上自学	课程完成情况	课程学习完成率达 100% 得 40 分
	测试完成情况	对于完成率达标的前 3 名学员进行积分奖励
	心得笔记记录情况	对于测试结果按照 10% 的比例进行折算计分
集中培养	工作坊参与度	按时出席并签到 5 分 小组参与度由讲师现场奖励分数
	整体表现情况	按时完成课后作业 10 分 获得优秀小组的成员每人加 10 分
	集中培养考核评估	顺利结业 30 分 根据评估结果对应的等级分别给予不同的积分。

线下集中培养中，将学员进行分组，创造比学赶超的学习氛围，提高学员的集体荣誉感和参与度。为确保培养内容贴合培养目标，需由班主任利用课余时间开展学员谈话

并向讲师反馈，讲师针对课程内容进行及时调整。同时，现场的调度和秩序管理也需协调人员进行沟通协调。

③人才培养的跟踪管理。人才培养的跟踪管理涉及人才培养全过程的监督、评估与指导。通过跟踪管理，企业能够及时了解人才的学习进度、技能掌握情况以及工作中遇到的困难和问题，从而作出相应的调整和优化。这一过程中，企业需要建立完善的员工成长档案，制定科学的评估标准和方法，定期对人才进行综合评价，确保人才培养的方向与企业战略目标保持一致。此外，还需关注人才的职业规划和发展路径，为其提供个性化的指导和支持，助力实现个人价值的同时为企业贡献更多的力量。通过人才培养的跟踪管理，打造一支高素质、高绩效的人才队伍，为企业的可持续发展提供有力的人才保障。

3. 做好数字化人效果评估

人才培养评估是指组织内部对人才培养活动进行系统评价和分析的过程。它旨在通过量化和定性的方法，评估人才培养计划的有效性、员工的学习成果以及组织对人才培养投入的回报情况。人才培养评估可以帮助组织了解人才培养计划的实际效果，从而及时调整和改进培养的方向，其结果可以用来作为人才选拔、人才培养和人才任用的参考。此外，做好人才培养评估能够提升员工对培养的参与度和认可度，有助于组织更加科学地推动人才培养工作，为组织的长远发展提供有力支持。

本书选用目前在效果评估方面被广泛使用的柯克帕特里克四层模型（如图 4-22 所示），柯克帕特里克的四级评估模型按照评估的深度和难度，分为反应层（学员对于培训方案、培训内容、师资等看法）、学习层（学员学习效果）、行为层（学员的行为改变）和结果层（个人和企业绩效变化）四个层级进行全面剖析，从培养过程中学员的感受、知识掌握情况、能否将知识应用到自己的实际工作中，以及培养后对个人和企业的绩效变化等方面进行全方位、系统性的评估。

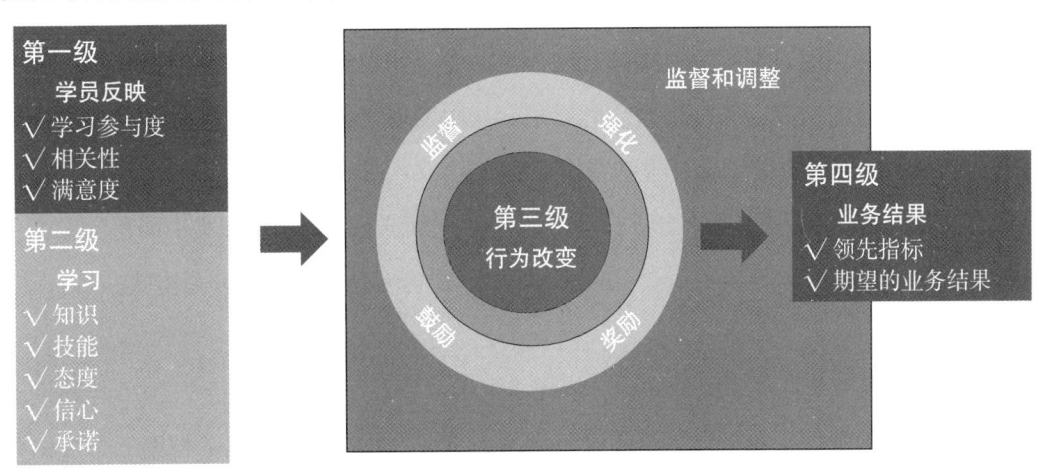

图 4-22 柯克帕特里克四层模型

（五）构建"三融合"课程体系

数字化人才培养的课程搭建从思政教育、专业能力和实际需求出发，将这三类能力进行融合，构建"三融合"的课程框架，如图 4-23 所示。

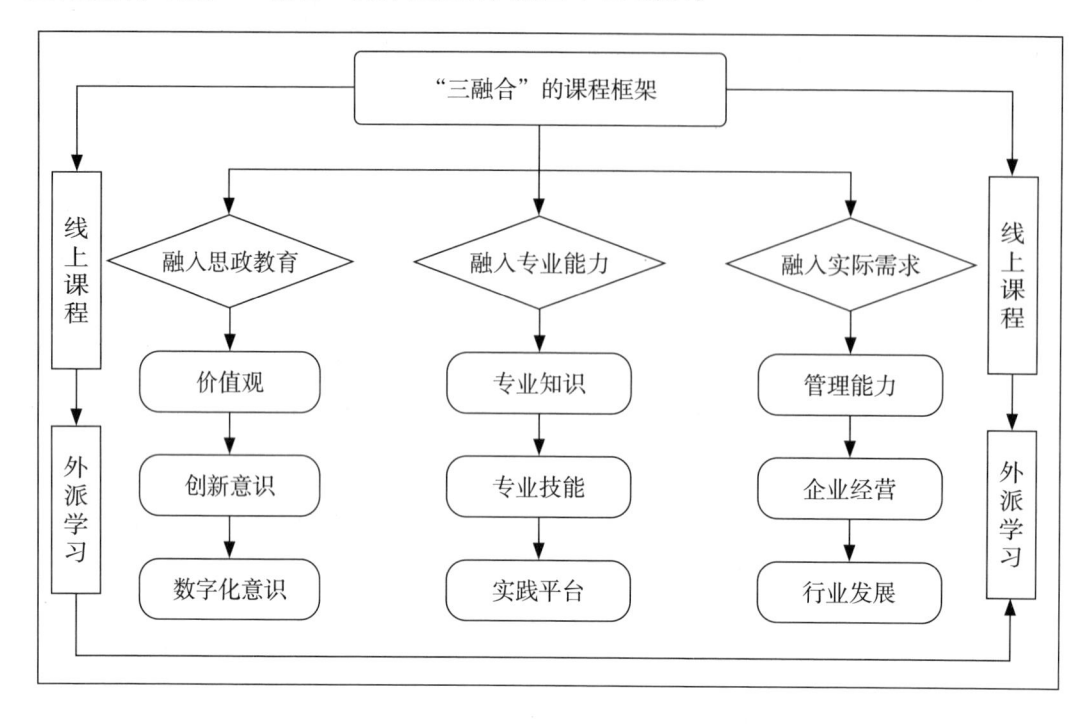

图 4-23 "三融合"课程框架图

大数据信息高速发展的时代，信息安全已引起人们的广泛关注，通过思政教育融入，能够让员工在国家法律允许范围内进行创新，树立正确的工作态度，培养正确的价值观，保护信息安全。当前，人才与数字化人才专业要求相差甚远，在一定程度上阻碍了数字化在行内业务的应用，因此通过提高行内人才的专业知识和能力，提供实践平台，助力内部数字化人才的培养，深度融合实际需求，从中发现大数据用例、大数据分析的使用场景，将业务和技术有效结合，推动工作开展。

员工依托 M 行在线学习平台进行学习，主要分为线上课程学习和集中课程学习，在此中间辅助增加外派学习和实践学习的学习形式，结合具体需求匹配学习方式。

1. 线上课程

线上学习主要包括通识类的知识，依托线上学习平台开展，M 银行于 2020 年建设了自己行内的线上学习平台，该平台集课程学习、考试、直播、员工培养档案、师资档案等功能于一体，为全行员工实现日常碎片化的学习提供平台支撑。通过 E-learning 平台实现线上课程的学习和培养，平台课程包括内部自行开发（产品介绍、法律法规、规章制度等）或外部采购（领导力、行业趋势、金融科技、数据开发等），数字化人才可以通过 E-learning 进行自主学习。与此同时，E-learning 平台还会不定期开展线上运营活动（知识竞赛、数字化学校、答题 PK 等），通过运营活动的开展，增强员工学习的积极性，在全行范围内营造浓厚的学习氛围。

2. 集中课程

M 银行对于数字化人才的培养主要以集中课程学习为主，组织线下集中面授工作坊的形式开展，制订分层分类的人才培养方案，通常的培养项目会融入案例教学，从日常工作中会遇到的问题和工作场景出发，组织参训人员进行场景训练和沙盘模拟，有利于参训人员对整体内容和知识的把握，同时通过案例学习，从中获得启发，吸取先进经验，与自身工作相结合，实现能力提升。

数字化领军人才作为 M 银行科技首席、部门负责人的管理人才，作为 M 银行金融科技发展方向的带头人和引领者，思想上，应廉洁自律，具有正确的道德观和价值观；专业能力上，要求具备前瞻性和敏锐的洞察力，了解行业趋势和最新研发技术成果，并把最新理论成果与行内业务发展有效结合，推动行内业务发展，因此，应注重提升数字化领军人才的领导力和专业能力，如表 4-8 所示。

表 4-8 数字化领军人才集中培养课程

课程框架	培养目标	培养内容	培养形式
融入思政教育	具有正确的价值观、道德观、是非观，能够保护商业机密与客户隐私，并起模范带头作用	社会主义核心价值观、廉洁意识、数字思维、反腐案例学习	线上学习集中学习
融入专业知识	具备创新思维和全局意识，能够在行业背景和当今趋势中发现业务机会	大数据趋势、教练技术、时间管理、金融科技、数字场景创新、数据技术应用与行业前沿	集中学习 + 行业交流 + 实践学习
融入实际需求	注重管理能力培养，基本了解业务框架，敏锐洞察行业趋势	企业领导力、数字化转型与金融科技发展、创新能力、战略决策、银行数字化变革	集中学习 + 共创 + 行业交流

专业人才作为科技专业序列中级、高级的人才储备，思想上，应具有正确的道德观和价值观；专业能力上，应具备大数据用例、客户洞察、数据治理、项目管理等专业能力；融入实际需求上，应具备管理能力、团队沟通管理等，同时满足基本了解行业趋势要求，

如表 4-9 所示。

表 4-9 数字化专业人才集中培养课程

课程框架	培养目标	培养内容	培养形式
融入思政教育	具有正确的价值观、道德观、是非观，能够保护商业机密与客户隐私	社会主义核心价值观、廉洁意识、创新思维、反腐案例学习	线上学习集中学习
融入专业知识	注重创新思维提升，掌握专业知识，寻求数字化与业务发展密切结合	大数据用例、客户洞察、数据治理与数据应用数据分析等业务管理	集中授课+外出学习+行动学习
融入实际需求	加强管理能力培养，充分了解业务需求，基本了解行业趋势	管理能力、团队沟通、方法论沉淀、行业大致趋势内容	集中学习+行业交流

数字化初级人才作为普通技术员工或新入行学生，思想上，应树立正确的道德观和价值观，具有职业操守；专业能力上，需具备较强的专业能力、业务水平，通过日常项目进行专业能力不断提高；贴合实际需求上，应保持创新精神，具体内容结合工作实际制定，如表 4-10 所示。

表 4-10 数字化初级人才集中培养课程

课程框架	培养目标	培养内容	培养形式
融入思政教育	具有正确的价值观、道德观、是非观，能够保护商业机密与客户隐私	社会主义核心价值观、创新思维	线上学习集中学习
融入专业知识	培养创新意识，熟练掌握专业知识，跟随项目进行实践学习	大数据的核心思想及发展、数字化运营、建模技术、Python从入门到精通、算法理论、数据分析方法与应用	集中授课+实践学习
融入实际需求	学习业务知识，了解业务需求，思考数字化在业务发展中的有效结合	保持创新精神，具体内容结合工作实际制定	个人自学+集中授课